行动领导力：

基于知行合一的视角

袁明旭　著

科学出版社

北京

内 容 简 介

本书是作者在20多年的教学科研经验和对领导实践观察体验基础上思考研究的成果，其核心观点是：领导力是实现国家治理体系和治理能力现代化的核心动力。领导力是知行合一的综合性影响力，是在娴熟掌握和利用领导规律基础之上的科学领导而产生的广泛的影响力量。无知的领导是一种盲动，知而不行的领导是一种空谈。本书在力求厘清领导学理论的基础上，强调领导者应做到知行合一。本书以分析影响领导力的要素作为逻辑起点，以提高领导力作为落脚点，展示出学科体系的开放性和理论内容的实践指向性。

本书不仅适合党政领导干部及公务员阅读，也适合公共管理、行政管理、政治学等专业本科生和研究生学习使用。

图书在版编目（CIP）数据

行动领导力：基于知行合一的视角 / 袁明旭著. —北京：科学出版社，2022.7

ISBN 978-7-03-071640-8

Ⅰ.①行… Ⅱ.①袁… Ⅲ.①领导学 Ⅳ.①C933

中国版本图书馆 CIP 数据核字（2022）第 031250 号

责任编辑：郝 悦 / 责任校对：贾娜娜
责任印制：张 伟 / 封面设计：无极书装

科 学 出 版 社 出版
北京东黄城根北街 16 号
邮政编码：100717
http://www.sciencep.com

北京盛通商印快线网络科技有限公司 印刷
科学出版社发行 各地新华书店经销

*

2022 年 7 月第 一 版 开本：720×1000 1/16
2023 年 9 月第二次印刷 印张：21 3/4
字数：403 000
定价：208.00 元
（如有印装质量问题，我社负责调换）

前　　言

　　新时代稀缺的是人才，尤其是缺乏真正的领导人才。领导人才不是天生的，是一个人在先天禀赋基础上通过后天的学习实践成长起来的。学习领导学，提高领导力，已经成为现代人的一门必修课。

　　中国作为一个统一的国家，有悠久的领导力研究历史，进入 21 世纪以来，环境不确定性的日益增加对当今的领导者提出了各种挑战。领导力在国家治理体系和治理能力现代化及地方治理中是一个非常关键的问题。一个人对目标的持之以恒，对服务的投入、执着和热情，是增长才干、激发潜能、产生领导力的源泉。具备领导力不仅是对各级党政部门工作人员的要求，作为公民，更要积极培养领导的能力和素养，努力做一个具有建设性领导力的领导人才。人人都是领导者，每个人都在规划自己的人生，为人生确立理想目标和方向，在工作和生活中不断进行选择和决策。领导学是研究领导活动的规律及其运用规律为人类造福的一门学科。人人都应该学习和掌握领导学的基本知识和技能，提高自己的领导力，提高人生的幸福指数。

　　领导与管理不同。这正是领导学成为一门独立学科的前提。领导活动是随着人类社会的产生而出现的，最初是由直接的社会生产和人类的共同劳动引起的。领导活动在其漫长的发展历程中，活动方式具有独特性，影响程度具有广泛性，在人类生活中起着非常重要的作用。社会化大生产使决策与执行有了明确分工，从而导致了领导与管理的分离。领导与管理从融合到相对分离，为领导工作专业化奠定了基础，这是历史的进步，是社会分工发展的必然结果。社会发展到今天，领导工作已成为千百万人从事的专业劳动。但许多领导者却不懂得什么是真正的领导，实际上在干着管理者的工作，事无巨细，事必躬亲，没有分清工作中的轻重缓急、主次优劣，缺乏对下属的激励，不注意对人才的培养，与真正的领导名不副实。

　　领导是一种价值型领导。领导力是一种确定愿景和方向、激励下属去实现目标的影响力。领导者必须具有正确的世界观、人生观和价值观，才能为组织确定正确的目标和方向。领导者须具有崇高的道德素养和高超的领导能力，才能激励下属实现目标。领导者只有具有较高的领导力，才能实现建设性领导。

本书是作者在20多年的教学科研经验和对领导实践的观察体验基础上进行认真思考研究撰写的成果。在写作过程中参考并吸收了目前许多领导科学方面的最新研究成果，并力图在本书中探讨一些新问题，吸纳一些新观点，立意于集百家之长，扬一书之特色，努力做到理论与实际的有机结合。全书共分十三章，以提高领导力作为逻辑起点，以提高领导绩效作为落脚点，展示出学科体系的开放性和理论内容的实践指向性。

全书逻辑紧密，共分十三章，其基本逻辑体系是：本书核心观点为领导是一种行动力，不是坐而论道，是知行合一的实践活动。第一篇是领导力的理论——知，包括领导本质——主要介绍和阐述领导力的本质，领导力的产生与发展；领导系统——主要介绍和论述领导力系统的构成要素，包含领导主体、领导客体、领导环境的内涵和内容；现代西方领导理论——主要介绍和分析现代西方的主要领导理论，这可以为领导力的提高提供他山之石；领导素质——主要介绍和论述领导个体的素质和领导集体的素质结构，这是领导力的源泉和基础；领导力的灵魂，即领导伦理和领导文化——主要介绍领导伦理和领导文化的理论与方法；领导体制——主要介绍和探讨领导体制的内容和作用、类型和改革，这是领导力的制度保障和平台。人们常说，行胜于言，但这必须以知为前提。只有建立在正确认知的基础上才能产生建设性的领导力。第二篇介绍领导力的实践——行，包括战略与政策——主要介绍和论述领导战略与政策的作用、政策过程和模式；领导力的人才基础，即选才用人——主要介绍领导选才用人对提高领导力的重要作用，说明领导选才和用人的基本方法与制度；领导监督——主要介绍和论述领导监督的功能和体制；领导力的生命线，即领导沟通——主要阐述领导沟通的重要性和沟通的基本方法和技能。第三篇介绍领导力的知行合一，包括领导方法和领导艺术——主要介绍和阐述领导方法和领导艺术的内容与形式，提高领导艺术的途径；领导力的展现，即领导作风——主要介绍和讨论领导作风的内容与要求，这是领导力的展现；领导力的评价标尺，即领导绩效——主要介绍和论述领导绩效的意义、绩效考评的内容、考评的原则与方法。

本书主要以提高领导力为出发点和归宿，从领导力的视角全面透视领导过程，领导科学对实践理性方面的知识，以便应用于实践，提高领导力。本书按照领导学的学科规定性，探索领导活动的基本规律，把握领导活动的根本机制，全面、系统地阐释领导的基本职能，紧密结合实践，围绕提高领导力，着力增强领导绩效，构建领导学知识体系。本书突出应用性和实践性，可以作为政治学与行政学专业、行政管理专业、公共管理和公共事业管理等专业学生及各级领导干部学习提高领导力的参考读物。

在本书写作过程中，吸收了国内同行及同类著作的宝贵意见和某些成果，博采众长，在此表示谢意。由于本人学识能力水平有限，本书难免存在疏漏之处，诚恳希望学术前辈、专家和读者不吝批评赐教。

袁明旭

2021 年 8 月 15 日于昆明

目　　录

第一篇　领导力之知：领导理论

第一篇　领导力之知：领导理论

第一章 领导力之核：领导本质

领导是伴随着人类群体产生而不断发展起来的重要社会活动，是一种特殊的社会分工和能够产生巨大影响的力量。领导学是一门研究领导活动规律并运用规律进行高效领导的综合性科学。在国家治理体系和治理能力现代化进程中，提高领导力至关重要，学习和研究领导学具有基础性意义。

第一节 领导力的概念

人类的群体活动离不开领导，领导是适应人类生存和发展需要应运而生的社会活动。领导与被领导构成了领导学的一对最基本的范畴，是领导学研究的逻辑起点，是领导学知识体系的基石。

一、领导力的内涵

领导是一种重要而复杂的社会现象，人类社会看似混乱无序，但在一定程度上都是一种有领导的、按一定规律运行的实践活动，领导为社会发展确定目标、指明方向、凝聚力量、组织实施、督促前行。马克思指出："一切规模较大的直接社会劳动或共同劳动，都或多或少地需要指挥，以协调个人的活动，并执行生产总体的运动——不同于这一总体的独立器官的运动——所产生的各种一般职能。一个单独的提琴手是自己指挥自己，一个乐队就需要一个乐队指挥。"[①]这是对领导活动一般性质的精辟概括，揭示了领导活动在人类社会群体中的特殊地位和作用。

领导这一概念，从词性上来看，既可以作名词，也可以作动词。作为名词的"领导"是指领导者，是领导活动的发动者和主导者，包含作为个体的领导者、

---

① 《马克思恩格斯全集》第 23 卷，人民出版社，1974 年，第 367 页。

领导集体和领导组织，即人的主体和组织主体两类。作为动词或动名词的"领导"，则是指作为社会活动的领导实践活动。

从中文来看，领导是由"领"和"导"两个字所构成。"领"在中国文字中的基本意思是"颈、脖子""领子、衣领、领口""带领、引领"等。引申为在前面或上面进行引导和指导的行为。"导"的意思是"引导、传导、开导"。两个字合在一起的"领导"一词就是指由特定的人在上面或前面带领，引导着人们朝着一定方向前进。在前面或上面带领人们前进的领路人就是领导者，率领并引导人们前进的行为就是领导活动。

从英文来看，作为动词的"lead"意思是进行指导的活动或者进行示范的行为，在前行中指引方向，给予帮助或提示的行为，是引导、牵引、率领、指挥。作为名词的"leader"意思是开展领导活动的人，即领导者、率领者、领袖、指挥者。而作为名词的"leadership"就是领导力，是指领导者在一定条件下率领下属发挥其综合素质能力，实现组织目标而产生影响力的过程，是领导者充分利用各种资源条件开展的领导活动，是领导行为的内在力量，是完成领导任务、实现组织目标和推动领导活动顺利进行的动力。

从中文和英文来看，对领导者含义的界定基本相同，都是指在社会活动中进行组织指挥的人。作为社会实践的领导活动，即动词的领导或名词的领导是指为了实现特定群体组织的共同目标，领导者采取各种方法，激励和率领被领导者共同完成预定任务的实践过程。在国外，leadership 就是领导力，而在中国，有的翻译为领导，有的翻译为领导力。在内涵上，两者基本上是相同的，只是称谓不同，侧重点有些微的差异，领导侧重于把领导作为一种活动过程进行考察，而领导力则侧重于把领导作为一种活动的结果的影响力。在本书中，依照约定俗成的界定，把作为名词的领导活动称为领导力，是领导者发挥作用的活动过程，与作为一种领导活动的领导没有根本性差别，两者是等同的，仅是称谓上的不同。在本书中，为了表述的准确和行文的便利，有的地方使用领导力，有的地方采用领导活动或领导的说法，其内涵是一致的，是没有差别的。

斯托格迪尔（Stogdill）和巴斯（Bass）总结了各个学派及其观点，提出了11种领导力内涵的界定：①领导力意味着群体过程的中心；②领导力意味着人格及其影响；③领导力意味着劝导服从的艺术，以德服人的艺术；④领导力意味着影响力的运用；⑤领导力意味着一种行动或行为；⑥领导力意味着一种说服的形式；⑦领导力意味着一种权力关系；⑧领导力意味着一种互动中逐渐形成的效果；⑨领导力意味着一种分化出来的角色；⑩领导力意味着结构的创始；⑪领导力意味着一种实现目标的手段。由是观之，西方领导学界常常从以下5个视角界定领导力的含义。

1. 领导中心说

这种观点是以领导者为中心来说明领导力的含义，认为领导力就是领导者依靠权力、自身的品德和人格魅力，对被领导者施加影响以实现组织目标的活动。这种观点注重领导者自身的因素，关注领导主体，重视领导者素质能力，关注领导胜任力，关注领导者创设愿景、创造价值、以德塑人的能力。这集中反映了领导学研究中的特质理论的特征。

2. 领导过程说

这种观点认为领导力是领导者劝导、说服被领导者，发挥影响力以实现目标的过程。注重的是领导的过程性因素，领导是一种在说服、劝导中对被领导者施加影响的过程。"领导力是指领导者和下属通过变革实现组织目标的影响过程。"[①]这种观点代表着领导理论中的现实主义传统。

3. 领导互动说

这种观点认为领导力是领导者、被领导者、环境之间相互作用、相互影响的过程。这种观点突破了以领导者为中心的传统，把领导置于多种要素之间相互作用的动态之中进行考察，注意到领导活动的成败不仅取决于领导者，还取决于被领导者、环境等因素，取决于领导者与被领导者、环境等因素之间的匹配和适应程度。这代表了领导理论中的行为主义和权变主义倾向。

4. 领导结构说

这种观点认为领导力是在一定的组织结构中展开的，领导的绩效与组织结构的科学性、合理性息息相关。领导者是组织结构中的一个关键性要素和角色，领导离不开组织这一结构化平台，通过组织结构和权力的运行，推动组织目标的实现。这种观点反映了领导理论中的理性主义传统。

5. 领导目标说

这种观点认为领导力的主旨和归宿在于实现组织的共同目标，目标是领导的中心和导向，是领导的动力。这是一种结果导向型的论点，代表了领导学理论中的功利主义倾向。

由此看出，无论是作为一种人际互动关系，还是作为一种目标实现的过程，领导力实际上包含着人际领导、组织领导和公众领导等层面。人际领导力注重的

---

① 罗伯特·N. 罗瑟尔，克里斯托夫·F. 阿川：《领导力教程——理论、应用与技能培养》(第3版)，史锐，杨玉明，译，清华大学出版社，2008年，第7页。

是领导者与被领导者之间的互动关系。组织领导力关注的是领导的结构化和制度化。公众领导力关注的是领导的普遍化影响力，这是一种社会化的政治领导，注重领导的影响力，关注领导力如何转化为影响社会公众的公共性力量。"大多数领导力研究学者可能都同意，领导力原则上可以定义为：领导者和追随者相互影响过程的本质，因之产生的结果，以及领导者个性和行为、追随者认知和领导者信用及其环境等是如何决定这一过程的。"①

根据以上对领导力的界定，我们认为，领导力就是领导者指引和率领下属实现共同目标并产生影响力的社会实践活动。作为领导活动主体的领导者，是在群体组织活动中，承担领导职务，履行指导率领、决策用人、激励监督的职责的人。要准确理解领导力的内涵需要把握以下几个要点。

（1）领导力是社会分工的产物。在现代社会，领导与其他各种社会劳动一样，都是一种满足社会生存发展需要的特定劳动类型。领导并没有什么特殊性和神秘性。

（2）领导力是现代社会的一种组织化的公共行为。人类是一种组织化的存在，领导产生并服务于组织，领导既是组织的一员，又是组织的负责人，领导与组织相互依存。领导离开组织或团体就寸步难行，没有领导，组织或团体也难以存在和发展。组织是领导的力量源泉，是领导的平台和载体，领导是组织存在和发展的驱动器和方向盘，是关乎组织成员前途命运的重要公共活动。

（3）领导力是一种在权力基础上的程序性、规范化活动。组织中的领导者具有领导岗位所赋予的法定职位权力，领导活动正是在这种权力的驱动下得以运行。权力、责任、利益三者是对等统一的。领导权力的行使必须受到相应的监督制约，领导活动的开展并不是领导者简单地发号施令，随心所欲，而是一种规范化的程序性活动过程，领导的决策、用人等都必须遵循法律法规。

（4）领导力是高层次的、影响深远的社会管理活动。领导是通过整合资源，对群体人员的行为进行总体协调、组织与控制以实现组织目标的管理活动。但领导活动与一般的社会管理活动有所不同，领导着眼于全局、整体、根本、创新战略和长远，侧重于谋划决断和激励示范；而管理则着眼于局部、战术、策略和眼前，侧重于执行落实和秩序程序。领导具有管理的一般属性，但又高于管理，是一种高层次的管理活动。同时，领导活动不仅影响领导者个人的事业发展，关乎组织成员的前途命运，也关系到组织当下和未来的发展，领导是一种重要的且影响深远的社会活动。

（5）领导力具有普遍性与特殊性，是两者的辩证统一。古今中外任何国家和社会都普遍存在着领导活动，在任何社会制度中，领导都是权力基础上的统一意

① 约翰·安东纳基斯，安纳·T. 茜安西奥罗，罗伯特·J. 斯滕伯格：《领导力的本质》，柏学翥，刘宁，吴宝金，译，上海人民出版社，2007年，第5页。

志和行动，都履行组织、指挥、决策、用人、控制、监督、激励等职能，具有一些共同规律。领导的特殊性主要是指领导活动的特殊矛盾性，不同时代、国家、社会制度、文化传统下的领导活动各具特色。领导活动的这种普遍性与特殊性，也即共性和个性是相互依存的，普遍性存在于具体的领导的特殊性之中，相异的领导的具体属性表现出共同的领导的一般属性。领导力的本质主要由其普遍性决定和体现。

二、领导力的特点

领导力具有与其他社会活动不同的特点，这些不同点突出了领导力的特殊性和重要性。

（一）领导力与统治

领导力是在统治、管理的基础上逐渐发展起来的。统治是特定政治集团凭借和利用国家政权来控制和管理特定区域的人民。统治是利用暴力进行控制的活动，带有突出的强制性和暴力色彩，是一个阶级对另外一个阶级、一个集团对另一些集团的强制性的控制和压制。统治的目的是利用暴力工具垄断权力，通过斗争和压制，无偿地获取各种利益。

领导力是率领他人实现组织目标的活动，追求和实现共同利益，领导力的目的是实现共存、共生、互利和共赢。统治的基础是暴力，而领导的基础是影响力。统治的重点是控制，是通过各种方式方法对被统治阶级进行政治、经济、思想文化的全面控制。领导力的重点是通过示范、激励、教育等方式推动被领导者实现组织目标。统治的目的是实现和维护统治集团的利益，而领导力的目的则是实现和维护组织、领导者和被领导者的共同利益。

（二）领导力与管理

在管理学中，领导力被作为管理的一个环节和内容，有的管理学家，如彼得·F.德鲁克（Peter F. Drucker），把管理与领导视为同义词。但在管理学创始人亨利·法约尔（Henri Fayol）那里，把领导与管理严格区分开来，其认为领导是寻求从企业所拥有的所有资源中获得尽可能大的利益，引导企业实现目标，领导是保证技术职能、商业职能、财务职能、安全职能、会计职能、管理职能得以贯彻的力量，而管理只是这六项职能中的一种。

随着社会进步和全球化发展，领导逐渐从管理中分离出来而日益受到重视，逐渐成为与管理相区别的相对独立的范畴。从管理到领导，意味着由重视工作到重视人、由重视执行到重视决策、由重视控制到重视激励、由重视效率到重视价值、由重视秩序到重视创新的转变。领导与管理存在着明显的不同，这一观点逐渐被人们所认同。具体来看，领导与管理的区别主要表现在以下几个方面。

（1）职能不同。领导的职能主要是创立愿景，推动变革，实施创新。领导者为组织提出使命、确定目标、制订规划、关注未来、促进变革、激励人、培育文化、追求创新。而管理的主要职能则是落实愿景、执行政策、制订实施方案、维持秩序、注重现实、关注微观、提高效率。

（2）对象不同。领导的对象主要是人，领导者所面对的是下属、同事、上级领导及他人。领导活动是领导者在职位权力的基础上，通过沟通交流，获取上级领导的支持和理解，争取同级领导的协作，获取下级与被领导者的认同和支持，同心协力实现组织目标的过程。领导是尊重人、理解人、影响人、激励人、依靠人、以人为本完成组织任务的活动。而管理的对象是物，管理者所关注的是组织的任务、效率，以任务为中心，注重程序、规则、秩序、控制、监督和效率，通过对资源的程序化配置，完成既定的工作任务。

（3）价值取向不同。领导的基本价值取向是公平正义、民主法治、以人为本、平等和谐、竞争合作、创新活力、共享共赢、关注长远、公共利益最大化。而管理的价值取向则主要是效率效益、稳定有序、短期利益最大化、组织效益最大化。

（4）手段不同。领导关注追随者的需求，注重激发下属的需求动机，影响下属的价值观念和思维方式，主要运用影响力来实施领导。在正式权力的基础上，注重发挥品德、知识、经验、人格魅力等方面的非正式权力的影响，与下属建立信任关系，通过获取下属的信任和认同，激励下属，培养下属，调动下属的主动性和创造性，主要是一种软权力的影响力。而管理则主要直接依靠正式的权力机制，采用强制控制，通过规章制度监督规范下属的行为，主要是一种硬权力控制方式。

虽然领导与管理存在着诸多不同，但也具有许多联系。首先，领导是从管理中分化出来的。因此，领导具有许多管理的一般属性。其次，管理和领导在现实社会中相互融合，难以进行明确、具体的区分。管理中包含着领导，领导中也蕴含着管理，只是在高层次的领导活动中，管理的成分少一些，而在基层的领导活动中，管理的内容相对多一些。

（三）领导力的主要特点

通过对领导力与统治、管理的关系分析，可以看出，领导力具有以下几个主要特点。

1. 权威性

这是领导活动得以开展的前提和基础。领导活动是在一定的权力基础上进行的，权力是一种强制性的力量，如果不服从，就会受到惩罚。领导权威是领导者在法定权力——硬权力的基础上，通过发挥自身的人格魅力、专业知识和综合素养等软权力而形成的被下属发自内心地服从和尊重的影响力。"从领导活动的成败及其效果来说，权威性可以说是领导的首要特性。"[①]权力不等同于权威，领导者具有强制性的权力，但不一定拥有权威。现代领导活动的权威性是在合法性基础上形成的一种理性权威，是领导活动在法治的框架内进行，基于领导者自身较高的综合素质和能力，并得到下属自愿服从、认同、尊重和信任，由此而形成的影响力。基于强制性的权力虽然能够使下属在短时间内或表面上服从，但无法长期维持，也难以取得真正的领导力。

2. 公共性

现代领导活动是一种公共领导力，具有突出的公共性。这种公共性主要表现在：领导者所行使的是人民委托的公共权力，领导活动所涉及的是对公共事务的管理，领导活动所追求的目标是公共利益最大化，领导活动所影响和作用的对象是社会公众，领导者的决策是公共决策，必须公平公正；领导活动的规范是国家的法律法规和公共伦理，领导活动受到监督，在法治的框架中公开运行。领导的公共性要求领导者决不能公权私用、牟取私利。

3. 系统性

领导力是一个多层次、多要素、多维度的系统存在，由许多相互作用、相互联系的要素所构成，有一定的结构，发挥着整体性的放大功能。领导系统的要素包括领导者、被领导者、组织目标、领导制度和领导生态等。这种系统性要求领导者具有系统化思维，在领导活动中既要重视各种要素，关注各种要素之间相互作用、相互影响的关系，同时也要注重领导的结构性，优化结构，注重发挥领导的整体效用。领导力是领导者、被领导者、群体目标、领导文化、环境的一个函数，用公式表示就是领导力=f（领导者、被领导者、组织目标、方式方法、领导生态）。

4. 综合性

领导力的综合性主要是由领导对象的复杂性、多变性决定的，领导的对象主

---

① 刘建军：《领导学的原理：科学与艺术》，复旦大学出版社，2001年，第20页。

要包括物的对象和人的对象，物的对象主要是领导活动的内容，是对公共事务的管理，解决社会公共问题，为社会提供公共产品和公共服务。公共事务、社会公共问题都是综合性的。人的对象是作为各种各样的被领导者。人是一种复杂化的存在物，是理性与非理性、利益需求和价值偏好的统一体，是物质与意识的复合体，是社会关系的产物。领导活动的主要任务就是综合协调、平衡社会群体和公民的多元利益诉求、价值偏好，以达成统一行动。领导活动的领域涉及政治、经济、文化、社会、生态，牵涉国内和国际事务，这些领域都是复杂多变的，都需采取综合治理的方式进行领导。

5. 高层次性

高层次性主要是相对于管理活动而言的，是指领导是一种高层次的社会管理活动，关注的是组织的方向性、长远性、根本性、全局性和战略性问题，而非某一具体的事务性活动。领导力的这种高层次性要求领导者具有超脱性和超越性。超脱性就是要求领导者要超脱于繁杂琐碎的日常事务，不要事必躬亲，而应该把握重大原则和方向，根据工作的轻重缓急，关注重大问题。超脱性要求领导者必须超越个人名利、家族和小团体利益，追求组织的公共利益，整合协调多元利益诉求，统揽全局。领导的高层次性还要求领导者要有超前性，要有前瞻性思维，谋划全局和未来。

6. 服务性

这是领导力的本质性特征。领导活动的权力来源于人民，是人民通过法定程序授予领导的，领导者受人民的信任和委托，行使公共权力，是人民的公仆。"从领导活动的价值取向和精神归宿来说，服务性是领导活动的重要特性。领导活动的本原体现为公共使命的承担，领导者把自己的身心投放到公共使命中，不仅有助于巩固其权威，而且也是展示其人生价值的必然选择。"①传统社会奉行"君权神授"，而现代社会则奉行"主权在民"，把"权力民授"作为一个普遍法则，领导者不是权力的所有者和永久占有者，而只是权力的暂时行使者，领导者是民意的代表者、代理者、议事者和促进者。领导力的服务性不是一种虚假的口号和假设，而是一种本质性的规定，是一种职责、信念和使命，是领导者安身立命的基础所在。

（四）领导力的类型

为了更具体、准确地认识领导力，研究者根据不同的标准，对领导力进行分

---

① 刘建军：《领导学的原理：科学与艺术》，复旦大学出版社，2001年，第21~22页。

类，以便从不同的角度认识领导力。

根据领导力的权力来源方式进行划分，有正式领导力、代理式领导力与非正式领导力。

根据领导力的层级进行划分，有高层领导力、中层领导力和基层领导力。

根据领导力的领域进行划分，有政治领导力、行政领导力、经济领导力、文化领导力、军事领导力、企业领导力等。

根据领导力的历史演变进程划分，有自然式领导力、家长式领导力、管理式领导力和服务式领导力。

根据领导方式及其特征划分，有原始简单式领导力、独裁式领导力、集权式领导力、专家式领导力、民主式领导力等。

第二节　领导力的本质与功能

一、领导力的本质

本质是一个事物区别于另一个事物的内在规定性。领导力的本质是领导活动区别于其他社会实践活动的内在属性。领导力的本质具有双重性，即自然属性和社会属性。自然属性是领导力自身所具有的客观的内在规定性，不带有社会的主观价值倾向性，是中性的。领导力的社会属性是一种价值性，体现着鲜明的社会立场、阶级倾向、主观愿望和价值判断。

（一）领导力的自然本质：影响力

从领导活动的客观结果来看，领导力的本质是对下属和社会实施影响，以达到预期的结果。领导过程是领导者在权力基础上，整合并利用资源，采取各种手段方法，按照自身的意志对下属施加影响，使被领导者的思想观念发生改变，促使其行为按照领导者的意图展开，产生一定客观结果的过程。在实质上，领导力就是领导者对被领导者施加影响产生一定结果的过程，领导活动就是影响力产生和发挥作用的过程。这种领导力的自然本质在任何社会、任何时代、任何国家都是相同的。

领导活动是领导力产生和作用的过程。"领导力是领导者个人（或领导团队）为实现领导者自己及其追随者的共同目标，而通过说服或榜样作用激励某个群体的过程。"[①]领导活动是领导者对被领导者施加影响，释放被领导者的活

---

① 约翰·加德纳：《论领导力》，李养龙，译，中信出版社，2007年，第3页。

力，强化被领导者的动力，激发被领导者的创造力，以产生实质性结果的过程。"领导力是领导者和追随者之间的影响关系，双方从共同目标出发，力图获得真正的变化和结果。"① "影响是一个检验领导是否真实存在的最显著指标，这是因为影响是一种不以形式为标准的实质性领导，是领导本质最实在的表现形式和存在状态。"②领导力的大小是检验有效领导的客观依据，是确认是否存在真正领导的标准。

从预期来看，任何领导者都希望自己的领导行为能够产生影响，实现预期目的。但由于领导活动是一种在特定的认知和价值观念指导下的社会实践活动，其产生的结果具有客观性，不以领导者自身主观意愿为转移。由于有的领导者具有错误的思想意识和价值观念，实行独裁专断统治，其领导力具有极大的破坏性和危害性。例如，纳粹德国时期的希特勒，虽然他拥有非凡的领导力，但是这种领导力在错误的种族优越价值观指导下，发动侵略战争，给犹太人和世界人民带来了巨大的灾难。

为了避免和减少破坏性的消极领导力，提高建设性领导力，人类进行了长期艰苦的探索，也付出了巨大的代价，获得了许多具有创造性的有效方法，如实行主权在民的政治体制，实行民主法治，实行普选制，把领导权力关进制度的笼子里，实行权力制衡等。学习和研究领导学，一个主要的目的就是提高积极的、正能量的领导力，为人类造福。

（二）领导力的社会本质：统治与服务

领导力的社会本质是指在不同的社会中，占统治地位的领导集团对领导所赋予的带有特定价值倾向的规定性。不同社会、不同阶级对领导的认识具有鲜明的价值倾向性，这是领导力的社会本质。人类社会发展至今，领导力一般有统治和服务两种社会本质。

1. 阶级社会领导力的本质是统治

在阶级社会中，统治是领导的社会本质。阶级社会中的领导，是政治上掌握统治权，经济上占有生产资料，意识形态上垄断发言权的统治集团，为了夺取、维护和巩固自身的阶级利益，把自身意志国家化，掌握和行使国家权力，对被统治阶级实行强制控制，经济上剥削，文化上愚民。阶级社会的这种领导统治，是一种极权化、暴力化、垄断化、独裁化、人治化、家族化的政治领导。实质上，领导就是占

---

① 林志颂，理查德·L. 德特：《领导学》（亚洲版），顾朋兰，等译，中国人民大学出版社，2007年，第5页。
② 邱霈恩，等：《新世纪领导学》，经济科学出版社，2000年，第129页。

统治地位的统治集团通过垄断政治权力，采取暴力获取维护自身利益的活动。

统治的本质目的在于维护和垄断极少数统治者的利益，其基本手段和方法是暴力控制。其前提预设是官民对立，即统治者与民众的利益是根本对立的。当然，通过强力控制可以带来一定的秩序，但这种统治性领导不可能带来长期的稳定和社会文明的持续发展进步。全面的强力控制必然会遏制社会活力，官民对立必然导致深层次的社会冲突，不可避免地带来周期性的社会动荡。

在阶级社会中，领导的统治本质普遍存在，成为人类社会领导文明发展的一个历史阶段，使人类社会获得了必要的生存秩序。统治通过强力控制得到秩序来维护社会系统的权威，这是所有的社会系统都必需的，这种价值不容忽视。但它也使人类遭遇了巨大灾难。在人类艰苦探索推动下，领导本质也在发生变化，从统治走向服务。

2. 社会主义社会领导力的本质是服务

服务是与统治相对立的领导的另一种本质形态。统治是以领导集团的利益为核心和依归，从统治集团的利益出发，以统治阶级的意志为转移。而服务这种领导力本质则完全相反，它是现代民主社会发展的结果，是社会主义领导的本质。

人类社会发展到社会主义阶段，领导力除了能够为社会提供安全有序的社会秩序的服务外，还能够提供其他重要的服务。服务这种领导力本质，是以人民的利益为本位和中心的，是以满足人民需要为首选的。领导者受人民的委托，由人民通过法定的程序赋予领导者特定权力，通过行使公共权力管理社会公共事务，为人民提供公共产品和公共服务。在社会主义国家，所有领导者都是人民的公仆，为人民提供公共服务，正如邓小平所指出的，"什么叫领导？领导就是服务"[1]这是对社会主义领导本质的概括。社会主义的领导是服务型领导，各级领导工作的使命和任务是为人民的利益服务。社会主义的领导者是"社会的负责的公仆"[2]，为人民服务是社会主义领导活动的出发点和最终归宿。"领导就是服务"这一命题，充分体现了历史唯物主义的群众观和实践观，体现了中国共产党的思想路线和工作路线。服务作为社会主义领导的本质，是区别于其他阶级领导力的最根本的标志。

二、领导力的功能

功能是事物或方法所发挥的作用和效能。领导力的功能就是领导活动对组织和人类社会所产生的作用和效能。领导力的功能是领导活动得以存在和发展的合

---

① 《邓小平文选》第3卷，人民出版社，1993年，第121页。
② 《马克思恩格斯选集》第2卷，人民出版社，1972年，第376页。

法性前提，也就是说，领导活动能够满足人类社会存在和发展的需要，具有存在的必要性，能够对社会的发展和进步起到积极的作用。领导力的功能主要有以下几点。

（1）确定方向的功能，即领导者为组织确定发展的方向和目标。这种方向确定的功能是通过领导决策的职能实现的。一个组织，正如在大海中航行的轮船，如果没有船长掌舵，指明方向，轮船就会在大海中迷失方向，就无法到达目的地，甚至有沉没的危险。领导活动的重要功能之一就是组织的领导者在进行科学预测的基础上，通过对社会发展趋势和规律的把握，进行战略规划，高瞻远瞩，利用自己的知识和能力为组织指引航向，确定努力的方向，设立美好的愿景，明确前进的目标。

（2）形成合力的功能，即领导者在一定的权力、权威基础上，整合各种资源，凝聚下属的力量，形成组织的合力。个人的力量是有限的，群体的力量是分散的，通过领导，可以把原子化零散的个人组织起来，把分散的、多方向的力量，整合成同一方向的合力，形成组织化的整体性力量。在社会中，领导者利用权威和资源，进行利益综合，协调关系，化解矛盾，形成规范化的社会秩序，使个人和组织的力量产生放大效应，产生 1+1>2 的扩大效应。形成合力的功能是通过领导者履行组织指挥的职能实现的。

（3）引领变革的功能，即领导活动在人类社会发展中起着引领社会发展方向、推动社会变革的作用。领导活动是一种创造性的、推动人类社会变革创新的活动。领导活动是领导者采取一定方式影响群众并推动社会的进步与发展的，通过影响群众、动员群众、组织群众来实现变革和创新。领导活动在一定意义上是一种顺应时代发展的潮流引导变革的"顺势"行为，是一种借助群众的力量实现目标的"借势"行为。领导活动的引领变革的功能是通过领导者履行选才用人和创新变革职能而实现的。

（4）激发潜力的功能，领导力是一种借助下属和群众力量来实现目标的活动，是一种借力行为。被领导者和群众的力量是潜在的，其创造力和活力是蕴藏着的，需要领导者通过一定的方式进行激发和开发，把这种潜在的、分散的力量变成现实的、具体的、改造世界的力量。在阶级社会中，统治阶级的领导者往往是通过暴力与宗教相结合的方式，或者采用强制性和欺骗性的方式使下属和群众发挥力量。在现代民主法治社会中，领导者往往采用和平、柔性的方式，采取多种科学、合理的方法，发现下属和群众的需要，激发下属和群众的动机，通过满足下属和群众的需要来提高他们行为的自觉性、主动性和创造性，充分发挥下属和群众各自的力量，使其在领导者的指引下实现组织目标。

（5）产生整体性影响力的功能，领导活动与其他任何人类的活动一样，都会产生直接或者间接的客观结果，对他人和社会产生一定的影响。但领导所产生的影响力具有明显的不同，这种不同就在于其具有全局性、整体性、系统性、深远性和根本性，即领导活动会影响组织中每一个成员的前途命运，决定组织的兴衰成败，影响社会的繁荣与衰败。领导之所以能产生整体性的影响力，其原因在于领导活动具有统一意志、统一指挥、统一行动的整体性控制作用，领导决策对组织成员的行为具有规范作用，规定了组织目标实现的途径和方法，是组织及其成员的行为指南。因此，组织目标能否实现，即领导是否有效，就关乎组织成员的利益能否得到满足，组织能否生存和发展，组织能否为社会做出积极贡献。产生整体性影响力的功能是通过全面履行领导职能来实现的。如果领导者不能全面履行相关的领导职能，这种整体性领导力的产生或者程度就会受到相应的制约。

第三节　领导力的发展

领导力伴随着人类社会的产生而产生，具有悠久的历史，是人类生存和发展的产物，并伴随着人类社会的发展而发展。

一、领导力的历史演变

从人类社会历史的发展进程来看，由于不同历史时期的领导力总是不可避免地受到当时社会的物质条件、生产方式、思想观念、道德水准、政治制度、科学文化水平等诸多因素的影响和制约，在不同历史时期和不同社会制度下就会产生不同形态、性质和方式的领导力。

（一）原始社会的领导力

原始社会生产力极端低下，实行原始公有制，共同劳动，平均分配。人们按照一定的血缘、亲缘关系，在不同的区域中结成大大小小的群落，称为氏族部落。不同的部落在长期的争斗中，或消亡，或扩大，或联合。部落的最高领导机构叫作部落议事会，这是一种由本部落成年男女参加并享有平等议事权的集会，其最高首领——酋长，一般由本部落中最受敬重的智者、贤者、长者、勇者所担任，部落议事会由选举产生，下设若干头领分管本部落事务。如果发现其中有不称职或不按本部落多数成员的意愿办事者，由部落议事会随时罢免或撤换。这是一种原始民主制的领导体制，实行集体领导，主要依靠首领的权威、传统的力量及图腾崇拜等进行领导。

原始社会的领导力是一种简单、原始、初级的领导方式，是自然形成的，可称之为自然领导。原始社会领导活动的基本特征主要是：①部落首领、公社首领等是由全体成员推举产生的，并且可以罢免。②首领的领导地位是凭借自身强健的体魄，丰富的经验，超群的智慧、品德和魅力得到群体成员的认可而获得的。③首领与群体成员的地位是平等的，没有特权。④部落的重要事务由集体决策，决策议事机构有的叫人民会议，有的叫议事会等。其成员由选举产生，有平等的发言权、表决权，其地位、权力平等。议事会头领有的是轮流担任，有的是推选产生。⑤首领一般依靠权威、经验、传统习俗、示范等方式进行直接领导，采取非强制性的领导方式。

（二）农业社会的领导力

农业社会是以动植物的种植、养殖为主的以农业生产为基础的社会，是以家庭为基本生产单位、以手工劳动为主要生产方式的自给自足的小农经济占主导地位，生产的目的主要是为满足家庭生活需要，社会以自然分工为主，社会分化程度低，社会流动性弱。在政治上实行君主专制的极权统治，以暴力和世袭制作为政治的合法性基础，实行人治化控制，实行官僚制等级制度，各阶层之间壁垒森严。社会关系以血缘和地缘关系为主，实行家长家族制管理，社会发展缓慢。

农业社会领导力的特点是：①以经验领导为主要方法。无论是作为最高统治者的君主、国王、皇帝，还是基层的官僚，都主要是依靠自身的经验、智慧、知识等进行领导，既缺乏科学理论的指导，也没有科学方法的运用。在世界历史上，中国古代在经验领导方面达到了农业社会的顶峰，总结领导经验的《三十六计》《孙子兵法》《二十四史》《资治通鉴》等史书，以及"四书""五经"等经典古籍汗牛充栋。②以人治为基本领导方式。领导者基本依靠自身所掌握的权力进行强制性的监督控制，依靠领导者的主观意志和偏好进行领导，一切以领导者个人的意志为转移，以领导者自我为中心，法律制度只是领导者的一种控制手段。③以独裁专断为主要领导模式。农业社会的领导在性质上属于极权性的领导，领导者依靠权力进行独裁统治。中国自秦始皇建立君主专制的中央集权制封建王朝一直到 1912 年清王朝灭亡，在长达 2100 多年的历史中，一直实行君主世袭的集权专制统治，皇帝垄断着最高权力，社会事务的决策权掌握在皇帝手中，重大问题的决断权由最高统治者所垄断。事无大小，皆决于上。④注重权谋权术。领导者通过权术权谋获取和维护权力，对人民进行高压统治。⑤领导的目的是追求个人利益。君主的领导目的是维护家族的利益，实现家族统治的长久化。在中国的君主专制时代，"仕而优则学，学而优则仕"，人们读书的目的是谋得一官半职，当官是为了发财、光宗耀祖、封妻荫子。领导者追求的是个人、家族的利益，追求特权。领导者与被领导者之间是一种统治与被统治、压迫与被压迫、控制与服从的不平等关系。

（三）工业社会的领导力

始于18世纪的工业革命开启了现代社会的序幕。工业社会是继农业社会之后的、以工业生产为经济主导的社会，是以机械化大生产和依靠无生命能源的消耗为核心的专业化社会，科学技术高度发达，社会分工日益精细化，生产效率全面提高，物质财富极大丰富。"资产阶级在它的不到一百年的阶级统治中所创造的生产力，比过去一切世代创造的全部生产力还要多，还要大。"①工业社会分化加剧，社会流动性增强，业缘关系取代了血缘和地缘关系成为人们社会关系的主要形式，个人的自主性和自由度提高，发展机会增多。民主、法治取代独裁，人治成为政治系统运行的基本方式。城市数量和市民增加，农业人口数量所占比重逐渐下降。社会和国家的开放度提高，交通运输和通信信息交流日趋发达。人们的思想观念从保守求稳转变为追求变革创新，竞争意识和时间观念加强，教育普及，人们的文化知识水平和文明程度提高，崇尚科学。工业社会的特点集中表现为：政治民主化和法治化、经济工业化和专业化、社会城市化和流动化、文化理性化和多元化、公民观念的开放性和参与性。

目前，美国、英国等国家已经完成了工业化，正步入后工业社会。中国正处于现代化的进程之中，处于社会转型期，从农业社会向工业社会、从计划经济向市场经济、从乡村社会向城市社会、从人治社会向法治社会、从熟人社会向流动性社会、从同质性社会向异质性社会、从伦理型社会向法理型社会等多维度、多层次的全面转型时期。

工业社会领导力的特点主要是：①领导的绩效化。工业社会的领导注重结果导向，关注绩效。工业社会和企业以效率、利润和效益为生命力，竞争激烈，领导的成败关系到组织的生死存亡。领导活动重视结果，关注所产生的影响力，注重领导的有效性。②领导的制度化。在政治的民主化、法治化程度逐步提高的过程中，加强领导的制度化建设，降低领导的主观随意性，减少人治化程度，在法治的轨道和制度框架内开展领导活动。发达资本主义国家已经实现了政治领导人选举的制度化，重大决策的公开化、程序化和规范化。③领导的科学化。科学化领导成为工业社会的普遍现象。随着19世纪末期科学管理运动兴起并深入人心，科学化领导成为工业社会的客观要求和全社会的共识。注重领导现象的科学研究，重视运用科学理论指导领导实践，遵循领导活动的内在规律性，采取科学的方法和程序实施领导。④领导的祛魅化。魅就是鬼怪，神秘。祛魅

---

① 《马克思恩格斯选集》第1卷，人民出版社，2012年，第405页。

就是去除、消除神秘、神圣的过程。传统社会领导活动是一个"赋魅、增魅"的神秘化过程，人们崇拜领导，推崇领导的个人超凡魅力，崇尚英雄主义和神秘主义。有的最高统治者为了获得统治的合法性，故意把自己神秘化、神圣化。古代普遍流行的"君权神授"就是神化领导的集中表现。工业社会则是不断祛除神秘、神圣化的过程，领导者成为去除了神秘光环的常人。⑤领导的柔性化。农业社会的领导以强制性为主，主要依靠暴力、硬权力进行统治和控制，而工业社会的领导则越来越趋向于柔性化、人性化。领导者要履行好自己的职责，不仅需要规范并运用好硬权力，更为重要的是增强自身的能力、知识、品德等软权力的影响力，注重率先垂范，注重引领和指导。"领导者作用的发挥正在由刚性转向柔性，由显性转向隐性。领导干部不是只靠控制、约束、管理等刚性的手段要求被领导者干什么，而是主要靠激励、沟通、协调、引导等柔性的方式来影响追随者。"①

二、领导力的基本规律

（一）领导规律的特点

领导学研究的目的是通过科学研究，透过现象探究领导活动的规律，并利用规律为提高领导力和领导绩效服务。领导规律是指领导活动过程中诸要素、诸环节之间的内在、本质、必然的联系和领导活动发展的必然趋势。领导规律贯穿于领导活动的全过程，决定着领导活动的基本走向，领导规律的特点是领导主体必须依凭、遵循的基本准则。

（1）领导规律的客观性。领导规律是客观存在的，是不以任何人的主观意志为转移的。有的领导者手握大权，自以为可以为所欲为，可以改变规律，违反规律，殊不知其结果总是在规律面前碰得头破血流。领导者只有认识、发现、掌握规律，自觉地按规律办事，才能避免教条主义、主观主义和形式主义，才能实施有效领导。

（2）领导规律的普遍性。领导规律反映的是所有领导活动的一般性、共性的东西，领导规律在所有领导活动的范围内和过程中都普遍起作用。为此，领导者在领导活动和领导过程中都须遵循领导规律，按照领导规律开展领导活动。

（3）领导规律的稳定性和重复性。领导规律是领导活动本质内在规定性的体现，并不会因为时代环境、领导主体、组织目标等的变化而发生根本变化，是普遍存在于领导活动之中的，相对稳定的东西。并且，领导规律贯穿于领导活动的始终，主导着领导活动并决定着领导活动的结果，只要具备一定条件，领导规律

---

① 刘峰：《领导大趋势》，中国言实出版社，2003 年，第 46 页。

就会反复出现和经常发挥作用。领导者只要善于观察、思考、总结、学习、反思和研究，就能够发现、认识和掌握领导规律。

领导活动是由领导者、被领导者、领导环境和领导目标等要素构成的系统行为过程，领导活动就是这些要素相互作用的过程。因此，领导活动的规律就是这些要素相互作用的关系模式。从整体上看，领导活动具有一般规律或基本规律；从局部上看，领导活动的各个要素和各个方面又具有其个别规律或具体规律。

（二）领导力的一般规律

领导力的一般规律主要是由领导活动的基本矛盾运动所揭示的内在本质联系。领导力的诸多要素构成了三对基本矛盾，即领导者与被领导者、领导主体与领导生态、领导活动与组织目标的矛盾。这三对矛盾同所有事物的矛盾一样，处在不停地相互作用的运动过程中，贯穿于领导活动的始终，并制约着领导活动的发展趋势和结果。领导力的一般规律主要包括以下几点。

1. 领导者适应并引导被领导者的规律

这是由领导者与被领导者之间的矛盾运动所揭示出来的一般规律。在领导活动中，领导者与被领导者之间是一对主要矛盾。协调好两者之间的关系是领导活动顺利进行的前提，领导者引导被领导者，被领导要适应并服从领导者，这样才能促进领导活动的持续、顺利进行。在实际领导工作中，这就是领导和群众相结合的原理。

有人认为，领导者的唯一定义是其后面有追随者，这强调了领导者与被领导者之间相互依存的关系。领导者如果没有组织成员的追随、服从与支持，就不能称其为领导者，其权力的行使、地位、权威就无法保障，领导活动就无法开展。因此，领导学家约翰·加德纳（John Gardner）明确指出，领导者最重要的是必须有追随者。没有追随者，就不能称之为领导者。古人云，得民心者得天下，失民心者失天下，领导者必须满足人民的利益需求，才能得到人民的支持，才能得民心。为此，必须从根本上协调和处理好领导者与被领导者之间的矛盾。

2. 领导主体适应并改造领导环境的规律

这是通过领导主体，即领导者和被领导者同客观环境之间的矛盾运动所揭示出来的一般规律。这一规律揭示了领导主体的主观认识及其行为与客观实际之间的矛盾关系。领导者的主观指导必须与客观实际相符合，解决好主观和客观之间的矛盾，领导活动才能达到预期目标，否则就会犯错误。符合领导规律，就在于使主观符合客观。

领导主体的主观性与客观实际之间的矛盾是领导活动中的主观能动性与客观制约性之间的关系。处理好这一矛盾的基本方法主要是领导者的主观认识要与客观实际相符合，领导者主观指导要与客观环境相适应，领导者的主观目的要与客观需要相符合。被领导者在执行领导决策的过程中也同样要实事求是，主观服从客观，从客观存在的实际情况出发，具体问题具体分析。

3. 领导手段与领导目的相适应的规律

领导手段是领导者在领导活动中为实现领导目的，履行领导职能而采取并作用于被领导者和环境的方式方法及工具的总和。领导目的是领导活动所要完成的任务和达到的目标。领导活动是一种有意识、有计划、有目的的行为活动。任何领导活动都必须具有合理可行的目标和恰当的完成目标的手段。

在领导者采取的实现目标的工具箱中，可以选择的工具手段是多种多样的，选择可行的、有效的、合理合法的工具手段是至关重要的。领导者绝不能只问目的，不问手段，不能为了达到目的而不惜一切手段。手段与目的必须和谐。心理学实验研究表明，目的性行为的效率明显高于非目的性行为的效率。因为当人们明确了可能达到的目标时，就会为达到目标而努力，就可以充分地利用各种资源专心致力于目标的实现，避免资源和时间的浪费。

（三）领导力的具体规律

领导力的具体规律是在领导活动中解决各种具体问题的内在规定性，是特定领域具体实际领导实践经验的总结和升华，能够直接指导具体的领导工作，几乎相当于特定的领导方法、领导方式和领导原则。例如，在领导决策中必须遵循和坚持的原则，在领导选才用人中所应该采取的基本方法和坚持的根本原则，领导的成长规律等。领导的具体规律数量极多，内容较为丰富，是领导规律体系中最具体、最实在的内容。中国共产党在领导活动中所探究出来的许多具体规律，如一般号召和个别指导相结合、领导骨干与群众相结合、中心工作与其他工作相结合、全局与局部相结合、统一性与独立性相结合等都是领导力的具体规律。

三、现代领导力的发展趋势

当前，随着世界多极化、经济全球化、政治民主化、文化多元化、社会信息化的深入发展，领导者面对的是情况复杂、结构多样、竞争激烈、变化快速的社会，领导者接触的是价值多元，利益分化，自主意识、参与意识不断强化的被领导者，领导者所处的组织生态和外部环境都发生了深刻的变化，传统的经验型个人领导已无法适应社会发展的需要，现代领导力越来越表现出以下发展趋势。

（一）领导主体集团化

领导主体的集团化是现代国家领导体制的主要特点，而在君主专制的农业社会，政治上实行君主专制，"朕即国家"，"天下之事无大小，皆决于上"，最高权力集中掌控在君主、国王或皇帝一人手中，绝不允许任何人觊觎。社会、经济领域也实行家长、家族一人掌权管理。

在当今世界，无论是政治领域还是经济社会领域的领导主体已经不再是一个人，而是一个集体、集团掌控行使着组织的最高权力，由各个部门、专业、领域及智囊等不同人员组成领导集团。法国管理学家法约尔早在 1916 年就提出，企业最高经理人员的数量应在 4~5 人为宜。美国的《企业管理百科全书》认为，企业最高决策集团应该以 5~7 人为佳。在发展成熟的股份制公司，由于股权的分散化、大众化，劳工和非股东专家进入决策集团，这使得任何个人企图控制企业，实行个人说了算的家长统治几乎是不可能的。

在我国，中国共产党是执政党，党章规定"党的最高领导机关，是党的全国代表大会和它所产生的中央委员会"。宪法规定，"全国人民代表大会是最高国家权力机关"，实行民主集体领导。美国实行三权分立制衡的政治制度，国家权力掌握在立法、行政和司法部门手中，由领导集团行使国家管理的权力。

在当今世界上，领导主体的集团化不仅是一种趋势，而且在绝大多数领域和部门都已经成为现实。这为领导的民主化和科学化提供了可能。

（二）领导决策专门化

决策是领导力的核心职能，决策关系到领导活动的成败。领导决策专门化是指决策职能从领导活动的日常工作中相对独立出来，由领导者专司决策事务，或者由专业机构和智囊人员进行专门研究，向主要领导提供专业化的咨询工作服务，领导者负责最后的决断工作。领导决策专门化的主要表现是决策与执行的分离，智库智囊的相对独立化，咨询机构和工作的专业化。政策问题的发现、建构，政策议程的设置和启动，政策方案的规划、评估，政策执行、政策评估等一系列工作都主要由专门的机构和人员负责，而领导者主要负责决策方案的抉择。

美国管理学家赫伯特·A. 西蒙（Herbert A. Simon）认为，决策、执行、计划等职能从日常的生产、管理活动中分离出来，即"决策工作的专门化"，一切形式的领导都专门从事决策，而不是决策的执行与操作。这一结果直接促发了领导学的诞生。在经济领域，决策与执行分离的标志是"分权事业部制"的产生。20 世纪 20 年代，通用汽车公司总裁阿尔弗雷德·P. 斯隆（Alfred P. Sloan）在"经理制"的基础上提出"集中决策，分散管理"，建立"分权事业部制"，其实质是决策权与执行权的分离，即所有权与经营管理权的分离。斯隆也被誉为带来"组织革命"的"现代组织之父"。

决策与执行分离，决策内部"谋"与"断"分离，这是现代民主领导和领导科学产生的现实基础。领导职能从管理中分离出来，领导活动专司其特定的决策、用人、激励、监督等职能，这为确定和研究领导学的对象、职能、方法提供了客观依据。20 世纪产生了许多新兴科学，如运筹学、系统论、行为科学、管理科学、心理科学等，同时又为领导学的研究提供了新的科学方法。

决策咨询、参谋自古有之，但古代咨询都是官方或官员个人的内部咨询，其人员或机构属于内部机构。现代咨询除官方内部咨询外，还有非官方的外部咨询，即民间咨询，如美国兰德（Research and Development，简称为 RAND）①公司。在咨询建议的独立性、科学性、前瞻性等方面，外部咨询一般优于内部咨询。

（三）领导方式民主化

随着政治现代化进程的加速，政治民主化的浪潮席卷世界各国。在领导力中，领导方式的民主化主要表现在民主选举、民主决策、民主管理、民主监督等方面。

民主选举主要是在政治生活中，主要领导人按照法定程序，由公民或代表直接或间接选举产生。在君主专制社会，最高统治者一般是通过暴力、战争或世袭获取权力，其他官僚的权力往往由君主授予。即使在中国实行科举制的情况下，考取功名的读书人也都需要皇帝授予相应的权力和职位。在现代民主社会，国家的主要领导人往往是通过选民公开定期选举产生的，还可以公开罢免和弹劾。

民主决策是在领导过程中，对公共事务管理的重大决策都须采取民主的方式决定，决策议程、决策方案、决策调整、方案抉择等都需遵循法定程序，公开透明，尊重民意，了解民情，发挥外脑智库的专业咨询作用，由决策者充分讨论和决定，满足公民的合理诉求。在我国，按照相关规定，凡属重大决策、重要人事任免、重大项目安排、大额资金使用等事项，都须经过各部门、各单位的党组讨论和决定。

民主管理是在领导活动中，领导者在管理本单位的事务时，不是一个人说了

① 兰德公司正式成立于 1948 年 11 月。总部设在美国加利福尼亚州的圣莫尼卡，在华盛顿设有办事处。它是美国最重要的以军事为主的综合性战略研究机构，先以研究军事尖端科学技术和重大军事战略而著称于世，继而又扩展到内外政策等方面，逐渐发展成为一个研究政治、军事、经济、科技、社会等各方面的综合性思想库，被誉为现代智囊的"大脑集中营""超级军事学院"及世界智囊团的开创者和代言人，堪称当今美国乃至世界最负盛名的决策咨询机构之一。

算，而是通过各种方式调动下属的积极性和主动性，维护公民的基本权利，注重发挥公民参与公共事务管理的作用，积极拓展公民有序参与的渠道。

民主监督是领导权力的运行必须公开透明，必须依法受到全方位、立体式的多层次监督，把公共权力关进制度的笼子，使权力在法治的框架内规范运行。民主监督主要表现为监督的独立化、法治化、公开化和高效化。传统君主专制下虽然也设立监督机构，但都依附于最高权力，成为君主维护自身权力和控制下属的一种工具，缺乏独立性和公正性。而现代民主监督机构则独立于领导机构之外，依法独立行使监督权力。除了专门的监督机构以外，还有政党监督、立法监督、行政监督、司法监督、媒体舆论监督、公民监督等。平行监督、外部监督和信息透明成为监督独立化的主要表现。

领导方式的民主化必然要求法治化。近代以前的领导方式，主要是领导者以个人的经验和意志实施控制，称为"人治"。领导活动带有领导者个人明显的主观随意性和经验性。克服领导的随意性和"家长制"，真正实行民主化领导，就必须加强法治，实行法治领导。民主是法治的内容和本质，法治是民主的体现和保障，民主与法治的统一在领导活动上集中体现为法治领导或领导的法治化。法治化的领导方式是一种维护民主、铲除专制、安定社会、提高领导力的现代领导方式。

（四）领导方法科学化

科学化领导趋势是相对于传统的经验领导而言的，主要是在领导活动中秉持科学精神，自觉应用领导科学理论指导实践，遵循合理程序，采用先进的技术手段实施领导活动。

领导方法科学化就是领导者对科学有敬畏之心、对人民有敬畏之心、对法律有敬畏之心、对权力有敬畏之心。同时，领导者具有科学精神，解放思想，实事求是，具有强烈的求真和批判精神，反对任何形式的迷信，把领导活动作为一种探索领导规律和发现真理的过程。一切事物都有其自身产生、发展、兴衰、演化的客观规律，反映这种客观规律的分科知识体系就是科学。领导学就是对领导活动规律性的认识和反映，是对领导经验的概括与总结，是专门研究领导活动的理论、原则、方法和绩效等的综合性应用学科。领导方法的科学化主要表现在两个方面：①领导者具有科学精神，运用科学的理论、技术和方法。在履行领导的各种职能中，如在决策、选才用人、激励、监督等过程中，都自觉运用科学理论、科学方法和科学技术。这所强调的主要是软科学、软技术和软方法。②领导者遵循科学程序。领导是一种影响广泛且深远的、事关公民和组织前途命运及兴衰成败的重要活动，须遵循法定的程序，尽可能减少和避免失误。西蒙把决策划分为信息、咨询、决断、审查四个阶段。四个阶段可以交叉，但总的过程是有先有后的，不得任意颠倒。合理的程序是经过长期的实践总结提炼出来的，遵循它则事半功倍，违反则极易陷入困境。

（五）领导职能公共化

领导职能是领导者必须履行的基本职责和发挥的功能。领导职能的公共化是领导者履行职能的过程和目的具有公共性。这种公共性主要表现在：领导者履行职能的基础是公共权力，履行职能的过程是公开透明的，履行职能的目的是实现公共利益最大化。简单地说就是，领导是一种公共服务活动。

在原始社会，领导职能是为氏族部落和全体氏族成员服务，具有原始的公共性。在原始社会氏族部落的事务较为单一，领导职能比较简单。农业社会的君主专制统治，领导职能发生了根本性变化，是为君主及其家族利益服务。在君主专制时代，领导职能是为皇帝及其家族的利益最大化服务。本质上是为某个人、某个家族、某个集团的私人利益服务。这一时期的领导职能具有显明的私人性、私利性。在资本主义社会，领导职能是为资产阶级的利益服务，不是为全体人民的利益服务，具有明显的私利性。

领导职能公共化的趋势表明，领导者在履行决策、用人、激励等职能时，必须秉持公共利益最大化原则，绝不能以权谋私、损公肥私，必须真心诚意为公民服务，勇于担当，恪尽职守，兢兢业业履行公共责任，遵循公共伦理。

（六）领导行为伦理化

领导力本质上是伦理问题。无论是在中国还是在西方，历代思想家和统治者都极为重视伦理对领导力的影响。在中国，统治者在追求长治久安时把"官德"作为领导者的基本素质，甚至作为最重要的修养。"修身齐家治国平天下"，修身是"官德"养成的重要方面，是成为领导者的首要条件。在西方，领导的伦理化也是一个普遍性、强制性要求。西方的领导学中都涉及领导伦理的问题，把领导伦理作为领导学的基本内容之一。

领导力的伦理化主要强调领导活动目的的伦理化，强调领导者的行为及其结果要符合伦理道德，应该对组织及其成员具有积极的、有益的作用。评判行为伦理化的方法有三种：①利己主义的方法。认为个体行动的目的是让自己在最大程度上获得利益。②功利主义的方法。认为领导的行为应该为大多数人谋求最大程度的利益。③利他主义的方法。认为领导者只有在行为的初始目的是关注他人的利益得失时，这才符合伦理的要求。对领导行为的伦理化评判应该按照功利主义和利他主义的方法进行。

领导力的伦理化强调领导者在行使权力的同时必须承担相应的责任，领导活动的公共性强调领导者的责任和领导活动的规范性，关注领导行为的义务和做正确事情的责任，如是否诚实守信、处事公正平等。领导行为的伦理化是领导者获得权威的一个重要来源。现代社会，对领导行为伦理化的要求越来越高，甚至出现了领导伦理法治化的趋势。

四、作为一门学科的领导学的诞生

领导学作为一门科学的产生和发展，有其客观的社会历史条件。领导学是对领导经验的总结、概括、提炼的理论化和体系化，是对领导活动规律性的认识，是以领导现象为研究对象的一门综合性应用学科。学习和研究领导学具有重要的理论价值和现实意义。

领导学是以领导现象作为研究对象，以探究领导力规律并利用规律服务于人类的一门综合性运用学科。任何一门学科的产生都有其客观历史条件和现实必然性。科学是从社会生产与发展的实践和人类的思维认识中升华出来的，其产生和发展归根结底取决于是否来源于客观实践和能否满足人类社会的需要并推动时代的进步。领导学是一门古老而年轻的学问。领导活动自古有之，但领导学在 20世纪中期才最终产生，其动力在于满足现代社会化大生产、现代科学技术的迅猛发展、社会分工的日益细化和社会更加复杂化的需要。人类社会发展需要是领导学产生和发展的直接动力。

（一）领导学的产生与发展是现代社会化大生产的产物

近代工业革命以来，特别是 20 世纪 30 年代后，发达国家现代化大生产的规模越来越大，专业化分工越来越细，社会组织规模日益壮大，通信信息技术日益发达，科学技术和社会生产力迅猛发展。概括来说，现代社会化大生产活动主要有以下两个特点。

（1）现代社会化大生产活动日益复杂。现代社会化大生产与农业社会及近代社会以前的小生产有着明显差异。小生产，规模较小、组织结构简单、人员少、主要依靠经验和技艺就能够维持；而社会化大生产却出现了大科学、大企业、大工程。大科学、大企业、大工程的共同特点是规模宏大、结构复杂、信息巨量、因素众多。面对高度复杂的系统，仅凭个人的经验与智慧是无法胜任的，领导者必须有一套科学的原理与方法作为基础、依据和指南。

（2）现代社会化大生产活动瞬息万变，市场竞争激烈。传统农业社会小生产的特点是生产力水平低下，社会生活节奏缓慢，发展缓慢。而现代化大生产活动变化迅速，尤其是电子计算机在生产中的广泛应用及机电一体化的发展，使生产方式发生了革命性变革。在多变的社会活动中，在竞争白热化的状态下，要求领导者能够统观全局，审时度势，果断而准确地进行决策，这就必须借助于科学的领导原理与方法。马克思曾指出："理论在一个国家实现的程度，总是决定于理论满足这个国家的需要的程度。"[①]

（二）领导学的产生与发展是现代科学技术进步的产物

19 世纪末 20 世纪初，由于力学、物理学的巨大发展，带来了一场科学革命。蒸汽机的发明标志着科学技术的发展跨入了一个新的时代。尤其是第二次世界大战后，自然科学的发展进入了一个新阶段，出现了原子能、电子计算机和空间技术，发生了影响深远的新技术革命。

现代科学技术发展的新趋势是高度分化和高度综合。一方面是高度分化，各门学科分类越来越细，分支越来越多；另一方面是各种学科彼此渗透，相互联结，高度综合，不断开辟科学研究的新方向、新领域，产生了许多边缘学科、综合学科、交叉学科。科学技术已经渗透到社会生活的各个方面，经济、政治、社会、军事、教育、文化、生态等各个领域，无不深受现代科学技术的影响。特别是当代生物研究、工程自动控制技术、通信网络系统的发展，产生了系统论、控制论和信息论等新兴学科。这为科学领导提供了基础理论和方法论手段。电子计算机及智能机器系统的出现，使人们可以利用数学模型进行社会经济运行的"模拟试验"。在这个时期，美国管理学家西蒙对决策程序与原则进行了开创性研究。现代科学技术的发展，为领导活动从经验上升到科学提供了必要条件，对于领导学的建立起到了积极的推动作用。

（三）领导学的产生与发展是现代社会分工深入发展的结果

社会分工是生产发展、科学发展的重要因素，也是社会发展的重要杠杆。社会分工有两个发展方向：一个是按照劳动部门的不同而进行的横向分工；另一个是按照劳动过程的阶段不同而进行的纵向分工。人类历史上最早发生的是农业与畜牧业及后来的农业与手工业、体力劳动与脑力劳动相分离的横向分工。社会的纵向分工相对来说产生得要晚，发展也比较缓慢。有学者将现代社会的三大分工表述为决策与执行的分工、决策与咨询的分工及决策与监督的分工，其中决策与

---

① 《马克思恩格斯全集》第 3 卷，人民出版社，2002 年，第 209 页。

执行的分工是导致领导与管理分离的直接社会根源，是领导学产生的客观基础。

决策与执行的纵向分工始于19世纪资本主义大生产时代。这种分工首先发生在军事领域，即司令部和参谋部的分设、帅才与将才的分离，也就是军事上决策与执行、领导与管理在组织机构与人才方面的分工。其次发生在经济领域，这开始于19世纪中期的雇佣经理制。最后发生在科技领域，产生于20世纪的大科学时代。政治领域的这种分工则要早得多，可以追溯到资本主义国家立法机构、行政机构、司法机构的分设。

20世纪中期，决策与执行的纵向分工发展到新的阶段，即决策与执行的分工，发展到决策内部再分工，执行内部再分工的新阶段，决策内部"谋"与"断"的分工，执行内部"组织"与"操作"的分工。"软专家"集团制就是这种分工的组织形式。决策与执行的纵向分工是历史的必然，也是历史的进步。由此而产生的领导决策专门化与管理执行专门化的分离及领导学的产生与发展，也是历史的必然与历史的进步。

（四）领导学的产生与发展是领导经验与艺术的积累、总结与升华的结果

在人类社会长期的历史发展中，积累了丰富的领导经验与艺术，这些经验与艺术散见于历代思想、政治典籍中。我国古代的儒家、道家、法家、史家和兵家都曾对领导活动做过记录与思考。例如，孔子编选的《尚书》记载了商、周时期奴隶主的政治统治的经验；《春秋》三传、《国语》及《战国策》中所反映的领导经验与思想，迄今对后人仍有启示。北宋司马光编撰的《资治通鉴》是一部关于治国安邦经验与事例汇总的巨著。但由于小生产方式的历史局限，还不可能创建领导学的理论体系，所记载的领导经验与艺术也只是领导者的个人阅历、个人智慧和个人经验的总结。

在国外，对领导问题的研究自古有之。例如，从柏拉图的《政治家》《理想国》，亚里士多德的《政治学》，马基雅维利的《君王论》，洛克和孟德斯鸠的"三权分立"学说，到卢梭的《社会契约论》和"天赋人权"思想，对人类社会的领导行为及其产生和发展过程等问题做了研究和论述，但他们还没有上升为系统的理论。

20世纪70年代末的中国改革开放及伴随着现代化建设事业的深入推进，建立和发展中国领导学，既有现实需要的迫切性，又有现实条件的可行性。1980年刘吉教授撰写了《现代领导艺术》的论文，成为最早开拓领导学研究的学者。我国第一本领导学理论专著是1983年由夏禹龙、刘吉、冯之浚、张念椿四位教授撰写的由广西人民出版社出版的《领导科学基础》。之后，我国领导学的研究本着"古为今用，洋为中用，以我为主，博采众长，融合提炼，自成一家"的精神，逐渐发展成为一门具有中国特色的领导学。

　　人类社会发展到近现代，生产的社会化和科学技术迅速发展，人类的领导经验升华到一个新的阶段。一方面，由于资本主义的生产方式突破了小生产方式的狭隘界限，世界市场的开拓、企业规模的扩大、跨国企业集团的诞生，使生产管理日益科学化，现代管理学应运而生。另一方面，随着欧美各国工业的迅速发展，人口集中，城市扩大，国际的经济交往与文化交流频繁，导致领导职能增加、领导责任加重、领导方式复杂，整个社会越来越要求领导科学化。

　　无产阶级革命运动的领导实践也为领导学的产生和发展积累了丰富的经验，为领导学的发展提供了总结、提升的基础。马克思和恩格斯在领导第一国际的革命运动中，列宁在领导俄国社会主义革命中，以毛泽东、邓小平等为代表的老一辈无产阶级革命家在领导中国革命与建设的实践中，都积累了许多宝贵的领导经验，显示了精湛的领导艺术，这些都极大地丰富了人类领导艺术和领导经验的宝库。

　　领导学是适应社会化大生产的客观要求，伴随着社会分工的发展，在吸取了古今中外领导思想中的合理成分并借助于现代科学技术的推动基础上产生的，同时也是在现实的领导实践中不断丰富和发展的。

第二章　领导力之体：领导系统

　　领导力系统是由领导主体、领导客体、领导环境等要素相互作用、相互影响而形成一定结构并发挥特定功能的有机整体。领导主体是领导者，领导客体是被领导者、领导目标等。对领导力系统的分析主要有两个层次：第一个层次是领导力系统内部的构成要素及其互动规律，这是优化领导力系统，提高领导力的基本依据；第二个层次是领导内部系统与外在环境之间的关系，这是揭示领导问题的前因后果、领导活动情势、促进领导发展的动力。领导力系统是领导活动的载体，是领导过程展开的基础。

第一节　领导主体

一、领导主体的内涵

（一）领导主体的含义

　　主体与客体是用来描述和研究人类的认识活动及实践活动的一对哲学范畴。主体是指具有自主意识和能动性的行为发动者，是处于主导地位的积极活动的人。领导主体是指在领导活动中处于主导地位，充当支配角色的人和组织，即领导者。客体是指人的认识和实践的对象，在领导活动中处于被动地位的受作用的对象就是被领导者。领导主体与领导客体是领导学中的一对范畴。

　　领导主体是在领导活动中拥有一定的职位、担任特定的职务、承担领导职责、从事领导活动的个人和组织。简单地说，领导主体就是担任领导职务的掌握权力、控制资源、担当责任、拍板决策的个人和组织。

　　从领导者角度来看，领导主体可分为领导个体、领导集体和领导群体。领导个体是一般意义上的领导者。领导集体，也叫领导班子、领导成员，是在一个组织中由担任各个层级和不同职位领导者所组成的领导团队。领导集体中不同的领导者之间存在着上下级的领导关系、平行的同事关系。领导群体则是指在一个社会中，由存在于不同组织、不同领域、不同部门中担任一定领导职务的所有成员所构成的群体。

领导主体是在领导活动中居于主导地位，充当支配角色的行动者，包括机构团体和个人。在现实社会生活中，领导主体通常是在一定的组织和社会群体中，代表和体现组织及群体意志，居于领导职位，担任领导职务，掌握组织权力，履行领导职能的个人和组织。

领导主体掌握着法定的组织权力，支配着组织资源，主导组织发展方向，决定组织的人事安排，对组织系统发展起着主导性作用。领导主体使社会系统获得组织性的生命和价值。在现代社会，领导主体成为一种专业化的行为主体，在社会生活中专门履行组织、计划、指挥、控制、协调的领导职能，扮演社会活动中的主角，发挥着比其他角色更为重要、深远的作用。领导主体包括作为个体的领导者和集合体的领导团体、领导机构，即我们常说的领导班子或领导集体。

作为组织化的领导主体，是以群体、集体和团体的方式存在和表现出来的，但归根结底都落脚到具体的个人身上。

主体相对于客体而言，主体是行为人，是行为的发动者、存在者和作用者，而客体是行为作用的对象，是被支配的对象。领导主体是相对于领导客体而言的，是根据在领导活动中所发挥的作用不同而进行区分的。被领导者是领导者作用的对象，是受领导者直接支配、指挥、影响的对象。在领导者与被领导者的关系上，毫无疑问，领导者居于主导支配地位，进行组织决策、整合资源、指挥监督、选才用人、奖励惩罚等活动，发挥着主导作用。领导者的主导力量是不可替代的，领导的功能作用是独特的，领导角色是复杂、重要的，有着与被领导者相区别的明显特征。

（二）领导主体的作用

领导者是领导活动的主体，在领导活动中发挥主导性作用。

（1）领导者在领导活动中居于中心地位。领导者在一定的环境条件制约下，发挥着由其职权和素质共同形成对所辖组织和人员活动的影响力。这种影响力的大小与领导者的职权和素质成正比。领导者以其高尚的品德、渊博的知识和高超的才能，产生的吸引力和凝聚力，使被领导者凝聚起来，把分散的力量积聚起来，为实现目标创造条件。德国一位军事家曾经说过，一支由狮子指挥的绵羊队能够打败一支由绵羊指挥的狮子队。这充分说明了领导者对事业成功所发挥的核心作用。

（2）领导者在领导活动中起发动作用。领导者代表群众的根本利益，进行科学决策，制订规划，发布指示命令，使领导活动处于不断地运行之中，并在运行中发挥其对组织和社会的指导动员、推动作用。

（3）领导者在领导活动中起统率作用。在领导活动过程中，领导者设置组织机构，统领方向、整合力量。当出现矛盾或偏差时，根据组织目标，协调关系、统筹兼顾、总揽全局。"领导者在领导活动中的作用就是'领路'和'引航'。"①

二、领导主体的基本属性

领导主体的基本属性是作为领导主体所具有的内在规定性，领导主体是领导职位、职权和责任的统一体。

（一）领导职位

职位就是岗位，是根据组织目标在组织结构设计中有目的确定的需要履行特定职能的岗位。现代组织的岗位设置是在组织理论指导下，在职位分析的基础上周密进行的。职位分析是人力资源管理的一个重要环节，是建立以职位为基准的薪酬模式的重要基础性工作。职位分析又称岗位分析、工作分析，是指通过系统地收集、确定与组织目标职位有关的信息，对目标职位进行研究分析，最终确定目标职位的名称、督导关系、工作职责与任职要求等的活动过程。

领导职位就是在组织系统中所设置的履行领导职责的岗位，是组织分工合作完成任务进行职位分析和组织结构设计的结果。职位分析包括职位说明书，工作任务及职责清单和职位分析报告。领导职位是组织结构中为实现组织目标而设置的基本岗位之一，除了领导职位之外还有许多也同样履行着重要职能的岗位。

公共组织中的领导者职位是国家权力机关和人力资源管理部门依据法律规定，按照法定化规范化程序选举、任命和聘用领导者所担任的职务岗位。这一岗位明确规定了相应的权力、责任和权益，是责、权、利的统一体。领导职位的特点主要包括以下几个方面。

（1）职位因事设立。领导职位是根据组织发展需要、以事业为中心而确定的。领导职位是干事的岗位，是履行职能的工作岗位，领导者必须明确岗位所规定的各种事务性质、数量、范围、内容，按照轻重缓急加以权衡和处理。领导绩效考评正是根据领导职位所明确的岗位工作的内容及其完成情况来进

---

① 张晓峰：《中西视域下的领导学要论》，黑龙江人民出版社，2005年，第102页。

行考核评价的。领导者是组织事业的指导者、推动者，是带领组织成员干事业的领头人。

（2）职位有一定数量的限定。在任何社会，领导职位都是有明确限定的，职位越高，其数量越少。一般来说，领导职位设置遵循最低数量原则。要避免因人设位，职位重复；要避免权责划分不当，权责交叉。

（3）职位具有相对稳定性。职位的名称、设置、变更和调整都由法律规定，必须遵循法定程序，不得随意变更。职位的内在规定，如任期、权责、工作内容等不能因担任这一职位的领导者的个人偏好而改变或废除。

（二）领导职权

领导职权是在特定领导岗位上的领导者根据规定所具有的、能够行使的法定职位权力。这是一种与特定职位相匹配的权力，是领导者履行基本职责、完成岗位任务所需具有的基本条件。领导职权可以划分为不同的类型。一般来说可分为奖酬权、强制权、合法权、专家权和参考权。奖酬权、强制权、合法权属于职位权力，而专家权和参考权则属于非职位的个人权力。

（1）奖酬权，又叫奖赏权，是指领导者所拥有的对下属进行奖励的权力。一般来说，下属如果服从领导者意志，完成工作任务，就可以获得领导者的奖励。反之，则会受到惩罚。奖赏权是保障领导权力有效行使的基本条件，是树立领导权威的方法，也是领导者进行资源分配的方式。在组织中，绩效、服从、合作等都能够得到奖赏，奖赏的方式有晋升、表扬、奖金等。领导者的奖赏权的有效性取决于奖赏的价值和吸引力的大小、与被领导者所期望的奖励的吻合程度、奖赏是否公平公正、奖赏能否及时兑现等。

（2）强制权是指领导者通过惩罚或威胁的方式迫使人们服从的权力。强制权是建立在人们的恐惧心理基础之上的。在组织中，人们由于害怕被剥夺权益、身份、地位、名誉等而顺从、服从。强制权的有效性取决于领导者使用或者威胁使用生理或精神上的处罚，对基本生理需要和安全需要的控制。强制权的使用通常可以起到立竿见影的效果，但如果使用不当或者频繁使用，常常会带来消极抵制、破坏信任和不诚信的消极影响。一般来说，强制权建立在组织成员认为不服从便会受到惩罚的预期基础之上。强制权属于强力剥夺他人某种权益，奖酬权属于给予他人某种权益。对领导者而言，应尽可能少使用强制权，多使用奖酬权，强制权容易带来愤怒、敌视、抵制和反抗。在使用强制权时需要注意：在处罚前有足够的警告，有明文的规定和罚则，处罚须依据事实和规定，惩罚应当适度和公正。

（3）合法权是指领导者居于组织正式职位而拥有的法定权力。合法权与相应的合法职位相匹配，没有合法的职位，就没有合法权力。领导职位是其权力的合法性来源。这种权力是法律所规定的，得到组织成员的接受、认可和服从。领导者只要获得一定的领导职位，就自然地拥有相应的合法权力。这种权力不会因为领导者个人的不同而有所差异，对相同职位上的领导者都是相同的。合法权力的运用必须有理有节，必须明确，必须符合法律规定。

（4）专家权是指领导者个人因其专业、技能和知识而获得的被下属认可、尊重和服从的权力，也叫专长权。在现代知识经济的社会，在日趋专业化和精细分工的时代，谁掌握了知识和专业技能，谁就拥有了影响他人的力量，具有专业知识和技能的专家在组织中的地位日益提高。领导者所具有的专业技能在组织的发展中具有重要的指导作用，能够获得下属的认同和遵从。在运用专家权时领导者应该建立专家形象，维护专家权威，果敢决策，注意保护下属自尊心，自觉学习，谦虚谨慎，注重沟通交流。

（5）参考权也叫参照性权力，是指拥有丰富资源和特殊魅力的个人由于得到人们的尊崇而获得的影响力。一般包括三种类型：一是个人魅力权，这是对某些个人所拥有的超凡魅力的一种崇拜和迷恋，拥有独特魅力的人容易得到人们的追随、欣赏、崇拜、服从和忠诚。二是感情权，这是由于与他人感情融洽深厚而获得的一种影响力。三是背景权，这是由于具有某些特殊的经历、人际关系和血缘关系背景而获得的影响力。

在领导活动中，领导者的职位权力和非职位权力合二为一，难以进行严格区分。一般来说，领导者应该慎用职位权力，多用非职位权力，提高个人权威。

领导权威与领导权力两者相互联系，但又有一定的区别。领导权威是被领导者基于领导者权力基础之上形成的发自内心的自愿对领导者的尊敬和自觉服从的影响力。领导权力是一种强制性力量，被领导者往往是因为害怕受到惩罚而不得不服从，这种服从并非完全发自内心的自愿服从，而是受到外在强制性压力而表示服从。领导权威是进行有效领导的基础条件。有权力不一定有权威，领导者在恰当使用职位权力的基础上，还要加强个人的品德修养、增强业绩，提高专业技能，提升领导艺术，增强人格魅力，使被领导者自愿服从和主动追随。领导权威是领导者获得下属认可的内在认同和外在服从的一种领导力。

（三）领导责任

责任是一定的社会角色需要履行的相应义务，如果没有履行好职责义务而导致不良影响就需要为此承担相应的被惩处的后果。责任一词包含了责任、负责任、承担责任三个要素。汉语中的"责任"侧重伦理性和道德性，强调"自律"。英文中的"责任"则侧重用法律、制度方式设立和明示，强调"他律"。责任概念是一个关系性的概念范畴，它将责任规范、责任主体、责任受体、责任客体及责任行为等要素通过责任关系建立、责任明确、责任实现、责任认定、责任追究、责任落实等一系列动态过程联系在一起。

（1）根据不同的标准可以把责任划分为不同的类型。赫伯特·哈特（Herbert Hart）在《惩罚与责任》一书中将责任分为地位责任、原因责任、义务责任、能力责任四种类型。地位责任是指只要某人在某一社会组织中具有某种特殊的地位或职位，为他人谋福利或以某种特殊的方式促成组织目标，该地位或职位就被赋予某些应当履行的职责或为履行职责做必要准备的责任。原因责任是指基于因果关系而客观存在的责任，它不仅可以归属于人，也同样可以归属于物、条件、事件等。义务责任指的是需要承受法律或道德上惩罚义务的责任。而能力责任则是指以行为人一定的能力要求需要承担的责任。[①]

（2）行政伦理学家特里·L. 库珀（Terry L. Cooper）从责任的作用机制方式出发把责任分为客观责任和主观责任。客观责任是指在法律和职责上应尽的客观明确的义务。主观责任意指忠诚、良心及认同，主观责任来自公共管理者对责任的感受和信赖；主观责任强调我们之所以去做某事，是源于内在的驱动力；对于公共管理者而言，客观责任来自对法律负责，对组织规划、政策和标准的负责，是服务于公共利益的义务。责任作为社会行为规范的构成要件，其本身就是一种客观现实存在。

（3）根据责任的时间历时性向度可以把责任分为回溯责任与预期责任。回溯责任也叫事后责任，主要是指依据相应的社会规范，对已经发生的问题，应为而不为或不应为而为的行为或事件所进行追溯以厘定责任而课以处罚。回溯责任是以既存的社会规范为前提标准，以过去时间里行为主体违反规范为条件。预期责任也叫事前责任，主要是指在一个事件发生前，责任主体应当勉力为之的事项，它通常与责任主体的特定角色职位相关，通常是指已经事先明文规定的应该履行的职责。

（4）根据不同主体在社会公共事务管理中职能的不同，可以把责任划分为领导责任、管理责任、监督责任等。领导责任是作为领导行为的发动者的领导者所应该承担的义务，是领导者在领导活动中所需履行和承担的由领导职位所规定的分内责任，以及由没有履行相应义务导致消极性后果而应该受到的处罚。领导责任与领导权力是对等的，有多大的权力就须承担多大的责任。权、责的不对等，如有权无责、权大责小、有责无权等都会导致领导活动的失败。由领导活动的性质和内容的丰富性所决定的，领导责任也具有多样性，主要包括政治责任、岗位责任、法律责任、道德责任、廉政责任等。

[①] 参见赫伯特·哈特：《惩罚与责任》，王勇，张志铭，方蕾，译，华夏出版社，1989 年，第 201~219 页。

领导的政治责任是领导者在领导活动中所需履行和承担的把握组织政治方向、坚定自己及组织成员政治立场、强化政治信念等政治方面的责任。

岗位责任是领导者的工作责任，是领导者居于特定的领导职位所应该履行的工作职责、完成的工作任务和实现的工作目标。简单地说，领导岗位责任就是提高工作效率，实现组织目标。

法律责任是指领导活动必须遵循法律法规，依法领导，并且如果因违犯法律造成严重后果而须承担和受到法律追究制裁的否定性结果。法律责任主要是一种规范责任，凡是违反法律规范的行为都应当受到追究制裁，行为的不法性是法律责任的本质，只要具有设定法律责任的法律规范或制度，就具有相应的法律责任的存在。领导者法律责任具有法定性、强制性、司法性、惩罚性、明确性等特点。作为国家权力行使者的领导者的法律责任主要是民事法律责任、行政法律责任和违宪法律责任。

道德责任是指领导者因其未履行相应的伦理道德行为而产生的社会公众的否定性评价及应承担的相应后果。领导者的道德责任是责任的外部强制性与道德的内部自律性的统一，是内部规定性与外部规定性双重规范的统一体。领导者因其不道德的行为必须受到自己内在良心的拷问和外在社会舆论的谴责。

廉政责任是指领导者对自身和组织廉洁状况所担负的义务及发生腐败问题所需承担的惩罚性后果。领导者必须对自身的廉洁担负责任，作为组织的负责人和管理者，领导者还承担着督促组织中其他成员廉洁奉公的责任，领导者对本单位、本部门的廉政建设承担着领导责任。

三、领导主体的特征

领导者是领导活动的主体，在领导活动中起着主动性作用。领导与管理不同，领导者不同于管理者，也不同于被领导者。与领导客体，即被领导者相比而言，领导主体具有以下特征。

1. 拥有职权

领导者是在组织中担任领导职务，依据职位而具有相应法定权力的领导主体。职位职务是领导者行使权力、履行职责的身份。领导活动的开展需有一定的权力作为后盾和基础。领导权力是领导主体指挥、组织、统领下属以实现目标的有效工具。根据职权一致原则，居于什么层级职务职位，就有相应的职权。领导者的职权是从事领导活动的资格，是组织赋予的，是统领下属、行使领导职能和实现组织目标的工作权力。一般来说，领导职权具有严格的边界，有明确的内容，与领导者个人特性无关。

2. 承担职责

领导活动是一种影响深远且广泛的、重要的高层次公共管理活动，依据权责一致原则，领导者职权越大，其责任也越大，有多大权力就需承担多大的责任。领导职责既是领导活动能够发挥建设性作用的保障，是领导者有效履行职能的内在压力，也是避免和减少领导者滥用权力的行为规范。领导权力与领导职责正如一枚硬币的两面，是相互依存不可分割的，有权就有责，有责必有权，这是领导活动正常开展的基础。

3. 分配资源

领导活动的正常开展，除了具有领导权力之外，还需要依赖各种各样的社会资源。居于领导职位的领导者，一般都具有居于职位所配置和可以利用的各种资源，如信息、政策、权威、人力、资金、技术等。这些资源有助于领导活动的有效开展，是实现领导目标所必需的物质和精神条件。一般来说，领导者都拥有与其职位相匹配的较为充分的资源。领导者能否有效整合各种资源，能否合理开发利用资源，关系到领导活动的成败，也体现了领导力的高低。领导者拥有资源，使其处于利益中心，常常成为某种利益的代表者。

4. 履行职能

领导职能是领导者在领导活动中所应该承担和发挥的职责功能，即领导者在社会组织中应该发挥的作用，在领导工作中所必须履行的社会职责。领导者在社会组织和社会生活中发挥着指挥者、引领者的作用，对社会的稳定和全面发展发挥着关键性作用。在组织中，领导者所应该履行的具体职能包括：科学决策、选才用人、激励下属、健全机构、完善制度、培育组织文化、监督检查、考核评估等。

5. 多重角色

领导者是一个角色丛，需要履行多重角色，不仅在社会中充当一般人所扮演的角色，还需扮演领导角色。管理学家亨利·明茨伯格（Henry Mintzberg）把管理者和领导角色分成三类共 10 种角色：在人际关系方面，扮演名义领袖、领导者、联络者的角色；在信息传递方面，履行监督者、传播者、发言人的角色；在决策制定方面，履行企业家、混乱处理者、资源分配者和谈判者的角色。在国家治理现代化过程中，领导者需履行的角色主要是：引导者、决策者、沟通协调者、示范者、激励者、责任人、服务者、公共利益的代表者、资源的整合者、法律的维护者等。

第二节　领　导　客　体

一、领导客体的内涵

领导客体是领导力中被作用的对象，包括被领导者和目标等。被领导者是领导力中被作用的对象，受领导者的指挥和影响，按照领导者的意图开展活动，服从领导者，是领导目标的具体实践者。领导者与被领导者构成了领导力中的一对基本矛盾，两者相互依存不可分割，在领导活动中发挥着基础性作用。

在领导过程中，就领导主体与领导客体相互作用而言，被领导者是领导的客体，处于被作用、被支配的地位。但是，被领导者的这种作用不是可有可无的，离开了被领导者的基础性作用，领导活动就难以开展，领导者就不复存在。领导者是依存于被领导者而存在的，如果没有被领导者，也就不存在所谓的领导者。领导者的主体地位，主要是相对于领导活动中一些重要事项上的选择的决定权而言的，在决策用人等重要活动中，领导者起着决定性作用，而被领导者具有相对的从属性的参考作用。领导与被领导的关系，在领导活动中只是一种工作关系，并非一种人身依附关系。领导者与被领导者的区分，只是相对于领导活动这种特殊高层次的复杂管理活动中两者所起的作用不同而言的。

被领导者是相对于领导者而言的，一般可以分为两种类型：一类是绝对被领导者，即指在一切社会组织中没有担任任何领导职务，不承担任何领导责任，也不掌握任何领导权力，完全接受他人领导的个人和群体，如普通工人、农民等；另一类是相对被领导者，就是在社会组织中相对于下级而言是领导者，而相对于上级而言，则是被领导者，如行政职能部门中的处长，相对于厅长而言，他是被领导者，是下级，而相对于科长而言，他是领导者，是上级。

一般来说，被领导者可以分为两个层面：一是组织中领导者直接统领的下级成员；二是社会中领导者为之服务的广大社会公众。

被领导者是领导系统的客体，是领导主体作用的对象，在领导活动中具体执行领导决策、直接完成领导任务的个人、集团或群体。被领导者的称呼多种多样，如追随者、群众、下属、拥戴者、支持者、职工、职员等，有的学者采用"追随者"（follower）这一提法。在本书中，我们使用被领导者这一概念，在学理上也更为规范。从宏观来看，采用追随者这一概念是从更宽泛的角度而言的，强调领导者自身要有领导力，而非只行使法定的正式强制性权力，领导者应该更多地具有基于非正式权力基础上的权威，具有人格魅力和高超能力，才有支持者和拥戴者。同时，使用追随者这一说法可以在一定程度上淡化被领导者这一角色的消极被动性，强调其主动性、自主性、自愿性特点，重视其在领导活动中与领导者一样也具有重要作用。从公共组织的视角来看，按照国家法律和科层制组织的原则及规程，被领导者不能仅仅只是追随者，还必须是服从者，根据行政管理中的行政首长负责制的普遍原则，下级必须服从上级。

二、被领导者的特征

被领导者是相对于领导者而言的，是领导者的对应面，两者相互依存。相对于领导者而言，被领导者具有以下特征。

1. 服从性

人类的智慧之一是建立各种组织并利用群体的智慧增强生存发展的机会。组织之所以能够发挥整体性的放大力量是因为其能够扩展每个成员的优势而忽略或避免劣势，通过领导与服从的体制形成统一的指挥控制系统而发挥作用。在领导活动中，被领导者在领导者的指挥组织下开展活动，服从领导者，按照领导者的指令行动，这是组织活动开展和组织目标实现的保障。命令和服从是古今中外任何组织通行的基本原则。被领导者的服从性，从表面上看是服从领导者的指挥命令，但实际上是服从于组织目标、组织权力、组织利益。这种服从性不具有褒贬的价值判断意味，即使是领导者，也需具有一定的服从性，要服从国际礼仪、服从上级领导。在不同社会中，服从的性质有所差异，在阶级社会里，服从是强制性的、被迫的，而在社会主义社会里，服从则是理性的、自觉的。

2. 大众性

自从人类社会产生领导活动以来，就有了领导者与被领导者的区分，从数量规模来看，被领导者占绝大多数，而领导者只占极少数。只要人类社会存在着领导现象，这一区分就始终存在。在任何组织和社会中，被领导者人数众多，规模较大，具有分散性、需求多样性、人员构成复杂、行为群体性等特点。由这些特点决定，作为被领导者的广大群众，虽然没有在历史上清晰地留下个人意志的烙印和姓名，但却是人类社会历史发展的推动力量，是历史的创造者。

3. 无职无权

被领导者中大多数属于绝对的被领导者，他们没有担任任何领导职务，没有任何组织权力。绝对被领导者最直观、最明显的特征是不担任任何职务。一般来说，人们判断一个人是否领导者，常常是以其是否担任职务、拥有权力为主要标志。没有担任领导职务的是绝对被领导者，担任较低职务的是相对被领导者。在现代社会，领导者与被领导者只是组织中的领导关系范畴，只是意味着社会分工的不同。

4. 受动性

被领导者接受领导者的指挥、命令、监督、控制，是领导作用的对象，处于被领导的地位。在组织中，领导者负责指挥、引领、带动，被领导者做出相应行动。领导者就如同火车机头，被领导者就如同火车的车厢，组织活动就是在领导者的带动下产生联动效应而进行的，"火车跑得快，全靠机头带"就是这个道理。带动和受动，在组织活动中缺一不可。

5. 源泉性

被领导者的源泉性主要表现在：①是领导者产生的源泉。领导者不是天生的，其降生时嘴里并没有含着权力的金钥匙，领导者来源于人民群众，是在人民群众中锻炼成长起来的，是在平凡的芸芸众生中努力奋斗脱颖而出的。俗话说，有什么样的人民，就有什么样的领导者，就是这种源泉性的一个注解。②是领导者智慧的源泉。领导者的知识智慧一方面来源于自己的学习实践和所接受的教育；另一方面则来源于人民群众。人民群众在长期复杂的社会实践中积累了丰富的经验智慧，有的甚至是付出惨痛的代价才获得的宝贵经验教训，领导者生活在人民群众之中，耳濡目染，长期熏陶，获得了许多智慧。领导者应该自觉、理性地向人民群众学习，"在人民面前，我们永远是小学生，必须自觉拜人民为师，向能者求教，向智者问策；必须充分尊重人民所表达的意愿、所创造的经验、所拥有的权利、所发挥的作用"①。③是领导者力量的源泉。被领导者人数众多，是社会实践的主体，是历史的创造者。人民群众的力量是无穷的，离开了被领导者，领导者就是孤家寡人。领导者不同于管理者的一个特点就是管理者是政策的执行者，而领导者则是决策者，是通过激励被领导者去执行政策和实现组织目标，领导者不是具体工作任务的完成者，被领导者是组织目标实现的依靠力量。④是领导权力的源泉。从终极意义上说，领导者的一切权力都来源于人民群众。领导者必须清醒地正确认识到自己所行使的权力来源于人民，受人民的委托管理国家公共事务，必须为人民服务，对人民负责，接受人民监督。

---

① 习近平：《习近平谈治国理政》，外文出版社，2014年，第27页。

三、被领导者的类型

在人类社会中，绝大多数人都处于被领导者的地位，被领导者对人类社会的发展发挥着基础性的作用。历史唯物主义认为，人类社会发展的历史从根本上说是生产力发展的历史，是作为生活资料生产者的人民群众所创造的历史。人民群众是历史的主体，是推动社会发展的决定力量，是历史的创造者。人民群众的作用突出表现为：人民群众是社会物质财富的创造者，是社会精神财富的创造者，是社会变革的决定力量，人民群众既是先进生产力和先进文化的创造主体，也是实现自身利益的根本力量。

根据不同的标准可以把被领导者划分成不同的类型，不同类型的被领导者，具有不同的特点和属性，在领导活动中所起的作用也不尽相同。

1. 根据职位的相对性，可以把被领导者划分为相对被领导者和绝对被领导者

在领导活动中，相对被领导者就是相对于上级领导而言是被领导者，受上级领导的统属、指挥和指导，相对于下级而言，又是领导者，对下属人员进行指导和管理。在公共组织中，由组织金字塔式的权力层级节制结构所决定，下级必须服从上级，受上级的领导，因此，处于组织中的不同层级的人员，既是领导者，又是被领导者。相对于上一层级的部门而言，他们是被领导者，而相对于下一层级的部门人员而言，他们又是领导者。只有处于最低层级的部门人员，他们才是绝对的被领导者。绝对被领导者是在一切社会组织中不担任任何领导职务，不承担任何领导责任和不拥有任何公共权力的完全服从领导的人。

就这种相对性而言，领导者和被领导者角色处于相互转换的关系之中，两者的地位不是一成不变的，在不同的领导关系中，领导者可能变成被领导者，被领导者可能变成领导者。而且，随着知识、经验、技能的积累、丰富和提高，被领导者也能够成为领导者，绝对被领导者也可以变为相对被领导者。

2. 根据成熟度可以把被领导者划分为成熟被领导者、较成熟被领导者、不成熟被领导者和较不成熟被领导者

领导生命周期理论和领导权变理论认为，被领导者在工作技能、意愿、认知等方面都有一个逐渐提高的过程，有一个由不成熟走向成熟的过程。对于不同成熟度的被领导者，就需要采取不同的领导方式，这样才能够提高领导绩效。

领导情境理论按照被领导者完成一项任务的能力和意愿程度，把被领导者从不成熟到成熟依次划分为：一是没有能力且不愿意；二是没有能力但是愿意；三是有能力但不愿意；四是有能力也愿意。据此，可以把被领导者划分为四种

类型：一是不成熟的类型；二是较不成熟的类型；三是较成熟的类型；四是成熟的类型。在领导活动中，领导者只有针对被领导者的不同成熟度采取不同的领导方式，才能取得较高的领导绩效。对于不成熟的被领导者，应该采取命令指示型领导方式；对于成熟的被领导者，应该采取民主的、授权的领导方式；对于较成熟的被领导者，可以采取监督式领导方式；对于较不成熟的被领导者可以采取教练式领导方式。

3. 根据依赖性、批判性思维的标准可以把被领导者分为疏离型、顺服型、实用型、被动型和模范型五种类型

罗伯特·凯利从依赖性和批判性思维两个维度对被领导者进行划分，把被领导者划分为以下五种类型，如图 2-1 所示。[①]

图 2-1　罗伯特·凯利对被领导者的类型划分

（1）疏离型被领导者。这种类型的被领导者具有较高的独立性和批判性思维，他们习惯于向他人指出组织中所存在的不足和消极的方面，习惯于与领导者保持一定的距离，习惯于对领导者采取批评质疑的态度，因此容易给领导者留下玩世不恭、愤世嫉俗、麻烦制造者、对立者的印象。

（2）顺服型被领导者。这种类型的被领导者具有较高的依赖性和非批判性思维，他们习惯于服从命令，不会质疑领导者，不会对组织和领导者进行批评和抱怨，对执行的命令也没有任何批评和质疑，能够毫无怨言地、积极地执行命令。这种类型的被领导者一般适用于工作对目标要求明确，较为单一、僵化的组织结构和独断专行的领导方式。

（3）实用型被领导者。这种类型的被领导者处于依赖与独立、消极与积极、非批判性与批判性思维之间的中间状态，他们主要追求和善于保护自己的利益。

---

① 理查德·L. 达夫特：《领导学：原理与实践》（第 2 版），杨斌，译，机械工业出版社，2005 年，第 128 页。

从积极的方面来看，实用型被领导者处事中庸，不喜欢出风头，做事恰如其分，基本能够完成领导交给的任务，也不会与领导公开作对，把自己与组织命运联系在一起，具有较好的人际关系。从消极的方面来看，这种类型的被领导者对组织目标缺乏高度的认同感，缺乏创新冒险精神，谨小慎微，精于算计，在危急时刻不会挺身而出，处世圆滑，注重维护自己的利益。

（4）被动型被领导者。这种类型的被领导者具有较高的依赖性和非批判性思维，缺乏主动性和责任感，喜欢随大流，服从性较强，缺乏积极上进的精神，消极被动，自觉性较差，不会主动地完成某项任务，不会主动承担额外的任务。对于这一类型的被领导者，需要进行持续不断的指导或者激励。

（5）模范型被领导者，也称为有效型领导者。这种类型的被领导者具有较高的独立性和批判性思维，能够主动、自觉地完成任务，能够承担额外的任务，工作的积极性、主动性和创造性较强，具有较高的合作性。这种类型的被领导者是最好的自我领导者和最好的合作者。他们能够给其他被领导者树立榜样，起着示范带头作用，是一种建设性的、有效的被领导者，不仅能够节省领导成本，而且还可以使领导者获得有益的建议，协助领导者完成领导任务。

四、被领导者的作用

领导者与被领导者都是领导活动中的行为主体，领导者之所以能够成为领导者，就是因为有被领导者的存在，有被领导者的支持。离开了被领导者，就不存在领导者，也没有领导力可言。因此，有人认为，领导者的唯一标志就是有追随者。被领导者在领导力中起着基础性的作用。

1. 被领导者与领导者相互依存

领导活动是由领导者、被领导者、客观环境、组织目标等要素构成的系统，这一系统之所以能够发挥作用，是因为领导者与被领导者之间的相互依存、相互作用和相互支持。在"官本位"社会中，被领导者常常被认为是可有可无的，其作用是微乎其微的，是被轻视的、被看不起的对象。随着社会的发展进步、民主政治的发展和国民素质的提高，被领导者的地位不断提高，其作用也日益被理性认识。没有被领导者就没有领导者，领导和被领导者是不可分割的、相互促进的关系，没有被领导者的支持，领导活动就无法开展，组织目标就无法实现。

2. 被领导者是领导活动开展的中介力量

领导与管理是不同的，领导者与管理者也是不同的。两者的不同就在于，管理者是直接的工作任务的具体执行者和实践者，管理者是政策的具体执行者、贯彻者和落实者，而领导者则是目标的确定者、任务的安排者和政策的制定者，领导任务的完成和领导目标的实现并不是由领导者亲自去实施，而是通过被领导者这一中介完成的。在领导活动中，领导者的主要任务是确定合理的组织目标，整合资源，团结力量，激励被领导者实现组织目标。被领导者的任务就是按照领导者的指示，完成具体的工作任务。被领导者是保证领导活动得以开展的桥梁纽带，是实现领导目标的直接主体。离开了被领导者这一中介作用，领导目标就是空中楼阁。这也正是中国共产党把群众路线作为党的生命线和根本工作路线的理论依据和实践经验。

3. 被领导者是实现组织目标的直接力量

在领导活动中，领导目标必须进行层层分解，把总目标分解为一系列多层次的、可实施的具体工作目标。被领导者正是一个个具体工作目标的完成者，是把决策落实到实践中去的最后一道程序的工作人员。被领导者的综合素质、工作意愿、协作能力、对领导者意图的领悟等，直接关系到组织目标的实现。领导者是组织目标得以实现的关键性力量，而被领导者则是决定性力量。

4. 被领导者的状况关系到领导活动的成败

在领导活动中，领导决策和各种具体工作任务是由被领导者的具体行为实践实施的。在社会管理中，自己决策自己去完成，这是操作；自己决策由别人去完成，这是领导。有效领导是领导决策能够由被领导者贯彻落实而实现目标的过程。被领导者的成熟度、技能高低、思想精神状态等，被领导者对领导者的认同度和支持度，决定着能否正确领会领导决策意图，能否贯彻落实决策，直接影响着领导工作的成败，决定着领导绩效的高低，表征着领导力的高低。

五、有效的被领导者

领导活动的成功是领导者与被领导者齐心协力努力的结果。领导者在其中起着主动性作用，被领导者起着基础性作用。一个有效的被领导者必须具有良好的专业技能和执行力，具有独立思考的能力，拥有正直诚实的品质，具有团队合作的精神。被领导者应该成为一个积极上进的、有效的、合格的追随者，为领导活动的成功做出应有的贡献。成为一个有效的被领导者应该从以下几个方面努力。

1. 服从领导

服从领导，是被领导者的职业纪律要求，是由领导活动客观规律所决定的。服从领导是领导活动本身的客观需要。社会组织，尤其是公共组织是按照一定的权力层级节制建构起来的，下级服从上级，形成上下节制、左右衔接的有机结构，由此发挥特定功能。在组织中，领导者履行指挥、计划、组织、决策、协调等职能，被领导者履行服从、执行、行动的工作职责。如果被领导者不服从，就是违背组织目标和宗旨，就会破坏组织力量，就要受到纪律处分和惩罚。被领导者的服从不能是阳奉阴违和言行不一，应该真诚、自觉地服从。

服从领导就是服从领导权威、服从领导决策、服从领导目标、服从组织原则、服从组织发展全局。做一个服从的被领导者，是基本的职业素养。服从乃领导之母，没有服从就谈不上真正的领导，就无法形成共同的力量以完成工作任务。被领导者的服从并不是盲目服从，而是建立在理性和法治基础上的工作服从，是以领导者的决策、指令合法和符合整体利益为前提。被领导者的服从不是人身、人格依附，不是没有是非之分的、毫无原则的服从。被领导者的服从，是对大局的服从，是对领导权力的服从，是对组织目标利益的服从。

2. 支持领导

支持领导主要是在实际工作中以行动支持领导，准确领会领导者的指令，按质按量完成领导所交付的工作，帮助其成就事业，变得更优秀，与领导者一起成长发展，共同进步，追求卓越。被领导者与领导者之间不是竞争的对立关系，而是合作共赢的伙伴关系。领导者与被领导者在根本利益上是一致的，目标是相同的，领导者取得优异绩效，容易得到晋升，而被领导者也能够一起获得更为广阔的发展空间。

领导者与被领导者是事业的合伙人，是命运共同体，一荣俱荣，一损俱损，是一个共同谋发展、干事业的团队。被领导者对领导者的支持帮助，是在为组织发展共同出谋出力，实际上也是在帮助自己。被领导者要积极参与组织活动，自觉把领导者意愿、决策、指令通过实际工作变成现实，实现组织目标。被领导者对组织的关心程度，对本职工作的自觉性和主动性，对工作的态度和精神等都会影响领导绩效。被领导者应该积极地参与组织的决策，自觉向领导者提出建设性建议，以主人翁精神，认真、踏实、勤奋地工作，主动向领导者提供和反馈信息，帮助领导者全面、及时、准确地掌握信息，修正不正确的决策。

3. 督促领导

被领导者对领导的督促是社会主义民主的体现，是领导活动规范性、高效性的保障，是促使领导者保持公仆本色的基本方式。

被领导者对领导者的督促主要有三方面内容：其一是对领导者行使权力的监督，监督领导者用权是否合法合规，通过监督使领导者不能滥用权力。领导者以权谋私的滥用权力行为，不仅对组织生存发展具有破坏性，而且损害组织成员的基本利益，破坏社会公正。被领导者对领导者的权力监督是民主法治文明的客观需要。其二是督促领导者切实贯彻落实党和国家的路线方针政策，督促领导者履行职责。其三是对领导者的绩效进行客观公正的评价。根据组织安排和法定程序，被领导者应该积极参与考评工作，公开公平地对领导者的工作绩效进行评价。被领导者对领导者的督促，是一种自下而上的监督，能够与由上而下的法定监督相结合，保证组织目标的实现。被领导者的监督必须基于国家、人民和组织利益的立场，秉持客观公正、实事求是、与人为善的态度和原则。

4. 管理自我

被领导者要成为一个积极有效的下属，离不开自我管理。自我管理是被领导者具有独立自主的精神，把组织目标与自我规划结合起来，对工作自觉主动，对自己负责，恪尽职守，自我激励，自警自省，自我砥砺，积极进取。

被领导者的自我管理主要体现在：自觉提高工作能力，具有娴熟的业务技能和工作技能，在没有外在监督情况下，能够按时、按质、按量完成任务。具有事业规划和自我奋斗目标，设立以行动为导向的、具有一定挑战性的、可检验的、与组织目标一致的工作目标。能够着眼于组织发展提出建设性和创新性的工作建议，具有独立的批判性思维能力。能够主动承担责任，积极参与组织活动，对自己的工作负责，对自己的职业发展负责。主动为领导者公开地提供信息，准确地领会领导的意图，沟通意见观点，以理性的、非情绪化的方式对不合理的决策提出建议，以专业方式对领导决策施加影响，帮助领导者避免决策失误。能够与领导者和同事建立合作、和谐的相互支持的工作关系和人际关系，关注组织业绩，关注团队成员间的团结合作，维护团队内部的友好气氛。

5. 忠于职守

爱岗敬业是基本的职业伦理，也是成为有效被领导者的基本素养。一个有效的被领导者是一个忠诚于事业，对工作兢兢业业、精益求精的爱岗敬业者。领导者与被领导者之间是为了共同的事业、目标、利益而协作奋斗的分工合作关系。被领导者与领导者忠诚于共同的事业，这是良好领导关系建立维系的价值基础。被领导者忠于职守，就是具有强烈的敬业精神，爱岗敬业、勤奋工作、钻研业务、甘于奉献，只有这样，才能有效处理好领导者与被领导者之间的矛盾关系。

被领导者应该强化敬业意识和职业精神，对工作勤奋、刻苦、执着、专注。荀子在《荀子·议兵》里指出："凡百事之成也，必在敬之；其败也，必在慢之。故敬胜怠则吉，怠胜敬则灭。"韩愈在《进学解》中指出，"业精于勤，荒于嬉；行成于思，毁于随"。被领导者忠于职守，就是强化敬业精神，在工作中凭借高度的责任感和使命感，对所从事工作事业的全身心投入和执着追求，具有工匠精神。

6. 影响领导者

领导者与被领导者之间是一种互动的、相互影响的关系，但是，有的被领导者却没认识到这一点，只关注到领导者对自己的支配和影响，没有认识到自己也会影响领导者，也能够和应该影响领导者。被领导者对领导者的影响是客观存在的，差别只在于影响的大小强弱而已。

被领导者应该采取各种方式方法自觉地、有意识地对领导者进行积极影响，共同提高领导绩效。被领导者应该努力提高职业能力素养，与领导者进行有效沟通，向领导者提供建设性建议，协助领导者解决复杂问题，努力成就领导者的事业。理查德·L. 达夫特（Richard L. Daft）认为，被领导者应该独立和勇敢，敢于挑战权威，被领导者影响领导者的方法主要有：①成为其领导者的财富，通过相互了解，相互帮助，成为彼此的财富。②帮助领导者变得更加优秀。③与领导者相互信任、相互尊重的关系，而不是权力与服从的关系。④理智地看待领导者，不对领导者进行理想化的想象，不对别人批评自己的领导者，如表 2-1 所示。[①]

表 2-1　人们满意的领导者和被领导者的特征的排名

人们满意的领导者	人们满意的被领导者
诚实可信	诚实可信
高瞻远瞩	协同合作
鼓舞人心	足以信赖
恪尽职守	恪尽职守

第三节　领　导　环　境

任何领导活动都是在特定的环境中展开的，环境是领导活动开展的平台，脱离一定环境的领导活动是不可想象的。领导环境对领导力的影响，是领导学研究的重要内容。

一、领导环境的内涵

所谓环境就是处于特定时空中的各种因素的总和，这些因素对社会活动产生

[①] 理查德·L. 达夫特：《领导学：原理与实践》（第 2 版），杨斌，译，机械工业出版社，2005 年，第 134~136 页。

直接或间接的影响。环境包括自然环境和社会环境。领导环境是指制约和影响着领导活动开展的各种自然要素和社会要素的总和，是影响领导活动的各种政治、经济、文化、社会和自然生态要素，是制约领导行为模式的社会条件和自然生态。人是环境的产物。马克思指出："人们自己创造自己的历史，但是他们并不是随心所欲地创造，并不是在他们自己选定的条件下创造，而是在直接碰到的、既定的、从过去继承下来的条件下创造。"①领导活动是人类的一种创造历史的社会活动，受到社会历史文化和自然条件的制约。

领导系统是一个开放性系统，它与外部环境相互作用、相互联系，不间断地进行物质能量信息的交流交换，使之保持着活力与进步。运用生态学的理论与方法对领导活动进行研究，把领导环境的重要性凸显出来，这是领导学研究向纵深发展的标志。系统理论把领导环境这一要素考虑进来，从生态学的角度研究领导活动，由此产生了领导生态学这一新的分支学科。领导生态学是研究领导活动与其环境之间关系的理论。在领导行为理论和领导权变理论中，已经关注到了领导环境对领导方式和领导绩效的影响，环境要素成为领导活动研究的一个重要变量。领导的有效性程度，不仅取决于领导活动本身、领导者行为方式，还取决于被领导者的成熟度和社会环境。领导环境是领导活动据以发生、发展和演变的各种条件的总和。19世纪，达尔文学派的动植物学家在研究生物体如何生存和适应环境时，提出了生态、生态系统等概念，其认为在生态系统中，生物体和环境之间不间断地进行着物质、能量和信息的交换，以实现系统自身新陈代谢的生命过程，保持生态系统的动态平衡。20世纪20年代，社会学家开始把生态系统运用于有关人类社会生活的研究。

美国学者高斯（Gaus）关注环境对行政行为活动的影响作用，研究生态环境对政治活动的影响方式。1961年，弗雷德·W.里格斯（Fred W. Riggs）发表《行政生态学》，标志着行政生态学的正式创立。里格斯以生态学方法，研究发展中国家的行政问题，使行政生态学成为一门系统独立的学科。里格斯认为，影响一个国家行政的生态要素主要有五个：经济要素、社会要素、沟通网络、符号系统和政治构架。其中，经济要素是第一位因素，一个国家的行政模式，基本上是由该国的经济结构所决定和塑造的。里格斯根据社会发展的不同程度提出了三种行政模式：农业社会——融合型行政；过渡性社会——棱柱型行政；工业社会——衍射型行政。领导生态学正是基于这样的研究而兴起并发展起来。领导生态学是研究领导活动与其环境之间关系的新兴学科。

从领导环境的内涵来看，领导环境有狭义和广义之分。狭义上，领导环境是指对领导活动有着直接关联并发生作用的组织内部各种要素条件的总和，包括组

---

① 《马克思恩格斯选集》第1卷，人民出版社，2012年，第669页。

织的性质、组织文化等。广义上，领导环境是指影响领导活动开展的各种社会要素和自然条件的总和，包括影响领导行为模式及其领导绩效的组织内外的政治、经济、社会、文化和生态的各种条件因素的总和。由此可以看出，领导环境既包括直接制约领导活动的内部因素，也包括影响领导行为模式和领导绩效的外部条件，涉及了与领导活动相关的各种要素。

领导环境是由各种要素组成的一个复杂的系统，在这一系统中，各种要素之间相互作用、相互影响，成为影响领导活动的背景条件，共同对领导活动产生直接或间接的作用。

领导环境是有边界的，不是任何条件和要素都是领导环境，只有那些对领导活动及其领导绩效产生影响的因素才是领导环境。为此，就需要我们对这些因素进行仔细甄别和分析研究。简言之，领导环境是与领导者从事的活动和实现的目标相关联的各种条件的总和。

二、领导环境的特点

领导环境具有其自身的独特性，熟悉领导环境的特点，有助于采取恰当的领导方式，更好地整合、开发和利用各种资源，规避和降低风险，取得更好的领导绩效。领导环境的特点主要有以下几点。

1. 客观性

这是领导环境的基本属性，领导环境是客观存在的，是不依赖人的意志而独立存在的，也是不以任何领导者的意志为转移和改变的。领导者掌握着特定的权力，权力容易使某些领导者变得自负自大，目空一切，某些领导自以为有了权力就可以改变一切，导致不顾环境，不顾客观实际而错误决策，给组织和国家造成难以挽回的巨大损失。领导环境的客观性要求领导者在领导活动中必须清醒、准确地认知和熟悉环境，科学分析环境中的各种具体因素，清楚环境中的有利因素和不利因素，充分利用有利条件，顺势而为，使领导方式和领导决策符合客观环境要求，取得更多的领导绩效。

2. 复杂性

领导环境的复杂性主要是指构成环境要素的多样性、动态性和互动性。构成环境的各种要素是多种多样的，既有政治、经济、文化、社会的要素，也有自然的因素；既有隐性的因素，也有显性的条件；既有组织因素、社会时代因素，也有国内、国际因素。这些要素纷繁复杂，令人眼花缭乱，难以准确把握。这就要求领导者能够透过现象抓住问题的本质。同时，这些要素之间又相互依存、相互交织、相互作用、相互影响，形成各种各样的关系，而这些关系并非静态的，而是处于不断的变化之中。其中一个要素的变化又会带来其他要素随之发生改变。这需要领导者具有高超敏锐的洞察力，在动态变化之中把握住环境中的根本问题，分清轻重缓急，高效地实施领导活动。不同的环境要求领导者采取不同的领导方式，而相同的环境可能表面上是相似的，实际上却存在着许多的差异。

3. 动态性

领导环境的动态性主要是指领导环境总是处于不断地变化之中，随着时间、空间及其他因素的变化而处于变动不居的状态。现代工业社会和后工业社会是一个动态变化的社会，而农业社会主要是一个相对稳定、静止的社会。任何事物总是处于发展变化之中，领导环境也随着时代的变化、社会的发展和科技的进步而变迁。这种动态性是由社会的变化和时代的变迁所决定的，这就要求领导者准确把握时代发展的趋势、正确认识社会主要矛盾的变化、科学高效地开展领导活动，使领导决策、战略规划和领导目标符合时代的要求，顺应人类社会发展的规律。领导环境的动态性向领导者不断提出新的挑战和要求，要求领导者不断学习和努力，不断提高素质能力，从容应对环境的变化，能够在环境的变化中寻找机遇，乘势而为。

4. 不确定性

领导环境的不确定性是指领导者在开展领导活动时所面对的环境因素是难以准确预期的，常常处于灰色的模糊状态，难以准确、清晰地进行预判。客观事物发展多变的特点及人们对客观事物认识的局限性，使得对客观事物的认知预测结果可能偏离人们的预期，具有不确定性。环境不确定性的产生主要源于主客体之间的分立性和差异性，环境信息不完全、信息来源不一致、对环境的认知不精确、环境要素具有变化性等。领导环境的不确定性可能是环境中的某个变量，也可能是某种结构因素。环境的不确定性要求领导者具有较强的危机意识和抗风险能力，在领导活动中，尤其在领导决策时，切忌过于盲目自信，必须考虑到各种风险，善于吸纳外脑智慧，并且能够进行不确定性分析，采用科学分析方法，依靠知识、思维、智慧、经验、信息和对未来发展的预判能力，尽可能减小对环境预判的偏误，尽可能增强确定性，减少不确定性。

5. 可塑性

领导环境的可塑性是指领导环境中的某些因素是可以采用一定的方式方法进行干预和改变的。有些不利因素，通过发挥人的主观能动性也是能够转换为有利因素的。环境的构成要素是多层次、多样态、多结构的，有的因素可以改变，有的可以逐渐加以改造，有的是无法改变的，在对环境因素分类分析的基础上，了解并熟悉各种因素的特点特性，对能够加以利用和改变的环境因素，通过努力，想方设法进行改造。领导环境的这种可塑性表明领导者在环境的客观性、不确定性等面前并非无能为力，而是可以通过充分发挥主观能动性，对某些环境因素加以改造和利用，是可以有所作为的。领导环境的可塑性要求领导者不仅要熟悉并了解组织内部和外部的环境条件，在准确熟悉了解的基础上适应环境，对有利的环境条件，要加以充分地开发利用，对不利的、落后的不良环境，应该充分利用资源和权力，加以改造，变不利因素为有利条件。

三、领导环境的构成

领导环境是指构成领导活动环境的各种要素的总和。一般来说，领导环境由国内环境、国际环境、组织环境所构成。国内环境和国际环境主要是指领导环境外部的比较宏观的各种条件因素。国内环境主要包括影响领导活动的国内政治、经济、社会、文化和生态因素的总和。国际环境主要是一个国家外部的、对领导活动具有一定影响的国际关系条件因素。组织环境主要是指领导者所在组织的内部环境因素，是对领导活动产生直接影响的各种条件的总和。组织环境是领导的内部环境，是组织内部对领导活动具有影响作用的各种因素的总和，包括组织的性质和类别、组织文化、组织的物质基础、组织人员的状况、组织结构、组织职能、组织的制度化和规范化程度等。

从环境的层次上来看，领导环境由宏观环境、中观环境和微观环境所构成。宏观环境是指具有全局性的重要的各种因素条件的总和，如国际形势、时代背景、社会发展状态等。微观环境是指对领导活动具有直接影响的各种条件的总和，主要是组织环境，即组织内部各种因素条件的总和，如组织性质、组织结构、组织规模、组织成员的素质、组织成员的成熟度、组织文化、组织发展程度等。微观环境一般范围较小，对领导活动具有现实性、直接性的影响。介于宏观环境和微观环境之间的就是中观环境，那些具有中等范围，具有中间地位，对领导活动发挥中介性影响作用的各种因素条件。

从领导环境的性质来看，领导环境由物质环境和精神环境所构成。物质环境是指影响领导活动的各种物质条件的总和，如经济状况、技术设备、办公条件、人员组成、自然环境等。精神环境是指影响领导活动的各种精神因素的总和，如文化状况、思想状态、社会风气、传统文化制度规范等。

从领导环境组成要素来看，领导环境由政治环境、经济环境、社会环境、文化环境和生态环境所构成。政治环境是指对领导活动具有影响的各种政治因素的总和，如国家的政治民主发展程度、国家的政治制度、法治状态、政治秩序、政治文化、执政党的路线方针政策等。经济环境是指对领导活动具有影响的各种经济条件的总和，如国家的经济制度和经济发展水平，领导者所处区域的经济发展状态，领导者所在组织的经济财政状况、收入水平等。社会环境是指对领导活动具有影响的各种社会因素的总和，如国家的社会发展程度、社会治理水平、社会稳定情况等。文化环境是指对领导活动具有影响的各种文化因素的总和，如国家的文化制度、文化发展状况、教育科学发展水平、风俗习惯、生活方式等。生态环境就是对领导活动具有影响的各种自然条件的总和，如地理位置、自然资源、气候条件等。

从领导环境对领导活动影响的状况来看，领导环境由有利环境、不利环境和维持性环境（或保障性环境）所构成。有利环境是指对领导活动的开展和领导绩效的提高具有积极的促进作用的各种条件的总和。不利环境是指对领导活动的开展和领导绩效的取得具有阻碍作用的消极因素的总和。维持性环境是指对领导活动起着维持性、保障性作用的条件。领导环境的有利与否，主要取决于领导者自身对领导环境的认知是否准确，对领导环境是否适应，是否具有较高的能力素质对领导环境进行开发利用。领导环境虽然具有客观性，但领导环境的有利与否还在一定程度上取决于领导者能否发挥主观能动性，充分利用有利条件，努力转化不利条件，把不利因素转化为有利因素。

从领导者对领导环境的利用程度来看，领导环境由可控环境、部分可控环境和不可控环境所构成。可控环境是指领导者能够把握控制的各种条件，是能够为领导者所能够掌控和所运用的内部环境要素的结构、层次和运行机制。部分可控环境主要是领导者对某些环境因素具有控制能力，而对其他的一些环境因素则难以掌控。不可控环境是指领导者难以把控驾驭的各种因素条件，是处于领导者掌控范围和能力之外诸因素组成的环境。

从领导环境的时间维度来看，领导环境由历史环境、现实环境和未来环境所构成。历史环境是指领导活动所处的由过去沿袭下来的各种因素条件。现实环境是指领导活动所处的当下的各种条件因素。未来环境是指影响领导活动的各种因素的未来趋势。

四、领导环境优化

领导环境对领导力有着不可忽视的影响作用，领导活动离不开领导环境，离开特定的环境，领导活动就缺乏基本的物质、人员、能量、信息、资源平台，领导活动就无法进行。领导环境影响领导的性质和领导体制，影响领导职能的内容和履行程度，影响领导方式和领导主体的发展，最终影响着领导绩效。"经济环境能带来新的机遇，也能增大竞争压力；政治环境可以带来自由，但也能限制个人与组织的权限；而开放系统中的社会环境会给恰当的行为造成更多或者说不同的预期"[①]。

领导活动对领导环境也具有一定的反作用，"国家权力对于经济发展的反作用可能有三种：它可以沿着同一方向起作用，在这种情况下就会发展得比较快；它可以沿着相反方向起作用，在这种情况下，像现在每个大民族的情况那样，它经过一定的时期都要崩溃；或者是它可以阻止经济发展沿着某些方向走，而给它规定另外的方向——这种情况归根到底还是归结为前两种情况的一种。但是很明显，在第二和第三种情况下，政治权力会给经济发展带来巨大的损害，并造成大量人力和物力的浪费"[②]。领导活动对领导环境具有积极和消极两个方面的作用。为此，需要不断加强领导环境的建设和优化。

（一）准确认知领导环境

对领导环境的准确认知是有效开展领导活动的基本前提之一。只有正确地认识和把握领导环境，才能采取恰当的领导方式，才能使领导活动顺利开展。

首先，准确认识环境的现实状态。应该准确把握环境的当下面貌，对当下领导环境的基本性质、状态有一个全面、系统、完整的认知。不仅要熟知内部环境，而且也要对外部环境清楚明了。准确认识环境在一定程度上表现为，能够以文字、图表或者其他方式并以文本的形式正确地描述出来，使领导者对环境既有定性的认识，也有定量的认知。

其次，准确认知领导环境构成要素之间的相互关系。领导环境由内部环境和外部环境的诸多因素所构成，既要了解内部环境与外部环境之间的关系，也要了解内部环境和外部环境各自构成要素之间的关系，能够区分内部环境与外部环境之间的边界。一般来说，内部环境对领导活动起着根本性的作用，而外部环境则起着间接性的影响作用。在领导内部环境中，物质因素是组织内部实体性的物质条件和物质手段，起着决定性作用；精神因素是组织内部的精神文化状况，对领导活动起着促进作用。

再次，准确认知领导环境的发展变化规律。领导环境在相对稳定的同时也处于发展变化之中。领导环境的变化主要是环境状态的变化，即环境范围、性质、规模、特征、形态、表现形式等方面的变化；环境结构的变化，主要是领导环境

---

① 丹尼尔·A. 雷恩：《管理思想的演变》，孔令济译，中国社会科学出版社，2000年，第525页。
② 《马克思恩格斯选集》第4卷，人民出版社，2012年，第610页。

的构成要素之间相互关系的变化。要进行有效的领导活动，必须顺应领导环境的发展变化。领导者必须准确洞察领导环境的发展变化，正确把握领导环境发展变化的规律，顺应领导环境发展变化的规律开展领导活动。

领导环境发展变化规律是领导环境在运动变化过程中本身所固有的本质联系和必然趋势。领导环境发展变化规律具有客观性、稳定性、普遍性和可重复性。这要求领导者善于发现规律，尊重规律的客观性，不以自身的主观意志违背和凌驾于客观规律之上，承认规律的客观性。与此同时，也不能在规律面前消极无为，而应该充分发挥主观能动性，通过实践能动地认识和掌握领导环境变化规律，一切从实际出发，实事求是，利用规律，创造性开展领导活动。

最后，准确预测领导环境发展变化的趋势。领导环境在相对稳定的同时也处于发展变化之中。要进行有效的领导活动，必须顺应领导环境发展变化的趋势而为。领导者必须准确洞察领导环境的发展变化，准确预测、把握领导环境发展变化的趋势，顺应领导环境发展变化趋势的规律开展领导活动，乘势而上。

（二）适应和利用领导环境

有效的领导者，不仅要正确认识领导环境，而且要善于适应环境，充分合理地利用环境。

1. 适应环境

适应环境就是领导者在准确认识和熟悉环境的基础上，能够根据环境的特点和要求，采取适当的方式方法有效地开展领导工作，较快地取得下属的信任和支持，使领导活动符合环境的需要，并取得较好的绩效。

2. 利用环境

利用环境就是领导者在充分认识和把握环境的特点及其规律的基础上，清醒地辨识领导环境中的有利因素和不利因素，充分利用环境中的优势条件，结合自身的优势和特长，取得更大的领导绩效，提高领导力。同时，准确认识和把握领导环境变化所带来的机遇和挑战，争取领导工作的突破性进展，应对环境变化所带来的挑战和风险，化消极因素为积极因素，减少和避免不良环境的影响，通过对环境等因素的充分利用，保持组织的竞争优势和创造活力。

3. 利用环境满足社会发展需要

合理有效地利用领导环境，就需要顺应时代潮流，满足社会发展的需要。利用环境满足社会发展需要主要就是领导者能够敏锐洞察社会发展的趋势，顺应时代的潮流，抓住社会的主要矛盾，顺乎民意，关注民生，满足民众的需求。民心是最大的政治。民意是领导的风向标。为此，领导活动必须以社会发展需要作为出发点和立足点，顺乎民意，顺应潮流。领导者必须以满足社会发展需要作为领导活动的目标，根据社会需要调整和创新领导方式。

（三）改造优化领导环境

改造优化领导环境是领导者在准确认识、适应和利用环境的基础上，充分发挥主观能动性，采取各种方式方法对领导环境进行改造和优化的过程。改造优化的领导环境主要是可控环境和部分可控环境。

1. 领导内部环境的改造优化

（1）改造优化领导工作环境。领导工作环境是对领导活动具有直接影响的组织环境，是领导者在其所任职务的组织中开展领导工作的各种内部条件。改造优化工作环境是改造优化领导环境最基本的途径，也是领导者改造优化领导环境最能够有所作为的环境类型。领导者可以在对组织性质和类别正确认知的基础上，合理确定组织目标，设计管理幅度和管理层次，优化组织职能，科学设计组织部门和组织岗位，加强组织的规章制度建设，明确岗位的责权利，提高组织工作的规范化程度。合理配置人员，简化工作流程。

（2）优化组织文化。组织文化是一个组织的精神环境，是组织的灵魂和软环境，包括组织的意识、观念、理想、哲学、伦理、价值、传统、习俗等。组织文化具有行为规范功能、价值导向功能、价值内化功能、心理凝聚功能、情感归属功能、精神激励功能等。组织文化具有传承性、相对稳定性、连续性的特点。领导者在组织文化的培育形成中具有主导性作用，可以对组织文化进行改造和优化。首先，领导者要具有正确的价值观和思想观念，公正廉洁，以身作则，言行一致，具有良好的领导作风和行为方式，有效履行角色职能。其次，领导者应该洞察组织文化中的积极因素和消极因素，弘扬激励正能量，强化积极因素，改造不良组织文化，弱化和消解落后消极因素。最后，加强对组织成员的培育教育，强化组织的核心价值观，把组织核心价值作为组织决策和行为的出发点和归属。

（3）构建良好的领导关系。领导关系主要是在领导活动中所形成的领导主体之间、领导者与被领导者之间的关系。其中，领导者与被领导者的关系构成了领导活动的基本矛盾之一，也是领导关系中最主要的内容之一。正确处理领导者与被领导者的关系，是领导学的基本问题。领导者与被领导者之间是对立统一的关系，是合作共赢的命运共同体。领导者与被领导者之间的互动关系，构成了领导活动的主要内容。领导关系主要有四种模式：等级关系、交易关系、追随关系、伙伴关系。领导者与被领导者之间主要是指挥与服从的关系，是支持与合作的关系，是监督与评价的关系。在社会主义社会，领导者与被领导者只是分工的不同，其良好的关系主要是相互尊重的关系，相互信任的关系，相互促进的关系，相互支持的关系，相互转化的关系，相互监督的关系。

2. 领导外部环境的改造优化

改造优化领导外部环境，主要是从宏观领导的角度出发，是在国家和地区环境区域中进行的。领导外部环境的改造优化是所有国民和领导者的共同任务和使命，它着眼于全局性、长远性和整体性的国家和区域环境的优化。

（1）强化领导监督，着力建设风清气正的政治生态。建设良好的政治生态，就是营造廉洁勤政、公开公正、民主法治的良好环境。在优化和建设政治生态中，领导者是第一责任人，是政治生态的风向标，是"关键的少数"。

（2）建设现代化经济体系，奠定坚实的领导活动经济基础。改造优化经济环境，主要是贯彻新发展理念，建设现代化经济体系，坚定不移地把发展作为党执政兴国的第一要务，坚持解放和发展社会生产力，坚持社会主义市场经济改革方向，推动经济持续健康发展。

（3）建设繁荣兴盛的文化，为领导活动提供良好的文化基础。文化是一个国家、一个民族的灵魂，也是领导活动的精神支柱，是思想文化和价值文明的基础。文化环境能够为领导活动提供源源不断的精神活力和创新动力。文化建设能够为领导活动提供共同的思想文化基础。文化发展要坚持为人民服务、为社会主义服务，坚持百花齐放、百家争鸣，坚持创造性转化、创新性发展，牢牢掌握意识形态工作领导权，培育和践行社会主义核心价值观，加强思想道德建设，推动文化事业和文化产业发展。

（4）加强社会治理，为领导活动提供良好的社会环境。社会环境是领导活动得以顺利开展的民意、民情基础。民众是具有强大力量的被领导者，没有民众的认同、支持和参与，领导活动就难以顺利开展并实现目标。社会治理的核心目标是构建和谐社会，通过妥善解决社会矛盾、社会冲突，解决社会发展不平衡的问题，实现社会稳定，提升社会活力，推动社会和谐发展，实现社会公平正义。

（5）加快生态文明建设，为领导活动提供良好的自然环境。自然环境作为领导活动的自然物质基础，对领导活动起着客观制约作用。领导者和全体民众都应该强化生态文明意识，领悟到人与自然是生命共同体，人类必须尊重自然、顺应自然、保护自然。领导者在生态文明建设中，应该推进绿色发展，着力解决突出的环境问题，加大生态系统保护力度，改革生态环境监管体制。

第三章　领导力的他山之石：现代西方领导理论

　　领导理论是人类对领导现象进行思考、反映、认识所形成的理论知识体系，也是指导人们系统学习领导力的知识基础，更是人们从事领导活动的思想指南。学习研究、批判和借鉴现代西方领导理论对领导力具有理论价值和实践意义。

第一节　现代西方主要领导理论流派

　　现代西方领导理论的系统研究可以追溯到 19 世纪的资产阶级产业革命时期，迄今已有一百多年的历史。现代西方领导理论的发展大体上经历了四个阶段。

　　第一阶段：从 19 世纪末到 20 世纪 40 年代。这个时期领导理论研究的重点是确定与"伟人"相关的特质要素，即对已经成为领导者的人进行研究，找出领导者区别于非领导者的天生特质，这种对领导的研究带有强烈的"伟人"视角。人们把这一时期关于领导者素质的研究成果统称为领导特质理论（trait theories of leadership），将这一时期称为领导特质研究时期。

　　第二阶段：从 20 世纪 40 年代中期到 70 年代早期。研究的重点集中于领导行为，探讨什么样的领导行为模式或领导行为风格有助于提高领导力，人们把这一时期关于领导行为的研究成果称为领导行为理论（behavior theory），将这一时期称为领导行为研究时期。

　　第三阶段：从 20 世纪 70 年代早期到 90 年代。这一时期研究的重点是影响领导力的情境因素，如工作任务、团体类型、下属特征等。人们将这一时期称为权变理论（contingency theory）研究时期。

　　第四阶段：从 20 世纪 90 年代到 2020 年。这一时期的研究比较分散，人们从多方面、多角度、多层次来研究影响领导力的各种因素，产生了多种领导理论，如交易型领导（transactional leadership）理论、变革型领导（transformational leadership）理论及自我领导和超级领导理论等，形成了领导理论百花齐放的繁荣景象。

在西方领导理论发展过程中，彰显出以下一些特点：一是具有明确的研究宗旨，通过辨识影响领导有效性的各种因素，寻求提高领导力的有效途径和方法。二是两种主要的研究范式，即从领导者（leader）的角度和从领导活动（lead）的角度来研究领导理论。三是存在两种主要理论形态：领导科学和领导艺术。四是存在四大主要的研究领域，主要集中在军事领导力领域、企业领导力领域、政府领导力领域和非政府组织领导力领域。五是多元化的发展趋势。

在长期发展过程中，现代西方领导理论形成了许多理论流派，这些流派的思想内容、研究方法都各有特色。

一、领导特质理论

领导特质理论是运用实验方法对"伟人论"进行科学化处理的结果。"领导是天生的"这种观念在 19 世纪末至 20 世纪上半叶占主导地位，这也是领导特质理论的出发点和基本前提。领导特质理论是以领导者的个性研究为起点，其前提预设是领导者天生具有不同于非领导者的独特个性，如伟岸的身躯、勇敢的精神、敏锐的洞察力、聪颖的头脑、渊博的知识、高超的智慧、充沛的精力、超凡的魅力等。以领导者个性研究为中心，是特质论的总体特征。特质论的研究是通过对大量领导者的考察、分析和研究，从性格、生理、智力及社会因素等方面寻找领导者特有的素质或应有的品质，有时也称之为领导胜任力理论。它强调领导者先天的禀赋个性和行为，认为领导才能是与生俱来的，先天就具有领导他人的特殊才能与素质，是天生的"伟人"。这种特定的领导才能和品质，意味着不管在什么情况下，具有这些特质的人最终将被推向领导者的位置。对领导者具有先天禀赋的信念，使人们把研究的重点集中在领导者品质上，形成了领导特质理论。20 世纪 80 年代，随着知识经济时代的来临，人们又对特质理论产生了新的兴趣，并继续深入研究，取得了新的成果。

（一）早期领导特质理论

早期一些研究者感觉到领导者与被领导者存在着显著的不同，希望通过对领导者的观察分析，尤其是通过对大量成功的领导者的分析研究，收集各种详细资料，包括人口统计学和个人品质特征方面的资料，对数以百计乃至千计的领导品质进行测量，包括年龄、体质、智力、动机、主动性和自信心等各种参数，试图发现领导者所特有的才能和品质。在此基础上确定出领导者的标准，以此作为选拔领导者的依据。该研究一般从五个方面入手：一是生理特质。例如，领导者的身高、体重、体质、音容笑貌和仪态举止等。二是个性特质。例如，自信、热情、外向、开朗、幽默、正直、负责、勇敢、独立性和内控性等。三是智力特质。例如，领导者的记忆力、判断力、逻辑能力及反应能力等。四是工作特质。例如，责任感、事业心、首创性等。五是社会特质。例如，沟通能力、激励能力、协调能力、控制能力等。

在早期的领导理论中，比较著名的是亨利的特质理论。亨利认为成功的领导者一般具有以下 12 种特质：①成就欲强烈，把工作当成乐趣，对工作成就的关注和追求超过对金钱报酬和职位晋升的关注和追求；②敢于承担责任，勇于担当，愿意迎接工作的挑战；③尊重上级，认为上级水平高、经验多，能够帮助自己上进和提高，与上级关系好；④组织能力强，把混乱的事情组织得很有条理；⑤决断力强，能在较短的时间内对各种备选方案加以权衡并迅速做出决断；⑥思维敏捷，有较强的预测能力，能从有限的材料中预测出事物的发展动向；⑦自信心强，对自己的能力有充分的自信，目标坚定，不受外界干扰；⑧极力避免失败，不断接受新任务，树立新目标，驱使自己前进；⑨讲求实际，重视现在，较少受不确定因素影响；⑩眼睛向上，对上级亲近而对下级较疏远；⑪对父母没有感情上的牵挂，而且一般不同父母住在一起；⑫忠于组织，忠于职守。

经过多年研究，研究者发现和确认了领导者的一些突出品质，但仍未能找到明显的领导者所具有的区别于被领导者的才智、个性、身体等方面的普遍特质，也几乎没有证据表明，领导者是天生的。更多的数据只是表明在一般意义上领导者比其他人更偏好交往，更具主动性，更为活泼，通常具有一点原创性，较受欢迎，而且具有一点幽默感[①]。但所有这些都不能确保一个人能够成为领导者，更不用说成为一个有效的领导者。

虽然这一时期的领导特质理论研究具有许多局限性，没有取得预期成果，但也确实发现了一些优秀领导者的品质，并在以下方面达成了共识：①对于成功的领导者来说，都具备一系列独特的个性特点。②进取心、领导意愿、正直与诚实、自信、智慧和具备与工作相关的知识，对领导者尤为重要。③具备某些特质确实能提高领导者成功的可能性，但没有一种特质是成功的保证。

（二）当代领导特质理论

20 世纪 70 年代以来，由于社会环境发生了巨大变化，全球化、知识经济、风险社会、信息时代等对领导者提出了新的挑战，人们对领导者特质的研究又迅速升温。虽然原来的领导特质理论研究结果基本上否认了"伟人论"的观点，但

---

① 安弗莎妮·纳哈雯蒂：《领导力》，王新，译，机械工业出版社，2003 年，第 34 页。

人们始终都认为有效领导者必须具备一定的素质。德鲁克认为，一个有效的领导者必须具有以下五项主要习惯：①善于利用时间；②注重贡献，确定自己的努力方向；③善于发现和用人之所长；④分清主次，集中精力；⑤做有效的决策。

领导力理论。美国领导学家詹姆斯·M.库泽斯（James M. Kouzes）和巴里·Z.波斯纳（Barry Z. Posner）在《领导力》一书中深入研究了领导力的内在机制，认为卓越领导者的行为中存在着五种共同的行为，而领导力就体现在这五种共同行为之中，领导力的大小取决于这五种行为的状况：以身作则、共启愿景、挑战现状、使众人行、激励人心。同时，他们进行了长期的调查研究，从 1980 年开始调查近千家企业及政府行政部门，而后又在 1987 年和 1995 年进行了两次调查，调查发现领导者所具有的重要的共同特质是：诚实、有远见、懂得鼓舞人心、能力卓越。"真诚、有前瞻性、有激情、有能力，这些品质在20 多年来一直被认为是领导者应具备的品质。"[1]

领导情商理论。情商是情绪智力商数（emotional quotient，EQ）的简称，是美国哈佛大学心理学博士丹尼尔·戈尔曼（Daniel Goleman）在 1997 年出版的《情感智商》一书中提出并阐述的一个概念。情商是测定和描述人的情绪、情感的指标，指一个人认知、控制和调节自身情绪情感的能力，具体包括人们在情绪、情感、意志、耐受挫折等方面的品质。情感智商包含了自制、热忱、坚持，以及自我驱动、自我鞭策的能力[2]，是一个人认知、控制和调节自身情绪情感的能力，通过对自己与他人情绪的识别、控制，调节自己的行为，指导自己的活动。情商由五个要素组成：①自我认知，就是能认识自己的情感与需求、长处与短处的能力。②自我调节，就是指能够控制情感并以有益的方式加以疏导的能力。③自我激励，就是指服从于某种目标而调动、指挥情绪的能力。④认识和感知他人情绪的能力，就是指能通过细微的社会信号敏锐地感受到他人情感的能力，能对他人的处境感同身受，又能客观理解、分析他人的情感。⑤处理人际关系的能力，这是调控他人情绪反应的能力。[3]

领导类型理论。对领导者进行类型学研究是为了更准确地认识和理解领导者。古希腊思想家柏拉图较早对领导者进行了分类，在《理想国》和《政治家——论君王的技艺》中区分了三种不同类型的领导者：掌握理性和正义的哲学王、保卫国家和节制欲望的军事领导者、为公民提供物质需要和满足公民最低欲望的商人领导者。美国学者詹姆斯·麦格雷戈·伯恩斯（James MacGregor Burns）在《领袖论》中把领导者分为道德型领导、政治型领导、变革型领导和交易型领导，每

---

① 詹姆斯·M.库泽斯，巴里·Z.波斯纳：《领导力》（第 3 版），李丽林，杨振东，译，电子工业出版社，2004 年，第 28 页。

② 丹尼尔·戈尔曼：《情感智商》，耿文秀，查波，译，上海科学技术出版社，1997 年，第 4 页。

③ 丹尼尔·戈尔曼：《情感智商》，耿文秀，查波，译，上海科学技术出版社，1997 年，第 48 页。

一个类型的领导者又可以细分为更为具体的、不同类型的领导者。通过对不同类型的领导者的研究，发现其不同的特点和特质。

（三）领导特质理论的简要评析

领导特质理论的主要贡献在于：①直接集中研究领导者，比其他理论具有更直观的吸引力。许多人对领导者都具有一定的神秘感，对领导者尤其是"伟人"很感兴趣，认为领导者与众不同，具有超常天赋和能力，具有特殊素质，渴望了解领导者，也期望具有一些领导素质。②能够为培养、培训和选拔领导者提供一定的标准和依据。领导特质理论研究表明，领导者至少在某些方面确实有天赋和才能，成功的领导者具有某些共同的特质，这些特质是领导者应当具备的必要条件。③可以为自我管理和自我领导提供指南。领导特质理论成果指出了领导者所共有的各种素质，这样，使人们可以对照着这些素质标准反思自己的优缺点，明确自己努力的方向，提升自身的素质修养。

领导特质理论研究的局限性：①领导特质理论的研究容易陷入因果关系的循环论证，无法确定地解释领导者的成功与失败，对领导特质的不同解释，彼此之间的结论无法验证。②领导特质理论研究无法找出领导者所具有的独特的共同特质。领导特质理论研究发现的领导者所具有的素质，只是领导者之所以成为领导者，或者领导者之所以取得成功的必要条件，但常常容易把它们当作充分条件或充分必要条件。因为仅有这些特质常常只能解释某个领导者的行为，而无法解释其他领导者取得成功的原因，其结论不具有普遍适用性，无法说明领导者取得成功的充分必要条件。③领导特质理论研究夸大了领导者个人特质的重要性，容易产生主观决定论的错误。毋庸置疑，领导特质很重要，但它只是领导活动的一个因素，而不是唯一因素。领导特质理论研究只能说明具有哪些素质会有较大的机会成为领导者，成为有效的领导者，但能否真正成为领导者、成为有效的领导者，其他制约因素还有很多，如领导情境、被领导者情况、领导制度、组织结构、领导方法等。因此，把领导活动的成败或领导者的行为结果归结为领导特质的观点缺乏说服力和解释力。

二、领导行为理论

由于领导特质理论研究没有取得预期结果，加之20世纪40年代行为科学的兴起，人们的研究方向逐渐转向了领导行为，通过考察领导者实际做了什么和怎么做的，来寻找提高领导绩效的答案。领导行为研究具有特质理论研究所不具备的几个有利条件：一是行为能够被观察，比素质更具有客观性。

二是行为能够被测量，比素质更精确。三是行为可以通过模仿学习而获得，这与领导素质不同，领导素质是在先天禀赋基础上经过后天长期艰苦锻炼形成的。由此，人们把研究的重点集中到了领导行为上，致使领导行为理论研究占据了主导地位。领导行为理论认为领导者不是天生的，而是后天培养和塑造的，通过对有效的领导行为模式和领导风格的研究，可以按照一些精心设计的培训项目把有效的领导行为模式移植到其他人身上，使之也成为有效的领导者。领导工作绩效主要取决于领导者的行为和风格，而不是领导者的特质。领导行为理论强调什么样的领导行为是有效的领导行为，而不是判断谁应该是有效的领导者。

（一）早期的领导行为理论

对领导行为方式的研究，最早是由著名心理学家勒温（Lewin）和利普特（Lippit）等开展的，他们通过试验研究不同的领导方式对下属群体行为的影响，认为存在着三种不同的领导工作方式：专制方式、放任方式和民主方式。勒温认为，专制式的领导者是那些独揽大权，自己单独决策的人，他们通过严格管理来达到工作目标。这种方式容易导致群体成员没有责任感，情绪低落，逆来顺受，消极被动。放任式的领导者不为下属提供明确的方向，由下属构建目标并解决问题，是一种放弃权力和责任的领导方式。这种放任式的领导方式效率最低，只能达到社交目标，不能有效地履行领导职责。放任式的领导者对下属及其工作几乎没有指导和评价，容易引起群体的失望和迷茫，导致工作的混乱和低效。民主式的领导者在决策时，注重与下属商讨，允许下属参加决策。民主的领导方式效率最高，不仅能够完成工作目标，而且群体成员关系融洽，有凝聚力，工作主动性强，并有创造性。虽然这三种领导方式可以比较明确地予以界定，但却无法判断在什么环境下应该采取哪一种领导方式，因为每一种领导方式对下属都有不同的影响效果，不同的下属对领导方式也有不同的偏好。

（二）领导行为四分图理论

全面的领导行为理论研究始自20世纪40年代末期美国俄亥俄州立大学，斯托格迪尔教授研究的目标是确定领导行为在实现群体和组织目标过程中的重要性，采用的方法主要是问卷调查，让下属来描述领导者的行为。研究者收集了有关对领导行为描述的大量数据资料，开始时列出了1800个因素，后来减少到150个。通过逐步筛选、归并，最后归纳为两个独立的维度：结构维度（initiating structure）和关怀维度（consideration structure）。结构维度指的是领导者更愿意界定和建构自己与下属的角色差异，强调组织需要，重视达成目标。领导者的主要工作是抓组织建设，为职工提供组织结构方面的条件使之做出令人满意的绩效，包括进行组织设计、制订计划和程序、明确职责和关系、建立信息通道、安排并确定工作日程、强调工作的最后期限等。关怀维度指的是领导者尊重和关心下属的看法与情感，愿意同下属建立相互信任的工作关系，其工作主要以人际关系为中心，尊重下级意见，注重职工需要。按照这两个维度的内容，研究者设计了领导行为描述问卷（leader behavior description question，LBDQ），要求下属说出他们对组织、形势、团体的特点，团体工作成绩的衡量，各种情况下有效的领导行为等问题的看法。然后，他们把领导行为分为四种类型：高关怀、低结构；高关怀、高结构；低关怀、低结构；低关怀、高结构。所谓高关怀是指领导者高度关怀和尊重下属，建立高度信任的人际关系；而低关怀则相反。所谓高结构即指领导者高度关注界定和建构自己与下属的角色，高度强调组织的需要，低结构则相反，如图 3-1 所示。

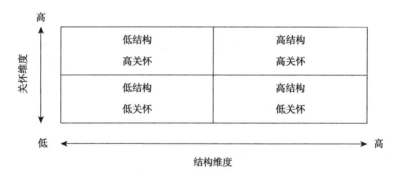

图 3-1　领导行为四分图

研究结果表明，不同的领导方式对工作效率和职工情绪有直接的影响。领导行为就是领导者率领群体去实现组织目标的行为，高结构、低关怀的领导方式容易造成领导和下属的对立情绪，下属的满意度低，缺勤率高且流动性大，工作效率较低。但领导行为的两个维度并不是相互排斥对立的，可以而且应该把两者结合起来。两个维度都高的领导者，其工作效率与领导的有效性必然较高。

斯托格迪尔等的研究具有重要意义，他们发现了领导行为的两个最基本的考察维度，他们所提出的四种领导风格也为以后许多类似的研究奠定了基础，后来的许多领导理论，如伦西斯·利克特（Rensis Likert）的领导系统模式理论、罗伯特·R. 布莱克（Robert R. Blake）和简·S. 莫顿（Jane S. Mouton）的管理方格理论、坦南鲍姆（Tannenbaum）等的领导连续统一体理论、PM 领导模型等，都是以此为基础而发展起来的。

（三）管理方格理论

1964 年，美国德克萨斯州立大学心理学教授布莱克和莫顿在领导行为两维度的基础上，将每个维度再细分为 9 等，用坐标线画出，得出 81 种方格组合，所有领导者的行为都可以投射到这些方格中，如图 3-2 所示。

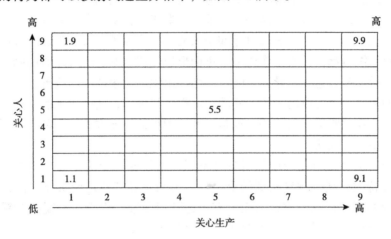

图 3-2　管理方格图

在以下管理方格图中，共有五种典型的领导方式。

"1.1 型领导"——虚弱型管理。这种类型最大的特征是身在其位，不谋其事，对下属和工作都漠不关心，放任自流。这是最低能的领导方式，也是极少见的极端情况。但这种领导者能够胜任单调、重复而没有挑战性的日常工作。在激烈的竞争环境中，这种领导方式必然导致失败。

"1.9 型领导"——俱乐部型管理。这种类型的领导者最大的特征是把对职工的关心放在第一位，重视下级的态度和情感，对下级关心备至，一味迁就，做老好人，不关心工作，认为只要职工精神愉快，生产效果自然好。这种领导的结果可能很脆弱，一旦人际关系遭到破坏，生产成效就会随之下降。

"5.5 型领导"——中庸型管理。这种类型的领导者对人的关心与对生产的关心程度基本保持平衡，既不过分偏重人的因素，也不过分偏重任务，努力保持两者的平衡，以免顾此失彼。这种类型的领导者喜欢表现民主作风，不喜欢冲突，希望维持现状，期望保持一般的工作效率和士气。因此，从长远来看，这种类型的领导难以在激烈的竞争中立足。

"9.1 型领导"——任务型管理。这种类型的领导者的最大特征是争强好胜，比较强势，控制欲强，注重工作，强调生产和效率，不注重人的因素，把职工看成是完成任务的机器。对他们来说，任务是第一位的，成功是最重要的。

他们常常独断专行，喜欢监督别人，喜欢使用能力强的人，常常发怒，尤其在失败的时候。这种领导方式把人的因素降到最低，在竞争激烈的有限时间内，可能效果显著，但长期下去，这种领导者就会被下属疏远，并造成生产效率的下降。

"9.9 型领导"——团队型管理。这种类型的领导者对人的关心与对工作的关心都达到了最高点。领导者诚心诚意地关心职工，把对人的关心与工作任务的完成和谐地统一起来，使组织的目标和个人的需要最完美、最有效地结合起来，使下属了解组织目标，关心工作成果，进而形成休戚与共、士气旺盛的团队，并能出色地完成任务。这种领导方式既可以增加组织的竞争能力，改善各单位、各部门之间的关系，也可以增进职工间的相互理解与合作，增强职工的创造力，发扬团队精神，强化职工的责任感。这是一种最理想的领导方式，这种方式可以在激烈的竞争中获得成功。

领导行为理论有助于增强对各种不同类型领导行为的理解，注重行为模式而非领导特质，强调领导培训的重要性。但与领导特质理论研究一样，都属于静态层面的研究，只注重行为而没有考虑环境因素，仅为高度复杂的领导过程提供了一个简单的视野，只考察了领导过程的强化因素。因此，其指导意义也是有限的。

三、领导权变理论

领导特质理论和行为理论都没有从根本上解决领导的有效性问题，人们开始重视情境因素对领导活动的影响，并在此基础上产生了领导权变理论。领导权变理论关注的是领导者与被领导者的行为与环境之间的相互影响，尤其关注不同的领导方式与各种环境之间的适应性。该理论认为，在领导活动中并不存在一种普遍适用的"最好的"或"不好的"领导方式，任何领导方式都可能是有效的，也可能是无效的，关键看它与环境是否适应和匹配。领导是一个动态过程，领导方式应随着下属的特点和情境的变化而改变，才能获得较高的领导绩效。领导绩效是领导者、被领导者、环境之间相互作用的结果。领导权变理论的主要代表有：菲德勒的领导权变模型、赫塞和布兰查德的情境领导模型、罗伯特·豪斯（Robert House）的路径—目标理论等。

（一）菲德勒的领导权变模型

菲德勒经过十多年的调查研究，提出了领导权变模型理论。这一模型是领导理论中最早的，也是迄今最好的研究方法，其最大的优点是吸收了过去有关领导行为的研究成果，分清了不同领导方式能够发挥领导效能的情境。其权变模型的基本前提是：领导绩效是领导方式和领导情境相互作用的产物。如果领导方式与情境相适应，这种领导就是有效的；如果领导方式不能满足领导情境的需要，这种领导将失去有效性。因此，领导者必须具有较强的适应能力。菲德勒认为，一个领导者，无论采取何种领导方式，其最终目的都是获取最大的领导效能，而要取得理想的领导效能，必须使领导方式与特定的领导情势相适应、相匹配。一个领导者要想取得理想的领导效能，必须通过一定的领导方式对领导情势实施有效控制，使领导风格与领导情势协调匹配。

（1）确认领导风格。菲德勒对1200个群体进行了广泛调查，设计了一个最不愿与之共事者（least preferred co-worker，LPC）问卷。让一位领导者在所有过去与现在的同事中选取他认为不受欢迎、最难合作的人，以一套截然相反的形容词来描述他们，然后根据程度高低选取相应的得分。通过调查表的得分高低来衡量领导的个性，从而确定领导风格。问卷以等级记分，最后累加得分高的人，是关系导向型的，是一位宽容且关心人的领导，他们主要以人际关系为目标来激励自己，通过与其他人建立良好的人际关系来实现自我。累加得分低的人则是任务导向型的，是一位对人苛刻、以工作为中心的领导者。他们主要依靠任务和成就来激发自己的动机，凭借完成任务的好坏来实现自我。

（2）分析情境因素。菲德勒认为决定领导绩效高低的情境因素有三个：领导者与被领导者的关系、任务结构、职位权力。①领导者与被领导者的关系。这是最重要的因素，因为职位权力和任务结构大多可以置于组织的控制之下，但是领导者与被领导者的关系不易控制，如果处理不好，可能影响下级对领导者的信任和爱戴。领导者和下属之间良好的人际关系意味着他们具有一种团队精神，相互支持，凝聚力强。②任务结构。这是指工作任务的明确程度和人们对这些任务的负责程度。当下属成员对所承担任务的性质、目的、方法和绩效标准清晰明确时，领导者对工作质量较易控制。模糊不清的任务会带来一种不确定性，从而降低领导者对情境的控制度。③职位权力。这是指领导者所拥有的对下属的雇用、解雇、报酬和奖惩等与领导者职位相关联的正式权力，以及领导者从上级和整个组织各个方面取得的支持程度。职位权力是领导者对其下属的实有权力。当领导者拥有明确的正式职位权力时，更容易使群体成员遵从其领导。拥有较多正式职位权力的领导者比那些职位权力少的人更容易控制执行。菲德勒指出，根据这三个权变因素可以评估环境是否对领导者有利，领导者与下属关系越好，任务结构化程度越高，职位权力越大，领导者拥有的控制力和影响力也越高，环境对领导者越有利；反之，环境对领导者则不利。这三项权变因素组合起来，可以得到八种不同的情境和类型，每个领导者可以从中找到自己的位置。

（3）进行领导方式与情境的匹配。菲德勒把八种情境的每一种与三项权变因素分别组合起来，进行各种匹配。在领导职位权力不足、任务结构不明确、领导与下属的关系恶劣的情境因素下，任务导向型的领导者将是最有成效的。在职位权力很高、任务结构明确、领导者与其成员关系良好等情境因素下，任务导向型的领导者也是最有成效的。但当情况属于中等有利时，关系导向型的领导是最有成效的。总之，在情境因素最好或最差的条件下，应选择任务导向型的领导方式，反之，则应选择关系导向型的领导方式。如表 3-1 所示。

表 3-1　菲德勒权变模型

项目	情境类型							
	1	2	3	4	5	6	7	8
领导者与被领导者关系	好	好	好	好	差	差	差	差
任务结构	明确	明确	不明确	不明确	明确	明确	不明确	不明确
职位权力	强	弱	强	弱	强	弱	强	弱
有效领导方式	任务导向	任务导向	任务导向	关系导向	关系导向	不明确	不明确	任务导向

菲德勒认为，个体的领导风格是稳定不变的，个体的 LPC 分数决定了他最适合于何种情境条件，因此，提高领导有效性的途径只有两条：第一是替换领导者以适应情境。如果领导者不能适应其所在的领导情境，那么只能用另外一个领导者来替换。第二是改变情境以适应领导者，重新建构任务结构和领导职位权力，使环境符合领导者的风格。

（二）赫塞和布兰查德的情境领导模型

保罗·赫塞（Paul Hersey）和肯尼斯·布兰查德（Kenneth Blanchard）在 1981 年提出了情境领导模型（situational leadership model），受到了广泛推崇，并被用作培训领导力的主要手段和方式。情境理论与菲德勒权变理论的不同点在于，它把研究的重点放在被领导者身上，重视下属的作用，认为恰当的领导方式必须根据下属的成熟度来确定，领导者是通过被领导者起作用的，领导权力来自被领导者，如果被领导者不认同、不接受领导者，无论领导者的观点多么正确，行动计划多么周密，都只能是领导者自己的事，难以变成现实，也就没有领导力。领导方式的选择应根据被领导者的成熟度而定。成熟度包括工作成熟度和心理成熟度两方面，这两方面的高低结合形成了四种类型的成熟度结构，领导方式应随着成熟度的变化而进行调整，如表 3-2 所示。

表 3-2　被领导者成熟度与领导方式的关系

成熟度	低	中低	中高	高
	低能力 低动机	低能力 高动机	高能力 低动机	高能力 高动机
领导方式	指导式	推销式	参与式	授权式

（三）豪斯的路径—目标理论

路径—目标理论（path-goal theory）是加拿大多伦多大学教授马丁·J. 埃文斯（Martin J. Evans）1968 年提出的，后经过豪斯等在 1974 年进一步完善而创立的一种领导权变理论。该理论认为，领导绩效是以领导者在多大程度上能激励下属达到组织目标并使其在工作中得到满足的能力来衡量的，领导力是一个激励下属的过程。领导方式只有适合于不同的下属和环境时才是有效的。该理论的核心要求领导者体贴关心下属，满足下属需要，帮助职工寻求恰当路径，以实现预定的目标。

豪斯认为，领导的第一个要点是"目标"，领导者的工作是为下属提供必要的指导和支持，帮助下属实现目标，并确保他们各自的目标与组织的总目标相一致。第二个要点是"路径"，有效的领导者通过为下属指明实现工作目标的路径，帮助下属排除实现目标过程中的各种障碍和危险，使下属更有效地实现目标，并且在这一过程中还要给予下属各种满足需要的机会。

领导者的行为会影响下属的期望值及目标效价（目标吸引人的程度）。领导者行为从三个方面对下属的态度、期待心理产生影响：下属的工作满足感、下属自愿接受领导的程度、下属心目中形成的报酬期望。领导工作就是利用结构、支持和报酬，建立和优化有助于实现组织目标的工作环境。这涉及两个主要方面：一是建立目标；二是改善通向目标的路径。其基本内容包括以下几点。

（1）领导过程。路径—目标的领导过程如下：领导者确认员工的需要——建立合适的目标——将报酬与目标联系起来——在员工实现目标的过程中，领导者提供帮助——员工获得满意，认可领导者并产生更强的动机——出现更好的绩效——员工和组织的目标均得到实现。

（2）目标设置。科学设置目标是衡量绩效的标准。目标包括短期目标和长期目标，可以用来检测完成绩效标准的情况。

（3）路径改善。领导者在决定实现目标的路径之前，需要掌握一些实现目标过程中的权变因素和可供选择的方案，特别是必须权衡确定对两类支持的需要：一是任务支持，包括帮助员工、组合资源、预算、权力及其他有助于完成任务的因素；二是心理支持，激励员工自愿和投入地完成此项工作任务。

（4）领导风格。领导者的行为被下属接受的程度取决于下属是将这种行为视为获得满足的源泉，还是作为未来获得满足的手段。领导者行为的激励作用在于使下属的需要满足与有效的工作绩效联系起来，提供有效的工作绩效所必需的指导、支持和奖励。为此，豪斯提出了四种领导风格：指导型领导（directive leadership）、支持型领导（supportive leadership）、参与型领导（participative leadership）、成就取向型领导（achievement-oriented leadership）。指导型领导是领导者让下属了解组织对他们的期望，对下属工作提出具体的指导性意见，明确岗位责任，安排工作进度，坚持稳定的劳动标准，要求下属严格遵守规章制度。支持型领导是领导者在建立良好的工作环境的同时，关心员工的健康和需要。领导者要和蔼可亲，平易近人，平等对待下属。参与型领导是领导者在做出重大决策时，与下属共同磋商，并在决断前充分考虑下属的建议，认真对待和研究他们的要求，使其有归属感和主人翁感。成就取向型领导是领导者善于提出富有挑战性的目标，激发下属最大限度地发挥才能，并对其表现出极大的信任感，相信他们会担起重任，做出努力，完成目标。领导者可以根据不同的情境选择不同的领导风格，采用不同的领导方式。

（5）权变因素。路径—目标理论提出了两类情境或者权变变量作为领导行为与领导结果之间的中间变量：一是下属控制范围之外的环境（任务结构、正式权力系统及工作群体）；二是下属个性特点中的一部分（控制点、经验和感知到的能力）。要想使下属提高绩效，环境因素决定了作为补充所要求的领导行为类型，而下属的个性特点决定了对环境和领导行为做出何种解释。在工作环境中，领导者必须确认员工任务是否已经结构化，正式权力系统是否最适合领导风格，现在的工作群体是否满足了员工的社会和尊重需要。为此，领导者必须评估每个员工的三个主要变量：①控制点（locus of control），即找准和确认员工成就的不同来源，是来自个人努力还是来自外部力量，并进行相应的控制。②员工接受领导者影响的意愿。如果该变量较高，则指导型领导方法更容易取得成功；如果该变量较低，则参与型领导风格更容易获得成功。③完成任务的自我觉察能力。对自身能力比较自信的员工适合于支持型领导风格；相反，对自身能力缺乏自信的员工更易受到成就取向型领导者的影响。当领导者行为与环境结构相比是多余的或者与下属的特性不相一致时，领导绩效均不理想。

路径—目标理论指出了领导力的另外一些权变变量，并且扩展了领导者行为的选择范围。其独特之处在于所描述的每一种领导风格都是明确基于一种激励的类型。所存在的不足是整个模型还没有得到实证研究证明，仍然是推测性的。

第二节　现代西方领导理论的新发展

西方领导理论经过半个多世纪的演变，从特质理论、行为理论到权变理论，都在不断探索有效领导背后的真正原因。20 世纪 80 年代以来，随着公共管理运动的兴起，传统的官僚制模式和领导方式受到挑战，人们积极寻找新的组织形式和领导方式，不断探索新的领导理论和方法，提出了诸如交易型领导与变革型领导理论、领导替代理论、领导归因理论、领导魅力理论、复杂领导理论、自我领导和超级领导理论等。

一、交易型领导与变革型领导理论

交易型领导与变革型领导理论（transactional vs. transformational leadership theory）是政治学家伯恩斯在 1978 年出版的《领袖论》一书中提出的两个概念。交易型领导理论强调领导者与下属之间的交换关系，领导者通过明确角色和任务要求来指导或激励下属向着既定的目标努力，把为下属提供资源和报酬作为对下属积极性、生产效率和工作成就的交换。在交易型领导下，领导者与下属通过交换来满足彼此的需要，这种交换可能是经济上的、政治上的，也可能是心理上的。交易型领导理论的一个重要特征是短时性，一旦交易完成，就不再有继续将双方联系在一起的要求。尽管交易型领导理论会相当有效率，但却不能促进组织或社会的变革。变革型领导理论则是通过勾画组织发展愿景和对这一愿景进行热情洋溢的宣传，帮助员工开阔眼界，鼓励员工超越个人利益或者将个人利益与组织利益统一起来，为实现共同的组织目标而奋斗，从而对下属产生深远的影响。变革型领导理论通过诉诸追随者的价值和对更高目标的追求来改变现状。伯恩斯的变革型领导理论中的"变革"涉及两个层次上的关系：一是领导者与追随者的关系。领导者要将追随者的需要和价值目标提升到一个更高的层次，这与交易型领导以不改变追随者的需求和价值目标为前提所进行的交换形成对比。二是领导者的行为与要达到的组织目标的关系。领导者要改变组织的文化、结构、方式和行为，为组织带来较大的变化。如果说交易型领导理论带有更多的理性色彩，是在交换中谋求一种平衡，那么变革型领导理论则带有更多的理想色彩，通过激发人们的想象力和积极性，为组织提供一种希望和发展动力。

交易型领导理论与变革型领导理论的行为特征是不同的。交易型领导理论依靠确立目标和对所要求的绩效许诺奖赏的方式来激励下属。交易型领导理论主要采用

"有条件奖赏"和"例外管理"两种方式进行领导。"有条件奖赏"就是领导者确定目标，提出根据绩效所给予的奖赏标准，获得必需的资源，以及当达到绩效目标时给予奖赏。"例外管理"指的是，只有当没有达到绩效标准时，领导者才会与下属进行互动。与交易型领导理论不同，变革型领导理论采取理想化的影响、动机激发、智力上的激励、个人化的关心四种方式进行领导。①理想化的影响就是变革型领导者发挥巨大的具有象征意义的力量，使追随者愿意认同领导者的能力，将领导者理想化，并产生强烈的心理依附。追随者努力仿效或遵循领导者的行为，敬佩、尊重、信赖并认同领导者，拥护领导者就如同拥护自己的愿景与价值观。②动机激发就是指通过为追随者提供意义感与挑战性来指导他们的行为，调整与他们的沟通模式。领导者对未来愿景做出承诺，并展示出巨大的热情与乐观情绪，这种情绪对追随者产生持续的影响，培养他们的团队精神，激发他们实现愿景的动机和积极性。③智力上的激励是指领导者激发追随者的革新精神和创造力。④个人化的关心是指领导者将追随者当作个体来看待，特别注意满足每一位追随者的成就与成长的需要。

变革型领导者面临的任务通常是使组织的业绩提高到更高的水平，为此，领导者要进行组织变革，改造组织文化。领导者促使变革发生有六种方式：①提高人们的意识。领导者促使追随者意识到某种奖赏的重要性和价值，以及获得这种奖赏的途径。②帮助人们超越自我利益。领导者帮助追随者从组织和组织发展的大局出发去考虑问题。③帮助人们寻求自我实现。领导者帮助人们超越对较小满足的关注，去寻求自我的实现。④帮助人们理解变革的需要。领导者必须帮助追随者从情感和理智两个方面去理解变革的需要。⑤使管理者具有紧迫感。领导者创造一种变革，将主要的管理者凝聚在一起，使他们理解变革的紧迫性。⑥宣传变革的重大意义。领导者通过大量宣传，将变革事业看作是个人和组织表现其价值和活力的机会。

二、领导替代理论

史蒂文·克尔（Steven Kerr）和约翰·杰迈尔（John Jermier）提出的领导替代理论（leadership substitutes theory），把环境变量分为替代因素和抵消因素两组，其认为在一定条件下，领导者的重要性会被大大削弱，替代因素会使领导行为变得多余和不重要。这些因素涉及下属、任务和组织特点。例如，下属清楚了解自身职责，知道如何工作，具有较强的工作动机和能力，并对工作感到满意等因素。抵消因素则是指下属、任务和组织中阻碍领导发挥作用或者使领导行为无效的一些特点。例如，领导者缺乏对较佳业绩进行奖励的权力就是抵消作用的一种变量；而下属如果对领导者的激励缺乏兴趣，也会导致领导行为缺乏意义。

史蒂文·克尔和约翰·杰迈尔早期在研究重点支持型领导和指导型领导的替代因素和抵消因素时，认为下属、任务和组织的多种属性都可能成为领导行为的替代品和抵消因素。就下属的特点而言，如果下属能力素质强，接受过专门培训，经验丰富，就几乎没必要对他们加以指导，因为他们已经具备了完成任务的基本技能和方法，并且他们通常也不希望和不喜欢别人去干涉他们的工作。同样，专业人员受到绩效、需要、道德等内部激励之后，自然就会提高绩效。不同的组织、不同的报酬方式、下属的需要和个性不同，对下属的吸引力也不同。就任务的特点而言，简单、重复的任务，下属能够很快掌握并完成该任务所需的必要技能，无须领导进行大量的培训和指导；当任务本身能自动反馈完成信息时，也无须领导者经常监控与指导。就组织特点而言，组织如果制定了详细而合理的规章制度和政策，下属在认真学习和领会后，就无须领导者进行过多的指导；如果工作团队有较强的凝聚力，成员间相互支持和帮助，能够进行密切合作，同样也无须领导者过多的指导。

领导替代理论对各种替代性因素进行了深入分析，为提高组织绩效提供了新的视角。一般来说，组织都不希望领导的替代者过于强大，以至于完全取代领导者；同时也不希望领导的替代者太弱，甚至没有替代者，迫使下属不得不完全依赖领导者。但不管何种情况，有效的领导者都应该为下属提供必要的指导和帮助，为组织和下属的发展创造条件。在现代信息社会中，领导替代理论的操作性还有待进一步提高，还需要进一步补充和完善。

三、领导归因理论

归因理论是人们用于理解事物原因与结果之间关系的理论。领导归因理论（attribution theory of leadership）是指人们把领导活动中的一些现象和结果归因于领导者个体影响的一种学说。运用领导归因理论的分析框架，研究者发现人们常常趋向于把领导者描述为具有超常的智慧、随和的个性、良好的表达能力、积极的进取心、充沛的精力、高远的目标、不懈的努力等这样一些特质的精英。不管具体情境如何，人们都倾向于将既高度关心工作又高度关心职工的领导者视为最佳。在组织层面上，领导归因理论的分析框架说明了为什么人们在某些条件下常常用领导来解释组织的发展状况和结果，当组织的绩效很低或很高时，人们倾向于归因于领导。

四、领导魅力理论

领导魅力理论（charismatic leadership theory）是领导归因理论的扩展。"魅力"

（charisma）一词源于希腊语，意思为"天赋"。社会学家马克斯·韦伯（Max Weber）最先将魅力与统治方式联系起来。他在研究统治方式的过程中提出了三种统治的类型：传统型统治、魅力型统治和法理型统治。魅力是指一个人所具有的非凡的品质。领导魅力理论指的是当人们观察到某些行为时，会将其归因于伟人式的或杰出的领导能力。

魅力型领导者具有与其他类型领导者不同的特质。加拿大多伦多大学的豪斯将魅力型领导者的性格概括为：支配欲、自信、对他人施加影响的需要和对自己信仰的坚定信念。华伦·本尼斯（Warren Bennis）研究了 90 位美国杰出和成功的领导者，发现他们有四种共同的能力：有令人折服的远见和目标意识；能清晰地表达这一目标，使下属明确理解；对这一目标的追求表现出一致性和全身心的投入；了解自己的实力并以此作为资本。安弗莎妮·纳哈雯蒂（Afsaneh Nahavandi）将魅力型领导的特质概括为五个方面：高度自信、对理想有强烈的信念、高度热情和精力充沛、良好的表达与沟通能力、积极的形象和模范作用。麦吉尔大学的杰伊·康格和雷宾德拉·凯南格在领导魅力方面进行了最为全面的分析，指出了魅力型领导者的一些关键特征：自信、有远见、清晰表达目标、对目标的坚定信念、不循规蹈矩、勇于变革和对环境保持敏感性。

魅力型领导者的行为方式主要是：角色榜样、形象塑造、明确目标、阐明对追随者较高的期望和信心、采用非常规策略及个人化领导。魅力型领导者一般通过以下方式对下属产生影响：①清晰地描述宏伟的前景，这一前景将组织的现状与美好的未来联系在一起，使下属有一种连续的认识，增加努力的内在动因。②向下属传达高绩效的期望，并对下属达到这些绩效表现出充分的信心，提高自我功效和集体绩效。③通过言语和活动传达一种新的价值观体系，并以自己的行为给下属树立效仿的榜样，使下属产生"进步"之感。④通过做出自我牺牲和反传统的行为，表明自己的勇气和对未来前景的坚定信念，产生对美好未来的憧憬和激发个人的奉献精神。

一般来说，魅力型领导者与下属的高绩效和高满意度有着明显的相关性，其中高满意度占有更加突出的地位。但魅力型领导者对于员工的高绩效来说并不总是必需的。而且，由于无法对魅力进行精确定义和测量，一些研究者对领导魅力理论提出了怀疑。魅力型领导者常常被视为组织的改革者，其权威基础是不稳定的，一旦新的秩序被制度化，领导者的魅力就逐渐消失，其领导的合法性和绩效就会降低。

需要注意的是，领导魅力在现实中具有阴暗的一面，如希特勒这样的领导者，人为制造"魅力假象"，搞个人崇拜，谋取和运用权力只是为了个人利益，利用追随者实现自己的个人目标，滥用追随者的信任支持，给德国、犹太人和欧洲人民造成了巨大灾难。这是不道德的魅力型领导者。

西方领导魅力理论经历了一个从"崇魅"到"祛魅"再到"返魅"的发展过

程。领导特质理论或者伟人理论，其实反映的就是人们对伟大领导者魅力的崇拜，希望能够通过对这些领导者个人特质的研究，了解其独特魅力。德国社会学家韦伯把欧洲启蒙运动和工业化革命之后的从中世纪的宗教神学世界进入世俗化的资本主义世界、高扬理性主义和科学主义的旗帜、通过建立现代科学和实现工业化来涤荡一切神秘的非理性因素、剥离依附在事物和伟人身上神秘的主观经验和感觉的过程称之为"祛魅"。理性主义和科学主义体现在领导思想中，就是在理性化、法理化权力基础上建立组织并实施科学化、理性化管理，人成了机械化大生产中的工具，成为官僚制机器上的一个螺丝钉，人被"祛魅"而失去了主体性。随着21世纪全球化进程的加速，国际竞争日趋加剧，大量区域性、国际化问题层出不穷，人们对现实领导者的能力产生了大量的不满和失望，期望能够出现具有超凡魅力的领导者带领处于充满困惑和失望的人们走向美好的未来。在这样的背景下，西方领导魅力理论反映了"返魅"的趋向。

五、复杂领导理论

复杂领导理论（complexity leadership theory）是基于复杂科学的方法论把领导视作能够产生一系列适应性结果的动态复杂的系统而进行研究所形成的理论。复杂理论是一门新兴的科学范式，其认为世界是动态的、不确定的、不可预测的和复杂的，人类无法用某一个简单的线性模型去描述和认识。复杂理论主要是基于一种具有适应性特征的复杂系统而提出的，复杂性适应系统包括三个基本要素：非线性、联结和吸引因子。非线性指的是一个因素的变化并不能相应引起另一个因素发生一定比例的变化。联结就是载体之间的互动关系。吸引因子是指引起人们产生共鸣的来自领导或其他人的刺激，也称"最佳策略"。在全球化和知识经济信息时代，组织的发展、适应和革新，需要通过复杂适应性的领导活动才能够实现。复杂领导理论是探讨复杂适应系统中领导活动的特点与规律。

复杂领导理论是复杂系统动力学研究在大型组织系统中的延伸，关注在非正式的、由互动主体所形成的动态变化环境中所表现出的各类领导行为，这种领导行为是授权的而非强制性的。领导是"涌现"的、互动的动态系统，不仅是个体间的相互影响，而且是深嵌于无数互动力量之中的复杂互动过程。复杂领导理论认为，复杂适应系统是对复杂领导进行分析的最基本的单元，其结构是由一般目标、愿景、需要等连接并构成互动的、相互依赖的动态网络，这种结构具有多元化和可重叠性的阶层特质。这种复杂适应系统能够创造性地解决问题并快速地进行学习和适应。在复杂适应性系统中，存在着三种主要的领导类型：①基于层级的、合作的和控制的传统行政观念所形成的领导——行政性领导。②领导的结构和赋予的条件能够使组织产生最佳的创造性解决问题的能力、适应能力和学习能力的授权性领导。③能够对发生的变化进行动态能力的适应性领导。复杂领导理论注重领导过程的情境性，把领导置于特定的动态系统环境中进行角色定位。这种情境涉及在某些动因（如人、观念等）、层级的划分、组织及环境中彼此互动和依赖的内容中。

复杂领导理论把领导看作适应性的产物，是自然发生的、互动的动态过程，注重对领导者行为个体的研究。复杂领导理论认为，不应把领导仅看成是正式权威或职位，而应看成是自然发生的、相互影响的动力。当复杂自适应系统动力在等级协调情境中得以产生时，领导就能够培育组织及次级单元创新、学习和适应的策略和行为。领导可以在不同时间、组织的不同部门成长起来，能够满足不同情境的需要。复杂领导即适应性领导是一种间接的催化剂，能够增强组织认同和职员的归属感。适应性领导凭借对复杂性机制的了解，通过各种途径向组织动力系统注入能引发有效"涌现"的信息，以提示组织的适应性能力。

复杂领导理论的研究还处于起始阶段，其内容框架还很薄弱，许多理论都建立在逻辑分析的基础上，相应的研究方法也还不够成熟，缺乏实证研究的支撑，这在一定程度上制约着其影响力及在组织实际运作中的指导意义。

六、自我领导和超级领导理论

自我领导，顾名思义，就是自己领导自己，即领导者的主要任务和职责就是采用各种方式方法，把被领导者培养和造就成为领导者，使他们具有高度的责任感和自我控制能力，自觉努力地工作，使被领导者由过去的"要我做"变为"我要做"。超级领导就是领导者带领下属去领导他们自己。"超级领导"适用于那些有责任领导他人的管理者。"超级领导"与"自我领导"两个概念是互相定义、密不可分的。超级领导就是对自我领导进行领导，帮助自我领导者将个人身上自我领导的潜能开发并释放出来，帮助自我领导者成功地领导自己。超级领导者就是领导自我领导者的人。

自我领导和超级领导有着内在联系。理解自我领导是理解超级领导的关键，因为对下属的所有控制最终要靠下属的自我影响起作用。无论控制从何而来，其效果仍然依赖于这些控制在多大程度上能被下属认同和内化。

自我领导有两类策略：第一类是注重有效的行为和行动，即以行为为中心的策略，对下属领导自己完成一些困难但又必须完成的任务十分有帮助，包括自定目标、自我提示、自我检查、自我排练。自我排练，即在完成一项重要任务之前进行周密的安排和训练，自行实施奖励和惩罚措施。第二类是注重有效的思想和情感，即以认知为中心的策略。认知策略主要是关于下属如何建构自己建设性的管理思维模式，然后通过它影响行为。这种策略分为两部分：一部分是考察如何利用来自任务本身的快乐和自然回报，以形成具有建设性的思想与感受；另一部分则通过信念、自我暗示和想象等方法形成建设性思维。

第四章 领导力之源：领导素质

领导者作为领导活动的主体，必须具有与领导角色相匹配的素质，其素质的高低直接决定着领导力的强弱与大小，决定着领导活动的成败。提高领导者个体素质、优化领导集体素质结构是提升领导力的基本路径。

第一节 领 导 角 色

领导者在领导活动中扮演着多重角色。认识和把握领导者扮演的主要角色，是理解领导者素质和领导职能的基础，也是领导者自觉提高素质、认真履行职能的基础。

一、领导角色的内涵

（一）领导角色的含义

领导角色是领导学的基本范畴。领导角色有广义和狭义之分：广义上的领导角色是指作为领导行为主体的领导者在进行领导行为选择的过程中所承担或扮演的多种角色的总和。狭义上的领导角色特指领导者在领导活动中担当的具有权力和权威的领导性角色。准确地说，领导角色就是指领导者在社会系统的互动中所表现出来的与社会期望和自身地位相适应的权利义务规范和行为模式的总和。领导角色是领导权利义务等一系列规范体系和行为模式的总和，与领导地位和领导身份相匹配，是社会对领导者及其行为的期待，是领导者在对社会期望和角色规范认知学习的基础上，在角色意识指导下所表现出来的角色实践及其行为模式。

对领导角色的理解必须从外部和内部两个方面去探讨：其一，社会形势呼唤这种角色的出现，即"外人"需要它的影响，需要它在社会和政治领域中推动或阻滞他们的行动。其二，它来自一个人对自己在社会关系中的地位的认识和理解。[①]领导角色作为一种特殊的社会角色，既有社会角色的一般特点，又有其特殊性。领导角色的特点主要是：①主导性。领导角色在人类社会生活中一直居于中心地位，是社会大舞台上的主角。领导角色对群体活动和社会生活起着主导性的作用。②公共性。领导角色是一种重要的公共角色，领导者是公共人物，领导角色的社会属性是公共性，领导者所掌握的权力和担任的领导职务是公共性的，领导角色影响具有社会的普遍性。③导向性。领导角色的主要职责是通过一定方式率领下属实现组织的目标。领导者所使用的方式和手段并不完全是强制性的，而主要是说服、教育、示范、引导等非强制性的方法。领导角色的扮演过程是凭借领导权力和权威，同时依靠领导者自身的人格魅力来鼓舞激励、教育引导、吸引和感召下属齐心协力，共同实现组织目标的过程。领导角色具有突出的指导、引导和示范性。④复合性。领导角色的复合性主要是指领导角色是一个多种角色交叉重叠的复合体，是一个"角色丛""角色集"，是多种角色在领导者身上的集合。领导活动是一种高度复杂的综合性社会管理活动，在领导活动中，随着时空条件的转换，领导者扮演多种不同的角色，甚至在某些特定的场合，会出现多种角色同时集于领导者一身的情形。领导者要胜任领导角色，扮演好这些不同的角色，必须具备很高的素质修养。

（二）领导者的角色定位

哈佛大学教授、管理学家亨利·明茨伯格第一次明确地对管理者和领导者的角色进行了深入分析，在 1973 年所著的《管理工作的本质》一书中，他将管理者、领导者的角色区分为三大类共 10 种具体角色。第一，人际关系方面的角色：名义领袖、领导者、联络者。第二，信息管理方面的角色：监督者、传播者、发言人。第三，决策方面的角色：企业家、混乱处理者、资源分配者、谈判者。著名领导学家约翰·P. 科特（John P. Kotter）认为，领导与管理是不同的，领导者和管理者所扮演的角色是有差异的，领导的基本角色就是战略领导者、人力联合者、鼓舞和激励者。纳哈雯蒂在《领导力》一书中认为，面对变革时代的要求，领导者扮演着战略领导者、授权者、帮助者、组织文化和价值创造者等角色。领导者角色是领导主体基本职能的具体展现，领导者的基本职能直接决定了领导主体的不同角色。

---

① 詹姆斯·M. 伯恩斯，杰克·W. 佩尔塔森，托马斯·E. 克罗宁：《领袖论》，陆震纶，郑明哲，薛祖仁，等译，中国社会科学出版社，1996 年，第 117 页。

领导者扮演的主要角色主要有：①导航者。导航就是引航，就是确定方向，进行决策。领导者通过决策，确定组织的发展战略，引领组织和下属朝着正确的方向前行。②指挥员。指挥就是领导者借助指示、命令等手段指导下属机构和人员履行自己的职责，激发其积极性，实现目标任务。领导者发挥指挥员的职能主要表现为：一是对组织系统的指挥；二是对被领导者的指挥；三是对领导活动现场的指挥。③服务员。领导活动是履行领导责任的行为，领导者的基本责任和义务就是为人民服务，担当服务员的角色。服务比起权力与责任来，在更深的层次上反映了领导者的本质。④教练员。领导者是教练员，是通过指导下属来实现组织目标。美国管理学家彼得·M. 圣吉（Peter M. Senge）在《第五项修炼》中指出，21 世纪领导者的新角色是教师，是教练。美国著名政治家亨利·阿尔弗雷德·基辛格（Henry Alfred Kissinger）也说过，"一个伟大的领导人必须是一个教育家，使远见与人们熟悉的现实之间得到沟通"。⑤裁判员。领导者是公共管理活动中规则的制定者、规则执行的监督者及裁判者，又是公共管理活动的组织者和领导者。作为裁判员，领导者在公共管理活动中其立足点和出发点是领导行为的规范、公平、公正、公开，为每个人创造良好的工作条件和公平机会，有效激发下属的工作积极性。作为裁判员，领导者要在精通规则、领会规则精神、遵循规则的前提下，善于运用规则去规范下属行为，公平对待下属，善于沟通协调，运用规则公平地协调解决矛盾冲突，提高领导的制度化水平。

（三）新时代领导者的角色转换

当前，中国特色社会主义进入新时代，我国社会主要矛盾已经转化为人民日益增长的美好生活需要和不平衡不充分的发展之间的矛盾，社会主要矛盾的变化是关系全局的历史性变化，对领导者提出了许多新的、更高的要求。领导者必须有清醒的认识和充分的思想准备，深刻认识领导角色对中国特色社会主义新时代的历史使命，适应新时代发展需要，自觉实现领导角色转换，提高领导力，实施创造性领导。

1. 从官员转变为公仆

在过去浓厚的"官本位"传统下，有的人认为领导者就是掌权者，就是大权在握、威风八面、享有特权、养尊处优、神秘莫测的官员。有的领导者也往往以官员自居，摆出一副盛气凌人、目中无人、为所欲为、高高在上、颐指气使、专横霸道的"官态"，要别人伺候他、依赖他、服从他、效忠他，成为凌驾于人民头上的作威作福、高高在上的官员。在中国特色社会主义新时代，领导者必须转变这种"官态"，坚决消除"官本位"观念的影响，把领导活动看作特殊的社会分工，把领导权力看作人民的信任和为人民服务的条件，把领导职位看作为人民服务的舞台，把领导角色切实定位和转变为人民的公仆——服务员。

2. 从控制者转变为激励者

管理者主要依靠强制力开展工作，控制局面，维护秩序，保障组织的有序、稳定运行。领导者主要依靠正确决策和发挥思想及人格的影响力来引导人们的行为，凝聚各方力量，鼓舞士气，选才用人，目的是在保持稳定的前提下推动事业的可持续发展，致力于把事业做好、做大、做强。领导者的角色不是对下属行为的控制，而是基于正确目标基础上的激励，通过思想武装和理论指导，为组织及其成员提供行为动力；通过方向把握和目标设计，为组织及其成员提供行为规范；通过制度创新和管理创新，为组织及其成员提供积极性和创造性的发展空间；通过培训和教育等一系列人力资源开发的工作环节，发现和挖掘下属的潜能，培养下属的事业心和责任感，激发其工作热情和主动精神。

3. 从运动员转变为裁判员

领导者的主要职责是制定科学、公平的规则，监督规则的有效执行，维护社会的公共秩序，而不是插手具体的社会生产经营活动，直接进行具体社会事务的管理，做运动员。领导者在社会公共事务管理过程中要扮演"裁判员""仲裁者""协调者"的角色，是规则的制定者、监督者、创新者，公正公平地协调和解决各种矛盾冲突，有效化解各种危机，维护组织利益和公共利益。

4. 从实干家转变为战略家

领导者的重要职责是保证组织事业的可持续发展。领导者角色要从管理具体事务的实干家转变为进行战略管理的领导者，要有战略眼光，善于从全局和整体的高度观察问题，分析问题；善于从客观联系中把握事物的发展规律和事业的发展趋势，认真研究发展思路，搞好战略规划，努力做到胸怀世界、高瞻远瞩，统筹兼顾、总揽全局，审时度势、与时俱进，成为"掌舵"的战略家而不是单纯"划桨"的实干家。从严格意义上说，由实干家向战略家的转变，不是两种角色的转换，而是角色重心的位移。

5. 从命令者转变为指导者

传统的领导者主要依靠权力通过实施强制性手段，对下属发布命令和指示，实行比较严格的管理和控制。而现代领导者则主要依靠自身的专业技能、人格魅力、伦理修养、价值取向来影响下属，通过组织文化、团队精神来凝聚人、指导人、鼓舞人、培育人。现代领导者应该是教练员、指导者、教育家。

二、领导者素质的内涵及其特点

领导者担负着决策、用人、组织、协调、监督、激励等重要职能，必须具有较高的素质，才能胜任领导角色，避免角色失调。领导者包括领导个体和领导团体。在此主要讨论领导个体的素质。

（一）领导者素质的含义

在社会生活中，素质其实是一个包括多角度、多层次、多要素的内涵极其丰富、运用极其普遍的概念。领导者角色是一个"角色丛"，领导者素质也同样是"素质丛"。"丛"是一个复杂的指标体系，包括诸多特质组合及其可分性。这意味着素质是由环境、社会生活经历及社会变迁所共同塑造而形成的潜在的主观条件的综合，它既有稳定的、惯性的一面，又有可变的、可培育的一面。

领导者素质是指担当领导者角色的主体为履行领导职能所需具备的主观条件，是基于一般素质同时又符合领导者角色的特点所形成和具备的胜任领导工作的各种主观条件和特质。换一个角度说，领导者素质就是领导者的一切内在构成，是领导者藉以完成所担负的工作任务的内在条件和特殊本领。有的学者从胜任力视角进行研究，把领导素质称为领导胜任力。

领导者作为领导活动的主体，其素质状况关乎组织的生命与活力。在当今全球化及风险社会时代，领导者素质面临着严峻考验，领导力成为竞争的重要因素甚至是关键因素。领导者的素质是领导力的基础，是领导主体最重要的内在条件，从根本上决定着领导活动的成败，是一种重要的竞争力。

（二）领导者素质的特点

人的素质一般具有稳定性、潜在性、基础性、非均衡性等特点，作为领导者的素质，除有上述特点外，还具有比一般人素质表现得更加明显的综合性、自致性、动态性、层次性等特点。

1. 综合性

在当代社会，领导者所承担的角色是一个多元化的"角色丛"，对领导者素质的要求也必然具有综合性。我国古代著名军事家孙武在《孙子兵法》中曾说："将者，智、信、仁、勇、严也。"习近平同志在 2013 年全国组织工作会议上强调，

"好干部要做到信念坚定、为民服务、勤政务实、敢于担当、清正廉洁"[①]。可见，领导者素质是一个多种素质要素相互依存、相互制约、相互补充、相互作用的有机整体。其中每一种素质都很重要，如果哪一种素质较弱，就会影响到整体活动的成败。这就是"木桶理论"或"铁锁链理论"，即决定木桶盛水量多少的是木桶上最短的那块木板，决定铁锁链强度的是铁锁链中最弱的那一环。

2. 自致性

素质是人们在先天生理禀赋的基础上，在后天的学习、工作、生活中所形成的各种能力本领。先天生理禀赋具有基础性的作用，尤其是生理素质与先天遗传基因，但对于其他素质来说，如文化素质、法律素质、道德素质、政治素质、能力素质等，则更主要的是后天勤奋学习、实践锻炼和修养反思所获致的。同时，领导素质的形成和提高虽然离不开外在的激励奖惩和规范约束，离不开社会环境的熏陶，但领导者自身起着决定性的主导作用。领导素质的形成和提高，领导者个人是内因，外部环境是外因，两者都不可或缺，领导者自身起着根本性决定作用，主要是自己通过努力获致的，而外部因素则起着推动和促进作用。

3. 动态性

领导者素质是一个动态的发展过程，随着社会的发展和时代的进步及领导者的自我完善而处于不断的变化之中。首先，领导者总是具体的某一个时代的领导者，不同的时代对领导者有不同的要求。不同社会、不同历史时期的领导者，在其成长发展的过程中，必然要受到所处时代的政治、经济、文化和科学技术发展状况的影响。因而，在素质方面就会打上时代的烙印，具有一定的时代性。其次，领导者素质受到环境变化的影响。领导者素质是一个不断发展和完善的过程，其形成和发展是在与客观环境的互动中完成的，没有天生的领导者，也没有一劳永逸、一成不变的素质。领导者素质一方面来自先天的遗传禀赋；另一方面则来自后天社会实践的培养和锻炼。领导者素质的变化既是时代发展要求的结果，又是时代进步的动力；既是领导者自觉自为的结果，也是社会环境压力驱动的产物。最后，组织结构的调整、领导职位的变动及领导者自身的变化，都会对领导者素质的要求产生影响。领导者素质的提升是一个需要付出艰苦努力的过程，不会随着领导者职位的晋升而自发地提高和改善。领导者素质的变化既可能是积极向上的，也可能是消极向下的。

4. 层次性

任何领导工作都是一个系统，都有不同的层次、领域和相应的职责，对不同

---

① 习近平：《习近平谈治国理政》，外文出版社，2014 年，第 412 页。

层次、不同工作性质的领导者而言，其素质要求既有相同的一面，也有其特殊的一面。三国时期著名的政治家和军事家诸葛亮把军事将领按照不同的素质分为十夫之将、百夫之将、千夫之将、万夫之将、十万夫之将和天下之将等层次。现代社会生活复杂多变，组织机构的领导层次分明，其素质的层次性特点也更为突出。美国学者曼弗雷德·F. R. 凯茨·德弗里斯（Manfred F. R. Kets de Vries）在 1955年提出领导者必须具备三大领导技能：技术技能（解决具体问题的能力）、协调技能（处理和协调人际关系的能力）、概念技能（分析决断能力）。但不同层次的领导者对这三种技能的需求程度是不同的，基层领导者对这三种技能的需求结构比例是 47：35：18；中层领导者对这三种技能的需求结构比例是 27：42：31；高层领导者对这三种技能的需求结构比例则是 18：35：47。[①]尽管实际生活中，领导技能需求的比例难以完全准确量化，但这种实验分析仍然是有意义的，它说明在不同层次的领导岗位上，领导者的素质结构应该表现出不同的倾向性。在组织系统中，一般都有高层、中层、基层三个不同层次的领导者，他们各自承担着不同的职责和使命，扮演着不同的角色，因而对其有相应的不同素质要求。高层领导者的主要职责是确定大政方针、拟订战略规划、把握方向、统筹全局，与此相适应，要求他们具有相应的创造能力、概念化努力综合判断能力、战略决策能力等。中层领导者主要是协调关系，从组织和协调方面去贯彻落实方针政策，为此他们应该具有组织动员、协调沟通、监督激励的技能。基层领导者主要是执行政令，帮助下属解决具体问题，这就需要其具有良好的专业知识和技能。

第二节　领导素质及其提高

　　中国特色社会主义新时代好干部的标准是信念坚定、为民服务、勤政务实、敢于担当、清正廉洁。好干部就是有较高素质的领导者。领导素质的综合性表明，领导者素质包含的内容是多维度和多方面的。习近平同志在党的十九大上强调，领导干部要"全面增强执政本领。领导十三亿多人的社会主义大国，我们党既要政治过硬，也要本领高强。要增强学习本领，在全党营造善于学习、勇于实践的浓厚氛围，建设马克思主义学习型政党，推动建设学习大国。增强政治领导本领，坚持战略思维、创新思维、辩证思维、法治思维、底线思维，科学制定和坚决执行党的路线方针政策，把党总揽全局、协调各方落到实处。增强改革创新本领，保持锐意进取的精神风貌，善于结合实际创造性推动工作，善于运用互联网技术和信息化手段开展工作。增强科学发展本领，善于贯彻新

---

① Katz R L, 1995, Skills of an effective administrator, Harvard Business Review, 33（1）: 33~42.

发展理念，不断开创发展新局面。增强依法执政本领，加快形成覆盖党的领导和党的建设各方面的党内法规制度体系，加强和改善对国家政权机关的领导。增强群众工作本领，创新群众工作体制机制和方式方法，推动工会、共青团、妇联等群团组织增强政治性、先进性、群众性，发挥联系群众的桥梁纽带作用，组织动员广大人民群众坚定不移跟党走。增强狠抓落实本领，坚持说实话、谋实事、出实招、求实效，把雷厉风行和久久为功有机结合起来，勇于攻坚克难，以钉钉子精神做实做细做好各项工作。增强驾驭风险本领，健全各方面风险防控机制，善于处理各种复杂矛盾，勇于战胜前进道路上的各种艰难险阻，牢牢把握工作主动权"①。这具体明确了领导者的基本素质。

一、领导者的个体素质

领导的综合性要求领导者具有综合性素质。领导者素质包括的内容非常丰富，在中国特色社会主义新时代，领导者应该具有政治素质、法律素质、能力素质、道德素质、知识素质和身心素质。

（一）政治素质

政治素质是指领导者从事领导活动所必须具备的政治立场、政治价值观、政治态度和政治品质等各方面的基本要素。2017年2月，习近平在省部级主要领导干部学习贯彻十八届六中全会精神专题研讨班开班式上指出："党的高级干部要注重提高政治能力，牢固树立政治理想，正确把握政治方向，坚定站稳政治立场，严格遵守政治纪律，加强政治历练，积累政治经验，自觉把讲政治贯穿于党性锻炼全过程，使自己的政治能力与担任的领导职责相匹配。"②政治素质是领导者的第一素质。政治素质从根本上决定着领导活动的性质和方向，决定着领导者站在什么立场、为什么目标、为什么对象而行使权力及怎样使用权力的问题。

（1）具有正确的政治立场。正确的政治立场是提高政治敏锐性和政治鉴别力的前提。对领导者来说，具有正确的政治立场是最起码的要求。政治具有鲜明的阶级性，任何国家、阶级都是通过选拔一批忠诚于本阶级并有能力为本阶级服务的人来执掌国家政权，维护本阶级的统治，谋求本阶级的利益。领导者必须坚持正确的政治立场，即工人阶级和人民大众的立场，致力于报效国家，忠于政府，

---

① 习近平：《习近平谈治国理政》第3卷，外文出版社，2020年，第53~54页。
② 《习近平在省部级主要领导干部学习贯彻十八届六中全会精神专题研讨班开班式上发表重要讲话强调：以解决突出问题为突破口和主抓手推动党的十八届六中全会精神落到实处》，《人民日报》，2017年2月14日，第1版。

服务民众。

（2）具有崇高的政治理想。崇高的理想既是领导者成为卓越人物的内在原因，也是领导者不断走向成功的驱动力。具有崇高的理想和远大的目标，归根结底是领导活动的本质和价值的必然要求。马克思曾经指出："如果一个人只为自己劳动，他也许能够成为著名学者、大哲人、卓越诗人，然而他永远不能成为完美无疵的伟大人物。历史承认那些为共同目标劳动因而自己变得高尚的人是伟大人物；经验赞美那些为大多数人带来幸福的人是最幸福的人。"①

（3）具有高度的政治责任感。领导者由于所处职位的特殊性和重要性，其行为会直接地对国家、人民的利益产生重大影响，领导者必须具有高度的政治责任感，要站在国家和人民的立场上观察、分析和处理问题。领导者树立高度的政治责任感，具有高度的政治觉悟，对党对国家对人民负责，绝不只是一句道德格言，或只是对领导者思想作风的一般要求，而是对领导者所承担法律上、政治上的责任的要求。权力意味着责任，用权必须负责。领导者的权力来源于人民，必须为人民服务，为人民谋利，对人民负责。高度的责任感是人格健全的标志，是领导者使自己变得高尚起来的根源。

（4）具有理性的民主政治自觉。孙中山先生早就指出，民主潮流，浩浩荡荡，顺之者昌，逆之者亡。民主政治是不可阻挡的历史潮流，民主领导是现代领导活动的本质属性。党的十九大指出："坚持党的领导、人民当家作主、依法治国有机统一是社会主义政治发展的必然要求。"②领导者必须具有基本的、理性的民主政治自觉。首先，要具有民主的价值观。领导者树立民主的价值观不仅意味着应当使民主和政治伦理道德规范成为一切领导价值的基础，而且应当使领导者始终作为人民主权的受托者而发挥作用。其次，要掌握民主政治的基本知识。对民主的内涵、特征和民主发展的历史有全面、正确的了解，尤其要对民主的本质有正确认识。纵观当今世界，虽然民主政治还存在着一定的局限性，还不是最理想的政治形式，但它是迄今人类所创造出来的最不坏的政治治理方式。领导者是民主政治的实践者，必须对民主政治有正确的认知和自觉的信仰。最后，具有基本的民主技能。领导者必须掌握民主政治的基本技能，在领导活动中坚持民主精神，发扬民主作风，实行民主决策，接受民主监督，进行民主领导。

（二）法律素质

领导者是法治国家、法治政府和法治社会建设的领导者，是推进依法治国的

---

① 《马克思恩格斯全集》第40卷，人民出版社，2016年，第7页。
② 习近平：《习近平谈治国理政》第3卷，外文出版社，2020年，第17页。

责任主体，在全面依法治国中必须抓住领导干部这个"关键少数"。法治是治国理政的基本方式，领导者必须不断提升法治素养，真正敬畏法律，带头遵守法律，在深化全面依法治国的实践中增强依法执政的本领，不断提高运用法治思维和法治方式深化改革、推动发展、化解矛盾与维护稳定的综合能力。

（1）领导者必须掌握相关的法律知识。知法是守法和执法的基本前提。领导者掌握基本的法律知识，是依法行政、依法领导的基础和前提，是新时代领导者能否胜任工作的一个重要条件。领导者要认真学习和掌握有关法理学的基本知识，熟练掌握宪法和其他履行领导职责所必需的各种法律法规，如行政法规、经济法规等方面的知识。习近平同志指出，"我们的党政领导干部都应该成为复合型干部，不管在什么岗位工作都要具备基本的知识体系，法律就是其中基本组成部分，对各方面基础性知识，大家都得掌握、不可偏废，在此基础上做到术业有专攻"①。

（2）领导者必须有强烈的法治意识。法治意识是人们对法治现象的一种主观反映，从根本上讲，领导者的法治意识直接体现了一个国家的法治水平，反映了其法制运行的基本状况，增强法治意识成为领导者法律素质的一个重要方面。领导者必须强化自己的法治意识，自觉维护宪法和法律的权威，树立依法领导、依法行政和依法办事的意识，提高依法行政的能力。领导者具有正确的法治意识，一方面，要尊崇法治。只有内心尊崇法治，才能行为遵守法律。只有铭刻在人们心中的法治，才是真正牢不可破的法治。依法治国首先要依宪治国，力行宪政，树立人民权力至上、宪法权威至尊、人民利益高于一切、人权和公民权利神圣不可侵犯、行使权力要遵循法定程序、接受权力制约与监督、承担相应的责任等观念和意识。另一方面，要树立法律至上的观念。法律至上，就是法的权威至上，也就是人民意志至上，要消除特权现象和人治传统，树立法律面前人人平等和权力制约的观念。

（3）领导者要依法领导，注重职务守法。"谋划工作要运用法治思维，处理问题要运用法治方式，说话做事要先考虑一下是不是合法。领导干部要把对法治的尊崇、对法律的敬畏转化成思维方式和行为方式，做到在法治之下、而不是法治之外、更不是法治之上想问题、作决策、办事情。"②领导者要身体力行，严格守法，严格在宪法和法律规定的范围内活动，绝不能凌驾于法律之上。要严格按照法定的程序办事，自觉维护法律的权威。一方面，领导者作为公民中的一员，必须遵守国家的宪法和法律法规。另一方面，领导者作为组织的负责人，在行使职权时必须做到依法办事、依法行政。领导者的职务行为必须有法律依据，必须符合法定的程序，必须在法律规定的职权范围内行动。如果领导者触犯了法律，

---

① 《习近平李克强栗战书赵乐际分别参加全国人大会议一些代表团审议》，《人民日报》，2018年3月11日，第1版。

② 习近平：《习近平谈治国理政》第2卷，外文出版社，2017年，第127页。

必须承担相应的法律责任，绝不能有任何特权。

（三）能力素质

能力，即人的主观能动性，是指人们认识问题和解决问题的本领和技能。能力主要有两种分类方法：一是根据能力的性质分类，可分为经验性能力、知识性能力和思维创新能力。二是根据能力的具体表现分类，可分为统筹兼顾的战略能力、开拓创新能力、知人善任能力、应对风险能力、维护稳定能力、沟通协调能力。在此，我们主要从领导职能的角度，强调领导者应该具备以下几方面的能力。

1. 科学决策能力

决策能力是指领导者根据环境、事件与信息的情况，对预定目标与行动方案做出决断的本领。领导决策正确与否，直接决定着一个组织的兴衰成败。决策贯穿于整个领导的过程之中，没有决策就没有领导。在某种意义上甚至可以说，没有决策能力就等于没有领导能力。决策水平的高低是衡量一个领导者素质高低、领导力高低的重要标准。科学决策的能力主要表现在善于发现和构建问题、善于规划和解决方案、善于利用外脑资源、善于处理复杂信息、善于洞察事物变化、善于预见未来情形、善于应对紧急情况、善于设计事业蓝图和创新工作思路等。

2. 知人善任能力

知人善任能力就是领导者善于识别人才和使用人才的本领，这是领导者的基本能力之一。毛泽东曾经说过，"领导者的责任，归结起来，主要地是出主意、用干部两件事"①。"用干部"就是指选才用人。能否选好人才、用好人才，是衡量领导者是否成熟的重要标志之一，是能否实现有效领导的关键。知人善任能力主要表现在善于识别人才、善于凝聚人才、善于使用人才、善于培养人才、善于激励人才、善于协调人才、善于举荐人才等。

3. 激励能力

激励是一种刺激需要、满足需要、激发动机、引导行为、实现目标的动力过程。激励可以使人兴奋起来并保持积极的状态，从而推动人们朝向预期的目标努力。领导的一个重要职能，就是调动人的积极性和激发人的创造性，把组织中单个人的行为凝聚在一起变成组织的行为，形成强大的、实现组织目标的

---

① 《毛泽东选集》第 2 卷，人民出版社，1991 年，第 527 页。

集体合力。美国领导学家史蒂文·科恩（Steven Cohen）指出，领导者的一个重要职能就是，"设置激励机制""激励通常是用来引导员工作出预期的行为""你对组织的控制力主要来自你掌握激励机制的能力"[①]。科学研究证明：采取激励的措施，对于提高组织的工作效率有很大的作用。领导者激励下属的能力，是实现组织目标、培养人才、提高领导绩效的重要保证。激励能力主要表现在善于洞察组织成员的需要、善于理解组织的目标要求、善于提升组织文化、善于实行人性化管理和服务、善于制定体现激励的政策和制度、善于体现亲和力、善于优化资源配置等。

4. 沟通能力

沟通是指人们之间通过一定的方式传递信息、观念、情感等达到相互理解的活动。"沟通是组织的生命线，传递组织的发展方向、期望、过程、产物和态度。"[②]离开了沟通，领导活动中的决策、用人、授权、监督、协调和激励等都无法顺利进行，沟通既是领导活动的基本职能，也是履行领导职能的主要方式和手段。对领导者来说，沟通是一项基本能力。形成和提高领导者沟通的能力，有助于发挥领导者的作用，更好地协调复杂的关系和优化组织的生存发展环境，更有效地配置资源和实现组织目标。沟通能力主要表现在善于倾听和反馈意见、善于表达和传递信息、善于动员和组织群众、善于说服和引导舆论、善于概括和总结要点、善于利用和驾驭会议、善于控制和调整情绪、善于处理谈判事项等。

5. 创新能力

领导活动是一种综合性、创造性的社会活动，创新能力是领导者应有的基本素质之一。"如果公共管理者没有进行制度化创新的能力和雄心，那么组织压力很快就会将新的思想淹没。而对抗压力的惟一途径就是创新和冒险。"[③]领导者的创新能力就是及时发现新问题、善于提出新思想、敢于采用新方法、有效解决新问题的能力。主要表现在善于敏锐地洞察旧事物的缺陷，准确地捕捉新事物的萌芽，提出大胆、新颖的设想并进行周密的论证，设计可行的方案并付诸实施，即大胆的怀疑精神、勇敢的批判意识、强烈的新异志趣、敏锐的洞察能力、独立的思考习惯、坚韧的意志品质，以及超越传统、战胜偏见的魄力与方法等。

[①] 史蒂文·科恩，威廉·埃米克：《新有效公共管理者》，王巧玲，潘娜，王冬芳，等译，中国人民大学出版社，2001年，第170页。

[②] 查尔斯·E. 贝克：《管理沟通——理论与实践的交融》，康青，王啬，冯天泽，译，中国人民大学出版社，2003年，第5页。

[③] 史蒂文·科恩，威廉·埃米克：《新有效公共管理者》，王巧玲，潘娜，王冬芳，等译，中国人民大学出版社，2001年，第211页。

6. 危机治理能力

当代社会，随着科学技术的进步、社会生产力的发展及全球化进程的加速，各种社会问题也不断复杂化、多样化，人类社会进入了风险社会，公共危机发生的频率加快并且破坏性增大。领导者的危机治理能力日显重要。2019 年 1 月，习近平同志在省部级主要领导干部坚持底线思维着力防范化解重大风险专题研讨班上指出，领导干部要"深刻认识和准确把握外部环境的深刻变化和我国改革发展稳定面临的新情况新问题新挑战，坚持底线思维，增强忧患意识，提高防控能力，着力防范化解重大风险""面对波谲云诡的国际形势、复杂敏感的周边环境、艰巨繁重的改革发展稳定任务，我们必须始终保持高度警惕，既要高度警惕'黑天鹅'事件，也要防范'灰犀牛'事件；既要有防范风险的先手，也要有应对和化解风险挑战的高招；既要打好防范和抵御风险的有准备之战，也要打好化险为夷、转危为机的战略主动战"。[①]领导者的危机治理能力主要表现在危机预防能力、危机识别能力、危机处置能力和危机善后管理能力等。

（四）道德素质

领导者的道德素质是指领导者所具有的品德修养和在领导活动中自觉遵守社会规范，恪守领导职业道德的基本素养和特质。道德素质在领导活动中居于重要地位，是领导者自我约束、自我教育、自我警醒、自我管理的内在手段，是领导力的内在源泉。领导者的身份地位决定其必须具有高于普通社会成员的良好道德素质。领导者具有良好的道德素质，不仅有利于提高领导绩效，塑造良好的领导形象，增强领导者的威信，而且有利于净化社会风气，促进精神文明建设。领导者的道德素质是一个复杂的结构系统，它由领导者的道德意识、道德行为、道德评价、道德调节、道德修养、道德信念等要素构成，既包括一般的道德素质，也包括作为特殊岗位的领导职业道德。在此，我们主要从领导者所从事职业的特殊性角度来讨论领导者的道德素质。

1. 忠诚于国家和人民

"天下至德，莫大于忠。"忠诚是领导者必须具备的政治品格。当前，要全面贯彻新时代党的组织路线，严把德才标准，坚持公正用人，拓宽用人视野，激发干部积极性，努力造就一支忠诚、干净、有担当的高素质干部队伍。忠诚的品质对于领导者来说具有基础性的意义，对国家、人民和党的忠诚，既是领导者职业道德的基础，也是一切领导素质的基础。这是因为"人不忠信，则事皆无实，为恶则易，为

---

① 习近平：《习近平谈治国理论》第 3 卷，外文出版社，2020 年，第 219~220 页。

善则难，故学者必以是为主焉。"①领导者的忠诚，是大忠诚，而不是小忠诚、亚忠诚、假忠诚，是对国家、人民、法律、公共利益的真正的、绝对的忠诚，是一种建立在科学理性的、自觉的基础上的忠诚。在领导活动中，领导者必须具有强烈的忠诚意识，忠于国家，忠于人民，忠诚于宪法、法律，把国家和人民的利益置于首位，为公共利益尽心竭力。同时，领导者还要忠诚于事业，尊重客观规律，说老实话，办老实事，做老实人，真心实意、兢兢业业为人民服务，把忠诚、干净、有担当作为必备的政治品格融入职业道德和党性修养的全过程，贯穿于领导活动的全过程。

2. 公正廉洁

公正，是领导者待人处事公平公正。廉洁，是领导者为官清正，奉公守法。公正廉洁，历来都是重要的领导品质，是世界上各个国家对领导者的基本道德要求。公正廉洁是领导者进行有效领导的基础，是关乎国家兴衰的根本。春秋时晏子说："廉者，政之本也。"管仲指出："礼义廉耻，国之四维；四维不张，国乃灭亡。"孔子强调："政者，正也，子帅以正，孰敢不正。"《汉书·宣帝纪》也说："吏不廉平，则治道衰。"公正廉洁的素养，就是要求领导者具有正确的权力观，依法用权，公正用权。领导者公正用权的关键是坚持原则，依法用权。同时要强化公仆意识和服务意识，教育和引导领导者始终坚持全心全意为人民服务的根本宗旨，把为最广大人民谋利益作为一切工作的出发点和归宿。领导者绝不能滥用权力、徇私枉法、贪污受贿，必须始终保持人格的崇高性、权力的公正性和行为的廉洁性。

3. 勤政尽职

勤政尽职就是领导者勤于政事，对工作认真负责，竭尽全力，积极进取，有强烈的事业心和使命感，尽职尽责。勤政尽职是领导者职业道德的核心。领导者的忠诚、公正、廉洁，归根结底都要通过领导活动体现出来，都要以勤政尽职为归宿。在领导活动中，廉洁既是道德规范，也是法律规范，廉政是价值基础，是为官的起码要求。领导者做到廉洁还远远不够，还必须勤政尽职，在其位谋其政，敬业奉献，以最大的热情和毅力去努力完成自己的使命和任务，运用所掌握的公共权力实施有效的领导，开拓创新，不断进取，不懈奋斗，为组织做出贡献，为国家、为人民谋利益。

4. 严于律己，宽以待人

著名诗人纪伯伦说，"一个伟大的人有两颗心：一颗心流血，另一颗心宽容"。

---

① 朱熹：《四书章句集注》，中华书局，2012年，第50页。

领导者要有奉献和牺牲精神，要有宽容大度之心，责己恕人，对自己严格要求，以身作则，对下属和同事平易近人，宽容大度。领导者对自己的严格要求，不仅包括工作和学习方面，而且包括思想和生活各个方面。对自己的高标准、严要求，是领导者胜任工作、不断进步和发展的内在动力。"有容德乃大"，只有心胸宽阔、豁达包容、谦虚谨慎，勇于承担责任，勇于承认错误，才能获得下属的认同和支持，才能算得上是真正的领导者，也才能吸纳和团结各种人才，齐心协力完成任务，获得事业上的发展。

（五）知识素质

知识素质是指领导者做好本职工作所必须具备的基础知识与专业知识及其合理的知识结构。21世纪是知识经济时代和学习型社会，"知本"将逐渐取代"资本"成为推动经济社会发展的第一要素，知识的生产和利用将成为经济社会发展的强劲助推器。对领导者来说，拥有知识的程度及知识结构的优化（主要指知识结构与领导角色和领导工作之间的适应性）程度成为制约领导力高低的重要因素。心理学研究证明，人所具有的能力（一般能力和特殊能力）与所掌握的知识是相互联系、相互制约的。一方面，人们掌握知识要以一定的能力为前提，能力制约着人们掌握知识的快慢、深浅、难易和巩固知识的程度；另一方面，丰富的知识又有助于能力的提高和发展。一般而言，领导者的知识素质应该包括三个方面：扎实的基础知识、深厚的专业知识、广博的辅助知识。

1. 基础知识

这是领导者知识结构的第一层级，是领导者必须具备的基本知识。就领导工作的实际需要来看，应着重掌握以下知识：一是科学文化知识。二是社会科学理论知识。社会科学揭示了人类社会的本质、发展方向和发展规律，是做好领导工作和其他一切工作的指导思想和理论基础。三是政策法规知识。政策法规知识主要包括党的路线、方针和政策，国家的宪法、法律和各种法规、规章、制度。四是现代科技知识。学习和掌握现代科技知识，不仅能使领导者了解现代科学技术的发展状况，丰富科技知识，提高科技素质，而且还可以加深对科学技术是第一生产力和建设创新型国家的认识和理解。五是社会主义市场经济知识。只有掌握市场经济的基本知识，领导者才能够在国家治理体系和治理能力现代化过程中，掌握市场经济发展的规律，做好领导经济的工作。

2. 专业知识

专业知识，是领导者知识结构的核心和主体部分，也是区别于其他领域人才知识结构的主要标志。专业知识的内容丰富，主要包括有关领导和管理的"共性"知识和领导者所在的行业、领域或部门的业务知识。就有关领导工作的共性知识来说，领导者要精通包括政治管理、经济管理、行政管理、科技管理、人才学、领导科学、思想政治工作等专门知识。就领导者所在的行业、领域或部门的业务知识来说，领导者虽然并不一定要成为某一专业领域的专家，但必须精通领导和管理的专业知识，成为领导和管理方面的专家。

3. 辅助知识

辅助知识是领导者知识结构的一个重要组成部分，指的是与领导工作相关的知识。辅助知识的内容极为丰富，领导者应该着重学习和掌握哲学知识、逻辑学知识、修辞演讲方面的知识、新学科知识、现代公关知识、心理学知识、社会学知识、历史知识、国际关系知识等。哲学家弗兰西斯·培根（Francis Bacon）说过，读史使人明智，读诗使人聪慧，算术使人周密，哲理使人深刻，伦理学使人有修养，逻辑修辞使人善辩。总之，知识能塑造人的性格。列宁也曾说过，只有用人类创造的全部知识武装自己的头脑，才配称是一名真正的共产主义者。辅助知识能够帮助领导者拓宽视野、开阔思路、创新方法、博闻强记、活学活用，有助于提高认识问题、分析问题和解决问题的能力，也能够提升领导者的综合素养，丰富领导者的人格魅力。

（六）身心素质

身心素质是领导者必不可少的基础性素质。世界卫生组织在其"宪章"中为"健康"下了一个定义："健康是身体、精神和社会之完好状态，而不仅仅是没有疾病和衰弱。"身体的健康既包括生理健康，也包括心理健康。承担组织使命和领导责任的各级领导者必须具备较好的身体素质和心理素质。

身体素质是指人的解剖生理特征，是构成人的生命体所有物质成分的质量和健康状况的总和，包括体质和体貌两部分。身体素质是领导者素质的物质基础，是领导者其他全部素质的物质载体。身体素质的状况直接影响着领导者其他素质的质量、效能和价值。领导者处理各种工作必须依靠充沛的体能和精力来支撑。领导者的活力和动力主要基于健康的体魄。对于领导者来说，身体素质具有不可替代的基础性作用和特殊意义。

心理素质是一个人认识和把握自我的能力，它包括人的认知、情绪、意志、气质和性格等个性心理特征。领导者的心理素质，宽泛地说就是指领导者做好领导工作所必需的心理条件。狭义地说，主要是指领导者的认知、情绪、意志及气质性格等方面的心理要素和心理特征。人的所有行为都会受到心理因素的影响、制约甚至支配。历史和现实反复证明，心理的健康与稳定往往是人们从事各种活动获得成功不可或缺的因素。领导工作的性质和职业特点对领导者的心理素质要求更高。提高和改善领导者心理素质，既是领导干部自我完善的重要体现和充分履行领导职能的重要基础，也是提高领导水平的重要保证。当前，中国已经把心理素质作为考察领导干部的重点内容之一，领导干部的心理素质主要看面对复杂的矛盾和问题是否有良好的心态、宽广的胸怀、坚强的意志、昂扬的精神状态。

领导者良好的心理素质主要表现在：一是正确认识和评价自我，学会尊重和宽容他人。二是正确看待财富和权力，保持从容、平和的情绪状态。三是正确对待工作和生活，远离奢华和浮躁，锤炼良好的意志品质。四是要注意气质性格的修养，保持对外部环境的适应性。

人的气质俗称为性情、脾气，是人的心理活动的速度、强度及稳定性等方面的心理特征。性格是一个人对现实的稳定的态度和惯常行为方式方面的心理特征。一般认为，气质可分为四种类型，即胆汁质（兴奋型）、多血质（活泼型）、黏液质（安静型）、抑郁质（抑制型）。气质类型无好坏之分，各有优劣。在现实中，典型地属于哪一种气质类型的人并不多见，多数为复合型，即多种类型的特点均有，但以某种类型为主。性格是人的个性心理特征的重要方面。领导者进行性格的修养不仅要注意扬长避短，而且要注意思想政治品行的修养，通过修养去强化好的性格特点，克服不好的性格特征。

二、领导集体素质

现代领导活动的主体呈现集团化趋势，即集体领导。领导集体素质结构的优化，直接决定着组织的整体绩效，决定着组织的生存和发展。

（一）领导集体素质结构的含义及其特征

领导集体就是指由组织中的各个领导成员按照一定的关系所组成的有机的领导团体。领导集体是一个有着内在结构和特定功能的系统。按照系统论和结构功能主义的观点，结构是系统性质和功能的集中体现，是一种关系的组合。通过结构，把各种孤立的要素有机组合与配置形成一个系统，通过结构，各种要素才能显示系统的属性和功能。结构对系统的性质和功能具有决定性的作用。任何事物都是由各种因素按照一定的排列组合方式构成的，不同的排列组合方式形成不同的结构，不同的结构会产生不同的功能，甚至相同的要素由于排列组合的方式不同，也会形成不同的结构，产生不同的功能。例如，同样是碳元素，仅仅由于碳原子的排列组合方式不同，就形成了不同的物质结构，产生了功能特性迥然不同的石墨和金刚石两种物质。同样道理，不同素质的领导者所组成的领导集体具有不同的素质结构，在相异的素质结构基础上又会产生不同的领导力和领导绩效。

领导集体素质结构是指一个领导集体中各个领导成员素质要素的配置和组合方式，是一个综合性的有机结构系统。领导集体功能的大小不仅仅在于个体素质的高低，更重要的在于领导成员素质要素之间的合理匹配和恰当的协调组合。也就是说，领导集体的绩效在很大程度上取决于领导成员素质的结构状况。领导集体素质结构不同，就会有不同的性质和功能。

领导集体素质结构是领导集体内部各成员的素质要素在一定时间和条件下的配置组合方式，它表现出鲜明的整体性、相关性、适应性、稳定性等特征。

（1）整体性。领导集体素质结构是由领导成员不同的个体素质构成的综合体，它们之间相互影响、相互作用而形成一个有机整体。领导集体的功能是由构成这个团体的各个要素之间相互作用而产生的，其作用的发挥是以整体合力的形式出现的。在一个领导集体中，也许某些个体要素并不十分完善和优秀，但经过科学的配置和组合，也可以产生良好的整体效应。

（2）相关性。领导集体素质结构的相关性表现在两个方面：一方面，在领导集体中，领导成员的个体素质会从不同角度对领导集体发生作用，从而形成领导集体素质结构的合力。这种合力决定着领导集体绩效的高低。另一方面，领导集体中各个成员的素质之间会发生相互作用、相互影响。这种影响可能是积极的，也可能是消极的。合理的领导集体素质结构是各领导成员素质之间相互补充、互补协调所形成的领导合力，产生更高的领导绩效。

（3）适应性。领导集体素质结构作为一个系统，必须适应外部社会环境的发展变化，不断调整自己的内部要素，发挥应有的效能。领导活动总是在一定的社会环境中进行，而环境条件总是处于不断的发展变化之中，被领导者的状况也因时而异。因此，随着环境的变化与发展，领导集体素质结构必须适时做出调整，回应环境变化的要求。

（4）稳定性。领导集体素质结构是由各种素质要素配置组合而成的，一经形成就具有相对的稳定性，产生稳定的功能。领导集体素质结构的相对稳定性，是其正常发挥作用的基本前提。如果领导成员经常发生变动，其素质结构就不稳定，其功能的发挥就会受影响，就难以正常地发挥其组织效能。

（二）合理的领导集体素质结构的基本要求

合理的领导集体素质结构形成的合力，产生良好的领导绩效。领导集体素质结构包括能力结构、知识结构、气质结构、年龄结构等，它们构成一个多系列、多层次、多因素、多方位的动态结构系统。一个合理的领导集体素质结构主要应包括以下几个要求。

1. 匹配的能力结构

能力结构是指领导集体内部各种不同能力类型的人的配比组合。能力的表现是多种多样的，如分析能力、学习能力、思维能力、观察能力、决策能力、监督能力、激励能力、沟通能力、协调能力、组织能力、创造能力等。具体到某个人身上，则可能是某种类型的能力表现得较为突出，从而形成不同的能力类型。一个良好的领导集体能力结构应该是具有各种不同的较高能力的领导成员的合理搭配组合，使不同能力的领导者之间能够相互取长补短、相得益彰，形成高能量的领导团队。具体来说，一个优化的、互补的领导集体能力结构在人员组成上至少由以下几种人组成：谋略家、宣传家、指挥家、实干家、督导家及教育家等。只有由各种不同能力类型的领导成员整合组成的领导集体，才能形成领导集体良好的能力结构，发挥最佳的整体绩效。

2. 互补的知识结构

知识结构是指构成领导集体的成员的不同知识类型的排列组合。我们所说的知识，既包括书本中的基础知识和理论知识，也包括实践经验知识。由于实际上每个人所具有的知识的广度、深度、向度都各不相同，所以在一个领导集体内部，要求每个领导成员都具有同等的知识素质是不可能的。同时，由于领导活动的复杂性、综合性和动态性等所决定，具有相同的知识素质结构的领导集体对领导活动的有效开展也是不利的。一个领导集体所具有的合理的、良好的知识结构应该是立体式的，即由多层次、多专业背景、不同知识素养的人按一定方式组合而成，并随着现代科学技术和社会的发展而不断发展。只有这样，才能使具有不同知识素质的领导成员各尽所能，各得其所。

3. 协调的气质结构

气质是指个人比较典型的、稳定的个性特征，是个体对外界事物的一种具有稳定性和惯性的心理反应。气质具有极大的稳定性，虽然在环境和教育的影响下，气质也会发生某些变化，但是同其他心理特征相比，其变化要迟缓得多，"江山易改，秉性难移"，说的就是这个道理。而且，属于某种气质类型的人，常常在内容很不相同的活动中显示出比较相似的特点。气质结构就是领导集体中各种不同气质类型的成员的配比组合状况。在现代领导活动中，领导者所面临和处理的事情错综复杂、千差万别，即使是同一项工作，也有不同的情况发生，所以领导集体应由不同气质类型的人组成。不同气质类型的领导成员合理搭配，就可以协调组合，互相补充，发挥各自的积极因素，抑制消极成分，从而形成一个刚柔相济、动静共存的合理的领导集体素质结构。一个领导团队中，既要有开朗、活泼、善于交际的人，也要有沉着、稳重、长于运筹的人；既需要大胆泼辣、敏捷明快者，也需要谨言慎行、柔中有刚者。领导集体气质结构的协调效应，应以个体气质上存在的差异性为基础。人的性格气质各不相同，各有优劣，协调的气质结构是具有不同气质类型的领导成员的合理搭配与组合。不同气质类型的合理搭配，使领导成员之间能够相互取长补短，彼此宽容，相互学习，相互促进，整合优势，使领导集体发挥最佳的绩效。

4. 梯次的年龄结构

年龄结构指的是领导集体中不同领导成员按年龄分布而组合的状况。年龄不仅是生理、心理功能的标志之一，也是人的能力、经验多少的标志之一。合理的年龄结构关系到领导集体是否具有旺盛的生命力和创造力，关系到领导集体能否发挥最佳效能。合理年龄结构应是老年、中年、青年按一定比例组成的梯次结构。领导集体梯次的年龄结构，是指在一个领导集体中，领导成员的年龄区段呈梯形顺次分布，即领导集体中青年干部（30 岁及以下的）、老年干部（50 岁及以上的）及中年干部（30~50 岁）所占比例顺次增加，中年干部占最大比例，老年干部次之，青年干部又次之，年龄结构呈梯形分布态势。

现代生理学和心理学的研究成果表明，人的年龄与能力之间存在着密切的关系，老年、中年、青年在能力的各个方面各有长短。处于不同年龄区段的领导成员，在体力、智力、精力等方面表现出不同的优势和弱势，在配备领导团队时，应该按照一定的比例合理地配置不同年龄区段的领导成员，把处于不同年龄区段的领导成员组合成为一个老、中、青合理搭配的领导班子。老干部"老马识途"，久经考验，深谋远虑，善于应对复杂局面；中年干部"中流砥柱"，年富力强，意志坚韧，思想成熟，勇于开拓，作风稳健，兼有青年、老年干部的长处，起着承前启后的桥梁作用；青年干部"青春焕发"，易于接受新事物，思维敏捷，血气方刚，奋发有为，富于进取精神和创新精神。三者的有机结合，既能发挥各年龄区段领导者的最佳效能，又能使领导集体的整体绩效与其所承担的工作任务相适应。同时，领导集体年龄结构的梯次性，是实现新老领导干部平稳交替、合作的有效途径，可以使领导集体有条不紊地实现新陈代谢，保证领导活动的创造性、稳定性和连续性。对不同层次、不同性质的领导集体，三者的比例可以各有不同，一般应使年富力强的中青年干部占大多数，并以此为基础保持领导集体梯次的年龄结构，实现动态的平衡。

三、提高领导者素质的基本路径

领导者良好的素质既不是天生的，也不是自发形成的，而是领导者在先天的生理禀赋基础上，通过后天的努力和环境塑造而形成和提高的。同时，要在提高领导个体素质的基础上，不断优化领导集体的素质结构，提高领导力的整体绩效。

（一）更新观念，增强提高素质的自觉性

观念是行为的先导。任何活动都是在一定观念支配和影响下进行的，科学的领导观念是提升领导素质的思想基础。领导观念是指领导者对领导活动过程及其规律性的本质认识或反映。领导观念对个人而言，是领导者行为的指导，决定着领导者的工作思路和思维方法。对领导活动而言，它又影响被领导者的观念及行为，进而影响领导活动的进程及后果。提升领导素质，要先从更新领导观念开始。

领导者应该更新政治观念。从源头上看，政治先被理解为对善和正义的价值追求。作为一种活动，政治是权力控制和利益平衡的行为，是对秩序的维护和调处。作为一种制度，政治是国家机器的组织安排和公共生活的运作。作为一种理念，政治是对公平正义和文明进步的价值追求。古希腊思想家苏格拉底认为，政治是一种最尊贵的才能，一种最高贵的才艺。只有公正的人才能掌握这种技艺。不公正的人，连做好一个公民的资格都没有，当然也不能掌握这种技艺来治理国家。政治不仅关乎国家的命运前途，也关乎国家中每个人的福祉。政治非常重要，领导干部掌握正确的政治观念至关重要。党的十八大以来，党中央多次强调，党员、干部特别是领导干部要严守政治纪律和政治规矩，这是政治立场问题，也是政治定力的体现。领导者要有崇高的政治理想，具有正确的政治方向，具有坚定的政治信念和政治立场，要树立顾全大局、以人为本、民主、自由、平等、法治、正义、人权、权利等政治观念，要坚持正确的政治方向、政治立场、政治观点、是非信念。

领导者应该更新权力观念。权力的本质是一种支配他人命运、分配公共资源的资格和能力，是一种改变他人意识使之服从的强制力量。领导者权力，来源于人民，人民是权力的所有者，领导者只是权力的委托代理人。权力不是牟取私利的资本和工具。领导者须牢固树立权为民所赋、权为民所用、情为民所系、利为民所谋的观念，树立正确的权力观，认识到绝对的权力趋向绝对腐败，权力必须被关进笼子，权力必须受到监督制约，权力不能任性。必须依法行使权力，要把权力用来为人民服务，绝不能以权谋私。

领导者须具有改革开放的观念。中国特色社会主义新时代的一个鲜明特点是全面深化改革。当前，中国已经进入改革的深水区，需要解决的都是难啃的硬骨头。领导者在全面深化改革中要有强烈的问题意识，以重大问题为导向，抓住重大问题、关键问题进一步研究思考，找出答案，着力推动解决发展面临的一系列突出矛盾和问题，深刻认识到改革开放是一场深刻革命，是前无古人的崭新事业，是一个系统工程，稳定是改革发展的前提，改革才能促进发展和稳定。领导者要强化改革开放意识和观念，将改革开放的观念贯彻到领导工作的各个方面中去。领导者要敢于冲破传统观念的束缚，克服思维定式的影响，应该树立解放思想、实事求是、与时俱进、开拓创新的观念，强化全面深化改革开放的紧迫性和使命感，要坚定改革开放的信念，强化改革的责任感，增强改革的勇气和毅力。

领导者应该更新政绩观念。领导干部要克服片面、错误的政绩观，树立正确的政绩观。政绩观是领导者对履行职责、追求政绩的根本认识和态度，对领导活动具有重要的导向作用，是领导者人生观、价值观和世界观的集中体现。政绩观的内容包括三方面：①政绩为谁追求，这是政绩的目的；②追求什么样的政绩，这是政绩的内容；③应该怎么样追求政绩，这是取得政绩的路径。政绩是衡量领导工作成功与否的重要尺度，是评价、选拔、任用领导干部的主要依据，是领导发展的驱动力，是领导活动的出发点和归宿。习近平指出，"干部干事创业要树立正确政绩观，有功成不必在我的精神境界、功成必定有我的历史担当，发扬钉钉子精神，脚踏实地干"[1] "既要做让老百姓看得见、摸得着、得实惠的实事，也要做为后人作铺垫、打基础、利长远的好事，既要做显功，也要做潜功，不计较个人功名，追求人民群众的好口碑、历史沉淀之后真正的评价"[2]。领导者树立正确的政绩观，牢固树立为人民、为国家追求政绩的观念，追求人民的福祉、国家的发展和社会的进步，依法用权、民主决策，激励下属来实现政绩。

领导者应强化市场经济观念。领导经济建设是各级领导干部的一些基本职责，党的十八届三中全会指出，"经济体制改革是全面深化改革的重点，核心问题是处理好政府和市场的关系，使市场在资源配置中起决定性作用，更好发挥政府作用"[3]。党的十九大继续强调，"发展是解决我国一切问题的基础和关键，发展必须是科学发展，必须坚定不移贯彻创新、协调、绿色、开放、共享的发展理念""使市场在资源配置中起决定性作用，更好地发挥政府作用"[4]。领导

---

[1] 习近平：《习近平谈治国理政》第3卷，外文出版社，2020年，第521页。

[2] 《习近平李克强王沪宁赵乐际韩正分别参加全国人大会议一些代表团审议》，《人民日报》，2018年3月9日，第1版。

[3] 习近平：《习近平谈治国理政》第1卷，外文出版社，2018年，第116页。

[4] 习近平：《习近平谈治国理政》第3卷，外文出版社，2020年，第17页。

者树立市场经济观念需要先清楚市场经济及市场经济体制的内涵，要深刻认识我国实行社会主义市场经济体制的客观必然性，深刻领悟市场对资源配置的决定性作用，要熟悉市场经济运行的基本规律，尊重和利用市场规律。

领导者应该强化人才观念。人才是在各种社会实践活动中能以自己的创造性劳动对社会发展和人类进步做出较大贡献的人。领导者的人才观念是指领导者关于人才价值、人才标准、人才政策、人才培养等有关人才问题的基本态度和看法，包括人才价值观、人才素质观、人才管理观等。领导者树立现代的人才观念，要牢固树立人才资源是第一资源的观念，充分发挥人才资源开发在经济社会发展中的基础性、战略性、决定性作用，坚持以事业为重、任人唯贤的原则，充分发挥人才的最大价值。牢固树立人人都可以成才的观念，创造让每个人都有出彩的机会，明确人才标准，注重人才团队建设，发挥人才的整体效能。要健全人才政策和人才制度体系，创造一个有助于人才发展的环境和机制。

（二）勤奋学习，提高领导者的认识能力

学习始终是领导者获取知识和智慧、提高自身素质最基本的途径和方法之一。一个优秀的领导者一定要认识到，不重学则殆，不好学则退，不善学必衰。苏联著名作家高尔基曾说过，书籍是人类进步的阶梯。领导者只有勤奋学习，不断提高自身理论水平，才能正确地认识世界，为培养正确的世界观、人生观和价值观提供基本的认识基础。

学习是人类掌握已有知识、探求未知领域，提高认识世界、改造世界能力的实践活动。学习能力是指在学习中不断吸纳新知识以创新发展的能力，它已经成为一个人安身立命、一个组织增效创优、一个政党兴旺发达、一个民族奋发图强的核心能力。当前，中国各级领导者的学历虽然有了明显提高，但这并不能表明领导者的理论水平和能力就有了真正的提高。建设学习型社会、学习型政府、学习型政党，领导者必须重视学习，提高理论水平。

领导者的学习应根据实际情况，根据岗位的要求，围绕着优化知识结构来进行。具体来说应该注意以下几个问题：首先，要提高对学习的重要性、紧迫性的认识，明确学习目的，端正学习态度，做到自觉学习。学习目的明确，学风端正，是提高学习效果的关键。其次，要明确学习内容，突出学习重点，制订学习计划，做到持之以恒。再次，要掌握和运用正确的学习方法，注重提高学习效率，做到学以致用。正确的学习方法要坚持一个总的原则，就是坚持理论联系实际，具体问题具体分析，循序渐进。最后，要处理好学习中的各种关系，即专与博的关系，学与识的关系，读与写的关系，实质与内容的关系，继承与创新、坚持与发展的关系，理论与实际的关系。

（三）注重实践锻炼，提升领导力

领导素质在实践中表现为实际解决问题的能力，领导力是一种实实在在的影响力、行动力，领导者要积极投身社会实践，在实践中锻炼和成长，这是领导者培养和提高自身素质最基础和最关键的环节，具有首要的意义。实践既是领导力的试金石，又是提高领导力的大熔炉和磨刀石。领导活动不同于抽象的理论研究，不同于一般的技术性工作，它是"决定做正确的事"的活动，特别注重解决实际问题，特别注重实践能力。诚如古人所说："纸上得来终觉浅，绝知此事要躬行。"在实践中接受锻炼，经受考验，获得真知，增长才干，历来是党培养、造就领导干部的重要方法，也是领导者提高素质修养的基本途径。实践出真知，实践长素质，实践增才干，实践增强领导力。

领导者一定要深入社会生活，注重实践锻炼，磨炼意志，积累经验，不断丰富和提高综合素质。领导者实践锻炼的途径和方法很多，除了认真处理好日常工作事务、积极承担上级交给的各种任务之外，还可以深入实际第一线，开展调查研究，了解风土民情，了解基层民众的思想和工作，掌握各方面的情况和信息；可以到基层挂职锻炼，承担实际领导事务，负责处理一些重大问题；也可以通过广泛交流，总结自己和他人的经验教训来提升自己的领导力。

（四）重视反省，自觉提升领导素养

善于反思和总结是领导者提高素质修养的催化剂。恩格斯指出："伟大的阶级，正如伟大的民族一样，无论从哪方面学习都不如从自己所犯错误的后果中学习来得快。"①领导者进行总结，要掌握正确的方法：首先，要善于把感性认识上升到理性认识。善于从实际出发，研究其发展变化的过程，分析其内在的各种联系，揭示出事物的本质及其规律性，这样才能更好地指导工作。其次，要善于抓住主要问题。领导者在总结中，要着重总结领导过程的各个环节和阶段的重要情况，总结领导活动中哪些是成功的，哪些是失败的，成功的和失败的原因是什么，如何吸取经验教训，避免犯同样的错误。最后，要善于总结正反两个方面的经验教训。在总结中，领导者无论对成功还是失败，对成绩还是缺点，都应该实事求是地进行深入剖析，找出深层次的原因。反思就是自我反省，就是自我解剖、自我认识、自我评价。古人云，"吾日三省吾身"。反省自己，解剖自己，这无疑是很困难的，也是很痛苦的，这需要勇气，需要超越，但这种方法对领导者自觉地提高自身素质具有不可忽视的重要作用。

---

① 《马克思恩格斯选集》第1卷，人民出版社，2012年，第79页。

（五）健全制度体系，完善领导素质提高的制度保障

领导者成长为一个好干部，一靠自身努力，二靠组织培养。建立健全提高领导素质的各种制度，通过发挥制度的稳定性、持续性的功能作用，把提高领导者素质纳入制度化管理的轨道，通过制度化的长效机制，实施领导素质优化的常态化规范和管理，提供改善领导者素质的外在压力，促使领导者产生并保持紧迫感和危机感。

首先，完善后备领导干部制度。搞好后备干部队伍建设是优化领导集体素质结构的基础。后备干部队伍的建设和培养，是实现领导集体素质结构合理化的基础。要高度重视后备干部队伍建设，通过教育培训和轮岗等体制，大力开发领导人才资源，坚持"德才兼备、任人唯贤"的原则和标准，确保后备干部队伍的质量，严格遵循领导干部管理制度，公正、科学地遴选后备干部，完善日常管理，建立后备领导人才信息网和人才库，实行后备干部动态管理。

其次，建立领导集体素质优化制度。党的十九大指出，"建设高素质专业化干部队伍""要坚持党管干部原则，坚持德才兼备、以德为先，坚持五湖四海、任人唯贤，坚持事业为上、公道正派，把好干部标准落到实处"①。加强领导集体素质优化制度应从以下方面入手：①确立领导集体合理的结构模式。在组建、配置、调整领导集体时，应根据各级各类领导集体所承担的领导任务及其活动方式，科学确定领导集体的人员构成及其结构模式。②选好"一把手"。"一把手"是组织的首领，是领导集体的核心。③全面系统地选配领导成员。在考察选配领导成员时，要从系统、宏观的角度出发，不仅要考察领导者个人的德才素质，而且还要考察其所在的领导班子，按照领导集体素质结构优化的需要来进行合理配置。

最后，改革完善领导干部管理制度。这是优化领导素质结构的制度保障。改革和完善现行领导干部管理制度，用制度化和法治化的手段来保障领导素质结构的优化，这是优化领导素质结构的长效机制。改革和完善领导干部管理制度的关键是健全领导干部的选举、考录、任免、考核、奖惩、辞职、辞退、交流、监督等制度，通过制度化手段实现对领导干部的严格要求、严格管理、严格监督，从制度上保障领导素质结构的科学化与合理化。当前，应该着重加强以下制度的建设和完善：领导干部任期制度、领导干部交流轮岗制度、领导绩效考评制度、民主监督制度。

---

① 习近平：《决胜全面建成小康社会 夺取新时代中国特色社会主义伟大胜利——在中国共产党第十九次全国代表大会上的报告》，《人民日报》，2017年10月28日，第1版。

第五章　领导力之魂：领导伦理和领导文化

　　任何领导力都是在一定的文化背景下展开的，受到社会思想文化的指导和影响。领导活动影响深远，领导本身就内含伦理意蕴，领导伦理是领导力的指向器。

第一节　领　导　伦　理

　　领导哲学经常被看成是哲学、伦理学或者政治伦理学思想体系的一个方面，"领导是技术能力和道德复合体的连接"[①]。领导伦理是领导哲学的重要组成部分，在公共领域，强调领导者必须具备较高的道德和伦理素质。伦理性领导是通过建立和谐、发展的伦理环境和实施积极、进取的领导行为，在具体的领导实践中不断提升领导者个人和组织成员的素质，逐步实现全面的价值理念的转变升级，在建立良好的领导关系的基础上提高组织领导效率和领导力。领导伦理是领导活动及其领导者行为的道德规范。领导伦理对于指导领导实践和提高领导力具有基础性意义。

一、领导伦理的内涵

　　伦理指的是人与人之间的关系和处理这些关系的规则，主要涉及个人动机、德行、性格、习惯等，以及个人或社会认为合适的价值观和理论观，这些价值观和理论给人们提供了一套在具体情境中判断是非善恶的规则系统，领导伦理也是如此，不管是内隐还是外显，领导者的行为方式和领导活动都要受领导伦理指导和制约。

---

① 克里斯托弗・霍金森：《领导哲学》，刘林平，万向东，张龙跃，译，云南人民出版社，1987年，第222页。

领导伦理是指在领导活动中应该遵循的行为规范、价值准则和行为模式的总称。领导伦理与领导道德虽然字面上有所不同，但在本质和内涵上是一致的，在此，我们对两者不做具体区分。领导伦理在领导活动中居于基础地位，对领导活动的方向和领导者的行为具有指导规范性作用。

领导伦理涉及领导者的行为动机和德行。领导伦理为领导活动及其领导者提供了一整套的行为规范规则体系，既用来在具体的情境中对领导行为和领导者的品行进行是非善恶的评判，也对领导主体的行为起到约束、指导作用。

从政治角度来看，领导伦理在本质上是一种政治道德。领导者是通过其所掌握的公共权力和自身的素质修养，树立权威，对他人施加影响，开展各项工作，对建立公共组织价值观、组织文化具有基础性作用。由于领导的公共性、复杂性和重要性所决定，没有相应的公共伦理就没有真正的领导，没有领导者较高的伦理道德素质，就没有有效的领导，就没有领导力。领导目标的实现，关键在于领导者和被领导者。领导伦理在领导活动中居于特殊地位。伦理道德是高尚灵魂的结晶，作为领导者，真正能够长远发挥作用的不是其权力地位，而是其伦理道德。

二、领导伦理的特点

1. 领导伦理的标准较高

由于领导者所处职位的特殊性和重要性，对领导者的伦理道德要求，不但要高于社会中的一般人，而且在职业道德的起点上也要高于一般行业的职业道德。凡是要求下属和员工遵守的制度，领导者要先遵守，要求别人做的自己要先做到，禁止别人做的自己坚决不做。领导者对自己的伦理要求，必须严要求，高标准，绝不能淡忘自己所履行的是领导角色，不能以任何借口搞特殊化。要时刻自重、自律、自省、自警、自励，以身作则，言行一致。

2. 领导伦理的要求比较严格

领导者掌握和行使着公共权力，在管理过程中处于主导地位。领导者凭借手中的权力进行决策、选用人才、指挥协调和激励督促，整合资源和发挥各方面的力量，协调关系，解决矛盾。权力是开展领导活动的基本机制。领导权力是造福社会、惠泽人民的工具，不是谋私营利的手段。只有在伦理道德方面严格要求，才能确保公共权力的正确运用，保持公正廉洁，才能言传身教，影响他人，为实现组织目标而齐心协力地工作。领导者以权谋私就会导致领导性质异化，成为破坏性领导。如果领导者在伦理道德方面不能严格要求自己，道德品质败坏，就会给组织、国家和社会带来不可弥补的损失。为保证领导权力的正确运用，领导者必须注重权力伦理，注重道德修养，做到领导权力与伦理道德的匹配。《资治通鉴》中阐述领导职位、权力与道德修养的关系时指出，"才德全尽谓之'圣人'，才德兼亡谓之'愚人'；德胜才谓之'君子'，才胜德谓之'小人'""德不配位，必有灾殃"，尤其是德薄而位尊，位是指"官位"，即领导职位，领导地位，是与领导职位相伴随的领导权力。"政德是整个社会道德建设的风向标。立政德，就要明大德、守公德、严私德。"[①]对于行使权力的领导者来说，要德重才高，德位相配。

3. 领导伦理具有示范效应

领导伦理具有广泛的示范性。领导者是社会实践活动的组织者和指导者，是组织的领头人，在社会生活中处于组织、协调、控制、管理与服务的地位。领导者的这种职业地位和特点，使领导伦理在规范其内心世界和行为上的影响力必然超越个体的范围，通过领导者自身的伦理道德风貌和道德形象，扩散和辐射到全社会，成为他们学习模仿的对象。领导者的伦理道德在整个社会道德生活中处于"龙头"地位，具有榜样和示范作用。

4. 领导伦理的影响力较为广泛

由领导性质和领导者所处位置决定，领导伦理道德不是一般的伦理道德，而是一种控制权和利益，是一种保证公平、公正，为社会树立良好示范和导向的特殊手段，是一种有影响力、有现实能动性、能产生现实结果、严肃的根本领导素质，甚至是政治素质的另一种表现形式。作为领导者，其伦理道德的影响力是不可低估的。领导者伦理道德弱化会对组织、社会和国家产生严重的消极影响。

三、领导伦理的基础性意义

长期以来，古今中外对于领导伦理存在着不同的看法。中国古代思想家尤其是儒家对政治与伦理道德的关系做了精辟的分析，特别重视领导者的伦理道德在治理国家中的重要地位。古往今来，为政"不患位之不尊，而患德之不崇"，"德薄而位尊"是领导者的大忌，品德不端的人成为领导者，其职务越高，权力越大，危害越大。《资治通鉴》中指出，"才者，德之资也；德者，才之帅也"。古人云，"百行以德为首"，"服人者，以德服为上，以才服为中，以力服为后"。儒家认为政治是一种伦理道德活动，是实行善政、仁政、德政，政治是实现伦理道德的工

---

① 《习近平李克强栗战书赵乐际分别参加全国人大会议一些代表团审议》，《人民日报》，2018 年 3 月 11 日，第 1 版。

具，主张伦理道德与政治合一，认为道德教化是高于一切的治理国家的手段，政治家的伦理道德修养在政治活动中具有举足轻重的作用。修身、齐家、治国、平天下，伦理修养成为治理国家的基础和根本。

中国古代法家却认为人性是恶的，伦理道德既不现实，又靠不住，相信伦理反而会被伦理所误，认为把政治建立在虚假的伦理道德信念上，将会祸害无穷。在法家看来，仁义的主观随意性太强，与法对立，不能作为治理国家的根本手段。在西方思想界，也有一些思想家认为，政治是非道德的，甚至是反伦理的。

事实上，伦理道德在领导中具有极其重要的作用，国外一些国家甚至把它提到法律法规的高度，对领导者伦理道德要求做出明确规定。美国制定实施了《行政部门雇员道德行为准则》，1990 年新西兰颁布实施了《公务员行为准则》，1993 年韩国修订了 1981 年制订的《韩国公职员道德法》等。美国著名领导学家彼得·G. 诺斯豪斯（Peter G. Northouse）提出了领导伦理的五大原则，"尊敬、服务、公正、诚实、团队建设"[①]，即有道德的领导者尊重他人，为他人服务，领导者是公正的，是诚实的，有道德的领导者建设团队。

领导伦理具有导向功能、规范功能、激励功能、协调功能和整合功能。伦理道德是领导者成功的主宰力量，伦理道德对领导活动有着特殊意义。

（1）领导伦理是领导者自我约束、自我教育、自我管理的内在手段。伦理道德规范是一种非强制性的、内在的自律，它依靠社会舆论和社会评价的力量，依靠人们的内心信念、习俗、惯例及传统等力量来维持，其作用的范围广泛且深远，其作用的效果更为根本和持久。领导者以德修身，就会具有强烈的道德责任感和道德良心，可以在内心深处筑起坚固的道德防线，有效地抵御各种腐蚀与诱惑，祛恶扬善，始终保持良好的道德情操，自觉认真地履行领导的各项职能。

（2）领导伦理决定着领导者的价值。领导者良好的伦理道德素养，是其通向成功的基石，此为以德润才、以德领才、以德立业。有的领导者虽然能力素质很高，但由于缺乏良好的伦理道德，就极有可能利用他的聪明才智去损公利己，徇私枉法，危害人民，祸害国家。一个领导者伦理道德的高低影响着他对国家和人民贡献的大小。

（3）领导伦理是领导力的主要源泉。领导作为一种组织指挥和监督控制行为，实际上是领导者对被领导者施加影响的过程。领导者成功的关键在于有效地影响被领导者的观念、心理和行为，获得下属和公众的信任与尊重。只有以德服众，领导者才能具有较强的影响力、凝聚力和感召力。一个没有道德的领导者，必然是有权无威的，很难取得下属的持久支持与信任，无法对被领导者施加有效影响，也就不可能胜任工作，承担起领导角色。

---

① 彼得·诺斯豪斯：《领导学：理论与实践》（第 2 版），吴荣先，等译，江苏教育出版社，2002 年，第 168 页。

（4）领导伦理是领导者实现建设性领导的根本保证。领导者道德品质的好坏，对领导职能的发挥有着重要作用。品行低下的领导者会使组织的运行效率低下，从而导致领导者无法实施有效领导。一般来说，社会公众和被领导者对领导者伦理道德的期望是很高的，领导者一举一动，一言一行，都备受关注。良好的道德素养可以使领导者和被领导者之间形成一种相互尊重和相互支持的和谐关系，从而实现建设性高效领导。

（5）领导伦理关系到社会风气的好坏。领导者的伦理道德对社会风气具有导向作用。领导者具有良好的伦理道德，能够对他人和对社会产生良好的示范作用，促进社会风气的净化，提高全社会的道德水平，反之，则会导致整个社会风气的败坏。

四、领导伦理原则

领导伦理原则是领导伦理准则体系中最高层次的道德准则，即各种准则最基本的指导原则。领导伦理原则既是社会道德基本要求的体现，又是领导活动这一社会实践领域特殊伦理要求的反映，作为社会基本伦理精神与领导实践价值准则的统一，是贯穿全部领导活动的最一般和最基本的伦理要求，对领导活动具有基本的指导意义。从领导活动的性质和客观要求出发，根据领导主体的职责和服务对象的要求，领导伦理原则主要是为人民服务原则、公正原则、诚实原则、尊重原则和共同体原则。领导伦理原则既具有领导活动的特殊属性，又具有社会伦理的一般属性，指导着领导实践和领导者行为，具有广泛的指导性和制约力。

（一）为人民服务原则

为民服务具有伦理意涵，又具有政治意涵。在国家治理中，为人民服务是重要的政治伦理准则，是对共产党执政的先进性要求。从职业道德的角度看，为人民服务又具有职业特征，是领导者职业道德的基本原则。为人民服务的主客体关系尽管是多重交叉的，但从领导伦理的角度看，则是一个首要的、根本的原则。在领导实践中，为人民服务不是抽象的原则，而是体现在国家治理和领导活动中的基本精神和行为准则。为人民服务不仅仅是党的宗旨和政府责任，也是领导者的基本职责操守。

（二）公正原则

为人民服务原则解决的是领导活动的目的问题，而公正原则解决的是怎样服务、如何服务的问题。要落实领导为人民服务原则，实质就是必须坚持公平正义，确保制度设计体现公正，在制度框架中体现为人民服务的理念和原则。在实践为人民服务的工作中，领导者要力求公正无私，办事公道。公正既是社会主义的核心价值，更是领导活动的基本道德原则。

公正是公平、正义、公道。公正既是社会制度的首要价值，是政治文明的标志，又是领导活动和领导者伦理品质的基本要求，具有制度价值属性和个人品性双重意义。领导的最终目的是通过正确引导社会发展方向，协调各种利益关系，实现社会公共利益，促进人的全面自由发展。领导者掌握行使公共权力，无论其作为决策者还是决策的实施者，其行为对社会公共事务和人民群众具有重要影响，必须强化其使用公共权力的公正意识，恪守公正原则。

在领导过程中只有遵循公正原则，才容易达成社会各个群体的共识和认同，使领导获得最广泛的社会支持；在调节各种利益关系和处理各种社会矛盾的过程中，只有遵循公正原则，才能使绝大多数社会成员受益，才能有效地整合社会各种资源和力量，实现全社会的团结与合作；在为实现国家整体目标奋斗的过程中，只有遵循公正原则，才能使全体人民看到希望，并自觉、自愿地为这一目标贡献聪明才智。有道德的领导者要把公平放在核心地位，平等地对待每一个下属，即使有人受到特殊对待，也必须以明确、合理、充分、符合伦理规范的依据为前提。

公正是制度文明、政治文明的标志和基石，保障社会公正是领导者的基本职责。在领导活动中，必须建立公正的社会制度，维护和保障社会公正。在实现广大人民群众利益的同时，保证处于不同社会地位的群体和社会成员享有同等的权利，受到公平的对待。社会的阶层分化和阶层地位差异是客观存在的社会现象，资源和产品的均等分配事实上也是不可能的。问题在于，领导者必须坚持机会均等原则，为社会成员创造机会平等的环境和条件；必须遵循差别原则，坚持规则公平、程序公正，给予差别必要的补偿，使弱势群体的利益不受到损害，确保社会公正内容实质的合理性与表现形式合理性的统一。领导伦理的公正，公在公心，即领导者要有公正之心，也就是对党、对人民、对国家、对组织的责任心。领导伦理的公正，公在事业，即领导者要有公平处事的行为能力和习惯，要有为国家、为人民谋利益的事业心。领导伦理的公正，公在风气，即领导者要率先垂范地公平公正，通过自身的公正行为营造组织的公正文化和氛围，形成全社会的公正风气。

（三）诚实原则

诚实正直是领导者必备的伦理品德，在领导活动中，领导者协调各种关系和矛盾，待人处事讲求正直品行，诚实可靠，讲求信用。如果言行不一，偏听偏信，办事不公，不讲信用，欺上瞒下，轻诺寡行，丧失的就是人格和威信，就难以开展有效领导。诚就是真实、真诚。信就是守信、信任。诚实作为传统道德规范，古今中外历来一直为人们所推崇和倡导。儒家把诚实作为人类社会中人与人之间的最基本的道德范畴，"诚者，天之道也，思诚者，人之道也"（《孟子·离娄章句上·第十二节》）。诚实是内心与言行一致，不虚假，是真实、准确地说明事情的原委，值得信任。孔子认为，"人而无信，不知其可也"。对个人而言，诚信乃安身立命之本，是做人处世的基本准则，是每个公民的基本道德取向。作为领导者，诚实更是领导伦理的基本原则。西方领导活动同样注重诚实原则。美国领导学家詹姆斯·库泽斯和巴里·波斯纳经过长期调查研究发现，在令人羡慕的领导者的特征中排在第一位的是诚实，诚实被认为是领导者最重要的素养。

领导者是否诚信，既关乎个人形象与权威，还会影响组织和社会的诚信建设，关系党和国家的兴衰成败。领导者具有诚实品性，能够忠诚于国家和人民的利益，忠于事物的真实面貌，在履行决策用人等基本职能时，就能够从国家和人民的利益出发，能够从国情实际出发，不歪曲事实，进行科学决策，忠实执行政策，敢于担当，不逃避责任，认真履行职责。领导者诚实就是不说谎、不作假、不欺骗、不玩弄权术权谋，不阳奉阴违和文过饰非，不为达到自己不可告人的目的而弄虚作假。这是领导者必须坚守的道德底线。在中国特色社会主义新时代，诚实作为领导伦理原则更具有特殊意义。党的十九大报告强调，"全党同志特别是高级干部要加强党性锻炼，不断提高政治觉悟和政治能力，把对党忠诚、为党分忧、为党尽职、为民造福作为根本政治担当，永葆共产党人政治本色"[①]。领导者的诚实还表现在讲信用，讲信誉，信守承诺，忠实于自己承担的义务，信任下属和同事。诚实在某种意义上就是一种领导力，诚实是一种道德力量、榜样力量、示范力量，也是一种价值取向。它通过领导者的一言一行，辐射到社会各领域，产生无可估量的影响作用。领导者的诚信使得追随者倍感安全，有利于树立领导者权威，增加互信，提高领导力。

（四）尊重原则

尊重是人的基本道德修养和行为规范，作为领导者更应坚持尊重的伦理原则。尊重就是尊敬、重视，以平等的心态及其言行对待他人。尊重他人是领导者有效开展工作的道德前提，是一种政治文明的方式，是建立良好的领导关系的基石。领导者对上级、同事、下级、公民的尊重，有利于实现对上负责和对

---

① 习近平：《习近平谈治国理政》第3卷，外文出版社，2020年，第49页。

下负责的一致性，有利于密切党群关系和干群关系，有利于团结合作，提高领导绩效。

领导伦理的尊重原则意味着领导者在工作中有尊重他人的责任，意味着永远把他人当作目的而非工具来看待，当作与自己是平等身份的一样的人来对待，而不是看作比自己地位低下或至高无上的人来看待，不是当作达成自己目的的工具手段来看待。在领导活动中，虽然存在着对领导权力的服从，领导者与被领导者之间是命令与服从的关系，但这并不意味着没有权力的被领导者可以被当作没有生命、尊严和权利的工具，"人必须被当作拥有独立的目标的实体来对待，而不是只被当作实现他人目标的手段"①。这在"官本位"意识浓厚的社会中很难做到，但随着中国特色社会主义进入新时代，领导者就必须强化这一观念，秉持尊重原则，在领导活动中尊重他人的选择和价值观，绝不能把他人当成达到自己目的的工具。

领导者坚持尊重的伦理原则，意味着把他人当作人来看待，平等待人，尊重他人的人格、尊严、权利和选择，倾听他人的意见，宽容不同的意见，肯定下属的优点，激励和信任下属，始终承认人的价值，认可他人的贡献。领导者要得到下属真诚的爱戴和支持，就要先学会尊重下属，理解与关心下属，这样还会激发他们的工作积极性，增强组织归属感。

（五）共同体原则

领导的特殊性在于组织共同目标的实现是通过影响、激励他人来实现的，即组织目标是通过领导者所带领的共同体来实现的。由于领导活动实现的是组织的共同目标，因此，就涉及许多人的利益，领导就有了伦理的维度。共同体是在共同目标、共同利益和共同追求的基础上形成的集体团队。真正的共同体具有同心力、凝聚力和战斗力，组织成员是休戚与共的命运共同体。任何共同体在本质上都是利益共同体，其利益包括政治利益、经济利益、文化利益和心理利益等。共同体是为了共同的利益而齐心协力共同奋斗的团体。领导目标的实现是依靠共同体来达成的，没有共同体，领导者就会成为孤家寡人，没有力量可言，就不可能实现组织目标，甚至领导活动都难以开展。共同体建设就成为领导伦理的一个重要原则。

共同体的形成需要建设和管理，需要领导者的智慧、贡献和努力。组织的发展取决于能否把组织建设成为一个同舟共济、休戚与共的命运共同体。领导者进行共同体建设首先应该组建共同体的核心层，培养共同体的核心成员，通过组建

---

① 彼得·诺斯豪斯：《领导学：理论与实践》（第2版），吴荣先，等译，江苏教育出版社，2002年，第168页。

智囊团或执行团来构建共同体的核心层，核心层成员应具备领导者的基本素质和能力，要熟悉和认同共同体发展规划，参与共同体目标的制定与实施，在观念、行动和价值取向上保持一致。领导者带领核心成员和发动全体组织成员共同参与制定共同体发展规划和目标。目标来自共同体的发展方向和成员的共同追求，是全体成员努力的方向和动力，也是感召全体成员同心同德、精诚合作的指南。领导者应该训练和锻炼共同体精英。建立一支高素质的管理队伍，能够提升组织成员能力、整体素质、提高组织效率和领导力。训练和锻炼共同体精英的重点在于建立学习型组织，为他们营造良好的成长环境和事业平台。最后，领导者应该培育共同体精神。共同体精神强调的是组织成员同命运、共呼吸的休戚与共、相互依存、合作共赢的精神，领导者要以身作则，加强共同体精神的理念教育，激励组织成员团结协作，并把这种理念落实到共同体工作的实践中去。

第二节　领　导　文　化

为了对领导力进行更透彻和更高层次的认识，需要把领导问题放到整个社会文化发展的宏观背景中去把握，从文化的视角来深化对领导力的探讨。领导文化是社会成员在领导活动长期的发展过程中所积累形成的关于领导的认知、情感、价值的总和。领导文化是领导活动的主观心理、意识和认知方面。领导文化对领导力起着深层制约作用。

一、领导文化的内涵

领导文化由"领导""文化"两个词语构成，中心词是"文化"，描述限定词是"领导"，这就是说，领导文化本质是一种文化，是关于领导的文化。

文化有广义和狭义之分。广义的文化是指人类在社会历史实践过程中所创造的物质财富和精神财富的总和。而狭义的文化仅指人类所创造的精神财富，是人类的思想财富及与之相适应的制度和组织机构。1871年，英国文化学家爱德华·伯内特·泰勒（Edward Burnett Tylor）在《原始文化》中提出了狭义文化的经典定义，认为文化是包括知识、信仰、艺术、道德、法律、习俗及任何人作为一名社会成员而获得的能力和习惯在内的复杂整体。在一定意义上可以说，文化就是人类社会团体的共同的思维特征和思维成果，文化的核心是人。文化是人的创造物，是人创造了文化，文化是人类智慧和创造力的产物。同时，文化又对人起到熏陶、教化的作用，人又是文化的产物。

在此我们在狭义上探讨领导文化。领导文化是指人们在认识和探究领导这一社会现象过程中所形成的一切观念态度、理想道德、价值观和行为模式的总和，是人们在领导和被领导的过程中所形成的关于领导活动的认知、情感、态度和价值观等，即人们对领导所持的基本的信仰、预期、态度和行为方式。领导文化的主体既包括领导者，也包括被领导者，甚至绝大部分是作为被领导者的、普通民众普遍认可的、对领导活动所形成的认知、情感、态度和价值取向。

领导文化是文化在领导领域的特殊表现，属于领导活动的主观意识范畴，同时，领导文化还是一定社会中大多数成员所普遍认可且持有的关于领导活动的认知、价值观念、共同信守的行为模式等。从内容来看，领导文化包括领导意识形态、领导精神、领导价值观、领导心理、领导形象、领导魅力等。

领导文化与管理文化、政治文化等密切相关。在现实社会实践中，领导活动本身就融入全部的社会生产和生活实践中，属于社会实践的一部分，领导文化包含于社会文化之中。同时，领导活动的运行基础在于权力，权力是政治的核心，领导文化与政治文化密切相关。与此类似，领导活动属于管理活动中的高层次的更为复杂宏观的层次，领导文化与管理文化关系密切。随着领导活动逐渐从管理活动中分离出来成为相对独立的领域之后，领导学成为一门独立于管理学的学问，领导文化与管理文化也就有了相对的差别，具有不同的内容和特点。

领导文化的内核中包含着价值、信念、认知、心理、情感、态度等因素，是人们对领导活动所表现出来的主观方面的观念、认知、情感、价值取向等的一种群体意识。

从来源看，领导文化来源于现实的领导实践，"观念的东西不外是移入人的头脑并在人的头脑中改造过的物质的东西而已"[①]。领导文化来源于领导实践，又指导实践，影响实践。从内容上来看，领导文化是超前性与滞后性的统一。领导文化既反映了社会实践的需要和时代的要求，具有先进性，同时，又具有继承性，是历史文化的传承和积淀，有的内容滞后于社会发展，具有保守性。文化本身属于上层建筑，与社会经济的发展并不同步，并具有相对的独立性和自主性，其发展变化比较缓慢。从属性来看，领导文化的属性由领导本质所决定，领导文化在属性上是服务性与包容性的统一。社会主义领导文化在本质属性上要体现为人民服务，具有开放性和包容性。"因为执政党既然掌握了公共权力，它就占据了公众进行利益表达和利益综合的主渠道，执政党的意识形态就不能完全只是代表'部分'。它所掌握的公共权力是属于全体人民的。处理实质上代表部分与形式上代表社会的关系，体现在意识形态上，就要求执政党的意

---

① 马克思：《资本论》第 1 卷，人民出版社，1975 年，第 24 页。

识形态有较大的包容性。"①从领导文化本身属于一种认识活动来看，领导文化是感性与理性的统一。领导文化既具有自发性与直观感受性的特点，是对领导的情感、信仰、态度等的心理感受，同时也是对领导的认知、判断、价值等的理性认知，包含理性自觉的成分。

领导文化作为支撑领导行为的心理主观意识因素，作用于领导活动的各个环节。在一定意义上，领导体系中领导文化的特征影响着该体系存在的状态、运作的方式及发展演变的道路和方向，影响着领导行为模式和领导力。特定的领导文化是领导体系得以存在和维持的思想心理基础。任何领导体系的存在和维持都需要与之相适应的领导文化。领导文化具有凝聚功能、导向功能、规范功能、教化功能和调适功能。

二、领导文化的内容

领导文化是有关领导的价值观、信念、仪式、符号、行为模式等构成的现象，由三个层次构成：表层的器物文化，这是领导的"硬文化"，如象征领导权力的权杖、王冠、皇冠，象征领导中心的建筑物等，如美国的白宫，中国明清时期的紫禁城。中层的制度文化，包括领导体制、领导关系及规章制度等。核心层的领导精神文化，这是领导软文化，包括领导行为规范、价值观念、理想信仰等，是领导文化的核心。根据文化的组成要素不同，我们可以把领导文化分为领导物态文化、领导行为文化、领导观念文化和领导制度文化。

（一）领导物态文化

领导物态文化，是领导文化的表层，是可见和可感知的具有一定物质实体的象征领导权力、尊严、地位、身份、价值等的物化实体。领导物态文化是由物化的、具有象征性的各种载体所构成的。领导物态文化不仅可以通过直观的形态对人们的视觉、听觉和触觉产生影响，通过形象视觉、语意信息等直接左右人的行为，还可以通过象征性意义、意味的存在间接地影响人的心理情感反映。

物态文化层是领导文化中可以具体感知的、摸得着、看得见的东西，是具有物质形态的领导文化载体。例如，领导的服饰、饮食、建筑、雕塑、书籍影像、权力象征物等均属物态文化层。领导物态文化既是领导主体主观世界外化的产物，也是领导价值的承载体。随着社会的发展和时代的进步，领导物态文化无论从数量、规模，还是种类形式来看，都呈现减少的趋势，更多的是向观念文化、精神

---

① 王长江：《现代政党执政规律研究》，上海人民出版社，2002年，第319页。

文化和行为文化层面上发展。

（二）领导行为文化

领导行为文化是一种自主性行为选择文化，是由社会价值和领导者个人价值决定的领导者行为倾向和行为模式。领导行为文化主要包括社会价值指向和个人价值取向两方面。在一定的社会文化中，领导者和被领导者的行为往往都受到职能规范、社会规范和领导制度文化的规范约束，表现出一定的规范性，领导主体要遵章守纪，受社会价值体系的影响，遵循社会道德规范和法律法规。在传统农业社会，大多数领导者和被领导者的行为表现出安于现状、不求革新的模式，以经验为主的决策模式，崇尚权威，崇拜偶像，信守宗法，注重人情。在现代民主法治社会，领导主体在行为模式上则表现出明显的规范性，注重法治，遵守规则，按程序原则办事，崇尚效率、公正、民主等。

领导行为文化包括组织领导集体行为，领导者个体行为、被领导者的行为等。在领导活动中，领导集体行为、领导者个体行为及被领导者的行为都有一定的规范。在组织规范和国家法律法规及社会道德价值规范长期制约的影响下，就会形成一定的领导行为文化。不同时代、国家、地域、领域和行业，领导行为模式往往表现出较为鲜明的差异性，被领导者的行为模式也具有较大的不同。

（三）领导观念文化

领导观念文化是超越物态和行为而存在的一种意识形态文化，是对社会规律尤其侧重于对领导活动规律的自觉把握，是领导文化的深层内核和灵魂，决定着领导文化的基本性质、主要特征和发展方向，同时也制约着组织制度的特性、发展和变革。

尽管社会发展和实践的不同导致了领导文化的时代性和民族差异性，但领导观念文化总是包含着一些共同的内容。从总体上来说，领导观念文化主要包括领导意识、领导信仰、领导精神、领导价值观等。领导意识是指支配人们进行领导活动的思想观念体系，是在领导活动中自觉遵守的价值准则和思维方式。领导信仰是领导者和被领导者对于领导活动应该达成的最高目标、目的，持有的比较稳定的理念。领导精神是领导者在长期的社会实践活动中逐步形成并积淀下来的关于领导的理想信念和思想精华，主要是领导的道德信念、责任信念和伦理规范等。领导价值观是指领导者对于领导实践的目的、意义等方面的根本看法和总体评价，包括领导者自身的人生追求和对领导对象的价值承诺。领导价值观不仅对领导的行为起着导向作用，对领导对象也起着凝聚和激励作用。

领导观念文化是领导文化体系中的核心层面，在某种程度上讲，领导文化的转型实质上是领导价值观念和思维方式的变革。当前，随着全球化的不断推进，国与国之间的关系日益紧密，各国的领导观念文化也在悄悄地变化。长期以来由于历史的局限和现实的限制而形成的封闭、保守型的领导观念文化正逐渐向着开放性的趋势转变。

（四）领导制度文化

相较于领导观念文化，领导制度文化属于他律性的社会规范文化，是借助规章制度等外在形式来规范领导活动的一种规则。领导制度文化主要包括三个层次的内容：一是根本性制度文化，如中国共产党的民主集中制，是党的根本组织原则和领导制度，是马克思主义政党区别于其他政党的重要标志。在党的领导和各级领导部门的实践活动中都必须始终坚持民主集中制原则，是把在民主基础上的集中和在集中指导下的民主相结合的制度，是党的根本组织制度和领导制度。二是协调领导者与组织关系的规章制度，如集体领导与个人分工负责、行政首长负责制等这样的领导体制。三是保障领导活动有序开展的操作性规程，这就是日常的、具体的领导机制，如上下级领导之间的信息指令传递机制、报告请示制度、检查反馈制度、领导办公会制度、学习交流制度、民主生活会制度等。

三、中西方领导文化比较

领导文化作为上层建筑的一部分，是由经济基础所决定的。有什么样的社会经济形态，就会有什么样的领导文化。领导文化经过长期发展，形成了与特定的社会经济形态相适应的文化模式。人类社会经历了原始社会、农业社会、工业社会和后工业社会阶段。与此相适应，也形成了原始社会领导文化、农业社会领导文化、工业社会领导文化、后工业社会领导文化。原始社会的领导文化主要是一种图腾崇拜的领导文化，这是领导活动的无意识时期，以图腾崇拜作为最主要的文化特色。农业社会的领导文化主要以经验领导、家族政治和专制统治的人治为主要内容和领导方式。工业社会的领导文化是与工业社会大机器大工业生产相适应的领导文化，注重管理，强调效率，以科学领导、民主领导、法治领导为主要内容和领导方式。后工业社会的领导文化是一种后现代主义的领导文化。后工业社会又称知识社会或信息社会，是工业社会进一步发展的结果。后工业社会的显著特点是理论知识占据主导地位，日益成为创新的源泉和制定政策的依据，成为指导变革的决定力量，科技精英成为社会的统治人物。由此带来了领导文化的相应变化。后工业社会领导文化受后现代主义影响，强调价值的多样性，去权力中心化和多中心化，强调以人为本，肯定多元性、多样性、差异性、非中心、流变性、复杂性和不确定性。

中西方领导文化既有相同性，也存在一些明显的差异性。在此，我们主要探讨其各自的特点。

（1）领导文化所处的社会状态不同。领导文化主要是一种经验与科学、人治与法治、传统与现代等相互交融混杂的领导文化。随着中国社会转型的完成，领导文化也将相应地发生根本性改变。当前，中国社会的主要矛盾已经转化为人民日益增长的美好生活需要和不平衡不充分的发展之间的矛盾。当代西方发达资本主义国家社会已经全面实现了工业化并进入后工业社会，这样的社会形态具有不同于其他社会形态的生产力和生产关系，作为领导文化的经济基础也发生了根本性变化，领导文化表现出相应的与中国领导文化明显不同的特点。西方的领导文化建立在现代市场经济的基础之上，市场竞争的白热化和资源的优化配置要求实行决策科学化、民主化和专业化，在政治权力上实行分权制衡，确保领导权力的制度化、公开化运作，权力受到有效制约监督。

（2）领导价值观念上的明显差异。受传统官本位政治文化影响，领导的价值广泛受到社会的重视，其地位比较高，关注领导道德修养的价值，推崇贤能政治。西方文化则注重领导的价值多元化，人们对权力、金钱、知识等的追求同等重视，管理中更注重领导者个人风格。

（3）领导认知侧重点不同。在中国的传统领导文化中，领导认知侧重点分为以下几个方面：①高度重视君主的最高领导。中国自古高度重视领导活动，尤其重视政治领导，把最高领导作为主心骨和不可缺少的管理者，正如古语所说，"国一日不可无君，家一日不可无主"。这强调了一个组织、单位中领导的重要性，不能没有当家作主的主事之人。但同时也可以看出，中国传统领导文化所注重的是掌握最高、最大权力的君主，是组织中掌握最大权力的领导。②具有"以吏为师"的观念。"以吏为师"较早是先秦法家的一个重要思想，战国时期的商鞅在秦国变法中提出："为法令置官也，置吏也，以为天下师。"之后，作为法家代表人物的韩非也提出："明主之国，无书简之文，以法为教；无先王之语，以吏为师。"秦始皇统一六国之后，采纳了丞相李斯提出的"若有欲学法令，以吏为师"的主张，至此之后，"以吏为师"作为国家制度得以在各个朝代实施并一直传承下来。"以吏为师"这一传统不仅从制度上强化了领导者的地位和重要性，而且还被用于社会教化，成为一种影响深远的领导文化传统。③认为领导是道德的化身。在中国2000多年的古代君主专制社会，儒家学说成为占统治地位的意识形态，儒家把领导者当作道德伦理的化身，领导者要重视"德"。孔子强调，"为政在人，取人以身，修身以道，修道以仁""为政以德，譬如北辰，居其所而众星拱之"。道德修养是成为领导者的必要前提，德是领导者的最基本素质之一。④强调领导者以天下为己任的使命感。在中国文化中一直重视和强调领导者要以天下为己任，把国家的兴衰治乱作为自己的责任，作为自己的人生价值理想目标。强调为政者要具有自强不息、厚德载物的进取精神，"天下兴亡，匹夫有责""位卑未敢忘忧国"的社会责任感，具有"先天下之忧而忧，后天下之乐而乐""苟利国家生死以，岂因祸福避趋之"的思想境界，具有"富贵不能淫，贫贱不能移，威武不能屈"的气节操守。这些都是领导者必须具备的人生观、价值观、责任感和使命感。

在中西方领导文化中，也高度重视领导者的伦理道德修养的作用，只是在程度上和角度上各有侧重。①西方领导文化更注重从专业分工的视角认识领导及其领导者，把领导活动作为社会中的一种专业化的技能或活动。这种传统来自古希腊苏格拉底的思想。苏格拉底认为，国家应该由掌握政治知识和政治技能的人来治理。②从职位分类来理解和界定领导职能职责。近代以后，西方国家建立了较为完善的职位分类管理的公务员制度，对公务员包括领导者的职位职责管理得相对比较清晰、规范。在横向结构上根据不同职能划分为不同的职能部门，在纵向结构上根据权力节制划分为不同层次的职等及职级，由此构成了结构化的、有序的权责职位类别系统。在西方领导文化中，强调领导职位职责的规范性，注重责、权、利的统一，强调领导活动的专业化、法治化、程序化、责任性、连续性和稳定性。在西方领导文化中，虽然重视领导，但却没有把领导作为国家和社会不可缺少的中心来看待，重视领导职能职责的专业化，把领导与管理区分开来，由此也推动了领导学从管理学中分离出来成为一门独立的学科。③重视领导伦理的法治化。西方国家高度重视领导者的伦理道德修养，并且把领导者的道德伦理提升到国家的战略管理的层面，强化道德伦理法律化、信息公开化和监督制度化，实行公职人员财产申报的"阳光法案"。1978年10月，美国国会通过了《政府道德法》，对领导者的道德伦理实行法治化管理。

（4）领导情感方面的差异性。中国领导文化比较重情理，西方领导文化比较重理性。中国传统社会是以自给自足的小农经济为基础的农业社会，社会流动性低，社会结构以家族、宗族、血缘为主，具有较强的血缘和地缘认同。正如社会学家费孝通所认为的，中国乡土社会是以宗法群体为本位，人与人之间的关系是以亲属血缘关系为主轴的差序结构的网络关系。由此形成在领导活动中重关系、讲感情、讲伦理、重道德。

西方国家由于商品经济一直比较发达，社会流动性大，在领导活动中的血缘亲缘关系、地缘关系的影响较小，比较注重理性。在西方领导文化中，比较重视规则、契约和对权力的监督，宣扬个人主义。

以上对中西方领导文化的比较不涉及价值评价，主要是对其不同特点的比较。

中西方领导文化作为人类文明发展的成果，各有优劣，应该在比较中相互借鉴、相互包容，学习吸收对方的精华，善于鉴别和抛弃其糟粕，不断促进自身领导文化的发展。

四、领导文化的现代化

加强领导文化现代化建设是一个长期的系统性工程，要秉承批判与继承原则、兼容与创新原则建设领导文化。

1. 加快作为领导文化经济基础的市场经济的发展

马克思主义认为，经济基础决定上层建筑，有什么样的经济基础，就会有什么样的上层建筑。为此，要实现领导文化的现代化就必须加快发展市场经济。党的十八届三中全会强调要处理好政府和市场的关系，使市场在资源配置中起决定性作用。这既是深化经济体制改革的主方向，也是对市场经济在国家治理体系和治理能力现代化建设中的物质基础性作用的强调。理论和实践已经证明，市场配置资源是最有效率的经济形式，市场决定资源配置是市场经济的一般规律。我国经济体制改革和健全社会主义市场经济体制必须遵循这一基本规律，正确处理好政府与市场的关系，着力加快解决政府干预过多和监管不到位及市场体系不完善的问题，科学定位政府角色。政府的职责和作用主要是保持宏观经济稳定、加强和优化公共服务、保障公平竞争、加强市场监管、维护市场秩序、推动可持续发展、促进共同富裕、弥补市场失灵。政府正确的角色定位，不仅有利于形成政府和市场关系的正确理念，有利于领导权力的合理配置和有效监督，有利于转变政府职能，有利于实现领导文化的现代化。

2. 树立正确的领导观念

正确的领导观念是领导文化的基本内容，新时代领导者应强化以下观念。

（1）法治观念。推进国家治理体系和治理能力现代化的重要路径是依法治国。领导者要强化法治意识，牢固树立法治观念。"领导干部都要牢固树立宪法法律至上、法律面前人人平等、权由法定、权依法使等基本法治观念"[①]。只有真正建立对法治的信仰和敬畏，善于运用法治思维和法治方式，才会在全社会领域形成依法办事、依法维权的氛围和共识，从而推动法治中国的建设。

（2）道德观念。领导伦理是规范领导者的行为、高效管理公共事务、保障公共事业公正性和实现领导目标的规则体系，是基于社会公德和职业道德的更

---

① 习近平：《习近平谈治国理政》第2卷，外文出版社，2017年，第127页。

高层次的道德义务和公共精神，即官德。领导伦理是领导者行为的内在指南和导航器，是领导者抵御诱惑、禁绝违法犯罪的防火墙。领导伦理体现在严守底线，讲政治、讲原则、讲规矩，严守政治纪律，坚定政治信念，明确政治方向，坚守政治立场，强化责任，敢于担当，严以修身、严以用权、严以律己，谋事实、创业实、做人实。

（3）民主决策观念。决策是领导者最基本的职能之一，是领导者为组织和社会发展确定方向的全局性、长远性的战略规划，关系到领导者事业的成败，关联到组织及其成员的前途命运。领导者在重大决策时须保持审慎的态度和清醒的头脑，如履薄冰，高度负责，必须遵循法定程序，坚守公正民主和以人为本原则，秉持公共精神，提升科学决策能力，充分发挥外脑智库的决策辅助功能。

（4）人才观念。人才是第一资源。治国之道，首在用人。领导者应树立科学的人才观和强烈的人才意识。发展是第一要务，人才是第一资源，创新是第一动力。人才是最为宝贵的资源，领导事业依靠人才，只有用好人才，才能提高领导力。在领导活动中，坚持德才兼备、以德为先、任人唯贤，遵循信念坚定、为民服务、勤政务实、敢于担当、清正廉洁的选才用人标准，慧眼识才，择天下英才而用之，在广阔的范围内选拔贤才，优化配置干部资源，汇集人才资源，用正确的导向和公平、公正、公开的程序保证把人选好、选准、选对，使人人都有出彩的机会，知人善任，用人得当，用当其时，用其所长，使人尽其才，才尽其用，为营造良好的政治生态和从政环境提供坚强的组织保证。

（5）民情民意观念。民情、民心、民意是领导活动的风向标，顺应民意、敬畏民心、了解民情是做好领导工作的基本前提。领导者必须对民情民意保持清醒的头脑，民心是最大的政治，得民心者得天下，失民心者失天下。民心不可欺，民意不可违。人民群众中蕴藏着无穷的智慧和力量，领导者必须谦虚谨慎，甘当人民群众的小学生，畅通建言献策渠道和批评监督渠道，依靠人民，让人民支持和帮助领导者做好工作。领导者要强化为人民服务的意识，强化民情民意的观念，问政于民、问需于民、问计于民。把赢得民心民意、汇集民智作为领导工作的重要着力点。

（6）权责观念。在领导活动中，权力与责任是两位一体不可分割的一枚硬币的两面，在行使权力的同时必须担当起责任。责任是一种与权力相匹配的、必须履行的义务，有权就有责，有多大权力就有多少责任。领导责任重于泰山，确保责任的践行是保障权力为公共利益服务的前提。正如管理学家德鲁克指出的："领导不是等级、特权、职位或者金钱。它是责任。"领导者要消除特权思想，消解"官本位"观念，强化权责一致的意识，习惯于在监督下努力工作，在把权力关进制度的笼子的同时，使权力发挥应有的积极效应。

（7）现代的职业观念。领导工作是适应社会发展需要进行社会分工的产物，在本质上与其他工作和职业没有高低贵贱之分。领导工作是一种具有专业性和复杂性的重要管理工作，必须全身心投入，要不断强化领导者的专业化建设，培育职业道德，强化职业精神，提高职业能力，做好领导本职工作。

3. 秉持领导的基本原则

领导活动本身具有一定的规律性，领导实现目标必须要遵循领导原则，在领导文化现代化建设中坚持基本的领导原则有助于领导文化的传承和创新。

领导原则是领导者在领导活动中所依据的基本准则，是从大量的领导实践活动中总结出来的在领导活动中所需要遵循的基本规范，它反映了领导活动的一般规律，贯穿于领导活动的全过程，对领导活动具有普遍的指导作用。

领导原则不仅规范领导活动的各方面行为，而且规范每一个具体的领导行为过程，在实现领导文化现代化过程中具有重要的作用。坚持正确的领导原则，有助于领导者在领导活动中增强自觉性、克服盲目性，提高领导绩效，获得最佳的领导力；有助于领导者把握领导工作的轻重缓急，解决好领导工作中的重点、难点问题，妥善处理群众最关心的热点问题；有助于帮助领导者发展正确的领导关系，协调多元主体的利益关系。领导原则具体化为这些领导方法、领导经验和领导技能，经过积累沉淀就成为良好的领导文化。实现领导现代化的文化，领导者应该秉持实事求是原则、以人为本原则、民主集中制原则、科学原则、辩证发展原则等。

实事求是原则指在领导活动过程中，必须坚持一切从实际出发，积极探索领导活动的规律，实现主观和客观、理论和实践、知和行的具体的历史的统一。它要求各级领导者在认真学习和掌握各种基本理论的基础上，一切从客观实际出发，理论联系实际，将具有普遍指导意义的理论、原理、路线、方针、政策同当时、当地的具体情况紧密地结合起来。这是领导活动的总原则。

以人为本原则强调在领导活动的诸要素中，要以做好人的工作、调动人的积极性为根本，其目的是使所属人员明确组织目标、工作职责、开展工作的意义及指导思想等，以便积极主动地完成工作任务，实现自我的发展和完善。这是由领导工作的主要矛盾和首要任务决定的，也是社会主义社会对领导者的本质要求。以人为本原则要求各级领导者重视做好下属的思想工作，尊重、理解和关心下属，最大限度地调动人的积极性、创造性；坚持群众路线，相信和依靠群众，尊重群众的首创精神，充分发挥群众的聪明才智。

民主集中制原则是领导者必须遵循的组织原则。民主集中制原则充分体现了民主精神和集体精神。坚持民主集中制是保证组织行动一致的内在要求，也是保证决策民主化和科学化的客观需要。它要求各级领导者在坚持统一领导的基础上，注重民主公开，采取集体领导和分工负责相结合的工作方法。

科学原则是指领导者遵循科学规律办事，讲究科学方法，具有科学精神，注重成本收益，使投入的人、财、物、信息、时间等资源得到充分、有效利用，实现领导力最大化。这要求领导者尊重规律，尊重科学，善于配置相关资源，能够有效地利用时间，设置合理的组织机构，提高领导活动的工作效率和宏观效益。

辩证发展原则是马克思主义关于矛盾的普遍性与特殊性原理在领导工作实践中的具体应用。它要求领导者既坚持一般号召又注重个别指导，既能掌握原则性又能运用灵活性，既能把握长远目标又能明确当前任务。

4. 加快领导文化内涵式发展

领导文化的现代化归根结底是其自身的发展和进步。为此，需要从领导物态文化、观念文化、制度文化和行为文化等方面全面加强、加快内涵式发展。

在领导物态文化发展方面，领导者要重视物态文化的象征作用、教化作用和承载作用。领导物态文化，如党政办公大楼、领导人物雕塑、政治口号标语、领导人物传记、政治仪式等，它们既具有象征性作用，也具有承载领导价值、领导伦理和领导精神追求的作用，能够凝聚人心和加强认同。在领导物态文化建设中既要重视提高器物的品质，又要注重挖掘器物的领导文化内涵，发挥器物跨越时空、超越国度的优势，构筑新型的领导物态文化传播路径。为此，一方面，在保障领导者合法权益的基础上，全面从严治党，深入反腐倡廉建设，坚决反对特权思想、特权现象。另一方面，注重政治仪式制度的建立健全。通过政治仪式的常态化实施，既可以使领导者在强化仪式感的同时，增强责任感和敬畏感，还可以彰显和传播领导价值。

在领导观念文化发展方面，培育和强化正确的领导观念，更新落后的领导观念，创新顺应时代发展要求的领导观念。领导观念文化主要是与领导活动及其领导者密切相关的思想意识。通过制度化、常态化的教育培训及领导者的学习领悟，强化领导者正确的权力观念、公仆观念、政绩观念、利益观念、决策观念和用人观念。

在领导制度文化发展方面：①加快建立健全领导制度体系，建立规范性、监督性、协调性、激励性等制度，形成完善的制度体系，对领导活动的全过程和领导行为进行规范化、制度化管理，保障领导活动的有序开展。②提高制度的执行力，把制度通过各种方式和机制的贯彻落实，在现实生活中得到尊崇和实施。制度的生命力在于执行。应该采取措施使制度、体制、机制形成一个有机的运行系统。③保障制度的权威性，确保制度得到尊重、信仰和敬畏，使制度内化为领导者的行为模式。触犯制度必须受到及时、公正的惩罚，使制度真正成为领导者的行为规范，成为文化。

　　领导行为文化是一种自主选择的行为文化，是由社会价值和领导者个人价值取向所决定的行为倾向和模式，在塑造良好的领导行为文化时，首先要具有正确的世界观、人生观和价值观，掌握科学的领导方法，准确判断工作的轻重缓急，熟练运用授权方法，重点关注全局性、战略性问题，最大限度地保持效率与公平、平等与民主、工作任务与人际关系等之间的平衡，实行民主型、价值型领导，形成创新型、人本型、共赢型领导模式，最大限度地实现领导行为的公正性和高效性。这些领导方式的持续性和连续性，逐渐沉淀形成行为习惯，最终就形成了领导行为文化。

第六章 领导力之平台：领导体制

领导职能是在一定的领导体制下定位并履行实施的，领导力的发挥受到领导体制的影响和制约。作为领导力制度保障和框架的领导体制具有重要的地位和作用。当前，领导体制改革已经成为我国政治体制改革的重要内容并受到广泛关注。

第一节 领导体制概述

领导体制是领导权限划分的规则体系，是规范领导活动范围和方式的行为准则，在领导力中起着根本性作用。

一、领导体制的内涵

要准确理解领导体制的含义，首先要了解机制、体制和制度的关系。机制也叫机理，原意是指机器的构造和工作原理，来源于英语"mechanism"的意译。在自然科学中被引申为自然现象和事物的作用机理、原理、作用过程和各个环节之间的关系。机制是事物内部各要素之间较为稳定的相互联系和相互作用，是事物发挥功能的内部作用机理。

制度一词使用比较普遍，在《现代汉语词典》中对制度的解释有宏观和微观之分。宏观的制度是指人类社会在一定历史条件下所形成的政治、经济、文化、社会等的运行模式。微观的制度是指要求人们共同遵守的办事规程或行动准则，是一种行为规则体系。《现代汉语词典》中则把体制解释为国家、国家机关、企业、事业单位等的组织制度。体制一词的英语是"system"，具有体系、体制、系统、制度、方法、方式等意思。

制度在英语中为"institution"，在一般意义上来看，属于一个国家和社会总体性的运行模式，是国家政治、经济、文化、社会运行的基本模式，以及政治、经济、文化、社会等相互之间关系的总和。制度是国家社会运行的宏观规则体系。体制则属于中观层面的规则体系，是在国家总体制度框架下对其各个组成要素关系的规范约束体系，是对宏观制度的具体细化。而机制则属于微观层面的行为准则体系，是一个事物发挥作用的基本原理和运行的具体程序方式，是由体制进一步细化而来的、可操作性的实施细则。因此，制度是宏观化和整体化的体制，机制是可操作性的、可具体实施的体制，体制是处于制度与机制之间的中观层面的规则体系。

简而言之，领导机制是指领导活动的运行程序、环节和规则，是领导活动发挥作用的具体原理，是领导行为的准则体系，是在领导活动中要求领导者遵守的办事规程或行动准则。

领导制度是一个国家在特定的历史条件下所形成的有关领导活动方面的法治化、规范化、定型化的稳定的运行模式，属于国家根本制度的重要组成部分。领导体制是国家领导制度在国家各级各类组织运行中的以领导权限划分为基础的机构设置规则及其领导关系和领导活动的规范体系。

领导制度、领导体制、领导机制三者之间既有着密切的联系，也存在着一定的区别。领导体制是宏观意义上的领导制度的体现形式，而微观意义上的领导制度基本等同于领导体制。与根本的领导制度相比较，领导体制属于中观层次，要服从服务于领导制度，是领导制度的具体化和运行规则，领导体制具有较大的灵活性和多样性。领导制度具有一定的阶级性，而领导体制则是中性的，其工具性比较突出。领导机制则是领导体制的基本运行原理和模式，是领导体制具体运行过程和环节的展现。为此，我们把领导体制界定为在一个社会的各种组织内部与领导活动中，为了实现领导职能，在领导权限划分基础上所进行的机构设置、人员配置及用以规范领导活动方式的规则体系。领导体制是组织系统中以领导权限划分为基础所形成的组织机构设置的制度安排和领导行为方式的规则体系。要准确理解领导体制的内涵，需要把握以下三个要点。

（1）领导体制的实质是领导权力的配置方式，即领导权限的划分。领导体制的核心是领导权力的划分问题，是关于领导权力的产生、行使、监督和变革的一系列规则体系。领导体制是组织系统在纵向和横向上对领导权力划分的制度化，是对各层级领导部门或领导者职责权限边界的明确化。这是组织及其领导活动得以规范有序进行的重要前提。

领导权力的合理配置是领导学研究的核心问题。领导权力的配置是否科学合理有三个衡量标准：一是权力和责任是否对等，权责是否一致。如果权责不一致，权大于责，或责大于权，都直接制约着领导活动的有效性。二是权力和责任的划分是否明确，边界是否清晰。如果权责划分明确，则有利于领导者用权履职，认真负责；如果权责划分不明确，则容易出现领导过程中权力重叠、多头管理，或有利就争，有责就推，或责任真空、相互推诿的情况。三是权力和责任的匹配是否得当。权责配置得当与否，不仅包括权力与责任之间的配置是否得当，还包括权责与领导者之间是否匹配。如果配置得当，就能保证权责对等，事得其人，人得其位，人尽其责，避免畸轻畸重情形。如果配置不得当，则会出现权责脱节、人浮于事、人事脱节的情形。

（2）领导体制是领导系统内部组织机构设置的规则。组织机构是领导权限的载体，是领导权责的组织平台。领导权限的划分一般都要具体体现和落实到组织机构的设置或机构体系安排之中，从这个意义上说，领导体制是体现领导权限划分并保证领导权力有序运行的组织工具。领导体制作为一种组织机构设置的安排，它是一种整体的组织架构，是静态的事权分工制度与动态的运行机制相统一的机构体系，包括职责定位、机构设置、人员安排、权责体系、运行规则等。

（3）领导体制是一种领导人员管理的制度安排。领导体制归根结底是对领导人员的管理规则，包括领导人员的选拔、任免、晋升、考核、激励、薪酬、监督、惩处、退休、薪酬、培养等一系列具体管理方法和措施，也包括各种领导行为的规范体系。领导体制是领导功能及其实现条件的制度化表现形式，是以领导权限的划分为核心内容、以实现组织的目标为主要职能的一系列的制度规范。领导权限的划分实质是一种分工制度或分职制度，机构的设置实质是一套组织制度，人员安排实质是人事、编制制度，权责体系和运行规则实质是组织行为、工作行为的规范体系，也是一种管理制度、责任制度。

二、领导体制的作用

科学的领导制度是治国理政的根本保证。领导体制作为上层建筑中政治制度的核心内容，在国家政治生活中发挥着关键性作用。邓小平在总结中国共产党历史经验教训的基础上指出："我们过去发生的各种错误，固然与某些领导人的思想、作风有关，但是组织制度、工作制度方面的问题更重要。这些方面的制度好可以使坏人无法任意横行，制度不好可以使好人无法充分做好事，甚至会走向反面。即使像毛泽东同志这样的伟大人物，也受到一些不好的制度的严重影响，以至对党对国家对他个人都造成了很大的不幸。"①因此，与领导者个人及其素质相比较而言，"领导制度、组织制度问题更带有根本性、全局性、稳定性和长期性"。①制度在领导活动中具有指导性、约束性、激励性和规范性的作用。在领导活动中，信任不能代替监督，管长远、管根本要靠制度。"改革开放以来，我们党开始以全新的角度思考国家治理体系问题，强调领导制度、组

---

① 《邓小平文选》第 2 卷，人民出版社，1994 年，第 2 版，第 333 页。

织制度问题更带有根本性、全局性、稳定性和长期性""国家治理体系和治理能力是一个国家的制度和制度执行能力的集中体现，两者相辅相成"。①领导体制的重要作用主要体现在以下几个方面。

（一）领导体制是领导力规范有序运行的制度保障

"没有规矩，不成方圆"。领导体制为领导活动提供了基本的行为规范，使领导活动在制度的轨道和框架中有序运行，能够从制度上保障领导活动的规范性和有序性。领导活动的基础和后盾是领导权力，领导活动的核心内容就是领导权力的行使，这是领导活动区别于其他社会活动的一个突出特点。而权力所具有的强制性、扩张性、易腐性等特性，很容易驱使掌握权力的领导者滥用权力，致使领导活动偏离公共性，对国家和人民造成危害。领导体制作为规范领导活动的规则体系，能够保障领导行为在制度的轨道上有序运行。

同时，以公共权力作为后盾的领导体制具有强制性，能够通过其功能把社会各种要素结合起来，使之成为一个有机整体，正常有序地运作。一方面，领导体制可以沟通协调领导者与被领导者之间的关系，形成实践主体，开展领导活动。依托于领导体制，可以对被领导者进行合理的组合编排，使领导者与被领导者形成持续有效的互动关系，使法规、政策得以有效实施，领导活动得以顺利进行。另一方面，领导体制可以通过对领导权力职责进行明确划分，合理设置机构，形成层级分明、分工协作、行动统一的组织整体，通过明确领导机构的内部分工，科学划分权力职责，使各级部门人员各司其职，各负其责，保证组织有序运转。

（二）领导体制是实现有效领导力的基本工具

领导工具是实现领导目标、实施领导活动的基本方法和手段。领导工具和手段多种多样，但好的领导工具能够达到事半功倍的作用，而不好的领导工具则事倍功半。历史的实践证明，领导体制是一种有效的领导工具，可以实现领导活动的制度化，保障领导力的连续性和高效性。人治是一种非制度化的领导方式，是依凭领导者个人的经验、智慧、意志、情感、偏好等实施领导，极易陷入"人存政举、人亡政息"的恶性循环之中，导致领导活动的混乱和低效。领导体制作为领导活动制度化、法治化、高效化的制度保障，能够保障有效领导力的实现。

领导体制既是连接领导主体与领导客体的纽带和桥梁，也是领导者带领被领

---

① 习近平：《习近平谈治国理政》，外文出版社，2014年，第104~105页。

导者改造世界、实现领导目标的基本工具。领导体制作为领导活动中领导权限划分和领导机构设置的制度体系，本质上是一种资源配置的重要方式，通过对权力、地位、价值、利益等的分配，形成特定的领导结构。这一领导结构从根本上决定着领导活动的整体结构和活动方式，决定着领导者的行为模式，是领导手段的核心部分。同时，只有依凭领导体制这一系统工具，才能使领导者合法地行使权力，履行职能，实现领导目标。

（三）领导体制对领导主体起着塑造作用

人不仅是文化的产物，也是制度的产物，制度能够通过规范人的行为而塑造人。领导体制对领导主体起着重要的塑造作用，制约着领导主体的领导方式、领导作风、领导观念、领导素质，而且影响、规范、引导着领导主体的行为和观念，在一定程度上塑造着不同的领导主体。例如，在极权专制领导体制下，领导主体往往独断专横、肆意妄为、滥用权力，在上级面前卑躬屈膝、俯首帖耳、唯命是从，在下属面前则色厉内荏、颐指气使、飞扬跋扈，成为人格分裂的非正常状态的人。而在民主法治领导体制下，领导主体的行为受到有效的监督制约，能够选拔任用较高素质的人，实行依法领导、科学领导。科学合理的领导体制不仅可以使优秀的人才脱颖而出，而且有助于领导者健康成长，有利于塑造、培养、造就更优秀的领导者。

（四）领导体制是提高领导力和整体绩效的根本因素

领导活动的出发点和归属就是领导目标的实现。领导体制从根本上决定着领导整体绩效的高低，决定着领导的合法性。领导绩效不仅指领导者个人的绩效，还包括领导组织作为一个系统的整体绩效。领导体制作为领导主体活动的制度框架，领导权限职责划分是否明确，组织机构设置是否合理，领导层级和领导宽度是否恰当，领导干部管理是否科学，领导者素质能力是否优化，领导集体结构是否合理，都从根本上决定并制约着领导者和被领导者的积极性、主动性和创造性的发挥，决定着领导整体绩效的高低。

（五）领导体制关系到组织的兴衰成败

在社会中，小到一个单位、部门，中到一个企业、团体，大到一个政党、国家，其前途命运、兴衰成败都与领导体制的科学合理与否密切相关。科学的领导体制可以理顺并协调各方面关系，规范权力运行，调动各方面积极性，激发活力，推动组织健康发展。反之，领导体制不合理，就无法选拔和培养优秀的领导者，组织就会面临生存发展危机。从国家治理的层面来看，如果领导体制不科学，就会严重影响到国家政治生活的民主化、法治化和现代化水平，制约着国家治理体系和治理能力的现代化，就会阻滞社会经济文化的发展，危及国家的生存发展。

三、领导体制的主要内容

领导体制的内容主要包括以下四个方面：一是领导组织结构；二是领导层次与宽度；三是领导组织机构划分；四是领导管理制度。组织中一般存在着两种基本的结构关系：一是纵向的领导隶属关系，即领导上下级之间的命令与服从关系；二是横向的领导协作关系，是平行的、各职能部门之间的相互协作关系。领导组织结构就是指领导组织内部各个基本要素之间的组合方式及其相互关系。领导组织结构的具体表现形式多种多样，在此主要介绍五种较为常见的组织结构模式，即直线式领导结构、职能式领导结构、复合式领导结构、矩阵式领导结构、事业部式领导结构。

（一）领导组织结构

1. 直线式领导结构

这是一种传统的领导结构形式，是金字塔式的等级垂直领导模式。在这种领导体制模式中，领导职位、职权、职责从组织的最高层到最低层按照直线垂直配置，形成上下层级系列，通过自上而下的权力节制将权力集中在组织的最高层。直线式领导结构是一种比较简单的组织结构形式，在这种结构形式中，各级机构和人员在垂直方向上分属于不同的层级，每个机构和人员都只有一个直接上司，他们之间是指挥和服从、命令和执行的关系。同一层次的机构和人员之间不发生领导隶属关系，有关信息沿着垂直方向上下传递。组织领导职位按照垂直系统直线排列，各级主管对自己的下级拥有直接的指挥权，职权和命令从上而下纵向贯穿于组织之中。这种组织结构的优点是统一领导、层级分明、责任明确、行动迅速、效率较高。其缺点是权力高度集中，容易导致专断独裁和决策失误，容易使下属产生依赖，不利于调动下属积极性。这种组织结构形式比较适合于简单、重复、标准化的工作和结构简单的组织，不适合综合性的、复杂的、非标准化的大型组织。

2. 职能式领导结构

这种组织结构模式是美国科学管理之父弗雷德里克·温斯洛·泰罗（Frederick

Winslow Taylor）在科学管理理论基础上提出来的。在这种领导模式中，在上级组织的领导下，按照专业分工设置若干职能部门，实行专业分工管理，各职能部门直接对上级领导负责，并在其业务范围内对下级有指挥、协调、监督的权力。这种组织结构的优点是实行专业化分工管理，可以减轻领导的工作负担，使其能集中时间精力处理本组织中较重要的问题，容易积累起专业方面的知识和经验，适应现代管理活动复杂化的需要。其缺点是易造成多头领导或多重领导，出现政出多门、政策冲突或互相推诿、扯皮的现象，妨碍统一指挥，增加协调的困难，造成管理上的混乱。

3. 复合式领导结构

这是法国管理学家法约尔总结并创建的组织结构形式。这是直线式、职能式两者融合的复合结构方式，它以直线式领导结构为基础，并在每个领导层级都设立专门的职能部门，分别行使各种专业职能。这种领导组织结构一般有两套系统：一套是按照命令统一原则组织的指挥系统；另一套是按照专业化原则组织的管理职能系统。复合式领导结构是以直线式领导结构形式为主，以职能式领导结构形式为辅的一种较为复杂的结构形式，综合了两种结构形式的优点，既具有直线式领导结构统一指挥、职责清楚、秩序井然、效率较高、组织稳定的优点，又具有职能式领导结构专业化分工、适应性强的优点。其缺点是：各职能部门之间缺乏有效沟通，直线部门和职能部门及职能部门之间职责、职权难以明确界定清晰，容易产生矛盾和冲突。如果职能部门权力过大，容易将其意图强加给管理者，干扰、限制直线管理者的正常工作，导致部门主义，各行其是。如果直线领导者权限过大，将职能机关置于可有可无的地位，也会带来外行领导内行等不良后果。并且这种组织结构模式管理人员过多，管理成本较高。与前两种公共领导结构相比，复合式领导结构具有更多的优点，目前各国政府基本上采用这种结构形式。

4. 矩阵式领导结构

这种领导结构也称规划—目标式结构，是在复合式领导结构形式基础上发展起来的一种结构模式，它既保留了职能式领导结构的形式，又设立了按照项目划分的横向领导系统。矩阵在数学中就是把多种要素按照纵向和横向进行排列而形成的一个矩形。在管理活动中，把按照职能划分的职能部门和按照项目划分的横向领导系统排列结合起来，就组成了一个矩阵。这是一种垂直领导与水平领导并列的领导结构模式，组织成员受到双重领导，加强了管理活动的纵向联系和横向联系的整体性。

矩阵式领导结构的优点在于能够加强各职能部门之间的信息沟通与职能配合，提高了解决问题的效率；有利于充分发挥职能专家的作用，有利于人才的培养和锻炼；有利于各种专业人员之间取长补短，发挥综合优势；具有较大的灵活性和适应性，能够使组织较快适应社会环境的变化；有利于机构精简，裁撤冗员，提高组织效率。但是，矩阵式领导结构也存在一些缺点：其一，指挥协调困难。组织成员受双重领导，如果领导之间的意见相互矛盾，容易导致下属无所适从、左右为难，造成指挥和协调方面的困难。其二，对项目负责人的胜任力要求较高。由于组织关系比较复杂，对项目负责人的素质能力要求较高。其三，组织的稳定性差。这种组织形式一般还具有临时性的特点，也容易导致人心不稳，组织变化快。

5. 事业部式领导结构

事业部式领导结构又称 M 型结构或者多部门结构，是 20 世纪 20 年代初由美国企业管理专家阿尔弗雷德·P. 斯隆（Alfred P. Sloan）在美国通用汽车公司研究设计出来的，因此也被称为"斯隆模型"。事业部式领导结构，是在组织的服务对象、活动领域等基础上，把组织划分为若干事业部而组成的组织结构。事业部式领导结构是一种分权制的组织结构形式，事业部具有很大的权力，组织最高领导除保留人事管理、财务控制、组织监督等权力以外，把很大的权力下放到了事业部。事业部是分权化单位，是利益责任单位，具有利益生产、利益核算和利益责任三种职能，具有相对独立的自主权。事业部式领导结构是一种"大权独揽，小权分散"，"集中决策，分散经营"的组织结构形式，是集中领导下的分权管理模式。

事业部式领导结构的优点主要有：提高了领导管理的灵活性和适应性，有利于组织对环境的变化迅速做出回应，使决策层摆脱繁杂日常事务的干扰，集中时间精力思考和研究组织的战略问题，减少决策失误，使事业部具有很大的自主性，有利于其主动性和积极性的发挥，有利于组织的专业化运行，有利于培养和训练领导人才。其主要缺点是：机构设置重复，导致管理部门和人员的增加，造成管理成本的提高。同时，各事业部领导考虑问题往往从本部门的利益出发，忽视组织的整体性，容易形成本位主义。职权下放过多，指挥不灵，各事业部之间竞争相互，造成人员流动协调困难，影响先进技术和科学管理方法的交流和共享，影响组织整体性发展。

在实际领导活动中，这五种领导结构形式常常相互结合，互为补充，较少以一种独立的形式而单独存在。

（二）领导层次与宽度

领导结构分为纵向结构和横向结构，纵向结构形成领导组织的层次，横向结构形成组织领导的宽度范围。领导层次是指组织系统中自上而下实施指挥与监督的权力级差数量，即该组织系统中设置多少层级进行领导，有多少等级层次，就有多少领导层次。领导宽度，又叫领导跨度或领导幅度，是指一个领导者直接有效指挥的下属人数。

一般来说，在组织的高层领导中，通常一个主管人员可以有效地管理4~8人，在组织的基层，一个主管人员能够有效管理8~15人。有的管理学者认为，在组织的任何一个层级上，一名主管人员能够有效管理的下属应当是4人。

领导层次与领导宽度是密切联系的，一般来说，在同一个组织系统中，领导层次和领导宽度成反比关系，即在组织规模一定的情况下，较大的领导宽度意味着较少的领导层次。反之，较小的领导宽度则意味着较多的领导层次。有学者根据统计资料分析，提出了领导宽度的"二八律"：在一般的领导机构中，担任正职的领导者宜有两位副职和八位下属，而担任副职的领导者也宜有两位助手和八位下属。当然，在具体的设置过程中，领导的层次和宽度需考虑多种因素。一般来说，影响领导层次与领导宽度之间关系的主要因素有以下几个方面。

（1）组织工作任务的性质。工作任务越复杂，差异越大，就越需要协调，领导宽度就越小，领导层次就越多，反之亦然。

（2）工作内容的难易程度与近似程度。工作内容越容易，越相似，就越可以采用较大的领导宽度和较少的领导层次，反之，则采取较多的领导层次和较小的领导宽度。

（3）组织成员素质水平。组织成员的素质高，责任感强，可以采用较大的领导宽度结构，反之，则采用较小的领导宽度结构。

（4）领导者能力状况。领导宽度的大小与领导者的能力成正比，领导层次的多少与领导者能力成反比。领导者素质高、能力强，领导宽度可以适当增加，领导层次则相对减少。反之，领导层次可以适当增加，领导宽度则相对减小。

（5）组织文化的凝聚力。良好的组织文化可以形成一种强大的向心力，把组织成员凝聚在一起，共同为组织的目标而奋斗。这样，领导层次就可以减少，而领导宽度则可以增大。反之，缺乏良好的组织文化，整个组织像一盘散沙，则领导宽度就应减小，领导层次就应增加。

（6）领导信息系统和技术的先进程度。提高领导信息系统和技术的先进性，可以增加领导宽度，减少领导层次。反之，领导信息系统和技术的落后，则需要增加领导层次，降低领导宽度。

（三）领导组织机构

领导体制作为组织系统中以领导权限划分为基础所形成的组织机构设置的制度安排和领导行为方式的规则体系，这要求设置若干分工协作的组织机构来履行领导职能，行使职权。现代领导组织机构一般包括以下五个部分。

1. 决策机构

决策机构是领导组织系统的灵魂，是组织的最高权力核心，也称"决策中心"。它确定组织的发展战略、制定政策、发布指令，是组织的大脑。一个组织只能有一个决策机构，决策机构必须精干。决策机构掌握最终决策权，行使最高权力，其职能是进行决策及决断，做正确的事。领导组织必须建立健全决策制度、决策失误的责任追究制度和议事规则，不断提高决策的民主化和科学化水平。

2. 参谋机构

参谋机构是决策中心的咨询部门，为决策服务，是决策机构的思想库、参谋部和智库。参谋机构的主要任务是：调查研究和信息资料的收集分析，为决策机构提供可靠信息和预选方案；进行专项研究，为决策机构和执行机构提供相应的咨询指导服务；进行科学预测，提出战略决策建议。参谋机构一般由政策研究室、参事室、调查研究室、发展研究中心、战略研究中心、顾问委员会等部门组成。参谋机构作用的充分发挥需具备两个条件：一是参谋机构的相对独立性；二是参谋机构人员的高素质化，结构合理化。

3. 执行机构

执行机构是决策的执行部门，一般由若干职能部门和协调机构组成。执行机构的主要任务是准确、及时、有效地执行决策机构做出的各项决策，实现决策目标。在决策正确的前提下，执行力的高低成为组织生存发展的关键。执行机构要履行好职能，必须努力提高执行力。认真学习领会政策精神，增强理解力；做好动员和激励工作，增强驱动力；加强沟通协调，增强整合力；加强政策认同和组织建设，增强凝聚力；强化考核监督，增强督促力；做好率先垂范，增强感召力。

4. 信息机构

信息是决策的基础，是领导活动顺利、高效开展的前提。信息机构是为领导决策提供信息服务的专业部门。信息机构的合理化和精干化是领导工作科学化、高效化的客观需要。信息机构的工作一般包括四个方面，即信息输入、信息处理、信息输出和信息反馈。承担这些工作的具体部门一般是综合性办公室、资料室、档案馆（室）、情报部门、信息中心、统计部门、社会调查中心等。信息机构的主要职能是负责有关信息的搜集、整理、选择、分析和传递。信息机构要及时、准确地为决策中心和咨询机构提供真实可靠的信息，向执行机构及时反馈决策实施的真实情况。信息机构要充分利用当代先进的通信技术和信息网络技术设备，提高信息收集、识别、整理、分析能力，不断提高办公自动化和信息处理的现代化水平。

5. 监督机构

监督机构又叫控制系统，是领导决策系统的控制督察部门，由相对独立的各类专业职能机构承担不同的监督任务，一般包括纪检、司法、审计、督察、监事、督导等机构。监督机构的主要任务是：对领导决策和实施进行监察和督导，及时发现偏离目标的倾向和行为；向领导决策机构提出预警意见和纠偏建议；由法律授权或接受组织委托查处责任人，保证决策制定的正确和执行的准确无误。监督机构作用的正常发挥必须具备两个条件：一是能够依法独立行使监督职权；二是监督者作风正派、公正无私，能够秉公执法并进行有效监督。

（四）领导管理制度

人是领导体制的核心。领导体制的内容归根结底都需要落脚到具体的领导者身上，并且领导体制也是由特定的领导者来制定和运作的。领导体制中对领导人员的管理制度，是通过各种规章制度规范领导行为，从而提高领导干部队伍素质，从体制上保障领导绩效的提升。领导管理制度主要包括领导干部管理制度和领导工作制度。领导干部管理制度主要是领导者的选举、招考、任免、晋升、考核、监督、培训、轮换、离退休等方面的制度规范。领导工作制度主要是领导的工作程序、领导规则等，如领导决策制度、领导用人制度、领导办公会制度、请示报告制度、领导问责制度、政务公开制度等。

四、领导体制的基本类型

不同的领导体制具有不同的特点和功能，不同类型的领导体制反映不同的领导权限划分方式。根据不同的划分标准，可把领导体制划分为以下四种基本类型。

（一）集权制与分权制

根据领导系统中权力的集中与分散程度，可以把领导体制分为集权制和分权制。集权制是指一切权力都集中于上级领导机关，尤其是重大问题的决定权均集中于上级领导部门，下级机关没有多少自主权，只能根据上级的决定和指示办事。分权制是指权力相对分散，在上级领导机关掌握相应权力的同时，下级机关在自己的法定权限和管辖范围内也享有一定的权力，能够独立自主进行决策，上级对下级的决定和处理一般不进行干涉。

集权制的优点在于：权力集中，层级节制，政令统一，标准一致；指挥方便，统一意志，容易做到令行禁止；便于统筹全局，兼顾各方利益；便于统合资源和力量，集中力量办大事。其缺点是：容易导致独裁专断，灵活性差，应变能力差，不易因时因地制宜，不利于调动下级积极性、主动性和创造性；容易造成下属对上级领导的人身依附，极易滋生官僚主义和命令主义，造成上级机关和领导人的主观主义和权力本位等。

分权制的优点在于：分级治事，分层负责，能够使下级因地制宜贯彻上级指示，独立自主地开展工作，有利于充分发挥下级的积极性和主动性；适应性和应变力强，下级可以从实际情况出发，依据不同的特点处理问题，充分发挥本地区、本部门优势和特长，容易适应客观环境的变化；有利于减轻上级领导的负担，集中时间精力进行顶层设计和战略规划，有利于防止官僚主义，有利于提高下属的管理能力，培养锻炼人才。

分权制的缺点主要表现在：容易出现各自为政、政令不一的情形，各方常会发生矛盾和冲突；容易产生地方主义、本位主义、分散主义和不顾国家利益、整体利益的倾向，严重时可能导致全局失控、有令不行、有禁不止，不利于团体协作精神的培养。

在领导系统中，集权与分权经常是同时并存。集权制与分权制的优缺点表明，要处理好集权与分权的适度问题，一方面，要有必要的集中统一；另一方面，又要有相对的独立自主，力求扬长避短。

（二）完整制与分离制

根据领导系统同一层级的各个部门接受上级机关的指挥、控制程度的不同，可以把领导体制分为完整制和分离制。

完整制是指同一层级的各机关或同一机关的各个组成部门都受同一个上级主管部门统一领导，即处于同一层级的各个部门或同一机关的各个组成单位，都接受一个行政首长或上级领导部门的指挥、控制和监督。完整制又称集约制、一体制和一元化领导。分离制又叫独立制，也叫作多元化领导，指的是同一层次的各个机关或同一机关的各个构成单位受两个及以上的领导机关所指挥、控制和监督。

完整制的优点在于：权力集中，政令统一，责任明确，行动迅速，有利于命令的贯彻执行，统筹全局，容易协调各方；可以防止政出多门、各自为政的现象发生，提高工作效率。完整制的缺点表现在：容易导致独断专行、滥用权力；容易滋生官僚主义，实行家长制领导，压抑下级机构和人员的工作积极性和主动性。

分离制的优点在于：分权治事，各司其职，各尽其能，可以发挥下级的主动性和积极性；有利于发现人才和培养人才；有利于相互监督，防止专断滥权。其缺点在于：容易形成各自为政，各行其是，相互推卸责任，协调困难的局面，最终影响全局利益。

中国疆域广阔，情况复杂，民族众多，这需要因时因地灵活运用完整制与分离制。如果实行以完整制为主的领导体制，必须注意融合分离制的某些特点；如果实行以分离制为主要特征的领导体制，要注意兼顾吸收完整制的某些长处。

（三）首长负责制与委员会制

根据领导机关行使最高决策权的人数是一个还是多个，把领导体制分为首长负责制与委员会制两种类型。

首长负责制又称一长制、首长制，也叫独任制，是指在一个组织的领导机关中，法定最高决策权完全掌握在一位负责人手中的领导体制，按照下级服从上级的原则进行领导。首长负责制包含三方面内容：一是首长对于本单位、本部门乃至本层级的事务具有最高领导权和最终决断权，并承担主要或全部责任；二是首长制建立在一定的民主制度基础上，受制于法定的民主规则；三是首长负责制的运作以分工负责制为基础，这种分工包括自上而下的逐层逐级的权责分工和同一层次几个单位部门之间的权责分工。委员会制指的是一个系统或单位的领导机关，其法定的最高决策权掌握在由两位及以上的领导者或代表组成的委员会手中的领导体制，按照少数服从多数的原则行使决策权。委员会制又称会议制、合议制。

首长负责制的优点在于：权力集中，意志统一，责任明确，指挥灵活，行动迅速，决策和执行的效率较高。其缺点在于：受领导者个人的知识、经验与能力的限制，不能集思广益，容易发生决策失误；如果主要领导者选择不当，容易造成独断专行、滥用权力、危害公共利益的问题。

委员会制的优点在于：能够集思广益，提高决策的科学性；实行集体领导、分工负责、相互监督、不易徇私舞弊，可以避免个人专断、滥用职权；委员有代表性，有利于反映各方面的利益诉求，有效进行利益综合。委员会制的缺点在于：一是权力分散、责任不明，行动迟缓，效率较低；二是决策程序复杂，容易出现议而不决，决而不行的问题，容易导致坐失良机、贻误工作。

首长负责制与委员会制的优缺点表明，二者并无绝对的优劣之分，关键在于灵活应用和融合互补。首长负责制的主要领导者常常把重大问题交给智囊团去拟订决策方案，或交给专门委员会处理；委员会制则在减少委员人数、减少副职和虚职方面做出努力，还有的致力于委员个体素质的提高和集体素质结构的优化，以求提高领导工作效率。

（四）层次制与职能制

根据领导系统中各部门的职权性质和范围，可以把领导体制分为层次制和职能制。虽然层次制和职能制是组织管理制度，但与领导体制关系密切。

　　层次制又称分级制，是指组织系统在垂直纵向上划分为若干层级，每个层级对上一层级负责，各层级的职权性质相同，但领导的范围随着层级的降低而缩小，形成从上到下的倒"金字塔"结构。例如，我国行政机关，国务院、省（自治区、直辖市）、县（市）、乡（镇）各级人民政府就是一种层级制。职能制又叫功能制或分职制，是指在同一级组织层次中按照不同的业务性质平行设置若干职能部门，每个部门都服务于组织整体系统，完成各自不同的工作业务。

　　层次制的优点是：统一领导、职责分明、权力集中、行动迅速、步调一致、层级分明；领导者的综合素质较高，适应能力较强，各层次的领导者工作性质相同，人员的升迁或平行调动，都能很快胜任工作。其缺点在于：容易造成上级领导部门负担过重，陷入事务主义，容易滥用权力，草率决策；层级较多，容易导致信息失真，沟通不畅；在日常工作中，容易使下级过分依赖上级领导，不利于发挥下级的积极性和主动性。因此，层次制的领导结构仅适合组织规模较小、上下级关系比较单一的组织或单位。

　　职能制的领导体制最初由美国科学管理专家泰罗提出，是一种为完成某一管理职能而成立的专门的组织机构。职能制的优点在于：分工精细，专业性强，各部门能够各司其职，各尽其责，熟悉业务，工作效率较高；同时，有利于使上级领导专心规划宏观战略，摆脱琐碎事务的干扰，有利于提高领导者的专业化水平。其缺点在于：分工过细，容易造成机构臃肿，人浮于事；容易出现政出多门，部门林立割据，滋生本位主义，互相扯皮，协调困难；同时，由于各专业职能部门只熟悉本身业务，难以把握整体与全局，容易违反系统原则、经济原则与效率原则。

　　综合考察以上四种领导体制类型，完整制与分离制、首长负责制与委员会制的领导体制类型均着眼于上级领导者或领导机关的数量，其中首长负责制与委员会制的领导体制还注重于决策权的划分；集权制与分权制、层次制与职能制侧重于领导系统中上下级之间的领导权限划分。

第二节　近现代西方国家领导体制的演变

　　领导体制的历史变迁与社会形态和经济基础的演进次序相联系，大体经历了原始社会的自然集体领导体制，奴隶社会和封建社会的君主专制和个人家长式领导体制，资本主义社会的领导体制和社会主义社会的领导体制。本节主要探讨西方资本主义国家领导体制。

一、西方资本主义国家行政领导体制的演变

资本主义国家主要实行议会民主制，基本的组织原则是"三权分立"，国家的立法权、行政权、司法权分别由议会、政府（内阁或总统）、法院掌握，各自独立行使职权，依法相互制衡。与"三权分立"制度相适应，资本主义国家的领导体制主要有立法领导体制、司法领导体制和行政领导体制。立法活动所坚持的价值取向是民主；司法活动所秉持的价值取向是公正；而行政活动所秉承的价值取向是效率，实行行政首长负责制。在此，我们主要探讨资本主义国家的行政领导体制，它主要有三种类型，即总统制、内阁制和委员会制。

（一）总统制

总统制起源于 18 世纪末的美国，并以美国最为典型，是以选举产生的总统为政府首脑同时又是国家元首的一种政府制度。在总统制下，总统和国会（议会）都有法定的任期，也有任期届数的限制。美国总统任期为 4 年，可以连任，但连任不能超过两届。总统制是资本主义国家"三权分立"模式下的典型政府体制。总统制的特点包括以下几个方面。

（1）总统由选举产生并对选民负责。总统由选民或选民代表以直接或间接选举的方式选举产生，有一定任期，不对议会负责，总统的选举与议会的选举分别进行。

（2）总统是国家政治生活的中心。总统既是国家元首，又是政府首脑，还是国家军事首领。这种元首是实权元首，行使宪法与法律赋予的权力。总统是行政首脑、总司令和外交领袖，集一切行政大权于一身，对内掌握国家的最高行政权，统帅全国武装力量，对外代表国家。

（3）政府对总统个人负责，不对国会负责。政府成员与总统是僚属关系，由总统领导并向其汇报工作。内阁由总统指定的官员组成，一般是各个部的部长组成，是总统的集体顾问。一切问题最后由总统决定，服从总统的决策，总统有权接受政府部长的辞职，也可以解除其职务。

（4）总统与立法机关、司法机关相互独立并相互制约。政府与国会是完全分离的，政府成员由总统提名，经参议院同意，由总统任命。政府成员不得同时兼任国会议员，不能参加国会立法的讨论和表决，国会中各种立法提案都由国会议员提出。总统需向国会报告国情，可以用咨文形式向议会陈述意见和报告工作。议会通过的法案须送交总统签署，然后公布施行。总统如果不同意，有权否决。国会不能对总统投不信任票，不能以不信任票迫使总统辞职，总统也无权解散国会。总统如有严重违宪行为时，国会可以对总统提出弹劾，并提交法院审理，但国会没有罢免

权。总统有权任命最高法院法官，有权赦免罪犯。美国联邦最高法院享有"司法审查权"，可以解释宪法，可以对认为"违宪"的总统的行政命令宣布无效。

（5）总统的权力是法定赋予的。总统的权力主要来源于四个方面：宪法授权、国会授权、先例和最高法院裁决。总统的权力主要包括：作为行政首脑的权力，如任免权、监督执行法律权、宣布紧急状态权、召开内阁会议权等；作为国家元首的权力，如同外国缔结条约、接见外国大使、发布赦免令等；作为国家最高军事长官的权力，如对内使用武力权、对外发动战争权等；有关立法方面的权力，如立法倡议权、立法否决权、委托立法权等；有关外交方面的权力，如外交政策决策权、外交承认权、签订行政协定权等；作为政党领袖，具有领导本党的权力。

（6）总统制下有一个庞大的行政官僚体系。美国总统制的政府机构分为三类：总统办事机构、内阁和副总统。内阁通常由总统、副总统和行政部门部长所组成，总统领导内阁工作，主持内阁会议，内阁各部长对总统负责。内阁不是国家的一个领导机构，而是总统的一个咨询和参谋机构。副总统协助总统工作，是总统的重要顾问。

法国是半总统制国家，是兼有议会制特点的总统制，介于总统制和议会制之间，政府机构包括总统府、总理府和中央各部。

（二）内阁制

内阁制又称议会制或责任内阁制，起源于英国，并以英国最为典型，是由内阁（政府）总揽行政权并对议会负责的一种政府制度。内阁制政府有两种情况：一种是"一党内阁"，通常由在议会选举中获得半数以上席位的政党组成。另一种是"联合内阁"，由于在议会选举中没有一个政党获得半数以上席位，无法单独执政，便由几个政党联合组阁。通常是由一个大的但又不占多数席位的政党与两个或两个以上小党结成联盟。内阁制政府主要有以下特点。

（1）议会是国家权力的中心。内阁制政府强调议会至上，议会是国家最高权力机关，享有立法、组织内阁和监督内阁的权力。内阁由议会产生，并对议会负责，内阁首脑和部长（大臣）定期向议会报告工作，接受议会的监督。

（2）内阁是国家最高行政机关。内阁总揽一切行政权力，政府首脑掌握行政实权。内阁是由议会（下院）中占多数席位的政党或构成多数席位的多党联盟组成，其领袖受国家元首的委托组织政府。作为执政党领袖的政府首脑，利用自己的政党在议会中占多数而控制议会，实际上又掌握着立法权。首相是英国权力最大、地位最重要的人物，身兼政府首脑、议会领袖和党魁三个职务，集行政权、立法权于一体，成为英国政治生活中的最高决策者和领导者。

（3）内阁政府首脑由在议会中占多数席位的政党或政党联盟的领袖担任。

政府首脑由国家元首任命并从政见基本相同的议员中挑选阁员，组成内阁。受命组阁的政党领袖即为内阁总理或首相。在组阁过程中，必须坚持两个基本原则：一是相容或不相容的原则，即内阁成员必须同时是议会的议员。总统制国家一般坚持不相容原则，即政府成员不得同时兼任议会议员。二是不得兼职和从事营业的原则。内阁总理或首相是政府首脑，不兼任国家元首，但要负实际责任。

（4）内阁首相或总理不对国家元首负责。国家元首是国家权力的象征，具有"虚位元首"的性质，不掌握实权，不负实际责任。

（5）内阁集体对议会全权负责。内阁掌握国家实际权力，在其首脑领导下，决定并执行国家内外政策。同时，接受议员的质询，解释政府的政策和决议。当议会通过对内阁的不信任案或否决内阁的提案时，内阁必须全体辞职或由政府首脑提请国家元首下令解散议会，诉诸选民，提前举行议会选举，由新议会决定内阁的去留。所以，内阁的任期是不固定的。

（6）内阁制政府的机构主要由内阁和中央政府各部构成。英国是典型的内阁制国家。内阁制政府是目前西方国家比较普遍采取的一种政府形式，除了英国之外，还有德国、意大利、加拿大、日本等。

（三）委员会制

委员会制又称合议制，是指国家最高行政权由地位完全平等的委员组成的委员会集体行使的一种合议制的政府组织形式。国家的最高行政权力由议会产生的委员会集体行使。在委员会制下，行政机关和立法机关在形式上不分离，实行议行合一，但行政权必须受立法权支配。委员会制起源于古希腊的"十将军会"和古罗马的"三头政治"。1848 年，瑞士的联邦宪法确立了委员会制为共和国的政体形式，并一直延续至今，成为唯一长期实行委员会制的典型国家。委员会制政府的特点表现在以下方面。

（1）委员会是国家的最高行政机关。委员会由议会选举产生，并对议会负责，是受议会委托的执行机关，对议会通过的法律必须无条件执行。委员不得兼任议员，任期 4 年，可连选连任。

（2）委员会实行集体领导。委员会的组成委员地位平等，权力相当，皆为行政各部部长。政府一切决定均由委员会合议决定，所有命令以委员会名义发布。一切重要政务均由集体讨论，实行少数服从多数、集体负责的原则。

（3）委员会主席即为国家元首兼政府首脑，委员会主席对内主持会议，对外代表委员会行使国家元首的礼仪性职责，无任何特权，实际地位和其他委员相等。委员会主席从议会选举出来的委员中选出，任期较短，一般不得连任，任期届满后，由副主席升任主席，同时选出另一名副主席。实际上，主席职务由委员轮流担任。主席的职权有限，不得行使联邦委员会的职权，无权任命官吏，无权否决议案，无权解散议会。

（4）实行议行合一的制度。联邦议会、联邦委员会和联邦法院分别行使国家的立法权、行政权和司法权，联邦议会和联邦委员会是议行合一的关系，联邦委员会从属于联邦议会。委员会的委员不是议员，但可以随时出席议会，参加讨论，但不能参加议会的表决。委员会无权解散议会，对议会不负连带责任。议会可以变更或撤销委员会的决定和措施，委员会必须服从议会的决定。

资本主义国家的"三权分立"制度及行政领导体制相对于封建君主专制来说无疑是历史的巨大进步，但本质上仍是建立在生产资料私有制基础之上的政治制度和领导体制。

二、西方资本主义国家企业领导体制的变迁

西方资本主义国家实行自由市场经济，市场是资源配置的决定性力量，企业在国家的经济社会生活中发挥着基础性的重要作用。在资本利润的驱动和竞争的压力下，企业领导体制的变革创新始终走在其他领域的前列，往往成为政府等其他领域部门领导体制学习借鉴的榜样。从总体上看，资本主义国家的企业领导体制经历了以下几个不同的发展阶段。

（一）家长制的领导体制

近代资本主义社会是从欧洲中世纪封建社会脱胎而来的。在前工业革命时期，企业领导带有浓郁的封建专制主义色彩，普遍实行家长制领导。家长制的突出特点是生产资料所有权与管理经营权合一，企业老板凭借自己的资本、地位、知识和经验进行独断式管理。

家长制存在于工业革命兴起之前封建社会，企业多是简单的手工业作坊，规模小，人员少，结构形式单一，管理工作简单。家长制领导体制基本上能够满足当时生产的需要。

在家长制企业中，所有权与管理权合一。企业老板既是资本的所有者，又是直接的经营管理者，对所属企业拥有家长式的权威，企业成员都是雇佣劳动者，一切由经营者说了算，一切成果归他所有。

在 19 世纪中叶以前，家长制一直是西方社会政治、经济、文化组织中普遍盛行的领导体制。这种领导体制与当时的历史条件相伴而生，也曾起过积极作用。

（二）经理制的领导体制

随着工业革命的发展，生产的机械化和社会化程度越来越高，企业规模不断扩大，企业组织内部结构和管理工作日益复杂，管理任务日益繁重，管理难度越来越大，经营管理的重要性日益突出。

经理制产生的社会条件是工业革命后，随着企业规模的扩大，工厂代替了手工作坊，生产劳动趋向专业化，管理也需要专业化，管理阶层便应运而生。在所有者和管理者刚开始实行分工的时期，老板只拿红利，不管企业业务，管理工作主要由懂业务技术的"硬专家"来承担。所谓"硬专家"是指技术领域的专家。这些"硬专家"往往能够在本领域内脱颖而出，成为领导者。这种领导体制又被称为"硬专家"的领导体制，是在企业中实行所有权与管理权的分离，由一些具有专业管理经验、能力和高超生产技术的人专门从事管理工作的领导体制。

从家长制的领导体制到经理制的领导体制的转变是管理革命的一个重大标志，促进了所有权与经营管理权的分离，促进了资本主义企业的发展，显示出了强大的优越性和进步性。

（三）"软专家"式的领导体制

"软专家"是相对"硬专家"而言的，是指在管理领域具有专门管理知识、经验和技能的专家。西方国家企业领导体制从"硬专家"到"软专家"的转变，是领导职能从管理中分离出来成为相对独立职能的标志，是领导作为一种独立要素和力量日益重要的象征。1881年，美国宾夕法尼亚大学首先建立了沃顿商学院，专门培养从事经营管理职业的"软专家"。这样，以经营管理为职业的"软专家"便应运而生。这类新的管理专家所具有的管理技能已经大大超出技术技能的范围，所以被称作"软专家"。"软专家"式的领导体制强调管理的专门化、职业化，由专业的管理人士担任领导和管理任务。

"软专家"式的领导体制的兴起具有深厚的社会背景条件。20 世纪 20 年代后，生产的社会化程度越来越高，分工越来越细，一个单位或一项复杂的工程涉及许多专业，需要多方面知识；同时，企业的规模越来越大，复杂性不断增强，竞争日趋激烈，经营管理对企业生存发展的作用日益重要，原来的"硬专家"往往综合能力不足而无法有效管理企业。依靠精通某一门专业技术的"硬专家"来领导就显得不适应，需要具备专门管理知识和管理经验的、既懂业务又精通管理的"软专家"来领导企业。满足这种要求的唯一办法就是把经营管理作为相对独立的职能来对待。

"软专家"领导体制的本质特征是个体领导者按照领导的一般规律从事领导

和管理工作。美国之所以能够在第二次世界大战后迅速崛起而成为世界头号强国，与大规模的管理革命，尤其与领导体制的革命性创新不无关系。现在，在西方国家，技术工程专家背景出身的"硬专家"至少要取得工商管理硕士（master of business administration，MBA）学位才能进入高级主管行列。

（四）专家集团式的领导体制

在企业管理中，由各种专家组成的领导团队被称作"专家集团"，由这些专家组成的集团参与实行集体领导的体制，就是专家集团式的领导体制。

专家集团式的领导体制是现代社会高度复杂化的产物。第二次世界大战后，现代生产和科学技术的高度分化和高度综合，使领导和管理的复杂性急剧增加。特别是企业战略决策的重要性日益突出，仅仅靠"软专家"个人的知识经验和能力已经难以胜任。于是，在大企业高层首先出现了集体领导的趋势——所有重大问题的决策均要通过董事会、总经理办公会等机构进行集体讨论做出决定。专家集团式领导体制的特征主要有以下几个方面。

（1）发挥集体领导者的智慧，弥补个人能力的不足，提高整体领导水平。实行集团化领导的方式多种多样，如有的采取领导团队内少数服从多数的集体领导方法，有的采取民主集中制的方法，有的采取主要领导人拥有否决权的方式。

（2）实行"谋"与"断"的分离，即咨询与决策的分离。在大企业里，重大问题由董事会集体决策，总经理贯彻执行。在专家集团之外，一些大单位还聘请了由各类专家组成的"智囊团"和"思想库"。"智囊团"作为领导的咨询参谋而参加决策，但并不代替领导者做出决定。这种方式使领导决策更趋科学化，这也是现代领导体制的重要特征。

（3）顺应时代发展潮流。专家集团式领导遵循领导活动的规律，是适应生产力发展的产物，顺应时代发展的基本趋势。作为企业中生产关系和上层建筑的领导体制，受生产力发展水平和经济基础的决定，专家集团式领导体制正是遵循人类社会发展的这一基本规律而产生的。专家集团式领导体制可以在一定程度上协调好领导者与被领导者、个人与群体、领袖与群众的关系，有助于领导力的提升。

第三节　我国领导体制的改革与完善

改革开放以来，我国领导体制逐步走科学化、法治化的轨道，但由于时代的飞速发展，加之制度的路径依赖，领导体制常常滞后于时代的变化，难以适应社会发展需要，领导体制的改革与完善成为是我国政治生活中的一个重大议题，也成为政治体制改革的关键环节。

一、我国领导体制的基本特征

我国领导体制的基本特征主要体现在领导主体的核心、领导体制的本质和领导过程之中，具体表现在以下三个方面。

1. 坚持党的全面领导

中国特色社会主义最本质的特征是中国共产党领导，中国特色社会主义制度的最大优势是中国共产党领导，党是最高政治领导力量。坚持党的全面领导是我国领导体制最鲜明的特点，是领导体制正确运行的保障。党的十九大强调，"坚持党对一切工作的领导。党政军民学，东西南北中，党是领导一切的"[1]。党的全面领导是领导体制发挥作用和深化改革的根本保证。要把坚持党对一切工作的领导贯穿于领导体制运行各个环节和全过程，完善保证党的全面领导的制度安排，改进党的领导方式和执政方式。在我国领导体制中，党的全面领导作用主要表现在：在政治生活中，党居于领导地位，实行党的集中统一领导，支持人大、政府、政协、法院和检察院依法依章程履行职能、开展工作、发挥作用；各级领导机关受同级党的领导机构领导，一切大政方针的制定和实行须由同级党的领导机构批准。

2. 坚持人民当家作主

人民当家作主是社会主义民主政治的本质特征，也是领导体制的本质特征。中华人民共和国的一切权力属于人民，人民行使国家权力的机关是全国人民代表大会和地方各级人民代表大会。全国人民代表大会是国家最高权力机关。人民代表大会制度，坚持国家一切权力属于人民，最大限度保障人民当家作主，把党的领导、人民当家作主、依法治国有机统一起来，有效保证国家治理跳出治乱兴衰的历史周期率[2]。在领导体制的运行和改革中大力发展社会主义协商民主，健全民主制度，丰富民主形式，拓宽民主渠道，保证人民当家作主落实到国家政治生活和社会生活之中。

3. 坚持民主集中制的领导原则

这是领导体制的根本特征。民主集中制是民主基础上的集中和集中指导下的

---

[1] 习近平：《决胜全面建成小康社会 夺取新时代中国特色社会主义伟大胜利——在中国共产党第十九次全国代表大会上的报告》，《人民日报》，2017年10月28日，第1版。

[2] 习近平：《习近平谈治国理政》第4卷，外文出版社，2022年，第249页。

民主相结合。民主集中制是党的根本组织制度和领导制度，是马克思主义认识论和群众路线在党的生活和组织建设中的运用。运用民主集中制原则，可以很好地处理人民与人民代表大会的关系、中央与地方的关系、上级与下级的关系、多数和少数的关系。坚持民主集中制原则使党和政府建立起和谐的组织系统，把党和政府的各级组织与党员、群众有机联系起来，克服"一把手"的独断专行，克服分散主义和软弱涣散的弊病。

二、我国领导体制改革的性质和原则

改革开放以来，尤其是党的十八大以来，伴随着全面深化改革的全力推进，我国的领导体制改革取得了许多明显成效，如废除领导干部职务终身制、实行领导绩效考评制、加强领导监督等。但由于领导体制本身所具有的敏感性、复杂性、滞后性等，导致现行的领导体制仍然存在着许多问题，为此，必须重视和加快领导体制改革。

（一）领导体制改革的性质

领导体制属于上层建筑范畴，领导体制改革是政治体制改革的重要组成部分，其基本性质是在社会主义基本制度基础之上的自我调整和完善。领导体制改革不是否定社会主义根本政治制度，不是削弱、动摇或否定党的领导，而是在社会主义基本制度基础上的自我改进和自我完善，是对现行的领导体制的扬弃。

我国全面深化改革的总目标是完善和发展中国特色社会主义制度，推进国家治理体系和治理能力现代化。领导体制改革的目标必须服从、服务于这一总目标，完善和发展社会主义领导体制，推进领导制度和领导能力的现代化。领导体制改革要注重系统性、整体性、协同性，紧紧围绕坚持党的领导、人民当家作主、依法治国的有机统一，加快推进领导体制的法治化、制度化、规范化、程序化、科学化、现代化。在领导体制改革中，要坚持社会主义市场经济改革方向，立足于我国长期处于社会主义初级阶段这个最大实际，以促进社会公平正义、增进人民福祉为出发点和落脚点，进一步解放思想、解放和发展社会生产力、解放和增强社会活力。

（二）领导体制改革的原则

领导体制改革是一项艰巨而复杂的系统工程，在正确认识领导体制改革性质的前提下，遵循以下原则。

1. 党的全面领导原则

党的全面领导是深化领导体制改革的根本保证。在领导体制改革中，中国共产党发挥着总揽全局、协调各方的领导核心作用。领导体制改革必须在党的领导下有计划、有步骤地进行，开展领导体制改革的顶层设计，明确领导体制改革的总原则和方向，制定领导体制改革的大政方针，领导、组织、协调、沟通和监督实施领导体制改革的实践活动。在领导体制改革中，中国共产党主要进行政治领导、组织领导和思想领导，确保领导体制改革的正确方向、大局、政策，推动领导体制改革达成目标。

2. 法治原则

依法治国是党领导人民治理国家的基本方略，法治是治国理政的基本方式，是领导体制改革必须坚持的原则。领导体制改革必须遵循法治原则，即领导体制改革既要向法律化、规范化方向发展，又要以法律法规为依据，遵循法定的程序，依法进行改革。坚持领导体制改革和法治相统一、相促进，坚持依法治国、依法领导、依法改革共同推进。在领导体制改革中融汇法治国家、法治政府、法治社会一体建设，依法依规完善党和国家领导体制，科学设置领导机构职能，依法履行领导职责，依法管理机构和编制，发挥法治规范和保障领导体制改革的作用。在法治下推进改革，做到重大改革于法有据，通过改革加强法治工作，做到在改革中完善和强化法治。

3. 公正优化原则

对于一个政党、国家和公共组织来说，公正是领导体制是否完善的标志之一，是激发领导者积极性、主动性和创造性的根本因素。在对领导体制进行改革时，必须摒弃不公正的制度安排，正如著名政治哲学家约翰·罗尔斯（John Rawls）在《正义论》中所指出的，正义是社会制度的首要价值，正像真理是思想体系的首要价值一样。一种理论，无论它多么精致和简洁，只要它不真实，就必须加以拒绝和修正；同样，某些法律和制度，不管它们如何有效率和有条理，只要它们不正义，就必须加以改造或废除①。领导体制改革要始终坚持和贯彻公正的原则。公正是法治的生命线，是制度的生命线，也是社会主义核心价值的重要内容之一，为此，必须把公正、公平、公开原则贯穿领导体制改革的全过程，创新完善领导体制机制。公正就是公平正义，既是一种社会理想或社会意识，又是一种现实的制度安排和制度选择的合理状态。在领导体制改革进程中，坚持公正原则，就是领导体制的变革创新、权限的划分、机构的设置、规则的设计必须贯彻和体现公

---

① 约翰·罗尔斯：《正义论》，何怀宏，何包钢，廖申白，译，中国社会科学出版社，1999年，第17~18页。

平正义的精神和内容。领导体制既是一种权力责任的配置规则，也是一种领导活动、领导关系的行为规范，公正是处理权责关系、领导关系、利益关系等的基本价值原则。领导体制的改革既要保证领导规则的公正公平，也要保障领导的结果公平、机会均等与结果均等，把领导权力和责任、义务和权利真正统一起来，权责相称，使履行职责、义务的人的相应权利得到保障而不被剥夺，使逃避责任、义务而尽享权利的人受到惩处，实现真正的公正。坚持优化原则就是在领导体制改革中对领导机构的设置和领导制度的安排要科学合理、权责一致，优化职能职责，优化队伍结构，优化组织要素和结构。

4. 协同高效原则

坚持协同原则就是在领导体制改革中要有统有分、有主有次，协同推进，按照系统性整体推进，既要高屋建瓴，注重顶层设计和战略规划，又要统筹兼顾，协同推进。通过分析领导系统与外部环境的关系、领导系统内部各要素之间的关系，把握领导体制改革的整体性、全局性，从现实的实际情况出发，实事求是，稳扎稳打，渐次推进。坚持高效原则就是在领导体制改革中履职到位、流程通畅，注重成本，以提高领导绩效为归宿和目的。效率是组织生存发展的基础，是组织和制度的生命线，没有效率，就没有活力，组织和制度就没有生命力和发展前途。在领导体制改革中坚持问题导向，聚焦领导机构和职能配置中所存在的问题，注重强化机构之间的配合联动，使领导机构设置更加科学、职能更加优化、权责更加协同、监督监管更加有力、运行更加高效。

5. 民主原则

人民民主是社会主义的本质要求和内在属性，"没有民主就没有社会主义，就没有社会主义的现代化"[①]，社会主义民主的本质是人民当家作主。在领导体制改革中要坚持以人民为中心，坚持民主原则。领导体制改革坚持民主原则：一要从政治上、组织上和制度上保证人民当家作主，使人民真正成为国家的主人，要扩大公民有序政治参与的渠道，保证广大公民在领导体制改革中的知情权、话语权、参与权、选择权、决策权等。领导体制的改革，要把保证全体人民充分享受政治民主、领导民主，保证人民群众能通过各种有效形式参与国家和社会公共事务管理。同时，领导体制改革必须以维护和实现最广大人民群众的根本利益为宗旨，从国家的长远利益、根本利益、全局利益出发，统筹兼顾，谋划未来。二要积极发展党内民主，要坚持民主集中制，健全党内民主制度体系，以党内民主带动人民民主，要保障党员主体地位，健全党员民主权利保障制度，开展批评和自我批

---

① 《邓小平文选》第 2 卷，人民出版社，1994 年，第 2 版，第 168 页。

评，营造党内民主平等的同志关系、民主讨论的政治氛围、民主监督的制度环境，落实党员知情权、参与权、选举权、监督权。要完善党的代表大会制度、党内选举制度、民主决策制度，扩大党内基层民主。三要健全社会主义协商民主制度。社会主义协商民主是我国人民民主的重要形式，要完善协商民主制度和工作机制，推进协商民主广泛、多层、制度化发展。

三、我国领导体制改革的内容

当今世界正在发生深刻、复杂的变化，我国发展也进入了新阶段，改革进入了攻坚期和深水区，全面深化改革的任务艰巨复杂而又紧迫。2018 年 2 月中共十九届三中全会通过的《中共中央关于深化党和国家机构改革的决定》指出，"当前，面对新时代新任务提出的新要求，党和国家机构设置和职能配置同统筹推进'五位一体'总体布局、协调推进'四个全面'战略布局的要求还不完全适应，同实现国家治理体系和治理能力现代化的要求还不完全适应。主要是：一些领域党的机构设置和职能配置还不够健全有力，保障党的全面领导、推进全面从严治党的体制机制有待完善；一些领域党政机构重叠、职责交叉、权责脱节问题比较突出；一些政府机构设置和职责划分不够科学，职责缺位和效能不高问题凸显，政府职能转变还不到位；一些领域中央和地方机构职能上下一般粗，权责划分不尽合理；基层机构设置和权力配置有待完善，组织群众、服务群众能力需要进一步提高；军民融合发展水平有待提高；群团组织政治性、先进性、群众性需要增强；事业单位定位不准、职能不清、效率不高等问题依然存在；一些领域权力运行制约和监督机制不够完善，滥用职权、以权谋私等问题仍然存在；机构编制科学化、规范化、法定化相对滞后，机构编制管理方式有待改进。这些问题，必须抓紧解决"①。这些问题迫切要求通过科学设置机构、合理配置职能、统筹使用编制、完善体制机制，使市场在资源配置中起决定性作用，更好地发挥政府作用，通过全面深化改革来解决。

（一）优化党的组织机构，完善坚持党的全面领导的制度

建立健全党对重大工作的领导体制机制。加强党的全面领导，首先要加强党对涉及党和国家事业全局的重大工作的集中统一领导。党中央决策议事协调机构在中央政治局及其常委会领导下开展工作。优化党中央决策议事协调机构，负责

---

① 《中共中央关于深化党和国家机构改革的决定》（二〇一八年二月二十八日中国共产党第十九届中央委员会第三次全体会议通过），《人民日报》，2018 年 3 月 5 日，第 1 版。

重大工作的顶层设计、总体布局、统筹协调、整体推进。加强和优化党对深化改革、依法治国、经济、农业农村、纪检监察、组织、宣传思想文化、国家安全、政法、统战、民族宗教、教育、科技、网信、外交、审计等工作的领导。其他方面的议事协调机构，要同党中央决策议事协调机构的设立调整相衔接，保证党中央令行禁止和工作高效。各地区各部门党委（党组）要坚持依规治党，完善相应体制机制，提升协调能力，把党中央各项决策部署落到实处。

强化党的组织在同级组织中的领导地位。理顺党的组织同其他组织的关系，更好发挥党总揽全局、协调各方作用。在国家机关、事业单位、群团组织、社会组织、企业和其他组织中设立的党委（党组），接受批准其成立的党委统一领导，定期汇报工作，确保党的方针政策和决策部署在同级组织中得到贯彻落实。加快在新型经济组织和社会组织中建立健全党的组织机构，做到党的工作进展到哪里，党的组织就覆盖到哪里。

更好发挥党的职能部门作用。优化党的组织、宣传、统战、政法、机关党建、教育培训等部门职责配置，加强归口协调职能，统筹本系统本领域工作。优化设置各类党委办事机构，可以由职能部门承担的事项归由职能部门承担。优化规范设置党的派出机关，加强对相关领域、行业、系统工作的领导。按照精干高效原则设置各级党委直属事业单位。各级党委（党组）要增强抓落实能力，强化协调、督办职能。

统筹设置党政机构。根据坚持党中央集中统一领导的要求，科学设定党和国家机构，准确定位、合理分工、增强合力，防止机构重叠、职能重复、工作重合。党的有关机构可以同职能相近、联系紧密的其他部门统筹设置，实行合并设立或合署办公，整合优化力量和资源，发挥综合效益。

推进党的纪律检查体制和国家监察体制改革。深化党的纪律检查体制改革，推进纪检工作双重领导体制具体化、程序化、制度化，强化上级纪委对下级纪委的领导。健全党和国家监督体系，完善权力运行制约和监督机制，组建国家、省、市、县监察委员会，同党的纪律检查机关合署办公，实现党内监督和国家机关监督、党的纪律检查和国家监察有机统一，实现对所有行使公权力的公职人员监察全覆盖。完善巡视巡察工作，增强以党内监督为主、其他监督相贯通的监察合力。①

（二）科学划分领导权限，适当下放权力

科学划分领导权限是解决领导权力过分集中问题的关键。科学划分领导权限包

---

① 《中共中央关于深化党和国家机构改革的决定》（二〇一八年二月二十八日中国共产党第十九届中央委员会第三次全体会议通过），《人民日报》，2018年3月5日，第1版。

括党政权限的划分，党和人大、政协机关的权限划分，国家行政机关横向和纵向的权限划分，中央和地方党政机关的权限划分，政府和企业、事业及其他社会组织之间的权限划分等。在横向领导部门结构上力求实现决策权与执行权的平衡。在纵向领导层次上，正在从金字塔式的集权模式向扁平式的分权模式转变发展。

在横向领导层级中，要改革职责不明、互相扯皮的现象，合理分权，使各方面的工作真正做到有职、有权、有责，真正实现互相配合、监督、协调、制约和促进。在纵向领导层级中，改革权力过分集中的领导体制，适当下放权力，合理配置各层级的职权范围，以调动各方面的积极性，包括实行政企分开，依法赋予和保障企业经营自主权，按照行政许可法的规定，进一步深化行政审批制度改革。下放权力的总原则是凡是适宜下面处理的事情都由下面决策和执行。其中，尤其要划清中央和地方的职权界限，以便在全国政令统一的前提下，做到地方的事情由地方管，避免中央包揽一切。在下放权力的同时，必须加强监督。党政部门要向社会放权，创新社会治理体制，支持和发展志愿服务组织。正确处理政府和社会的关系，加快政社分开，推进社会组织明确权责、依法自治、发挥作用。

（三）进行组织变革，合理设置领导组织机构

组织变革就是领导者根据组织内外环境的变化而进行改革和适应的过程。组织变革的动因是外部环境和内部条件的变化。组织机构是实现领导职能的组织载体和事业平台，只有机构设置合理化，领导工作才能有序、高效地进行。机构设置和调整是组织变革的核心。领导组织变革的目标是增强组织适应环境的能力，提高组织的稳定性和协调性，提升组织的绩效。组织机构的设置和调整只是手段，其目的是优化组织结构和增强组织整体功能。

针对我国领导机构设置方面存在的问题，党的十九大报告强调，"深化机构和行政体制改革。统筹考虑各类机构设置，科学配置党政部门及内设机构权力、明确职责""深化事业单位改革，强化公益属性，推进政事分开、事企分开、管办分离"[①]。

领导系统中组织机构的设置除了符合职能目标明确、机构体系完备的要求外，还要遵循"精简""统一""效能""法治"的原则。所谓"精简"，即根据领导工作的需要，建立起精干有力的领导班子和组织机构，克服机构臃肿、人浮于事的弊端。所谓"统一"，即领导系统指挥统一，组织机构目标一致、职责清晰、有机配合、运转协调，克服机构重叠、职责交叉的弊端。所谓"效能"，即领导系统中组织机构设置得当，运转灵敏高效；组织成员适应岗位需要，充分履行职责，工

① 习近平：《决胜全面建成小康社会　夺取新时代中国特色社会主义伟大胜利——在中国共产党第十九次全国代表大会上的报告》，《人民日报》，2017年10月28日，第1版。

作效果良好；各种资源配置合理，运行成本节约，克服组织运转不畅、工作效率低下的弊端。所谓"法治"，即机构设置必须符合相关法律规定，遵循法定程序，不得随意设置，做到机构设置法定化、科学化、制度化。

（四）深化改革，加强领导制度建设

党的十八大以来，着重把制度建设作为领导体制改革完善的基础性工程来抓，把制度建设作为最可靠、最有效、最持久的治党方式。领导制度建设主要包括以下几个方面。

1. 领导决策制度建设

党的十八大强调，"坚持科学决策、民主决策、依法决策，健全决策机制和程序，发挥思想库作用，建立健全决策问责和纠错制度。凡是涉及群众切身利益的决策都要充分听取群众意见，凡是损害群众利益的做法都要坚决防止和纠正"[1]。建立健全重大决策社会稳定风险评估机制。党的十九大强调，"健全依法决策机制，构建决策科学、执行坚决、监督有力的权力运行机制"[2]。

2. 干部管理制度建设

党的干部是党和国家事业的中坚力量。党的十九大指出，"建设高素质专业化干部队伍""要坚持党管干部原则，坚持德才兼备、以德为先，坚持五湖四海、任人唯贤，坚持事业为上、公道正派，把好干部标准落到实处。坚持正确选人用人导向，匡正选人用人风气，突出政治标准，提拔重用牢固树立'四个意识'和'四个自信'、坚决维护党中央权威、全面贯彻执行党的理论和路线方针政策、忠诚干净担当的干部，选优配强各级领导班子。注重培养专业能力、专业精神，增强干部队伍适应新时代中国特色社会主义发展要求的能力"[2]。

3. 领导权力监督制度建设

健全党和国家监督体系，增强党自我净化能力，根本靠强化党的自我监督和群众监督。要加强对权力运行的制约和监督，让人民监督权力，让权力在阳光下运行，把权力关进制度的笼子。强化自上而下的组织监督，改进自下而上的民主监督，发挥同级相互监督的作用，加强对党员领导干部的日常管理监督。

---

[1] 胡锦涛：《坚定不移沿着中国特色社会主义道路前进　为全面建成小康社会而奋斗——在中国共产党第十八次全国代表大会上的报告》，《人民日报》，2012年11月18日，第1版。

[2] 习近平：《决胜全面建成小康社会　夺取新时代中国特色社会主义伟大胜利——在中国共产党第十九次全国代表大会上的报告》，《人民日报》，2017年10月28日，第1版。

4. 领导问责制度建设

2009 年《关于实行党政领导干部问责的暂行规定》发布，2016 年颁布实施《中国共产党问责条例》，这让失责必问成为常态。推进党政领导干部问责制是健全权力运行制约和监督机制的重要内容，是贯彻"有权必有责、用权受监督、违法受追究"的基本要求。为推进全面从严治党、解决无人负责的问题，解决对执行党的路线方针政策不力和管党、治党主体责任缺失、监督责任缺位、给党的事业造成严重损害的问题，为遏制形式主义、官僚主义、享乐主义和奢靡之风多发、频发及选人用人失察、任用干部连续出现的问题，就需要通过问责制倒逼责任落实，让领导问责制度成为提高领导力的有力工具。

第二篇　领导力之行：领导实践

第七章　领导力之器：战略与政策

战略与政策是领导力实现的工具，是领导力之器。战略为领导力确定方向，政策过程是领导者制定政策、执行政策、调整政策、监控政策以履行基本职能的过程。

第一节　战略领导

领导是一种着眼于重大、全局、根本、长远、未来问题的活动。战略能力是现代领导者的核心能力。

一、战略领导的内涵及特点

（一）战略领导的含义

"战略"一词来源于希腊语，其字面意思是"统帅""指挥官"。最早应用于战争或军事领域，其本意是指基于对战争全局的分析、判断而做出的谋划。战略对于军事活动的意义，在于它帮助军事领袖掌握战争全局的动态，运筹于帷幄之中，决胜于千里之外，通过战略把握战争的主动权，控制战争的全局。现代社会，战略的应用范围不断扩大，已经扩展到经济、政治、文化、管理等领域，并形成了一门独立的专门研究战略的学问——战略管理。战略管理日益受到企业和政府的重视。

战略泛指重大的、带全局性或决定全局的规划。对于领导活动而言，领导战略就是指领导者做出重大的、带全局性的或决定全局性的、长远的谋划。古人云："不谋万世者，不足谋一时；不谋全局者，不足谋一域。"万世之谋与全局之谋，就是战略之谋。重视长远和全局的战略规划，是古今中外成功领导者的共同特征。

当代领导者，更需重视战略问题，提高战略能力。

战略领导是领导者通过战略规模化的方式来履行职能和开展领导活动，简单地说，就是实行全局性、前瞻性和宏观性领导。战略领导是相对于管理活动而言的。领导原来属于管理活动中的一个职能，随着社会化机器大生产所带来的生产规模的迅速扩大和发展，随着人类社会集体组织活动的复杂化和全球化，领导的职能逐渐从管理中分化独立出来，成为现代社会组织中一个相对独立的职能，领导成为一种更为重要的、高层次的专业化社会活动。真正的领导是一种战略性的高层次领导，而管理则是一种具有明显的事务性、执行性的常规化工作。"战略领导（strategic leadership）是指一个人进行预测与设想、保持灵活性、采取战略性思维及与他人共同努力对组织进行有利于未来发展的变革的能力。"①

战略领导是未来导向型的，战略领导是为组织未来的发展设定目标，确立愿景，规划蓝图。战略领导是在组织的现在和未来之间架起桥梁，使组织的管理者及组织成员理解组织的愿景、使命和目标，激励下属通过这一桥梁实现目标的过程。战略领导着眼于组织发展的、长远的、总体的谋略，关注组织发展的总体格局和整体利益，战略领导关注全局而非局部，关注长远利益而非当前利益，关注根本问题而非细枝末节的日常事务。战略领导的一个基本宗旨就是利用外部机会和化解外部威胁来实现组织发展。

战略领导者具有全局性的眼光和前瞻性的忧患意识，善于识别、监视和评估外部环境中的机遇与威胁。战略领导是理性分析和超理性直觉的结合。战略领导是对重大决策的客观理性分析，通过对信息和环境进行定性和定量分析，在不确定情况下所做出的重大决策。在理性分析的基础上，战略领导还依赖于领导者的经验、智慧、判断和直觉。战略领导是通过战略实施持续性、循环性与创新性领导的过程。战略领导既强调通过战略实行稳定性、连续性的领导，又强调根据环境的变化和民众诉求多样性、动态性的要求，进行变革和创新，使组织具有顺应变化的能力，持续不断地对外部环境做出积极、主动的回应。战略领导是前瞻性、反思性思考和批判性思维的领导哲学。战略领导强调向前看，发现问题和寻找机会，探寻重构问题的新方法，抓住机遇，变危机为机遇，把消极因素转化为潜在的积极因素，开辟新的发展途径。重视反思，随时检视自我，从外部环境和他人的角度来看待组织的内部问题。

战略领导与领导战略是不同的，战略领导是一种以战略作为取向和方式的领导活动，而领导战略则是一种战略，是一种战略规划或战略方案，是战略领导的基本内容，战略领导把战略作为指导领导活动的蓝图、方向和规划，即战略领导

---

① 罗伯特·N. 罗瑟尔，克里斯托夫·F. 阿川：《领导力教程——理论、应用与技能培养》，第 3 版，史锐，杨玉明，译，清华大学出版社，2008 年，第 427 页。

是以领导者作为主体、以战略作为客体、以被领导者作为中介的一种实践活动。

（二）战略领导的特点

战略领导相对于管理活动而言具有以下特点。

1. 全局性

这是战略领导的首要特点。战略领导着眼于组织的整体性、全局性发展。战略是组织的全局长远发展的规划，战略领导是通过战略这种全局性规划来实现组织目标活动。从全局和局部的关系来看，全局决定局部，整体功能大于部分功能之和。这不仅是因为整体、全局较之于部分、局部是更高层次上的东西，更重要的是整体决定部分、全局支配局部。整体处于统帅地位，规定着局部的地位、作用、任务和行动。只有取得全局的主动权，才能赢得整体性成功。当然，全局又是由局部构成的，有些局部的好坏也会对全局产生决定性影响，有些局部的成败也决定全局的成败，在把握全局的前提下，也不能忽视局部的作用，领导者要恰当、合理地平衡全局与局部、整体与部分的关系。这也是战略领导的基本内容。战略领导是着眼于组织全局性、整体性发展的领导，而非只关注部分和局部的领导。

2. 长远性

战略领导不是着眼于眼前利益的短期行为，而是着眼于组织根本、长远利益发展的活动。战略是对组织在相对较长一段时期重点工作的规划，是比那些在短期内起作用的措施和活动来说具有更深远意义的谋划。战略领导的着眼点是未来，是在正确认识过去和现在的基础上，通过科学预见，高瞻远瞩，顺应未来发展趋势所进行的长远性规划。运筹帷幄、决胜千里就是典型的战略领导，着眼于组织的长远利益和长远发展。战略领导绝不是只顾眼前利益的鼠目寸光式的"走一步，看一步"式的消极无为的领导。战略领导的长远性是在历史和现实的基础上着眼于组织发展的连续性、创新性和长期性的问题。战略领导是对全局性工作的长远目标、长远利益的谋划，是把战略贯穿于整个组织活动的各个阶段，对组织活动的全过程发挥指导作用。

3. 层次性

战略领导并非国家层面的领导活动，而是普遍存在于所有的组织和社会活动中。从组织的存在方式来看，有国家、地方和基层的战略层次。从地方来看，也存在着地方的全局问题，每个组织也存在着组织自身的全局性问题。全局的范围有层次大小之分。每一个系统、组织都可以被当作一个全局。系统本身有层次之分，有大系统、小系统，有母系统、子系统。相对于不同层次的系统就有不同层次的战略。全国有全国的战略，地区有地区的战略，部门有部门的战略，单位有单位的战略，基层单位也有其相应的战略。任何部门或单位，对其所从属的更大系统来说，都是局部，但对隶属于它的更小层次来说，它即为全局。全局与局部、整体与部分的划分是相对的，子系统的全局也只是母系统的局部。那种认为战略只是高层领导的事，自己所在的地区、部门、单位没有战略问题可言的观点是不正确的。战略领导在国家、地区、基层、部门和单位的每一个层次都存在，都有各自层次的全局性问题，都需要进行战略领导。

4. 稳定性

战略领导的稳定性是由全局性和长远性所决定的。战略领导是建立在法治化、制度化领导基础上的长远性领导。任何战略的生命周期的终结，都依赖于战略目标的最后实现。战略目标的实现是一个比较长期的过程，这是战略领导具有稳定性的原因。当然，战略的稳定性是相对的，任何战略只是大致的谋划，其本身就是粗线条的、有弹性的。当战略出现明显错误，或战略赖以存在的条件发生了重大变化时，就需要对战略进行调整和修正。稳定是根本性的，如果缺乏连续性和稳定性，战略领导就难以取得实质性结果，就无法实现战略目标。

5. 方向性

战略领导是一种方向性领导，是通过制定和执行战略作为组织发展目标和方向所实施的领导。战略所要解决的问题就是组织未来发展的趋向问题，就是为组织的未来发展确定目标。战略领导是方向、目标的领导。领导者究竟把组织和下属领向哪里？把事业引向何方？战略领导是解决组织向何处去的问题，这是战略领导的根本问题。战略领导是一种方向性和目标导向性的领导。

6. 适应性

战略领导是根据组织系统内部和外部环境变化而进行变革协调适应的领导。由于组织内部关系和结构的变化，组织面临的环境又具有复杂性和动态性。战略领导就需要在保持战略稳定性的同时，进行创新和变革，使之适应外部环境和内在需求变化的要求。战略领导具有稳定性和连续性，但也具有创新性和适应性。缺乏创新性和适应性，战略领导就难以进行建设性领导。战略领导是根据环境的变化和内在结构要求迅速做出反应，进行适时变革、创新，及时调整战略目标和战略的发展方向。战略领导的适应性是提高领导力和取得竞争优势的基础。

二、战略领导的类型和意义

在公共部门中，战略领导是一种主导性的领导模式。但由于领导者主体因素、组织性质、下属成熟度及环境的差异性，存在着多种不同的战略领导模式。

（一）战略领导的类型

根据公共部门所实行的不同战略，可以对战略领导进行不同的分类。美国管理学家保罗·C. 纳特（Paul C. Nutt）和罗伯特·W. 巴可夫（Robert W. Backoff）从公共部门自身的特性和公私部门的差异比较出发，对公共部门的战略进行了分类，根据社会要求公共部门采取行动的压力（环境的平静或者动荡）和公共部门组织的外部回应度（积极行动或者消极行动）的不同，可以把公共部门的战略分为八种类型，如图 7-1 所示[①]。

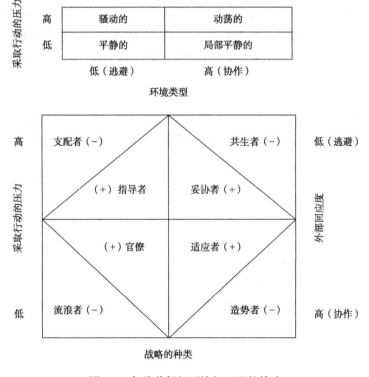

图 7-1　与公共部门环境相匹配的战略

---

① 保罗·C. 纳特，罗伯特·W. 巴可夫：《公共和第三部门组织的战略管理：领导手册》，陈振明，等译，中国人民大学出版社，2001 年，第 74 页。

1. 支配者型战略

这种战略强调领导者的个人作用和专断式领导方式, 领导者用行动应对快速出现的新需求, 较少考虑对民众需求回应, 运用强制力来进行战略领导, 并且无须对其行动负责。

2. 指导者型战略

这种战略增强了对重要需求的回应度, 属于中等、高等的行动取向的战略, 对其行动承担中等程度的责任。

3. 造势者型战略

这种战略是一种形式主义的战略, 是领导者把主要的时间、精力用在制造声势上, 表面上轰轰烈烈的, 实际上却没有真正地实行战略领导, 既没有制定科学可行的战略, 也没有实际贯彻执行战略。这就是人们常说的"雷声大, 雨点小"。公共组织的领导者不断宣传将要采取的战略, 但却不能对问题进行定性, 也没有对问题进行优先顺序排列, 结果日常工作被大量不重要的问题所充斥, 想要做的事情与其能做的事情之间有相当大的差距, 因此事实上很少将这些行动付诸实施。

4. 适应者型战略

这种战略把注意力集中在对环境变化的适应上, 强调与环境的要求协调一致。与造势者型战略同属于低行动型战略。适应者型战略比较注重所熟悉的局部环境, 并采取一系列行动回应局部环境的需求, 与造势者型战略比较, 适应者型战略在实际行动上相对比较积极主动, 在相对稳定的环境中这种战略领导仍然能够起到有效的作用。

5. 流浪者型战略

顾名思义, 这种战略属于一种消极无为的类型, "当一天和尚撞一天钟", 缺乏积极主动的精神, 很少回应环境要求, 组织目标模糊, 基本上没有主动行为, 这是一种偷懒型的战略。如果组织处于平静稳定的环境中, 流浪者型战略对组织的发展影响不大, 但如果组织处于环境变化迅速的态势下, 这种战略则会导致灾难性后果。

6. 官僚型战略

这种战略也属于一种消极无为的类型, 与官僚型的领导者特性相匹配, 只为上级领导的、非常明确的要求采取适度行动, 依赖于常规和标准程序采取行动,在稳定的环境中，这是最低限度可以被接受的战略。

7. 妥协者型战略

这种战略是在组织处于动态迅速变化的环境中面对着多元主体的、多种利益的不同诉求，在组织资源有限的条件下，根据对公众需求的优先排序来分配资源的一种战略，这种战略意图在多元主体的不同利益诉求之间达成妥协，是一种动态性的变革战略。

8. 共生者型战略

这种战略是一种最主动的战略，是公共组织部门在面对急剧变化的环境和多元化社会需求状态下，通过沟通交流，达成利益共识，注重各部门之间的合作共赢，并且通过建立统一的机构或者部分职能的让渡来整合职能部门重叠的不同组织，满足社会公众不同的、变化的各种需求。

（二）战略领导的意义

领导的成功并非一个概率事件，在很大程度上是由战略领导所决定的。领导方向的正确并非一件自然的事情，在领导活动中，方向性的错误即战略领导的失误在一些组织中时有发生。战略领导对领导力的高低起着方向性定位作用，是领导成功的根本。

1. 战略领导是领导者的基本职能

领导者是组织系统的统帅者和指挥者，其主要职责是统领全局、引导下属实现组织目标。为此，就需要把握全局，引领方向，进行全局性的战略领导成为领导者责无旁贷的基本职能。毛泽东指出："领导者的责任，归结起来，主要地是出主意、用干部两件事。"[①]这里的出主意主要就是进行战略规划，实施战略领导，就是古人所说的"领振而毛整，纲举而目张"。领导者的基本职能是对组织中带有全局性的重大问题进行谋划决策，振其领、举其纲，着重抓好决定全局的战略问题。离开了这一基本职责，领导者就失去了其存在的依据和价值。

2. 战略领导是领导活动成败的关键

领导战略问题是关于组织发展的方向性问题，方向正确与否直接关系到组织目标能否实现，关系到组织事业的成败。战略领导是对组织整体活动的方向、目

---

① 《毛泽东选集》第2卷，人民出版社，1991年，第527页。

标的全局性规划和指导，决定着组织的兴衰成败和组织成员的根本利益和前途命运。组织战略的失败是最大的失败，战略领导是领导活动成败的关键。

3. 战略领导能够有效整合组织资源

战略领导为组织规划了未来的发展蓝图，明确了组织的目标与方向，这就确定了组织资源的配置方向，明确了组织资源配置的重点，这有利于组织资源和力量的集中，减少了资源配置的无效和浪费。同时，战略领导还为组织成员提供了努力的目标和愿景，能够动员、鼓舞和激励下属，能够团结组织成员，凝聚人心，整合力量。

4. 战略领导是组织和领导者的核心竞争力

战略领导作为一种全局性、长远性的领导，为组织发展提供正确的方向，为组织的成功提供基本资源和强大力量。换句话说，战略领导是一种组织发展的核心竞争力。缺乏战略领导，就无法为组织发展提供长期稳定的资源保障和力量支持，组织的成功及领导者的事业发展就难以有切实的保障。

三、战略领导的实施过程

战略领导是为组织的未来确定发展战略和实施战略的过程。战略管理学家保罗·C. 纳特和罗伯特·W. 巴可夫把领导战略过程分为六个阶段：一是根据环境发展趋势、总体方向和标准概念，描述组织的历史关联因素。二是根据现在的优势与劣势、未来的机遇与威胁，分析判断目前的形势。三是制定出当前要解决的战略问题与议程。四是设计战略选择方案，以解决需要优先考虑的问题。五是根据利害关系人和所需要的资源评价战略选择方案。六是通过资源配置和对人员管理，贯彻需要优先考虑的战略。而管理学家斯蒂芬·P. 罗宾斯（Stephen P. Robbins）将战略管理划分为九个步骤：确定组织当前的宗旨、目标和战略；分析环境；发现机会和威胁；分析组织的资源；识别优势和劣势；重新评价组织的宗旨和目标；制定战略；实施战略；评价结果。[①]以下我们从四个主要阶段分析战略领导的过程。

（一）环境分析

战略领导最重要的活动之一是理解组织所在的行业类型和环境状况，其中包

---

① 斯蒂芬·P. 罗宾斯：《管理学》（第4版），刘刚，程熙镕，梁晗，等译，中国人民大学出版社，1997年，第171~175页。

括要比其他人提前确认和诠释即将出现的趋势。组织的环境复杂多变，充满了不确定性，领导者面临着日趋复杂多变和充满不确定性的环境，面对着模棱两可的情境和相互矛盾的需求和诉求，为了组织的生存和发展，战略领导者必须有能力应对这样的环境复杂性和不确定性。

对于公共部门来说，环境包括外部环境和内部环境两个方面：外部环境主要是指组织外部对组织生存发展具有影响的各种因素，一般包括政治、经济、社会、文化和生态环境。内部环境主要是指公共组织内部的环境因素，对组织的战略决策、管理产生直接影响的因素和力量。对内部环境的分析主要包括评估组织的地位作用、资源状况、运行状况、核心竞争力、人力资源、组织文化和组织结构等。

环境分析的主要任务在于运用整体性、系统性分析方法去识别组织内部和外部的各种因素及其相互关系，发现和了解组织的优势和劣势，清楚外部的机会和威胁。这种分析方法就是态势分析法，即 SWOT 分析法，是目前战略管理规划领域广泛使用的分析工具。战略就是把组织的内部资源与外部因素造成的机会和风险进行合理、有效的匹配，以达成组织目标的过程。SWOT分析是通过了解组织的优势（strength）与劣势（weakness），发现外部机会（opportunity），规避威胁（threat），从而制定合理战略的方法。SWOT 分析的关键是在对组织进行优势与劣势、机会与威胁分析的基础上，进行合理、适当的匹配选择，形成良好的战略。通过 SWOT 分析，一个组织可以有不同的战略匹配和选择。

（1）优势-机会战略（SO）。这是一种发挥组织内部的优势而利用外部机会的战略，把组织内部的优势与外部环境所提供的发展机遇结合起来，形成组织的行动战略。

（2）劣势-机会战略（WO）。这是发现并利用外部机会来弥补内部的劣势和弱点，以此来推动组织发展的战略。

（3）优势-威胁战略（ST）。这是利用组织内部优势来规避或者减轻外部威胁影响的战略。

（4）劣势-威胁战略（WT）。这是一种在减少内部的弱点和劣势的同时规避外部环境威胁的防御性战略。

战略领导就是分析和预测组织所在环境的变化，熟知组织的优势和劣势，并提出恰当的应对策略。对组织内部和外部环境的准确分析，需要领导者具有较高的分析和认知能力，如批判性思维能力，能够识别和预测环境发展的趋势，能够把分析的结果恰当地融入战略行动计划之中。认知环境的机遇和威胁，并对环境的变化做出准确、及时的反应，对组织未来的行动起到指导作用。

（二）战略规划

战略规划是在环境分析的基础上拟定战略方案的过程，是通过对环境发展趋势和变化的预测和了解，将愿景和目标及战略意图转化为战略决策形成战略方案的过程。战略方案是由多个要素构成的，包括战略目标、战略方针、战略重点、战略步骤等方面。一个好的战略方案应该明确四个要素：一是战略范围，即界定组织与社会环境因素之间发生作用的范围，说明所要达到的主要目标；二是资源分配，说明如何配置资源；三是明确所具有的优势和面临的威胁，说明在战略实施过程中所具有的机会和会面对的威胁；四是实施战略具体行动策略，说明使资源配置和竞争优势及各个要素相互协调整合的方式。

战略规划的性质是领导者在对组织内部和外部环境分析和解释的基础上制订组织战略方案的过程。战略规划所处理的议题和一般政策规划的议题不同，战略规划议题具有稀少性、重大性和指导性，而政策规划的议题则具有普遍性、公共性和操作性。领导战略规划的主要步骤包括以下几个方面。

1. 确定战略目标

战略目标是领导活动所要达到的预期目的，是整个领导工作的出发点和归宿。战略目标是战略的核心，它规定着领导工作的总任务，规定着领导活动的基本方向。领导活动就是战略目标的展开过程。战略目标是评价领导工作成败得失的总尺度。确定战略目标应当注意的问题：一是战略目标要正确反映各方面的利益诉求和需要。二是战略目标要积极而又稳妥。三是战略目标既要有挑战性又要有可及性。四是战略目标必须是明确的、可以衡量的。战略目标的确定是一个领导者提出、展示和阐释战略愿景，广泛动员组织成员参与讨论的集思广益的过程。

2. 选择战略重点

战略重点是组织所要完成的重要任务和达成的关键性目标。战略重点是指那些对领导战略目标的实现有决定意义、对领导工作具有全局性影响的任务。战略重点既可能是全局的问题，也可能是发生在局部上的在某一时期、某一阶段上的但起全局性、决定性作用的东西。对战略重点的选择和确定必须依据环境分析的结果，按照组织的具体情况确定。领导者在选择战略重点时，应正确处理好重点和非重点的关系，充分预估战略重点的可能变化。

选择战略重点时，领导者必须着眼全局，通晓组织内外情况，找出对组织发展具有决定意义的因素，围绕战略目标的实现找出最关键的环节。这样才能找到真正的战略重点。一般而言，能够成为战略重点的多为以下几个方面：一是全局发展中的薄弱环节。二是制约组织全局发展的"瓶颈"。三是竞争中的优势领域。

四是牵动全局的枢纽或主导性、带头性领域。五是纵向发展中的关键环节，如战略实施的开端和关键阶段，重大转变的关头，各个阶段的连接点和转换点，以及影响战略转变的关键部位等。

3. 拟定战略方案

战略方案是战略目标、战略重点、战略议程和战略步骤、方针、策略的总和。在制订战略方案时要坚持法治原则、公共利益原则、公正原则、效率效能原则等。战略步骤是实现战略目标的具体程序和环节，并且各个步骤在时序上的排列要合乎行为规律，要明确各个步骤上的不同任务，明确各个步骤在整个战略活动过程中的地位和作用，并据此规定各个步骤所要达到的目标，尽可能明确规定每一个步骤的起止时间和持续时间。

确立战略方针。领导战略方针是为实现领导战略目标而规定的基本行动准则，是实现战略目标的基本方法和策略原则。领导者对战略方针的确定要审慎负责，既要注意与战略目标保持一致又应注意各方针之间的协调，注意战略方针与战略目标的一致性，注意各个方针的协调性，注意方针规定的明确性和针对性。

确立战略议程，战略议程是战略领导所要优先考虑并解决的议题。这是制订战略规划方案所需要先明确的核心问题，制订备选战略方案，在环境与分析的基础之上，从组织的实际情况出发，提出解决战略议题的具体行动策略。

进行战略抉择，对所制订出来的各个战略方案进行可行性评估，比较各个方案的优劣，从中选择相对满意的、可行的战略方案。在战略方案的抉择过程中，在对各个战略方案的评估比较时，必须考虑到各个利益相关者的不同诉求，尽量争取在战略规划上达成共识，以有利于战略的实施。在对各个备选方案进行比较评估时，要预测各个方案可能带来的结果，进行综合比较。在对战略方案进行评价时要进行适应性分析、可接受性分析、可行性分析，然后择优选择。

（三）战略执行

战略执行是把战略方案通过执行者的实际行动付诸实践，实现目标的过程。战略执行是领导者采取各种方式方法把战略规划方案付诸实践，实现战略目标的活动。一个好的战略方案，如果不贯彻落实，就是一纸空文，"制定出一个好文件，只是万里长征走完了第一步，关键还在于落实文件""在贯彻落实上，要防止徒陈空文、等待观望、急功近利，必须有时不我待的紧迫意识和夙夜在公的责任意识抓实、再抓实"[1]。战略方案不落实就只是一句空洞的口号。

---

[1] 习近平：《习近平谈治国理政》，外文出版社，2014年，第106~107页。

战略实施的特点：一是实践性和行动性。战略执行是把战略方案具体落实到现实中的实践行为。二是行动上具有时间的阶段性与连续性。三是战略实施行为空间上的协调性与同步性。四是战略实施目标的统一性与战略实施路径的多样性。

领导战略实施主要包括以下几个方面。

（1）设立与组织战略相适应的、有效的执行组织机构或执行团队，组织结构应有弹性，具有合理性，合理配置人员，恰当安排职位，使执行者职权相符。

（2）制订执行计划，对战略实施的方案进行系统分解，对每一个步骤进行量化规定，明确执行主体及其相应的责任，明确执行的程序和条件。

（3）合理配置资源，优先考虑战略重点的资源配置安排，对组织内部的资源进行再分配和整合，注意挖掘和利用现有资源，并多方筹集战略实施的外部资源。

（4）建立良好的沟通协调机制，就战略目标、计划、步骤等进行广泛沟通交流以达成共识，减小战略实施中的阻力，准确识别战略拥护者、反对者和相应的利益相关者，对他们采取不同的沟通策略，团结一切可以团结的力量，最大化减少战略实施的障碍。

（5）注意战略执行过程中的薄弱环节，克服执行"瓶颈"。领导者在战略实施过程中要善于发现并及时打破战略执行的"瓶颈"，以推动战略实施的顺利进行。要特别注意那些影响全局的关键环节和重点局部，关注那些处于关键部位的薄弱环节。补强薄弱环节是战略顺利实施的关键。

总之，领导者在战略实施中的根本任务就是按照所制定的战略目标、战略重点、战略步骤、战略方针的要求，充分调动和组织各种力量去实现战略目标，进行战略运筹、战略组织、战略指导、检查和监督、战略评估和调整。

（四）战略控制

战略实施离不开有效的全面监督控制，通过确定实施标准，加强绩效考核，注重反馈沟通协调，及时纠正偏差，督促战略目标实现，这是确保战略目标得以顺利实现不可缺少的重要环节。战略控制是领导者监督战略实施的过程，评估战略实施绩效，并依据评估结果调整修正，甚至终止战略的活动。控制是按照计划标准，衡量计划执行情况，纠正计划执行中的偏差，以确保计划执行和目标实现的活动。领导者在战略实施过程中加强控制工作，目的在于及时发现和纠正战略实施过程中可能出现的偏差和失误，保证战略实施正常进行和战略目标顺利实现。要建立控制系统，确定控制关键因素和控制标准。实施战略需要在战略、管理、操作三个层次上都进行控制，控制系统应涵盖三个层次，形成一个反应灵敏、运转协调的有机整体。要建立责任中心，划分战略实施控制的责任，避免无人负责的现象发生。战略控制的主要方式是事前控制、事中控制和事后控制。

事前控制是预先控制的方法，事先确定战略控制的标准，根据控制对象的战略实施计划所进行的监控。领导者对组织系统的内部要素关系及外部环境所进行的全面、连续的监控，以确定组织战略形成的前提基础及其状况，如果发生根本性变化，就需要对相应的战略进行调整。这种控制方式可以在问题发生前就把其消灭于萌芽状态，防患于未然。这种控制方式虽然难度较大，但却是最佳控制方法，是降低成本的最好方式。

事中控制就是领导者对战略实施过程所进行的全面、实时监督，及时发现问题，解决问题，确保战略在既定的轨道上正常运行。实时监控的关键在于按照事先确定的绩效评估指标进行监控。实时控制法也叫动态控制方法，这是比较普遍采用的控制方式，是根据控制标准，在战略实施过程中按照标准动态化地进行监控。动态控制方法也是一种最为有效的控制方法，是对战略实施全过程的、动态的系统控制，但这种方法的实施难度也较大。

事后控制，也叫反馈控制方法。从战略管理整体来看，控制战略实施的过程，关键在于建立一个灵敏有效的反馈控制机制。这种控制方法是根据战略实施过程中信息反馈的状况所进行的控制，特点是问题发生之后根据反馈的情况进行控制，是一种传统的、静态的战略控制方式。这种控制方式在组织系统和外部环境相对稳定的状态下比较有效，但是在当代社会，这种控制方式已经不能完全适应现代战略管理的需要，它会导致系统性风险，容易带来资源的浪费。战略评估是一种重要的反馈控制方法，通过用事先确定的绩效目标进行评估，可以发现问题并进行纠正，或者进行战略调整。

第二节　领导与政策

领导战略是对组织全局性、前瞻性的谋划，而政策则是问题导向的策略，是战略实施的基本路径。现代领导者既要有谋划全局的素养，还要有解决具体问题的基本能力。政策和策略是党的生命。领导者必须具有较高的政策能力。

一、政策的内涵

（一）政策的含义

从中文来看，"政策"中的"政"是政治，政治是公共权威机构在公共权力的基础上所进行的利益分配、调整等活动。"策"就是"策略""对策"，所强调的是解决问题的方法措施，带有谋划、权衡、把握时机的含义。政策这一概念是由英文"policy"一词经由日语转译而来的，是与政治相关的活动。1951 年，由美国政治学家勒纳（Lerner）和拉斯韦尔（Lasswell）共同主编的《政策科学：视野与方法的近期发展》一书面世，这本书被誉为"公共政策学的开山之作"，被公认为是公共政策学诞生的标志。作为公共政策学创立者的拉斯韦尔，是行为主义政治学的先驱者和重要代表人物之一，推动了西方公共政策学的诞生。在我国，20 世纪 80 年代后，公共政策学逐渐被党政部门和领导干部重视，也成为高等院校中一门重要的学科。在日常生活中，政策一词被广泛使用。在领导学、政治学中，所研究的政策是国家、政府、政党在社会公共事务管理过程中为了特定的目的针对公共问题的解决所制订的对策方案。政策是公共政策的简称。

从公共管理的角度来看，战略主要是组织在宏观领导层面对全局长远的规划谋略，而政策主要是在管理层面上对现实社会公共问题所采取的解决措施和方法。战略目标的实现离不开政策，需要政策来具体推动战略的实施，政策离不开战略的指导，政策必须服从、服务于战略，在战略的指导下开展政策活动。

政策是以政府为主导的公共组织在社会公共事务管理过程中为解决社会公共问题而制定的对策。由此可以看出以下几点。

（1）政策是由公共权威机构所制定和实施的，制定政策和实施政策都是公共组织行为。公共政策制定和实施的主体相对比较宽泛，只要是公共组织机构，行使公共权力，都具有政策的制定实施权力。在我国，党和政府及事业单位等，都是公共政策制定的主体。公共政策的主体与法律制定和实施的主体一样，都是特定的，都是由具有法定职权的公共权威机构按照法定程序制定实施的，都具有强制性和权威性。

（2）政策是在组织发展战略的指导下实现组织目标的具体策略方法。政策是为解决现有的问题，调整内外各种关系，以达到预定的组织目标的方法。领导组织机构通过制定各种政策，引导和调整组织群体成员的行为活动，能够整合资源，协调行动，规范行为。

（3）政策是规范组织成员行为的决策和规则。政策，特别是涉及组织生存与发展的重大政策，都是以决策的形式体现出来的。它一经制定，对整个组织的行为就具有约束性和强制性。组织内的全体成员，都必须与决策的目标、方向、步骤保持一致，做到认识上统一、行动上一致，以此形成指向统一目标的合力。

（4）公共政策的本质是政府等权威机构对社会利益分配的方案。政府并不能也不会解决所有的社会公共问题，它只能解决在其职权职责范围内，在其能力限度内能够解决的问题，因为政府的权责是有边界的，其能力、时间、精力是有限度的。政府所解决的社会公共问题具有前后优先顺序，具有一定的偏好性。公共政策的利益分配功能是通过解决社会公共问题，使受到公共政策影响的人们获得相应的利益，满足他们的需要，但由此也投入了大量的资源和成本，从而使利益的配置发生了变化。利益是公共政策的核心要素，公共政策是公共组织实现国家利益、社会利益的手段，是公共组织利用公共权力解决社会利益的增进、分配及社会成本的分担等问题。公共政策具有利益的分配调节功能。

（二）政策与法律比较

要准确地理解政策，需要对政策与法律进行比较，两者的相同点是，政策与法律都是由国家法定的权力机关制定、认可并保证其执行的，在本质上是国家意志，主要是统治阶级的意志的表现，它们的权威性都源于国家垄断的合法强制力。

政策与法律的区别是，政策以问题为导向，是解决问题的方法措施；法律则是以权利义务为导向，是规范权利义务关系的规则。政策侧重于按规则进行价值分配和资源配置；法律则侧重于纠察、校正价值分配和资源配置中有关各方违背既定规则的行为。政策强调主动行为，注重可行性，而法律则强调消极行为，强调对不可行的行为的可诉讼性，法的执行过程除刑事诉讼和违宪审查外，司法机关一般不主动地加以干预，实行"不告不理"的原则。政策强调政策权力主体的权威性，政策主体与客体的权利义务是不对称的，政策对象的权利和义务也往往是不对称的，政策执行强调精神优于条文、实质重于形式。法律规定人们的权利和义务则强调权利和义务的统一，法的适用必须力求统一。政策和法律都要求具有稳定性和连续性，但相比较而言，政策相对比较灵活，要求及时地应对客观环境的变动，政策影响干预的社会范围更大、更深入。而法律具有较大的刚性，稳定性更强。政策是法律的来源和动力，并且对法律的制定和执行具有方向性的引导作用；法律为政策提供保障，定型化为法律的政策具有更强的稳定性和连续性。

二、政策的类型

政策是公共权力机关，包括立法、行政、司法等在内的公共组织机构为解决社会公共问题所制定和实施的策略。

不同类型的政策的功能和特点不同，根据不同的标准，可以把政策分为不同的类型。

（一）从公共政策的层次来分，可以分为元政策、总政策、基本政策和具体政策

元政策，即制定政策的政策，是基本的政策原理、理论，是指导政策制定、

执行的原理性的政策理论体系。这是政策的一般性知识理论体系，是通过长期的科学研究所积累积淀下来的比较成熟和已经达成共识的、具有普遍适用性的政策基本知识理论，是在探索、总结和提炼人类公共政策实践一般性规律基础上所形成的理性认识，具有理论性、抽象性和相对的真理性。政策理论是制定政策的理念依据，政策是理论的具体化，政策理论的内容影响和决定基本政策和具体政策的内容，政策理论依据的不同造成政策的基本差别，政策理论的正确与否决定着政策的成败。

总政策，这是由党和政府所制定的、在较长一段时期所要实现的总目标和总路线。总政策是在政策体系中起着统摄作用的管总的政策，对基本政策和具体政策起着指导和规范作用，是基本政策和具体政策的出发点和基本依据，是一个国家和地区的政策主体用以指导较长时期全局性行动的原则性的指针。

基本政策，这是党和政府从国家长远发展和根本利益出发所制定的特定领域内的基本行动规则，主要是针对某一社会领域或社会公共生活某个基本方面所制定的、在该领域或方面起全局性与战略性作用的政策，如我国的一些基本国策，计划生育政策、环境保护政策等，这些基本政策都是以政策群和政策链的方式存在。在我国，基本政策也被称作基本国策、方针性政策、纲领性政策、根本政策等。

由此可以看出，总政策和基本政策在一定程度上与领导战略具有一定的相似性，是指导一个国家和地区在一段时期内的全局性长远性的整体规划和蓝图。

具体政策，这是针对具体的、特定的社会公共问题所制定和实施的政策。具体政策的数量是最多的，是基本政策的细化和具体的实施条例，具有突出的可操作性。

（二）根据政策内容的社会领域不同进行分类，可分为政治政策、经济政策、社会政策、文化政策和生态政策

政治政策是指在政治生活领域里发挥作用的、为达到一定的政治目的而针对相关政治问题所制定的行为准则与规范。政治政策具有鲜明的阶级性和权威性。

经济政策是政府在经济领域里为达到一定的经济目标而制定的调整人们的经济关系、经济活动的准则与规范。经济政策具有明显的利益导向性和物质基础性。

社会政策是以协调社会关系、解决社会问题、促进社会安全、改善社会环境、增进社会福利为目的而制定和实施的促进社会关系和谐发展的政策。随着社会发展和时代进步，社会政策日趋重要。

文化政策是指政府为促进教育、科技、文化的发展而制订的发展规划、指导原则和行为规范，是为了解决文化领域方面的重要问题而制定的对策措施。

生态政策是指政府为了保护环境加强生态文明建设而制定实施的政策。当前，我国统筹推进"五位一体"总体布局，建设生态文明是中华民族永续发展的千年大计，生态文明建设被提高到了前所未有的高度，生态政策受到重视。

（三）根据政策权力主体的不同，政策可分为立法政策、国家元首政策、行政政策、司法政策和执政党政策五种基本类型

立法政策就是由具有法定立法权力的机关所制定和实施的政策。在我国，全国人民代表大会是立法机关，行使立法权。立法政策就是由全国人民代表大会和地方各级人民代表大会所制定的政策。美国实行三权分立制度，国会包括众议院和参议院，国会行使立法权，国会所制定和实施的政策就是立法政策。

国家元首政策就是由国家元首代表国家所制定实施的政策。在当今世界上，有的国家实行虚位元首制，有的国家实行实权元首制。无论是虚位元首制还是实权元首制，由国家元首所颁布施行或者制定的政策都属于国家元首政策。

行政政策就是由国家行政机关所制定和实施的政策。国家行政机关行使行政权力，其主要职责就是执行国家立法机关制定的政策，与此同时，在履行其行政职能时也通过制定和实施大量的政策来解决公共问题。在公共政策中，行政政策的数量最多。

司法政策就是由国家司法机关所制定和实施的政策，司法机关的主要职责是行使审判权和监督权，保障国家法律的实施，保障司法公正。司法政策主要就是司法机关在其职责权限内为保障法律实施和司法公正所制定和实施的政策。中国的司法政策主要是由各级人民法院和检察院所制定和实施的政策。美国的司法政策主要有三种形式，即司法审查、推翻先前的裁决、司法命令。

执政党政策就是由一个国家中执政的政党所制定和实施的政策。在多党制国家中，执政党政策不能直接成为公共政策，必须通过一个复杂的转化过程以国家的名义才能成为公共政策。虽然实际上是执政党的政策，但一个政党一旦通过竞选成为执政党之后，就代表国家管理社会公共事务，不能再以执政党的名义而必须以国家的名义代表国家制定和实施公共政策。在中国，中国共产党是执政党，是中国特色社会主义各项事业的领导核心。党领导一切，党的政策既是执政党政策，也是指导所有其他机关和各行各业制定政策的规则。

（四）根据政策权力的纵向形式进行分类，可划分为不同层次的政策

在国家的权力层级结构中，处于不同层级的公共权力机关具有大小不同的法定政策权力，由此可以对政策进行不同类型的划分。

（1）根据现行宪法，中国是实行单一制的国家，最基本的政策的制定权属于中央人民政府，地方政策的制定必须在中央政策的指导下进行，其目标、方向和行为规范为中央政策所决定，地方政策只是中央政策的逐渐具体化和细化。

（2）从形式上看，中国地方政府主要有两个、三个、四个层级：①直辖市→区（地级）；②直辖市→区（县）→乡（镇）；③省（自治区）→县（市）→乡（镇）；④省（自治区）→市（地级或副省级）、自治州（地级）→县（市、区、自治县）→乡（镇）。

（3）在实行单一制国家结构的中国，地方政策、基层政策具有一定的政策自由裁量权，具有一定的能动性和自主决策权力空间。

（4）高层次的权力主体，不管采取哪种国家结构形式，其制定的政策都只能是一些宏观的原则规定，属于宏观政策，只有基层政策才具有较大的可操作性。

（5）根据法律规定，地方人大决策获得法的形态的那一部分政策是地方性法规、自治条例和单行条例。

（6）按照法律规定，地方行政决策获得法的形态的那一部分是地方性规章，其法定效力低于上一级行政法规，必须服从服务于国家法律法规。

（7）地方政策中未获得法的形态的那一部分，以及基层政策，是地方政府及基层政府发布的行政措施、决议和命令，是上一级人民政府和中央人民政府政策的细化。

（五）根据政策问题的重复程度，可以分为程序化政策与非程序化政策

程序化政策，又称为常规型政策，是在领导活动中针对不断重复出现的问题进行决策而制定的例行政策。这类政策经常以相同或基本相同的形式重复出现，其产生的背景、特点、内外部相关因素，全部或基本为领导者所掌握，领导者可根据以往经验程序制定出例行政策，其结果具有较大的确定性。非程序化政策是指领导者对偶然发生的或首次发生的新问题所制定的政策。这类政策一般都是无先例可循、无既定程序可依，其结果具有不确定性和风险性。

除了上面这些分类之外，还有许多其他分类方式。例如，根据政策制定的权限和适用范围大小来划分，有国家政策、地方政策、部门政策、单位政策。根据政策协调方式的不同及政策对社会和有关人们之间关系的影响不同，可以把政策划分为分配性政策、调节性政策、自我调节性政策和再分配性政策。根据政策的效用时间划分，可分为长期政策、中期政策、短期政策等。根据政策的功能来划分，有激励性政策和约束性政策等。

不同类型的政策，有不同的政策内容、效应和要求。领导者在制定和执行政策时，要根据不同类型政策的特点，采取相应的方法和手段。

三、政策过程

政策的主体是行使公共权力管理社会公共事务的公共组织，政策的客体是政策问题和政策受众，即政策目标群体，政策的目标是通过解决公共问题实现公共利益最大化，政策本质上是一种进行社会价值利益分配的公共选择过程。公共权威机构及领导者利用公共政策发挥导向功能、分配功能、调控功能、促进功能和管理功能以实现对社会公共事务的管理。

政策过程是一个政策生命周期，是公共政策的主体与客体及作为它们之间互动结果的政策过程所经历的一个循环。它以政策问题为起点，以政策的终结为结束，政策过程往往是一个周而复始、连续不断的循环过程。一个完整的政策生命周期一般包括：政策问题建构、政策制定、政策执行、政策监控、政策评估、政策终结。政策问题建构是政策过程的起点，政策制定是政策过程的核心，政策执行是政策周期中最活跃、最丰富、最复杂，也是最关键的环节，政策监控是督促政策顺利运行不可缺少的环节，是将政策效果或影响与决策中心沟通的渠道，政策评估是对政策方案合理性最权威的检验，政策终结既是一个政策周期的终点，又是一个新周期产生的起点，意味着一个旧周期的结束，预示着一个新周期的开始。

（一）政策问题建构

政策问题的建构是对公共问题的确认，是将社会问题确定为公共问题的过程，是公共政策过程的起点。问题是指社会生活中实际状态与社会期望之间的差距，这种差距往往是产生社会紧张的原因。公共问题就是对社会大多数人产生不良影响的问题。公共问题不等于政策问题，政策问题只是诸多公共问题中的一部分。政策问题是经由政策主体认定，进入政府议程而计划加以解决的问题。一项公共问题能够成为政策问题应同时满足三个条件：一是存在可确认的客观情势；二是出现了强烈的公众诉求；三是产生了明显的政策需要。

公共问题具有社会性、关联性、客观性、动态性、复杂性。公共问题的确认是在特定的"问题情境"中，了解与政策问题相关的社会变化过程中的权力关系、利益群体及资源配置等方面的因素，从而对问题的性质、领域、范围和程度做出基础性判断。在领导活动中，政策失败常常是因为公共问题建构出了问题，即去解决一个错误的问题。

公共问题确认过程就是对于问题的察觉、搜寻、界定和描述的过程，是一个从对客观事实的感性认识到理性认识的过渡。问题的有效确认比方案的精心设计更为重要。

政策问题的确认过程：①问题察觉。某一社会现象被人们感知、发现并扩散，逐渐引起社会公众和政府有关部门关注的过程。②问题搜索。就是通过信息搜寻，在与问题相关人的形形色色的初始问题中找到并明确根本性的"元问题"—— 问题的问题，认清问题结构，明确结构不良的政策问题。③问题界定。对问题进行分类、诊断、分析和解释的过程。④问题陈述。运用可操作性语言，如运用数字、文字、符号、图表等表达方式，对问题进行明确描述的过程。

（二）政策制定

政策制定是在问题建构的基础上把政策问题纳入政府议程，制订政策方案，并对方案进行抉择的活动。公众关心和讨论各种问题的过程叫公众议程，进入政府公共组织被正式提出来讨论的问题的过程，则是政策议程或政府议程，即有关公共问题受到政府及公共组织的高度重视并被正式纳入其政策讨论和被正式确定为予以解决的问题的过程。政策议程描述的是社会公共问题进入政府决策领域的过程，是政策问题形成的关键环节，主要体现为政府行为。问题构建的主体可以是政策专家也可以是政府官员。政策议程的主体则是政府官员。

政策问题进入政府议程之后，决策者就开始了政策方案的规划活动。政策制定是为解决某个政策问题而对政策方案进行设计、比较、选优，进而制订出政策方案的活动。政策方案是决策者围绕着特定的政策问题，将希望达到的目标、各种利益要求、未来的发展趋势、可能调动的资源、时间、空间等因素加以统筹考虑、全盘规划而形成的方案。规划方案时必须遵循：信息性原则、系统性原则、民主性原则、可行性原则、前瞻性原则、连续性原则。

政策方案规划的程序是目标确立、方案设计、方案评估、方案抉择和方案合法化。

目标确立。政策目标是决策者期望通过政策实施所要达到的社会效果、目的和指标，政策的基本目标包括公平、效率、发展、自由和安全等。

方案设计。备选方案是指决策者用来解决政策问题、达成政策目标的手段、措施或办法。方案设计包括轮廓设想和细节设计两个步骤。轮廓设想就是运用创造性思维，从不同的角度和途径，勾勒出实现政策目标的多种思路和方案轮廓。细节设计是按照方案轮廓，确定实现目标的具体途径、措施和方法，包括政策界限的规定及相关的实施机构、人员配备、财政资金保障等。

方案评估。方案评估就是对拟定出来的备选方案进行系统分析，在全面充分比较的基础上，对备选方案进行评价、判断、估算的过程。方案评估者对各种政策方案从效益、价值、可行性、风险性等方面进行预测分析和评价，从中判断出各种方案的优劣。方案评估主要有两种基本方法：预测性评估和可行性评估。

方案抉择。方案抉择也叫方案择优，就是政策规划者根据权威、经验、知识和科学的方法，在对各种可供选择的政策方案进行比较分析、权衡得失的基础上，选择或综合一个最优政策方案的过程。政策方案抉择的主要规则是：全体一致同意规则、多数抉择规则、赞成投票原则、淘汰投票原则。

方案合法化。这是法定的主体为使政策方案获得合法地位而依照法定权限和程序所实施的系列审查、通过、批准、签署和颁布政策的行为过程，是使政策方案被公众认可、接受、遵从的过程。

（三）政策执行

政策执行是政策执行主体为了实现公共政策目标，把政策方案通过各种措施和手段作用于政策对象，使政策内容变为现实的行动过程。政策执行是实现政策目标最直接、最关键的因素，是检验政策质量的根本环节。

政策执行活动是一个复杂的过程，包括六个阶段：一是政策颁布，就是下达实施政策的指令。政策颁布以政策的合法化为前提，有一定的程序和规定。二是实施准备，主要是组织准备、思想准备、物质准备和计划准备。三是政策宣传，就是政策的宣布和传播。四是政策实验，是把政策在局部地区先行试验，总结成功经验和发现政策问题。五是全面推行，是把经过政策实验成功后的政策进行全面推行，这是政策执行中最重要的阶段。六是执行总结，就是对政策执行的经验教训进行分析总结归纳。

政策执行必须坚持忠实性原则、反馈性原则、协调性原则、法治性原则、效益性原则。

影响政策有效执行的因素主要有以下几点。

（1）政策方案的质量。政策方案是否具有合理性、科学性、明晰性、可行性、前瞻性、稳定性和公平性，直接影响到政策执行的有效性。

（2）政策资源的充足性。财力资源、人力资源、信息资源、权威资源是否充足，配置是否合理，这些都会对政策执行产生影响。

（3）政策执行的策略。政策执行是否坚持原则性与灵活性相结合、是否具有科学完善的制度安排、能否合理利用各种执行手段、是否重视成本效益分析，这些将会影响政策执行的效果。

（4）政策执行人员的素质。政治素养高、积极的意向和态度、合理的知识和能力结构、较高的领导能力有助于政策执行。

（5）政策目标群体的顺从性。政策目标群体的政治文化、利益考量等会影响政策执行。

（6）沟通反馈监督机制。完善的沟通协调、反馈和监督机制有助于政策执行。

（7）政策执行环境状况。良好的社会环境有利于政策有效执行。

具有中国特色的政策执行的基本经验是：注重政策宣传，重视政策实验，强制执行与说服教育相统一，抓中心工作，以点带面。

（四）政策监控

政策监控是为了确保政策过程各项活动的合法性、合理性和有效性，及时纠正各个环节中出现的偏差，提高决策目标实现的程度，保障公民和组织的合法权益。为了政策目标的实现，有必要对政策运行过程的各个环节进行检查、督促、指导和纠偏。为保障政策监控的有效性，就需要建立必要的制度、法规，这是政策监督的依据；政策监督者与政策监督对象之间应保持沟通，使监督有明确的目标。在机构设置上保持监督机构的独立性和权威性，对监督对象要有影响力。

政策控制的过程由三个基本环节构成，即确立标准、衡量绩效和纠正偏差。一是确立标准。标准是衡量政策的实际效果，即绩效的尺度。政策目标是政策控制最根本的标准，控制的标准来源于政策目标。常用的控制标准有实物标准、成本标准、资本标准、收益标准等。二是衡量绩效。衡量政策绩效的准确与否，既取决于标准是否合理，也取决于是否找到合适的衡量评价方法。不应把实际的政策效果理解为最后的政策结果，有时它可能仅是一种阶段性的成果，或由中间状况推测出的。三是纠正偏差。这一环节包括确定偏差的类型、程序，找出偏差产生的原因，并采取纠正偏差的措施。

（五）政策评估

政策评估是评估主体依据一定的标准和程序，对政策效益、效率及价值进行判断的一种活动，政策评估的目的在于取得政策实施各方面的信息，作为决定政策调整、政策改进和制定新政策的依据。政策评估能够提供政策绩效的信息，可以检查政策目标与政策执行存在的问题，提升政策质量。政策评估是决定政策去向的重要依据，是合理配置资源的有效手段。

政策评估包括政策成本评估、政策效益评估、政策过程评估、政策影响评估和政策价值评估。美国学者威廉·N.邓恩（William N. Dunn）把公共政策的评估标准分为六类：效益、效率、充足性、公平性、回应性和适宜性。政策评估的标准可分为事实标准、技术标准和价值标准三类。事实标准主要包括政策效率、政策效益、政策影响、回应性四个方面内容。技术标准由多样化、系统化、数量化构成。价值标准涉及社会生产力的发展、社会公正、社会可持续发展三方面内容。

政策评估的程序是：一是评估准备阶段。制订政策评估方案是准备阶段的核心任务，评估方案是评估实施的依据和内容，其合理与否直接关系到评估质量的高低和评估活动的成败。具体来讲，政策评估方案包括确定评估对象、明确评估目的、选择评估标准、规定评估手段。二是评估实施阶段，其主要任务是采集评估信息与分析评估信息，做出评估结论。就是利用各种调查手段，全面收集有关政策制定、政策执行、政策影响和政策效益等方面的信息。综合分析政策信息。选用适合的评估方法，对政策进行评估，得出评估结论。三是评估总结阶段，主要工作是写出评估报告，总结评估工作。

（六）政策终结

政策终结就是决策者通过对政策或计划进行慎重的评估后，采取必要的措施，以终止那些过时的、多余的、不必要的或无效的政策或计划的一种行为。政策终结发生在政策评估之后，是人们主动进行的，是提高政策绩效的一种政策行为。政策终结不仅代表旧政策的结束，而且象征着新政策的开始。政策终结的作用主要是节省政策资源，避免政策僵化，提高政策效率，优化政策过程。政策终结的方式主要有政策废止、政策替代、政策合并、政策分解、政策缩减和政策的法律化。

领导者在政策终结过程中会遇到一些障碍，如政策相关者的心理抵触、利益集团的阻碍、现存机构的行为惯性、行政机关的联盟、政策终结程序上的复杂性、社会舆论的压力、政策终结的成本高昂等。

政策终结的成本有两种：一是现有政策的沉淀成本；二是终结行为本身要付出的成本。领导者可以灵活采取一些政策终结的策略，重视说理工作，消除人们的抵触情绪；公开政策评估结果，积极争取支持力量；旧政策终结与新政策出台并举，缓和政策终结的压力；有选择地传播试探性信息，减轻公共舆论给政策终结造成的影响；正确处理政策终结与政策稳定、政策发展的相互关系。

四、政策模型

模型是对原型的抽象与模拟仿真，政策模型是政策主体有规律的、反复出现的、模式化的政策行为模式。

（一）理性主义模型

理性主义模型是决策者依据完整而准确的信息做出理性的决策，遵循以最小的投入获得最大的产出原则，选择最优方案，使用最佳、最适当的手段，达到最大值的政策结果。这是由亚当·斯密（Adam Smith）首先提出并长期被人们所认可和接受的流行较广的政策模型，被西蒙称为经济人的无限理性决策模式。

理性主义模型中的决策者被假定为是全知全能的、追求利益最大化的理性人，他们在应对复杂的现实情况时，能够为其所要完成的特定目标而采取各种措施，选择最佳方案，选择经济效益（利润）最大化的方案。决策者能够通过其理性的认识能力确切知晓整个社会的价值重心，能够寻找到达成目标的所有决策方案及其后果，知道每个决策选择方案的收益与费用比例，知道每个方案的价值和优劣性，从而排出优先顺序，然后从中选择最有效的决策方案。

理性主义模型的主要特点是假定决策者是理性人，在目标上追求最优化，使决策方案达到收益最大，损失最小，效用最好。但在现实中，决策者不可避免地要受到知识、能力、资源、时间及其环境因素的限制，人不可能具有完全理性及其无限的认识能力，因此不可能做出最佳选择。理性主义模型是一种理想化的政策模型。

（二）有限理性模型

这是西蒙在批评理性主义模型之后提出的一种政策模型。西蒙认为组织的中心任务是决策，"管理就是决策"，领导者的主要职能就是决策。

理性主义模型所强调的完全理性是不切实际的，纯粹理性在现实中是不可能的，在实际上，所有决策都是有限理性的决策。这是因为：第一，人的知识具有不完备性，要受主观认知、理解能力和客观条件的限制。决策者对政策问题及其环境的理解总是零碎不全的，不可能具备完备的知识。第二，预见的困难。决策是面向未来的，方案的选择是以对未来的预见为前提的。由于对未来的预见是以现象而非实际体验为基础，任何预见都不可能是完整的。第三，选择范围的有限性。按照纯粹理性的要求，决策主体要在全部可能的备选方案中进行比较和选择，但实际上人们只能想到全部可能方案中的很少的几个。第四，时效的局限。即使每种可能的行动方案及每一种行动方案的全部后果都能够考虑到，这在成本上也往往是不合适的。因为决策要考虑时机，决策的时机稍纵即逝，一旦时机错过，再好的决策也无济于事。

正是由于理性有限，决策者不可能达到如理性决策模式所要求的那么完善，只能在有限且力所能及的范围内，对可能找到的备选方案做出相对"满意的"或是"够好的"决策，因此，只能是有限理性决策。

（三）渐进主义模型

这是由美国著名政策学家林德布洛姆（Lindblom）针对理性主义模型的缺陷

提出的一种政策模型。林德布洛姆认为，人的理性由于受到种种不利因素的制约，决策无法达到完全的理性，理性决策模式提出的决策必备的条件是不现实的，它不仅使决策成本大大提高，而且使决策分析过分依赖于专业技术人员，强化政府权力，减少了公民参与决策的机会和可能性，并且无法解决决策面对的价值冲突和不确定性政策问题，与政府实际的政策行为不大相符。

渐进主义模型也被称作渐进调适模型，林德布洛姆认为决策的要旨不在于专家做出周详完备的全知分析，而在于广泛地参与主体了解彼此的价值偏好，透过妥协调适、良性互动进而实现政策的动态均衡，公共政策实际上只是过去政府活动的持续，决策者把决策看作一个典型的一步接着一步、连续渐进状态、永远没有完结的过程。

林德布洛姆认为，政策过程既是一个科学的过程，又是一个社会互动过程，由于多重主体的参与和制衡，政策制定实际上只是根据过去的经验，经由对现行政策做出局部的、边际性的调适过程达到共同一致的政策。决策者只需考虑那些与现存的政策具有渐进差异的政策方案，不必调查与评估全部的政策方案；只需考虑有限的几个政策方案而不是涉及所有逻辑上可能的方案；对每个政策方案也只评估几个很可能产生并且很重要的后果。这样一来，新政策的出台不过是过去政治体系活动的继续，是对过去老政策做某种程度上的修正。据此，决策的制定和完善是一个渐进发展的过程，是谨慎的步步试错过程，而不是对以往的政策的推倒重来。按照这一理论要求，决策者在进行决策时，首先要认真分析研究以往的决策方案，总结经验教训，然后再做出改革措施。

（四）综合扫描模型

这是美国政策学家艾米塔·埃泽奥尼（Amitai Etzioni）在批判渐进主义模型基础上提出的新的政策模型。埃泽奥尼对传统的理性主义模型和渐进主义模型进行了批判，认为传统的理性主义模型对于政策的要求过于理想化，以至于超出了决策者认识问题和解决问题的能力，完全理性的决策是做不到的。而渐进主义模型只是反映了社会中势力最强大、有一定组织的那部分人的利益，而处于社会底层、政治上没有组织的那部分人的利益并没有被考虑进去。并且，渐进主义模型只是把注意力集中在短期的目标上，只是改变现行政策的某些方面，往往忽略了基本的社会变革。渐进主义模型只适用于政策环境比较稳定的社会，而在动态的、变化较快的社会中，对于那些重大的、根本性的决策，渐进主义模型就无能为力了。

埃泽奥尼认为传统的理性主义模式在实际应用中是比较困难的，而渐进主义模型不适用于动态变革的社会。埃泽奥尼在吸取传统的理性主义模型和渐进主义模型优点的基础上，创立了综合扫描模型。一方面，它考虑到了决策者的能力问题，认为决策者并不具备同样的能力，凡是能力较强者，就能进行更广泛的观察，而观察越详尽，决策的过程也就越有效。另一方面，它能适应不断变化发展的环境，从而使决策的制定过程有了更大的弹性。综合扫描模型运用了两种摄像机阐述其基本内容：第一种是多角度摄像机，它能观察全部空间，只是观察不了细节；第二种摄像机对空间做深入、细微地观察，但不观察已被多角度摄像机所观察的地区，如图 7-2 所示。

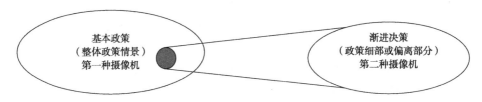

图 7-2　综合扫描模型的基本内容

（五）政治系统模型

这是由美国政治学家戴维·伊斯顿（David Easton）所创立的政策模型。这一模型的提出，改变了传统政治学单纯从制度进行静态分析的弊端，而进入动态的、研究政府运行过程的政治系统论。政治系统模型超越了特定社会、政治结构所框定的具体制度，从更抽象的层次，即系统论的角度对公共政策过程进行描述和分析。

政治系统模型是公共政策分析中比较具有解释力，并且具有普适性的模型。这一模式将政治系统简单地视为一个"箱子"，从外部环境流进箱子内的便是输入。在这个箱子或系统内，这些输入又通过不同的政治结构和过程转变成输出或政策，反过来又影响社会环境——经济、文化、社会结构、生态等，或者影响政治系统自身。这些影响通过种种不同的、复杂的社会过程再流回即反馈到政治系统中，开始影响下一轮的输入，如此循环不已。为了使分析进一步简化，重要的输入被减少到两种，即要求和支持；输出也被设想成为一种，即具有约束力的决策。要求可来自任何方面（人民、政治家、行政官员、思想领袖等），这要取决于政权的性质。支持则更为重要，因为它的多样性影响到政治当局（即政府）、政治体制（民主还是独裁等）和政治共同体的命运。在所有的政治系统中，输出都通过特定的过程产生，这样便使得在绝大部分时间内，社会的绝大部分成员承认输出的约束力。总之，系统分析模式描述了涉及政治决策过程的诸因素，即系统、环境、需求和支持的投入、转换过程、产出的政策及反馈等，并描述了这些因素在整个政治运行过程的位置，为科学地认识政治过程提供了一套有效的概念工具，如图 7-3 所示。

图 7-3　政治系统决策模型

此外，比较有影响的政策模型还有博弈论模型、集团政策模型、精英主义模型、制度主义模型、公共选择政策模型等。诸种决策模式的提出为我们理解决策过程提供了有效的手段。

五、领导者与好政策[①]

政策是领导者实现组织目标进行建设性领导和提高领导力的基本工具，"工欲善其事，必先利其器"，领导者应该推进政策系统的改进，从根本上提高政策质量，利用好政策提高领导力，提高领导绩效。从领导科学的视角来看，好政策就是具有公正性、合法性、稳定性等特性，决策具有较高的科学化、民主化水平，能够带来良好绩效的政策。好政策在领导活动中能够有效发挥导向、控制、协调、分配、管理、规范、监督等正功能，实行建设性领导。简单地说，好政策就是具有科学性、民主性、公正性、合法性、稳定性和有效性的政策。

政策的科学性是领导者在政策过程中遵循自然、人类社会和人的发展规律，根据事物发展变化的规律开展政策活动，实现政策过程的科学化。领导者在决策时尊重客观规律，采用合理的决策程序，从实际出发，充分利用现代科学技术知识和方法，对政策问题及其产生的客观环境，实事求是地进行分析，并以此为基础对未来做出预测、判断和抉择。公共政策的科学化主要表现在：政策理念的先进性，即政策主体的价值取向和偏好及政策指导思想符合社会发展规律，适应社会生产力发展要求，有利于解放和发展生产力；政策方案的合理性，即政策规划从实际出发，政策方案具有针对性、可行性、前瞻性；政策程序的严谨性，即政策程序设计科学合理，决策遵循法律法规，尤其是涉及国计民生的重大决策事项符合法定程序；政策出台的审慎性，政策的公布实施既考虑到社会公众的承受力，也准确把握选择政策出台的恰当时机；政策工具的有效性，即政策方法手段具有先进性，政策制定、执行、监督、评估等能够充分利用先进的科学技术方法手段，

---

① 参见袁明旭：《政治稳定的公共政策悖论解析》，云南行政学院学报，2014 年第 1 期，第 4~10 页。

能够有效实现政策目标；政策机制的完善性，即政策系统具有权威的决策中枢机制、灵敏的信息传播机制、健全的决策咨询机制、严密的政策监控机制、高效的决策执行机制、实时的问题察觉机制、顺畅的沟通协调机制、广泛的公众参与机制、健全的政策权责机制。

政策的民主性就是在政策过程中，领导者充分发扬民主，拓展公民有序政策参与的渠道，使公民能够充分参与政策过程，政策真正反映民意，符合利益普惠原则，政策在根本上由人民的意志所决定，体现大多数人的利益诉求。政策的民主化不仅是民主政治发展的必然要求，也是民主政治的基本内容，现代民主本质上是一种决策民主，是人民通过代议制机构和代表使政治系统在政策过程中遵循法定的程序，平等地为不同社会阶层和群体提供与政治系统沟通的机会和渠道，让各个社会阶层群体都能参与公共决策过程，表达和体现大多数人的诉求和意愿，通过法定的程序制定、实施和评估公共政策。政策民主性就是把国家一切权力属于人民这一根本理念贯穿于政策的全过程，以保证人民当家作主成为所用公共政策的灵魂和宗旨，让人民群众走进政策过程，把协商民主引入政策过程。政策民主是政治民主的核心内容，是实现好政策的基本机制。

政策的公正性就是领导者在政策活动中坚持以社会公正为价值取向，在对社会价值和成本的分配上实现相对公平的政策。公共政策是公共部门及其领导者进行社会公共管理、维护社会公正、实现公共利益、保障高效领导的工具和手段。公正是产生和维系社会群体团结的黏合剂，公正是公共政策的首要价值和原则，公共政策通过实现和体现社会利益的公正分配来达到社会和谐与政治稳定。

政策的合法性是公共政策经过合法化程序后所获得的一种合法地位和认同程度。具有合法性的政策既是公民意志的表达与社会公正的集中体现，也是高效领导的内在基础和重要条件。政策的合法性赋予公共政策强制性和权威性，这种强制性和权威性不仅是约束规范政策目标群体行为的重要保障，确保目标群体及其社会成员产生最低程度的自愿服从，而且更重要的是对政策主体的约束与规范，使公共管理活动在法治化的轨道上运行，能够提高领导力。

政策的稳定性是公共政策在其有效期内保持均衡性、连续性和传承性，在受到内部和外部压力影响下仍然保持其既定目标和内容、原则和效力而不做根本性的调整和改变，是基本政策的持续性和稳定性。政策稳定意味着政策系统处于一种均衡状态，政治系统处于有序运行状态。政策稳定有利于形成相对稳定的社会利益关系格局和社会规范秩序，是形成相对稳定的社会心理的基础。政策稳定是有效发挥其管理社会公共事务及解决社会问题的前提条件，是促进社会政治经济文化持续发展的基础。

政策的有效性也叫政策绩效，是公共政策在分配社会利益、解决公共问题、进行公共管理活动中实际所达到的效果，是领导者的政策行为对目标群体需要、价值和机会的满足程度。政策的有效性意味着公共政策发挥了有效的规范、监督、管理和导向性功能，领导者的政策行为和社会公众行为规范化和有序化，意味着领导者在利益综合、利益协调、利益分配、利益实现等方面实现了预期目标，提高了领导力。

第八章 领导力之基：选才用人

人才是国家治理的骨干力量，是领导力的基石，选才用人是领导的基本职能。"为政之要，莫先于用人""尚贤者，政之本也"。选择合适的人去做正确的事情，这是现代领导的基本职责，是领导力的关键。

第一节 选才用人在领导力中的核心地位

正确的政策和领导目标需要领导者通过选才用人去贯彻落实。能否正确选才用人关乎领导活动的成败，是提高领导力的关键环节。选才用人在领导活动中居于重要地位。

一、人才的内涵、特点及分类

（一）人才的含义

人才，通常是指具有一定的专业知识和技能，能够通过创造性劳动对社会做出贡献的人。人才是人力资源中素质较高和对社会贡献比较大的劳动者。

人才一词在中文中通常被解释为有道德伦理和知识技艺的人。人才一词主要有以下几种意思：一是指人的才能。例如，汉朝王充《论衡·累害》："人才高下，不能钧同。"晋朝葛洪《抱朴子·广譬》："人才无定珍，器用无常道。"二是指有才学的人。例如，晋朝葛洪《抱朴子·逸民》："褒贤贵德，乐育人才。"宋朝王安石《上仁宗皇帝言事书》："则天下之人才，不胜用矣。"三是指人的容貌。例如，《三国演义》第 65 回："马超纵骑持枪而出，狮盔兽带，银甲白袍，一来结束非凡，二者人才出众。"《辞海》对人才的解释是："有才识学问的人，德才兼备的人；

指才学、才能；指人的品貌。"①人才一词成为人们对品德、才能优秀的人的统称。

在英文、拉丁文等中没有专门与中文人才完全对应的词，最接近的词有"talent""geninus"。美国人才学者罗杰·E. 赫尔曼（Roger E. Herman）认为"'才'可以依你的意愿定义，对某些人而言，是指他们的方法、专长；对另一些人而言，它可能是指贡献、生产能力、魄力和决断力、巨大成就、创造能力、教育水平、行业或领域的地位等因素，以及这些因素的组合和其他因素。人才是那些我们不愿失去的、有突出贡献的人，是圆满完成工作的人"②。

随着人才学的发展，我国人才学研究者对人才的内涵进行了多维度的拓展性界定，认为"人才就是为社会发展和人类进步进行了创造性劳动，在某一领域，某一行业，或某一工作上做出较大贡献的人"③。2010 年我国第一个《国家中长期人才发展规划纲要（2010—2020 年）》明确指出，"人才是指具有一定的专业知识或专门技能，进行创造性劳动并对社会作出贡献的人，是人力资源中能力和素质较高的劳动者。人才是我国经济社会发展的第一资源。在人类社会发展进程中，人才是社会文明进步、人民富裕幸福、国家繁荣昌盛的重要推动力量"④。该纲要提出要统筹推进党政人才队伍、企业经营管理人才队伍、专业技术人才队伍、高技能人才队伍、农村实用人才队伍和社会工作人才队伍等 6 支人才队伍的建设。

人才是指在社会实践活动中具有一定的专业知识和专业技能，能够进行创造性劳动并对人类社会发展进步做出贡献的人。对这一界定可以从以下方面理解：一是人才具有一定的专业知识或专门技能。这是人才的最基本条件，是进行创造性劳动的前提。二是人才具有一定的创造性。能否进行创造性劳动是衡量人才的实践标准，这是人才与一般普通劳动者的明显差别。三是人才是对人类社会发展进步做出贡献的人。这是人才的终极价值。把是否能为人类社会进步发展做出一定贡献作为衡量人才的价值标准，体现了人才的价值属性。四是人才是人力资源中能力和素质较高的劳动者。这是对人才概念外延的拓展，体现了马克思主义的人才观，人才蕴藏于广大人民群众之中，只要努力，人人皆可成才。领导者和国家应该为广大人民群众提供成才的条件和环境。

（二）人才的特点

相比较普通人而言，人才具有以下特点。

---

① 辞海编辑委员会：《辞海》（编印本），上海辞书出版社，1979 年，第 691~692 页。
② 刘红梅，张超楠：《人才定义的演变与发展》，教育教学论坛，2019 年，第 38 期，第 66~67 页。
③ 王通讯：《人才学通论》，天津人民出版社，1985 年，第 1~2 页。
④ 《国家中长期人才发展规划纲要（2010—2020 年）》，人民出版社，2010 年，第 1 页。

1. 创造性

创造性是人才的基本特征。人才就是通过创造性这一特征展示自身与普通劳动者的不同的，人才通过自身的创新性及其劳动成果为社会做出贡献。"创造力是指最能代表创造性人物特征的各种能力。"[①]人才就是在社会各个领域、各个行业有所创新、创造和发明的人。人才是现代社会和组织的战略资源，现代社会是知识和信息社会，人才资本是一种能动的资源，在经济和管理中发挥主导的中心地位，能够发起、使用、控制、创造其他资源，能够使其他资源得到整合、合理有效地开发配置和利用，是唯一可以发挥创新作用的要素。

2. 进步性

进步性是相对人才的作用而言的，人才会对社会发展进步起积极的促进作用，人才适应人类社会进步发展和正义事业的需要，能够以特定的知识和专长为社会进步做出贡献。有才无德之人对社会来说是非常危险的。一个人即使有很高的才智和专业技能，但却危害人类社会，就不能称之为人才。进步性是标识人才的根本属性，缺乏这种属性，就不是人才。

3. 专业性

随着工业革命的开启而进入现代工业化社会，人类社会分工进入了前所未有的高度分化和细化的时期。据联合国教科文组织统计，当代的基础学科已达 500 个以上，科学技术也达 470 多种，学科门类已超过 20 000 个。知识量如此巨大，这是任何杰出人才都无法全部涉足的。现代社会同时也是一个高度专业化的社会，现代社会的人才都分属于不同的专业领域。因此，人才的专业性是一种客观存在，人才表现出鲜明的专业性特点。

4. 稀缺性

人才是人力资源中具有创造性和较大贡献的人，这类人，无论在古代还是现代，在发达国家还是在发展中国家都是比较稀少和珍贵的，人才与任何其他资源一样都具有稀缺性。根据意大利经济学家帕累托提出的 80/20 效率法则，又称为帕累托定律，认为在任何特定群体中，重要的因素通常只占少数，而不重要的因素则占多数，只要能控制具有重要性的少数因素即能控制全局。组织中 80% 的业绩由 20% 的人创造，一个组织的生产效率和未来发展，往往决定于 20% 的关键性人才。在任何社会和国家，人才在数量上是稀少和有限的，在质量上是宝贵和稀

---

① Guilford J P: Creativity, American Psychologist, 1950, 5（9）: 444~454。

有的。这种稀缺性主要是由人才的创造性所决定的，创造力、创新力和领导力大多数存在于人才之中。

5. 时效性

人才的时效性是由人的生命周期和生理特点所决定的特性。作为个体来说，每个人的生命都是有限的，每个组织成员的人才资源总是存在于生命周期中的特定阶段和时期，即从入职到退休这一阶段，并且人的某些能力，如创造力的发挥和产生等都只能在特定的阶段处于高峰，除此之外就趋于降低和减弱。人才的这种时效性，要求领导者在选才用人时要根据人的生理和心理及能力发展的规律，对人才加以合理培养、培训和实时开发利用，同时尊重人才、尊重知识。

（三）人才的类型

人类社会的发展进步需要不同的人才，不同的领域和行业需要不同的人才，根据不同的标准，可以把人才分为不同的类型。

根据人才内在倾向性来划分，可大致分为以下几种：①实践型人才。这类人才行动机敏，务实，有耐力，观察、操作能力特别强；适于做技术人员、实验和操作人员及运动员。②理论型人才。这类人才记忆能力、抽象思维能力都很强，善于推理，掌握事物的本质规律，适于做社会科学和自然科学的理论研究工作。③创新型人才。这类人才勇于追求新知识，不受陈规的束缚，想象力丰富，创造能力强，适于做文艺创作、技术革新、科学发明等具有独创性要求的工作。④再现型人才。这类人才模仿能力和接受能力强，知识再现能力突出，善于传授知识和推广应用各种新技术的工作。因此，一般适于从事教师和技术培训等工作。⑤组织型人才。这类人才判断能力、组织协调能力强，比较有远见，善于处理各种人际关系和工作关系，适于做党政领导干部和经济、技术管理工作。

美国管理学家托尼·亚历山德拉（Tony Alessandra）在《白金法则》中根据人才的不同作用把人才划分为四种基本类型，并对每一种类型的优劣进行了分析。①

（1）指导型人才：没有越不过的障碍和能者为先。指导型人才精力充沛，富有挑战和进取精神，不断追求新的目标和新的成就，善做决断，追求建功立业。指导型人才最大的优点就是让任何人都贯彻他们的意图，具有雷厉风行的风格和较强的决断力。指导型人才最大的短处是有失温柔，常常过于严肃，对下属比较

---

① 冯秋婷：《西方领导理论研究》，人民出版社，2008年，第271~273页。

严格甚至苛刻。

（2）社会活动型人才：让我使你高兴。社会活动型人才喜欢与人打交道，人际交往能力比较强，喜欢表现自我，善于出谋划策，但拙于贯彻落实。社会活动型人才最大的优点是善于人际交往，热情开朗，能言善辩。其最大的缺点是喜新厌旧，见异思迁。

（3）亲善型人才：输赢并不重要，重要的是要有朋友。亲善型人才比较注重情感和友谊，对人和蔼可亲，平易近人。这类人才比较适合充当教师、法律顾问、牧师和服务型的角色。亲善型人才最大的优点是平易近人、容易相处。喜欢按照常规办事，不喜欢改革创新，行为谨慎保守、循规蹈矩、按部就班，不喜欢竞争对抗和冲突，为人谦和而敏感。亲善型人才最大的缺点是怯懦、谨小慎微。

（4）智觉型人才：不求快的，但求对的。智觉型人才偏爱逻辑和推理，崇尚理性和科学，追求精确，对工作任务的关心超过了对人的关注，审慎细致，做事有条理。智觉型人才最大的优点是工作效率高，是决策中不可或缺的出谋划策者。其最大的缺点是吹毛求疵，对人苛刻，是完美主义者，过分拘泥于原则，有时不切实际，对下属要求过高。

二、选才用人在领导力中的重要价值

正确选才用人是领导者的一项基本职能。领导者能否正确选才用人，不仅是衡量领导力高低的标志，更关系到领导者事业的成败、关乎组织存亡、社会和国家的兴衰。

（一）选才用人是实现领导目标的中间环节

领导活动就是领导者通过指导、激励下属去实现组织目标的活动，选才用人是实现组织目标的基本手段。领导活动的这种领导决策与目标之间联系的间接性是领导活动的根本特征。这是领导者选才用人的客观依据。领导者的主要任务是决定做正确的事，使人接受远景目标，丹尼斯认为，"领导者应具有确立组织核心价值观、创造令人殷殷期盼的远景，将之转化为行动并贯彻达成的能力"[①]。领导者应该具有的四种重要能力是：注意力管理、信息管理、信任管理和自我管理。领导者先要获得下属的支持，使下属以实际行动理解、支持和实施领导决策，否则领导目标就无法实现。动员和激励是领导者赢得下属支持的主要手段。

---

① 徐莉:《实现价值领导的八个步骤》，理论与改革，2010 年，第 1 期，第 88~91 页。

（二）选才用人是领导者的基本职责

领导决策的实施需要依靠人去贯彻落实，组织目标的实现需要领导者组织、激励下属去完成。在领导活动的过程中，只有通过人才的作用，才能把物质的、自然的、社会的各种条件结合起来，形成作用于客观工作对象的领导绩效，实现其领导决策的目标。人才是一切资源中最重要、最宝贵的资源，是领导者成就事业的第一资本，是组织发展的第一资源，是社会进步和国家发展的第一资源，人才对领导活动的成败具有决定性影响。正确选才用人是领导者履行职责的基本工作内容。古往今来，一切成功领导者的共同之处就在于善于发现、培养和使用人才。不善于选才用人的领导者是不称职的领导者。

（三）选才用人是领导力提升的关键

选才用人是提升领导力的核心问题。领导者正确地选才用人，有效地调动和充分发挥人才的能动性和积极性，影响着领导力的提高。当代社会，人才作为"第一资源"的重要性日益凸显，谁拥有人才资源，拥有更多的人才资本，谁就能在竞争中占有优势，赢得主动。各种各样的竞争归根结底是人才的竞争。有资料表明，促使发达国家劳动生产率提高的因素中科技进步的因素越来越突出，在20世纪初只有5%~20%依靠技术进步获得，而当前这个比例已上升到60%~80%。在领导活动中，谁拥有了高质量的人才，谁就会取得竞争的优势，把握未来的先机，就能够极大地增强领导力。

（四）选才用人关系到国家治理体系和治理能力的现代化

从古今中外的历史经验来看，得人才者得天下，善用人者天下兴。在国家治理中，如果具有尊重知识、尊重人才的良好风气和文化，建立科学、合理、完善的选才用人制度，真正做到人尽其才、才尽其用，就能够人才济济，能够做到唯才是举、适才适用，这个国家和社会就会进步、发展和繁荣。选才用人关乎国家治理事业的成败。为此，领导者要从战略上来选才用人，把选才用人放在国家治理的战略地位。从战略上提高选择人才、评估人才、激励人才和发展人才的能力。

三、选才用人的理论基础

领导活动的特点是组织目标通过指挥、组织和发动下属去实现，即领导者—管理者—工作人员—组织目标。领导是一种决策活动，领导决策是由下属去执行的。

领导目标的实现不是领导者亲力亲为去具体实践，而是通过激励、动员、指挥下属去实现，正确的选才用人需要科学理论的指导。选才用人的理论基础主要有人力资源理论和激励理论。

（一）人力资源理论

人力资源与自然资源相对应，是指在一定范围内能够作为生产性要素投入社会经济活动中的全部劳动力的总和，可以分为现实的人力资源和潜在的人力资源。人力资源的构成要素包括数量和质量两个方面：人力资源数量是一个基础性指数，同人口总数关系密切，反映的是一个国家或地区的人力资源的绝对数。人力资源的质量主要反映的是人力资源的整体素质，体现为劳动力人口的知识水平、劳动技能、健康状况、工作态度等。人力资源质量是一个国家核心竞争力的要素。

1. 舒尔茨和贝克尔的人力资本理论

人力资本理论最初的形态是人力资源理论，这一概念最早由约翰·罗杰斯·康芒斯（John Rogers Commons）在《产业信誉》和《产业政府》两本书中提出来的。美国经济学家西奥多·W. 舒尔茨（Theodore W. Schultz）被西方公认为"人力资本理论之父"。他从探索经济增长和社会丰裕的原因进行人力资本的研究，认为人力是社会进步的决定性原因，人力的取得需要消耗稀缺资源，进行资本投资。作为资本和财富的转换形态的人力，即人的知识和技能的形成是资本投资的结果，但只有通过一定方式的投资才能形成人力资本，这样的人力资本才是一切生产要素中最重要的资本。人力、人的知识和技能，是资本的一种形态，即人力资本。人力资本作为一种生产能力，已经远超过一切其他形态的资本生产能力的总和，对人的投资所带来的收益率超过了对一切其他形态资本的投资收益率。人力资本是经济增长的主要源泉，劳动者所掌握的具有经济价值的知识和技能与其他人力资本结合在一起，是形成技术先进国家生产优势的重要原因。经济发展的动力包括物质资本和人力资本。

加里·S. 贝克尔（Gary S. Becker）被认为是现代经济学领域中最有创见的学者之一，与舒尔茨一起成为人力资本理论研究的推动者，是著名的"芝加哥学派"的主要代表人物之一。其著作《人力资本》被西方学术界认为是经济学思想中人力资本投资革命的起点。贝克尔以人力资本收入确定劳动收入分配关系为基础，使人力资本研究数字化、精细化，为人力资本研究提供了坚实的微观经济分析基础。

2. 人力资本理论的新发展

20 世纪 80 年代以来，美国经济学家保罗·M. 罗默（Paul M. Romer）和罗伯特·E. 卢卡斯（Robert E. Lucas）进一步推进了人力资本理论的研究。1986年罗默发表《收益递增与长期增长》一文，把生产要素分为资本、非熟练劳动、人力资本（以受教育年限来衡量）、新思想（以专利数量衡量）四个方面，把人力资本分为物质劳动和具有专业化知识的人力资本两种形式。其认为知识能提高投资效益，特殊的知识和专业化的人力资本能促进自身收益的增加，使物质资本的投资产生递增效益，体现为知识的"外溢效应"。之后，罗默进一步完善了人力资本理论，其认为人均收入的增长率与社会投入研究和开发人力资本的比重成正比，与人力资本研究和开发的边际生产率成正比，与贴现率成反比。

1988年卢卡斯在《论经济发展的机制》一文中分析了整个经济中人力资本的形成、积累对产出的贡献，提出了著名的人力资本模型。把人力资本作为独立的因素纳入经济增长模型，认为专业化的人力资本是经济增长的原始动力，人力资本获得有两种途径：学校教育与工作中的学习，并且主要是通过"干中学"获得。人力资本中的外部效益具有递增效益。

美国经济学家约翰·肯尼思·加尔布雷思（John Kenneth Galbraith）于1969年首次提出智力资本的概念，指出智力资本在本质上是一种有效利用知识达成目的的思想形态的知识性活动过程和方法，是一种动态的无形资本，而非固定的资本形式。

美国学者托马斯·A. 斯图尔特（Thomas A. Stewart）在《脑力风暴——智力资本是如何正成为美国最有价值的资产的？》中界定了智力资本的内涵，是"公司中所有成员所知晓的能为企业在市场上获得竞争优势的智力之和"，包括员工的知识技能、顾客忠诚及企业的文化、制度和企业运作过程中包括的集体知识、经验等相关软件资产。智力资本具有高增值性的特征，是能够使一个企业、组织和国家富有的最有价值的资产，智力资本已经成为美国最重要的资产。斯图尔特认为，企业智力资本是体现在企业人力资本、结构资本和顾客资本之中的整体价值，其中人力资本是指企业员工所具有的各种技能和知识，是企业智力资本的重要基础，往往以潜在的方式存在，未被也难以被编码，且易被忽视。结构资本是指企业的组织结构、制度结构、文化等。顾客资本主要是指市场营销渠道、顾客忠诚、企业信誉等经营性资产。这三种资本相辅相成，共同推动企业智力资本的增值。

（二）激励理论

在领导活动中，激励是领导者洞察下属的需要并采取一定手段满足下属的需要和愿望，使其产生行为动力，激发他们的工作积极性，主动、自觉地把个人潜能发挥出来，朝向领导者所期望的目标努力的活动过程。一般来说，激励包含着四个主要因素：动机、需要、刺激和行为。动机是驱动人产生某种朝向满足其需要的目标前进的行为的心理动力。这是激励的核心要素。需要是人们对某种事物或目标的渴求或期望。这是激励的起点，是人的动机的源泉。刺激是作用于人并影响其需要的各种条件与因素。这是激励的条件，主要是各种管理手段及相应的条件和因素。行为是被管理者在被刺激后所采取的有利于组织目标实现的行为。这是激励的目的。激励是一个刺激被管理者而使其产生积极行为的过程。

　　领导活动实际上是一种激励的艺术。激励是组织管理的重要环节，被认为是"最伟大的管理原理"。管理学家提出了许多激励理论，在此主要介绍几种具有代表性的激励理论。

1. 需要理论

1）马斯洛的需要层次理论

美国行为科学家亚伯拉罕·H. 马斯洛（Abraham H. Maslow）在《人类动机理论》中提出了需要层次理论，把人的各种需要归纳为五大基本需要，并按照其重要性和发生的先后次序排列成一个五级阶梯，即生理需要、安全需要、爱和归属需要、尊重需要和自我实现需要。

　　马斯洛认为，人的需要结构具有层次性、例外性、递升性、主导性、差异性。人的五种需要从低到高依次排列，但这种次序不是固定不变的，而是动态变化的，具有例外性。需要具有递升性，低层次需要相对满足后会产生高层次需要，追求高一级的需要成为行为的驱动力。需要具有差异性，需要的结构因人而异，即使是同一个人，不同时空和条件下，需要的结构也有所不同。

2）麦克利兰的需要理论

戴维·麦克利兰（David McClelland）提出了三种需要理论，这三种需要就是成就需要、权力需要和归属需要。成就需要是指一个人完成所设定目标取得成就的需要，这是人追求卓越、实现目标、争取成功的强烈动机和内驱力。高成就需要的人不一定是优秀的管理者或领导者。激发下属的成就需要是比较有效的激励手段。成就需要强烈的人具有较强的独立性、荣誉感和现实性。

　　权力需要是指希望能够影响和控制他人的需要。高权力需要的人权力欲望强烈，喜欢控制和大权独揽，偏爱竞争，喜欢别人奉承和追求形式，更关心个人权威和影响力。

　　归属需要是指追求良好人际关系的合群的欲望，渴望建立和维持比较友好和亲密的人际关系，喜欢社会交往，希望得到别人的尊重和认可，偏好合作性、相互理解、相互支持的环境。优秀的领导者一般都有高权力需要和低归属需要。

　　需要理论为领导者在选才用人时采取激励方式提供了理论指导。领导者在激励人才时需要注意以下问题：一是在进行激励时，必须先了解和洞察激励对象所处的需要状态和层次。二是对人的需要应该逐渐满足，不能一下子全部满足其大部分需要，人的需要一旦得到满足就失去了其激励的效应。三是尽可能选拔培养具有高成就需要的人才，高级需要的激励性更强，在领导过程中及时肯定员工的成就，进行奖励并树立取得成就的典范和楷模。四是对员工的激励应该是动态和持续的，坚持"持续激励"原则，使下属的潜能得到递进式的发挥，对员工的工作及时反馈，鼓励员工进行脚踏实地的创新。

2. 麦格雷戈的 X-Y 理论与大内的 Z 理论

道格拉斯·M. 麦格雷戈（Douglas M. McGregor）（1906~1964 年）是当代美国著名的行为科学家和管理学家，在《企业的人性方面》的论文中提出了著名的 Y 理论，在《企业中人的方方面面》系统阐述了 X-Y 理论，认为人的本性与人的行为是决定管理者或者领导者行为模式最重要的因素，管理者基于对人的本性的预设采取不同方式进行组织、领导、激励、控制。对人性的预设有两种：一是对人性采取消极负面的观点，这被称为 X 理论（theory X）；二是对人性采取积极正向的观点，被称为 Y 理论（theory Y）。

X 理论是传统的管理观点，认为管理部门的任务是将人类能量用于满足组织上的需要，对人进行说服、奖励、处罚和控制——他们的活动必须听从指挥。认为普通人生性懒惰，他想尽可能少干工作。他缺乏抱负，不喜欢负责任，宁愿被人领导。他生来自私自利，对组织上的需要漠不关心。他在本性上抵制改革。他轻信、不很聪明、易于受骗子和煽动家的诱惑。[1]管理者必须施以强迫、控制或是处罚的威胁来达到所要追求的目标，应该尽量采用正式的指挥方式，指挥员工、激励员工、控制员工的活动，矫正他们的行为，使其适合于组织需要。

麦格雷戈扬弃了 X 理论的内核提出了 Y 理论。其主要观点是：人们并不是天生就厌恶工作的，人们并不是生来就对组织上的需要采取消极或抵制态度的，工作可以成为满意的源泉（自愿地从事工作），也可以成为惩罚的源泉（尽可能地避免工作）。人们对自己所参与制定的目标，能够实行自我指挥和自我控制。在适当条件下，一般人不仅能够学会接受责任，而且能够学会主动地承担责任。多数人具有发挥相当高的想象力、独创性和创造力的能力。在现代工业社会的条件下，一般人的智慧潜能只是部分得到了利用和发挥。管理部门的主要任务是安排好组织条件和工作方法，使人们的智慧潜能够充分地发挥出来，更好地为实现组织的目标和具体的个人目标而努力。

Z 理论是日裔美国人威廉·大内（William Ouchi）1981 年在《Z 理论——美国企业界如何迎接日本的挑战》一书中提出的有别于 X 理论、Y 理论的代表日本式管理的理论。大内认为，美国企业应在结合本国特点基础上，学习日本企业的管理方

---

① 斯蒂尔曼：《公共行政学（下册）》，李方，潘世强，等译，中国社会科学出版社，1989 年，第 143~144 页。

式，他把这种管理方式归纳为 Z 型管理方式，并提出了一种新的，兼有美国、日本企业管理方式的 Z 理论。Z 理论认为，应该建立畅通的管理体制，使基层管理者享有充分的权利，使中层管理者起到承上启下的作用，实行长期雇佣制，关心员工的福利，创造适宜的工作环境，重视员工的培训，全面评定职工各方面的表现。注重组织文化建设，使员工接受组织价值、组织目标及组织观念。重视组织内部的结构变革，使之既能满足新的竞争性需要，又能满足各个雇员自我利益的需要。

3. 赫茨伯格双因素理论

美国心理学家弗雷德里克·赫茨伯格（Frederick Herzberg）1959 年提出了双因素理论（two-factors theory），也即激励—保健理论。赫茨伯格从"满意"和"不满意"两个维度出发，通过调查研究，把对企业中影响职工对工作态度的各种因素分为两类性质不同的因素：第一类是激励因素，包括个人成就、组织或社会的赞赏、工作的挑战性、明确的职责划分及个人的成长与发展，这些主要与工作本身的内容有关，不仅能够令员工满意，又能够激发员工的积极性的因素。第二类是保健因素，包括企业的政策与管理方式、上级的监督、工资福利、人际关系及工作的条件，这些与环境相关，容易引起员工的不满，但不能激发其工作热情的因素。如果满足这些因素，能消除不满情绪，维持原有的工作效率，但不能激发人们更积极的行为。不是所有的需要得到满足就能激发起人们的积极性，只有那些被称为激励因素的需要得到满足才能调动人们的积极性；不具备保健因素时将引起强烈的不满，但具备时并不一定会调动强烈的积极性；激励因素是以工作为核心的，主要是在职工进行工作时发生的。

双因素理论告诉我们：①领导者若想持久而高效地激励下属，必须使下属能从工作中感到成就、责任和成长。同时，领导者还需经常给予表扬和赏识，使他们感到自己受人重视和尊重。②领导者不应该忽视保健因素，否则会使下属产生不满而影响领导效能。③不能将保健因素和激励因素绝对化。

4. 弗鲁姆期望理论

期望理论（expectancy theory）又称作效价—手段—期望理论，是由美国著名心理学家和行为科学家维克托·H. 弗鲁姆（Victor H. Vroom）于 1964 年在《工作与激励》中提出来的激励理论。期望理论的基本内容主要是期望公式和期望模式。弗鲁姆认为，人总是渴求满足一定的需要并设法达到一定的目标，一个人的行为基于行为预期、实现手段和目标价值。当一个目标尚未实现时，表现为一种期望，这时目标反过来对个人的动机又是一种激发的力量，而这个激发力量的大小，取决于目标价值（效价）和期望概率（期望值）的乘积。用式（8-1）表示就是

$$M = \sum V \times E \qquad\qquad (8\text{-}1)$$

　　M（motivation）表示激励强度，是指调动一个人的积极性，激发人内部潜力的强度；V（valence）表示效价，即目标价值，是指达到目标对于满足个人需要的价值，同一个目标对每一个人可能有三种效价，即正、零、负，效价越高，激励力量就越大；E（expectancy）表示期望值，是指人们根据过去经验判断自己达到目标的可能性的大小，即能够达到目标的概率。效价大小直接反映人的需要动机强弱，期望值反映人实现需要和动机的信心强弱。弗鲁姆指出，当一个人在结果难以预料的多个可行方案中进行选择时，他的行为不仅受其对期望效果的偏好影响，也受他认为这些结果可能实现的程度影响。在此基础上，弗鲁姆提出了人的期望模式：个人努力→个人成绩（绩效）→组织奖励（报酬）→个人需要。

　　在这个期望模式中的四个因素，需要兼顾以下几个方面的关系：一是努力和绩效的关系。这两者的关系取决于个体对目标的期望值。二是绩效与奖励的关系。人们总是期望在达到预期成绩后，能够得到适当的合理奖励。三是奖励和个人需要的关系。奖励什么要适合各种人的不同需要，要考虑效价。四是需要的满足与新的行为动力之间的关系。当一个人的需要得到满足之后，他会产生新的需要和追求新的期望目标。

　　弗鲁姆的期望理论是在目标尚未实现的情况下研究目标对人的动机影响。一个好的领导者，应当研究在什么情况下使期望大于现实，在什么情况下使期望等于现实，以更好地调动人的积极性。在使用人才时，应该充分研究目标的设置、效价和期望概率对激发力量的影响。

5. 亚当斯公平理论

　　美国管理心理学家、行为科学家约翰·斯塔西·亚当斯（John Stacey Admas）20 世纪 60 年代首先提出了公平理论（equity theory），也称社会比较理论。公平理论是基于"社会人"的假设和"每一个人都应公平地得到报酬"这个古老的原则，从心理学角度探讨管理思想与方法。公平理论包含着两个假设：一是应用心理学中的"社会交换理论"；二是人们总是倾向于把自己的努力和所得报酬与别人或自己的过去进行比较。公平理论侧重研究工资报酬分配的合理性、公平性及其对职工生产积极性的影响，在社会比较中探讨个人所做的贡献同他所得的报酬如何取得平衡，通过社会比较来探讨个人所做的贡献与所得奖酬之间的平衡关系，着重研究工资报酬分配的合理性、公正性及其对员工士气的影响。

　　公平理论认为，公平是激励的动力，但能否受到激励，不仅取决于他们得到了什么，得到了多少的绝对额而定，而且还受到他们的所得与别人所得相比较是否公平而定。这种比较包括两类，一是横向比较，即自己所得/自己付出：他人所得/他人付出；二是纵向比较，即自己过去所得/自己现在付出：自己过去所得/自己过去付出。分配合理性是激发人在组织中工作动机的因素和动力，员工的激励程度来源于对自己和参照对象的报酬和投入的比例的主观比较感觉。

亚当斯认为，当一个人把他的付出与所得，与过去和他人进行比较时，如果结果不同，这个人的感觉就不同。如果两者相等，他就觉得公平；当两者不相等，就会觉得不公平，尤其是所得低于他人和过去时，会产生相对剥夺感。

领导者在对人才进行激励时，应该注意以下几点：①注意正确地引导，塑造组织共同价值观，使其形成正确的公平感。领导者要引导他们正确进行比较，多看到他人的长处，认识自己的短处，客观公正地选择比较基准，避免盲目攀比而造成不公平感。②领导者在选才用人和激励时，必须坚持公平公正原则。③建立科学的激励机制。在用人时，坚持公正优先，兼顾效率的原则，坚持精神激励与物质激励相结合的办法，正确运用竞争机制的激励作用，通过合理拉开分配差距体现公平，在精神上，要采用关心、鼓励、表扬等方式。

6. 目标管理和目标设置理论

目标管理的概念是美国管理大师德鲁克在 1954 年出版的《管理实践》一书中最先提出的，被称为"管理中的管理"。目标管理（management by objective，MBO）作为一种管理方法就是组织全体员工积极参与确定目标，以目标为导向，以人为中心，实行自我控制，以成果为标准，促使组织和个人取得最佳业绩的现代管理活动。目标管理的理论依据是"注重自我控制，促进权力下放，强调成果第一"，其宗旨是用"自我控制管理"代替"压制式的管理"。目标管理的主要特点是以目标为中心，重视成果管理，重视人的自我管理。目标管理就是要求领导者在分层制定目标的基础上，通过分权使下属享有具体实现目标的自主权，以创造性的手段实现目标的管理方法。

目标管理包括制定目标、实现目标和对成果进行检查评价三个阶段。德鲁克认为，目标管理要取得成功，必须满足以下前提条件：一是高层管理人员的积极参与制定与执行组织的战略目标和高级策略目标。二是组织中各级管理人员和工作人员参加制定目标，并为目标承担责任。三是制定目标有充分、精确的情报资料作为信息基础。四是管理者对实现目标的手段，如人、财、物等有控制权。五是对那些为实现目标而勇于承担风险的组织成员给予激励和保护。六是相信组织成员的责任心和创造性。目标管理是一种参与式管理方法，是一种民主集中制式的参与管理。

目标设置理论是艾德温·A. 洛克（Edwin A. Locke）在 20 世纪 60 年代末提出来的，他认为指向工作目标的工作意向是工作激励的主要源泉。具有明确性、挑战性的目标和绩效反馈对于高工作绩效具有重要意义。目标难度和目标特性是影响下属绩效的两大因素。组织绩效除了受到目标难度和目标特性的影响外，还受目标接受度和目标承诺度的影响。

目标设置理论的主要内容是：①明确的目标比笼统的目标更具有激励作用。目标的具体明确本身就是一种内部激励因素。②目标越具有挑战性，绩效水平越高。目标的挑战性和困难性是指目标的完成具有一定的难度，需要付出较大的努力想方设法才能完成。在能力和条件特定的情况下，具有挑战性、困难性的目标能够激励员工取得更多、更大的成绩。③及时反馈有助于目标的实现。当人们能够及时得到工作中完成目标实际情况的反馈时，能够在一定程度上提高工作绩效。洛克认为，在目标设置中，人们的价值观和倾向（目标）影响他们的绩效。目标设置理论的前提预设是每个人都忠诚于目标和具有高自我效能感，员工的成熟度比较高。

7. 斯金纳的强化理论

美国哈佛大学心理学教授斯金纳（Skinner）是强化理论（reinforcement theory）的代表人物。强化理论又被称为刺激理论或诱导条件理论。强化理论具有行为主义特征，认为塑造行为是激励过程的核心。领导者只要控制行为的因素被强化，即一个行为结束后马上进行及时反应，就会提高行为重复或停止的可能性。强化就是对人们行为后效的刺激，在性质上加以判别、在强度上加以选择处理的过程。

强化理论的根本就在于强化概念本身。根据强化的性质和目的可以把强化分为正强化（positive reinforcement）和负强化（negative reinforcement）。正强化就是对那些符合组织目标的正面、积极行为所进行的奖励活动，通过激励以使此类行为得到重复和加强，从而有利于组织目标的实现。负强化就是对那些不符合组织目标的消极、不利行为进行惩罚或矫正，以使此类行为减少直至消失，阻止其对组织目标实现的干扰。

强化理论对领导者用人的启示是，在对人才进行激励时，可以通过对人才的积极行为及时提供物质奖励和精神奖励，根据其需要进行表扬赞赏、晋升提拔、提供发展机会等以此来强化其行为的持续性和延展性，即进行正强化。而对不利于组织发展和违背领导意图的消极行为则通过批评或惩罚等方式来进行负强化，以使此类行为得到及时矫正，或减少直至消失。简单地说，就是通过正强化来诱导下属做出有利于组织目标和领导者意图的积极行为，通过负强化来矫正和消除不利的消极行为。

8. 综合型激励理论

综合型激励理论主要是将上述多种类型的激励理论综合起来，把内外激励因素结合起来，所形成的新的激励理论，其中比较有代表性的是波特（Porter）和劳勒（Lawler）提出的综合激励过程模型及罗宾斯的综合激励模型。

美国学者波特和劳勒在期望理论、公平理论和强化理论的基础上，在 1968 年提出了综合激励模式。他们把激励分为内激励和外激励两种。内激励主要包括劳动报酬、工作条件、企业政策等。外激励包括社会、心理特征因素，如认可、人际关系等。该模型包括了期望值、效价、努力、绩效、认知、内部激励、外部激励、能力、环境、奖酬和满足等多种变量，几乎涵盖了期望理论、公平理论和强化理论中的主要变量。该模型表明：期望值和效价决定着员工的努力程度，努力程度与工作绩效大小相关，并且还取决于能力和个人对自己工作作用的觉知，工作绩效会使员工获得组织内在和外在的奖酬，如果员工认为所获得的奖酬与自己的期望相符合则使其获得满足感。而满足感的获得又会进一步激发员工的努力程度。波特和劳勒认为，努力、绩效、奖酬、满足感四者之间的关系是，由努力产生绩效，绩效导致奖酬，再由奖酬产生满足感。先有努力才能产生绩效，奖酬激励很重要，是绩效产生满足感的中介环节；缺乏奖酬就不会产生满足感，也就不会产生努力的动力，而奖赏高低必须与员工所期望应获得的奖酬程度相称，这样才能发挥作用。

美国管理学家罗宾斯以期望理论为基础把相关的激励理论整合起来，提出了更全面的整合型综合激励模型。该模型认为，如果个体感觉到努力与绩效、绩效与奖酬、奖酬与满足感之间存在着密切关联，他就会付出更大的努力。该模型还包括了成就需要理论、强化理论和公平理论等。

领导者在应用综合激励模型时需要做好以下工作：洞察人才的需要和估计其满足水平，在领导活动中发现和比较不同人才的需要和满足水平，注重组织价值观建设，使职工了解组织和领导者对其工作的期望，对员工的绩效采用多样化的激励方式，进行差异化奖励，尽可能满足其多样化的不同需要。及时采用沟通交流，进行定期检查，了解职工的态度，使奖酬与满足感之间，努力与期望和绩效之间尽可能达成一致性，最大化发挥激励的功能。

第二节 人才选拔之要

人才选拔是领导者用人的前提。人才选拔就是指领导者坚持特定的原则并依据一定的人才标准，考察、识别和挑选人才的活动。坚持人才选拔原则，遵循正确的选才标准和科学的选才制度，是准确选拔人才的保证。

一、人才选拔原则

人才选拔原则是经过长期实践经验和理论研究而总结形成的为人们所遵循的考察识别人才的基本准则。领导者只有坚持正确的考察识别人才的原则，才能正确地发现人才和选择人才。党政机关选拔干部有其特殊性。2019年3月中共中央印发了修订后的《党政领导干部选拔任用工作条例》，这是重要的党内法规，是领导干部选拔任用工作的基本遵循。其中第二条明确规定选拔任用党政领导干部，必须坚持下列原则：①党管干部；②德才兼备、以德为先，五湖四海、任人唯贤；③事业为上、人岗相适、人事相宜；④公道正派、注重实绩、群众公认；⑤民主集中制；⑥依法依规办事。①这些原则对领导者选拔人才具有重要的指导意义。在一般意义上，选拔人才必须遵循以下原则。

（一）注重实绩的原则

实绩是工作成果，是人才的素质能力、思想观念和行为在实际工作中综合作用所产生的最终结果，是对组织、社会和国家所做出的实际贡献。坚持注重实绩的原则，就是把工作实绩作为判别选择人才的首要标准，注重工作中的实际表现和结果。坚持注重实绩原则，是以人才的"实干、实绩、实效"作为选拔的基石，以实绩为标准，促进全体人员的责任担当、实干精神和积极进取，真正做到使能者上、庸者下，通过考核实绩，把能力强、有实绩、有作为、有担当、有奉献精神的人才选拔出来培养组织成员忠于职守、脚踏实地、担当奉献的组织文化。注重实绩是以工作结果作为选拔人才的依据，是一种结果导向的管理方式，具有极大的说服力和公正性，形成选拔人才注重实际贡献的正确用人导向，把"空谈误国，实干兴邦"的观念落到工作实践和选拔人才的具体活动之中，能够从政策导向上引导人们立足实际，躬身实干，注重贡献。

（二）德才兼备的原则

德才兼备的原则就是在选拔人才时必须把德和才作为重要的依据。这是我们党和国家一贯坚持的选拔人才的原则。只有德才兼备、以德为先，五湖四海、任人唯贤，才能准确地把人才选拔出来。德才兼备是指既具有良好的道德修养又具有较高的专业技能。在选拔人才时，德和才都必须兼顾而不可偏废，要以德为先。"才者，德之资也；德者，才之帅也。"德是才的统帅，是才的灵魂，决定着才的作用方向；才是德的支撑，受德的制约，为德服务，影响着德的作用发挥。与才相比较，品德始终是第一位的。坚持德才兼备的原则就是在选拔人才时坚持德与才的统一和平衡，不可偏废。在选拔人才时要以组织、人民和国家的利益事业为重，视野开阔，打破小圈子，不以个人好恶、亲疏、恩怨、地域和行业等画线，

---

① 《党政领导干部选拔任用工作条例》，http://www.xinhuanet.com//politics/2019-03/17/c_1124245012.htm，2019年3月17日。

坚持五湖四海、任人唯贤，唯贤是举，唯德才是举，具有博大的胸襟，反对任人唯亲，冲破家族观念和私人名利的束缚及个人关系的羁绊，开阔视野选人，广开择贤门路，发现和选择德才兼备的优秀人才。

（三）公平竞争的原则

公平竞争原则是指在选拔人才时必须使各个竞争者在同一标准和相同条件下进行公开、平等、公正的竞争，接受公开的考察和评判，独自承担竞争的结果。坚持公开竞争原则，其一，要实现选拔人才的公开性，增强选拔人才工作的透明度，公开人才选拔信息、程序、方法和结果，让组织所有成员知情，使人才选拔工作全程受到监督，让选择权在阳光下运行，提高选人的公信度，有效防止权力被滥用、破除选拔人才的封闭性和神秘化。其二，要实现人才选拔的竞争性，要做到优胜劣汰，破除论资排辈、平衡照顾的定式，让优秀的人才脱颖而出。竞争不仅是市场经济和社会发展的活力之源，也是人才培养和不断产生之源。要采取公开选拔、竞争上岗、差额推荐、差额考察等方式选拔人才，坚持合理规则规范下的有序竞争，坚持团结合作框架内的同向竞争，坚决消除相互拆台的内讧式的恶性竞争，实现从"伯乐相马"式向"赛场选马"式的人才选拔模式转变。其三，要实现平等地选拔人才，使人才在社会、政治、经济、法律等方面享有相等待遇。平等是公开、竞争、择优的基础，平等、竞争、择优选拔人才都应在平等的条件下进行，这样才能起到公正和优胜劣汰的目的。在选拔人才时要实现机会平等、公平竞争，这是一个合理的人才选拔机制最起码的要求。其四，要实现择优选拔，选贤任能。择优就是在竞争的各环节中准确地评价和不断地筛选出相对优秀者。择优的关键是评价系统，包括评价标准、评价方法、评价程序乃至评价机构及其人员。

（四）群众公认的原则

人民群众是社会实践的主体，是领导服务的对象，是人才的评价者。俗话说，群众的眼睛是雪亮的。群众对谁是人才，哪些是人才是比较清楚的。群众也有评议人才的权利，有获得培养成为人才的机会。坚持群众公认的原则，要坚持党管人才与坚持群众路线相结合，广泛听取群众意见，充分尊重民意，注重群众公认的导向。密切联系群众、坚持群众公认原则才能准确选拔人才。坚持人才选拔中群众公认的原则就是注重公论，倾听群众的建议，尊重群众意愿。现代社会，依靠群众公认来选拔人才已成为较为通行的做法。在实际的人才选拔中具体做法形式多样，如让群众对人才进行评议，并形成群众评议意见；或开展民意测验，收集群众对人才的意见；或动员群众，由群众推荐人才等。无论采取哪种形式，都必须充分重视群众评议。坚持群众公认的原则是发扬民主的一种具体表现，选拔优秀人才，要扩大民主程度，广泛听取群众的意见，把群众公认，即群众拥护不拥护、支持不支持、赞成不赞成作为选拔人才的重要依据。

（五）人事相宜的原则

人事相宜原则就是领导者按照人适其事、事宜其人的要求，选择与组织中岗位任职需求相匹配的人才，将其安排在最合适的岗位上，保证人才素质能力与工作岗位要求的同构性，实现因事择人、事得其人、人尽其才、才得其用的人事协作理想状态。人与事之间的关系有两种：一是人事不匹配，人的能力素质高于岗位任职要求，即大材小用，"高射炮打蚊子"，这样就会导致人力资源的浪费，或者人的素质能力低于岗位任职要求，即小才大用，小马拉大车，这样就会导致工作任务难以完成，组织目标无法实现。二是人事相匹配，即适才适用，人的才能适于做事所要求的才能，只有实现人事相配，才能避免人力资源的浪费和实现组织目标。"好钢要用在刀刃上。"坚持人事相宜原则是人才选拔的出发点和归宿。领导者要强化事业为本、为上的意识，知事识人，依事择人，把合适的人才安排到合适的岗位上，做到人岗匹配、尽其所能、尽显其才。坚持人事相宜原则，一是要做到知事识人。二是要掌握和遵循人力资源管理的基本规律和方法。三是要正确理解"事"的内涵，事就是组织生存发展的事业。四是要注重德位相配。

二、人才选拔标准

人才选拔标准是选拔人才时所依据的准则规范和衡量尺度。人才选拔标准的确定可以在胜任力（competency）理论模型基础上进行构建。胜任力是指一个人所拥有的能够在工作岗位上取得出色业绩的特质、特征及技能。胜任力模型是指在特定岗位角色上完成一定任务所需要具备的基本能力的总和，是特定职位职责所要求的任职条件的一组能力特征。

胜任力理论及其模型的提出者是美国心理学家和管理学家麦克利兰。胜任力模型反映了组织中特定工作岗位中履行职责所需要具备的基本素质、技能等的总和。1973 年美国 HAY 管理咨询公司根据麦克利兰的胜任力理论提出了"冰山模型"，认为人的胜任力结构就好像浮在海上的一座冰山，能够观察到的素质和技能只是露出海面上的一小部分，这属于表层的、外显的要素；而人的大部分的素质能力要素，如价值观、态度、个性、品质、动机、信念等都是潜藏在水面以下的属于深层的、内隐的要素，较难发现和测评，但却是决定人们行为及表现的关键因素。"胜任力可以是动机、特质、自我概念、态度或价值观、具体知识、认知或行为技能，也就是可以被准确测量或计算的某些个体特性，这些特性能够明确地区别出优秀绩效执行者与一般绩效执行者。"①胜任力是与工作绩效、岗位职责和个人素质相结合的任职资格标准。

胜任力模型理论创立之后，受到了世界各国的重视，不仅被应用于人力资源管理领域，还被作为公务员选拔和晋升的依据。西方公共管理人才标准内容的维度主要包括忠诚度标准、业绩标准、能力标准、专业标准、领导力标准、决策力标准、执行力标准等。我国公共管理的主体力量是党政部门的人员，党政部门选拔人才标准的内容是整个人才标准体系的基础与核心。古代政治管理系统人才标准内容的维度主要是智、德、忠、才。当代我国党政人才标准内容的维度主要包括政治标准、专业标准、道德标准、能力标准、业绩标准、身心标准等。党的十八大以来，习近平同志把好干部的标准确定为："好干部要做到信念坚定、为民服务、勤政务实、敢于担当、清正廉洁。"②党中央鲜明提出新时期好干部标准，在好干部标准的基础上，提出了要严把选人用人政治关、品行关、能力关、作风关、廉洁关，这实际上成为选拔领导干部的标准。确定科学合理的人才选拔标准，是领导者正确选才用人的前提基础。一般来说，在选拔人才时应该遵循以下基本标准。

（一）政治标准

政治标准就是衡量人才的政治素养方面的尺度和准则。政治标准是考察人才在政治信仰、政治认知、政治立场、政治价值观等方面的状况，是考察人们用自己的专业技能为谁服务的问题。政治标准是方向性的根本问题。任何组织、国家，包括企业等在选拔人才时都高度重视政治标准。一般来说，政治标准的主要内容有以下几点。

（1）高度的政治忠诚。对于公共管理人才而言，首要的政治品格就是忠诚、为民。"天下至德，莫过于忠。"政治忠诚就是忠诚于国家，忠诚于国家的政治制度、宪法法律；忠诚于人民，忠诚于人民所赋予的权力，忠诚于人民的利益；忠诚于组织，即忠诚于自己所工作的组织，恪尽职守，服从和奉献组织的使命。

（2）正确的政治认知。政治认知就是对政治的基本认识和知识。政治是事关国家发展的全局性、根本性、长远性和整体性的重大问题，是关乎国计民生的大事，是关乎国家前途命运的实践活动，是基于公共权力基础上的对全局性公共事

---

① Spencer L M，McClelland D C，Spencer S M：Competency Assessment Methods：History and State of The Art，Boston：Hay-McBer Research Press，1994年。转引自巢莹莹：《组织行为学》，同济大学出版社，2016年，第54页。

② 习近平：《习近平谈治国理政》，外文出版社，2014年，第412页。

务的管理活动，其本质是对公共利益的分配。政治的目的是公共利益的公平公正分配，保障人民的幸福生活和实现全面自由的发展。政治认知是领导者对政治实践的能动反映，是领导者对政治性质、政治权力、政治角色、政治制度等方面的理性认识。领导者的政治认知包括对政治思想、政治制度、政治价值、政治文化、政治权力、政治职能、政治实践等的认识。

（3）强烈的政治责任。政治责任是领导者积极履行政治职责并由此对其未履行好相关政治义务而承担受到惩罚的结果。韦伯在《作为职业的政治》中认为，政治家最为重要的资质，除了热情、洞察力之外，还应有强烈的责任感。责任是一种与权力相匹配的、必须履行的义务，有权就有责，有多大权力就有多大的责任，必须通过合理配置权力，确保权责一致，强化问责制，压实政治责任。①

（4）自觉的公共服务意识。这是领导者在深刻把握领导本质基础上所形成的为人民服务的公仆意识。服务性是现代领导活动的本质性特征。"专制国家，人民是君主的奴隶；共和国家，人民是国家的主人，官吏是人民的公仆。"②公共服务意识是领导者形成的把自己当作人民公仆的思维模式、观念意识和行为习惯。领导者是满足人民需要的公共安全、公共产品和公共服务的"生产者"和"提供者"。

（二）专业素养标准

专业素养标准是指人才的专业知识、能力、精神、态度、水平等的状况，是完成特定任务和解决问题的本领。这是决定人才之所以能够成为人才的根本条件。专业化水平是专业知识、专业思维、专业技能、专业方法、专业精神和专业实绩的总和。这是领导者选拔人才的依据。以下主要阐释专业知识、专业技能和专业精神。

深厚的专业知识。专业知识是指人才从事专业性职业活动所应具备的科学文化知识，包括普通文化知识、所从事专业工作的学科知识。专业知识包括专业学科内容知识、学科观念、学科思想方法、学科思维特点和研究方法、学科发展的前沿概况等。公共管理者必须熟悉和掌握本职工作领域的专业业务知识，了解有关专业领域的具体情况，掌握它们的特殊规律，具有相关的专业技能，能够提出独到的专业见解，自觉成为一名内行管理者。

娴熟的专业技能。专业知识是基础，是培养专业思维、运用专业方法、提高专业能力的前提；专业思维和专业方法是关键，决定着专业知识的运用效果和专业能力的充分发挥；专业能力是核心，是专业知识、专业思维和专业方法的集中体现；专业精神是灵魂，是专业化水平持续提升的源泉动力。公共管理者的专业

---

① 袁明旭：《国家治理现代化视角下领导者政治意识的重构》，湖南师范大学社会科学学报，2018年，第2期，第57~63页。

② 孙中山：《孙中山全集》第5卷，中华书局，1985年，第522页。

技能主要包括核心能力、职业能力、层级能力和基本能力。

严谨科学的专业精神。专业精神表现为一种专注、敬业的态度，是专业能力在精神层面的升华。公共管理人才的专业精神是公共管理者执着于对工作的专业的规范、要求、品质化程序等，是在专业技能的基础上发展起来的一种对工作极其热爱和投入的品质，是建立在职业能力基础上的职业道德、职业价值观、职业忠诚、职业操守和奉献精神。

（三）道德标准

道德是做人的首要问题。公共管理人才选拔的道德标准主要包括职业道德、社会公德、家庭美德和个人品德。

以廉洁勤政为核心的职业道德。对于公共管理人才而言，其职业道德的核心要求就是要清正廉洁、勤政务实。清正廉洁是现代公共伦理的首要之义。公共管理人才的职业道德要求是廉洁奉公、勤政为民、依法用权、用权为公、执政为民，使权力造福人民。在新时代，公共管理人才应该更加崇尚廉洁勤政的职业道德。

以仁爱守法和平等公正为核心的社会公德。公共管理者在角色上首先是公民，要切实遵守社会公德。公共管理人才由于其角色的特殊性和重要性所决定，必须具有共情能力，能够站在别人的角度思考问题，具有换位思考的能力，平等待人，办事公平公正，率先垂范，具有强烈的法治意识，把对法律的敬畏转化成法治思维方式和行为方式，提高依法办事的能力。

以友爱和谐和勤俭团结为核心的家庭美德。公共管理人才的家庭美德主要体现在尊老爱幼、男女平等、夫妻和睦、勤俭持家、邻里团结等五个方面。公共管理者不能把家庭道德和家风建设视为个人的小事、家庭的私事，要加强自身修养，培养以友爱和谐和勤俭团结为核心要素的家庭美德。

以自律自省和敬畏慎独为核心的个人品德。个人品德由道德认知、道德情感和道德意志三部分组成。公共管理者的个人品德主要包括具有正确的公仆观、权力观、道德观、事业观、责任观、严于律己、慎独、自律、自省、自重，具有高尚的道德情操，具有积极健康的生活情趣和生活方式，能够坚守道德底线，成为普通大众的道德标杆。

（四）实绩标准

评价和判断公共管理人才最根本的标准和尺度就是实绩。实绩是公共管理人才在其知识、能力、素质、态度等基础上，付出一定的时间精力完成工作任务所取得的成效。公共管理人才的实绩是考察其履行岗位职责情况的综合性指标，主要包括完成工作的数量、质量和效益，为推进组织的发展所做出的贡献和取得的绩效。

把实绩作为选拔公共管理人才的标准，对于准确选拔人才提高领导力具有直接的基础性意义。实绩具有客观实在性，是通过实践活动产生的，也能够通过实践所检验和证明。选拔人才以工作实绩为主要依据，有利于克服选才用人的随意性和主观性，甚至是任人唯亲的不良倾向。实绩具有综合性，是公共管理者素质能力实践的结果，注重实绩考察能够比较全面地、客观真实地考察公共管理人才的综合素质能力。实绩具有比较性，通过与其他人的实绩进行比较，与他自己现在和过去的实绩进行比较，可以发现该人的素质能力及潜在的能力。实绩具有导向性，选拔公共管理人才以工作实绩为主要依据，体现了择优而任的导向性，对人才发展起着激励作用。

三、人才选拔制度和方法

为了实现人才选拔的规范化和常态化，各个国家和社会常常制定各种人才选拔制度，通过制度来实现人才选拔的合理性和高效性。人才选拔制度是由各种具体制度所构成的多层次、多结构的体系，每一种选拔制度都有特定的适用范围，具有其优点和局限性，关键是根据组织的岗位需求和所需选拔的人才特点，采取恰当的制度，各种制度之间既相互区别又相互联系，在选拔人才时既可单独使用，也可结合使用。

（一）人才选拔制度

人才选拔制度是指领导者或领导机关选拔人才必须遵循的程序和规章。随着时代的变迁和社会经济的发展，人才选拔制度也在不断地发展和完善。目前，我国的人才选拔制度主要有以下几种。

1. 选举制

领导学中的人才选举制与政治学中的选举制一样，又称选举委任制，是国家政治制度的重要组成部分，是公民的基本政治权利，是一个国家的公民或公民代表根据自己的意愿，按照一定的程序通过投票的方式选举国家权力机关的代表和国家公职人员的制度。这是一种通过公民投票表决选拔国家领导人才的制度形式。历史证明，选举制是一种更为有效、合理的人才选拔方式。选举制作为国家政治生活的一种民主形式，比较适用于代议机关的组成人员和主要领导人的选拔。选举制的实质是由公民通过投票的方式直接或间接地向被选举人进行授权的行为，是权力的委托、转换和集聚过程，是权力主体通过投票选举的方式把自己的某些权力委托交付给自己的代表来行使的活动。

选举制的主要价值取向是民主。在实行选举制时要保证选举人和被选举人的基本权利。公民作为选举人有宪法保障的选举权利，被选举人按照法律规定应该有竞争性。选举一般采用无记名投票的方式，有直接选举或间接选举两种形式。选举制的优点主要是：一是有助于减少对被选举人信息的遮蔽和认识上的偏颇，避免任人唯亲、人身依附关系。二是有助于对被选举人的实绩进行合理评价。三是有助于增强竞选获胜者权力来源的合法性，其权威性有较牢固的民意基础。四是选举人能比较充分、自由地表达自己的意愿，真正实现被选举人对公民负责，防止滥用权力。五是选举的定期举行并对任职者任期有法定限制，从根本上解决世袭制和终身制问题。但选举制也存在着一些局限性，主要表现在：一是容易导致短期行为。在选举时，选举人出于自身利益考量容易关注眼前和个人利益，被选举人为了能够当选，常常迎合选举人的偏好和当下需求，这样就容易忽视全局性的整体利益、长远利益，导致急功近利的短期行为。二是选举出来的人才常常并不是最优秀的。选举制可以避免产生庸才和蠢材，但受公民偏好的趋中性所影响，通过投票选举出来的人员常常并不是最有能力的，而是在各方面都可能稍微好一点的人才。有时还会受到人际关系等非理性因素的影响而忽视了能力的考虑。三是选举制的有效实施成本比较高，受制约的主客观条件比较复杂。四是选举制如果实施不当容易使社会产生分裂和冲突。

2. 考选制

考选制就是通过公开竞争性的考试择优来选拔人才的一种制度。这种制度萌芽于中国隋唐时开始实行的科举制度。科举制是泛指中国帝制时代设科考试、举士任官的制度，即采用分科取士的考试任官制度，是世界历史上延续时间最长的选拔人才的办法。英国是世界上最早实行公务员制度的国家，通常以 1870 年英国政府颁布的正式确立公开竞争考试制度的枢密令作为文官制度正式建立的标志，考试录用官员制度是通过公开考试，按考试成绩并参考个人资历、学历、品行和健康情况等择优录用，录用的基本原则是机会平等、择优录用。当代西方发达国家公务员录用制度特点是民主参与、平等竞争、信息公开、竞争择优、考任为主、通专标准。

1987 年党的十三大提出建立国家公务员制度，1993 年《国家公务员暂行条例》颁布，1994 年《国家公务员录用暂行规定》的颁布，标志着国家公务员考试录用制度正式建立。2006 年 1 月 1 日《中华人民共和国公务员法》正式实施，2017 年进行修正，之后 2018 年再次修订的《中华人民共和国公务员法》

规定，录用担任一级主任科员以下及其他相当职级层次的公务员，采取公开考试、严格考察、平等竞争、择优录取的办法。公务员录用考试采取笔试和面试等方式进行，考试内容根据公务员应当具备的基本能力和不同职位类别、不同层级机关分别设置。公务员法明确指出，这种考试制度主要适用于选拔初级公务员人才，对于中高级层次级别的公务员并不适用。对于中高级领导管理人才更主要的是通过实践锻炼和磨炼而成长起来的，难以通过考试进行比较有效准确的选拔。

考选制的优点主要表现在：一是相对公平。考选制实行考试成绩面前人人平等，用明确、统一的评价标准来选拔人才，体现了相对公平的原则，能够防止徇私舞弊、弄虚作假，避免主观随意性。二是公开竞争。考选制实行在统一标准条件下的公开竞争，机会均等，择优录用，优胜劣汰。三是适用范围广泛，考选制实施比较方便，可以大规模统一进行，在比较大的范围内广招贤才，避免人才选拔视野狭窄。考选制成为古今中外选拔人才中最为普遍的方式之一。但考选制也并非尽善尽美，其缺点是：考试内容以知识考察为主，难以进行能力考核；人才选拔结果的效度和信度难以保证，不适用于对高级人才的选拔。

3. 荐选制

荐选制就是通过推荐的方式来选拔人才的一种制度，也叫荐举制。根据推荐的主体不同可以分为三种形式：自荐制、他荐制和群众推荐制。自荐制就是自我推荐，即如"毛遂自荐"，在自我准确认知的情况下，根据岗位职位要求，结合自我职业生涯规划，自己推荐自己竞聘特定岗位的方法。他荐制就是别人推荐的方式，主要包括领导推荐、专家推荐和同事推荐等。群众推荐制就是群众按照特定的程序进行推荐的方法。荐选制的优点在于：在民主法治和制度健全的条件下，荐选制能够拓展人才选拔的视野，有效发挥推荐者和被推荐者的积极性。荐选制的局限性在于：容易受到人情、关系、面子和权势等主观因素的干扰，人才选拔的主观性较强，受推荐者的主观因素影响较多，标准不易把握，容易偏离正确轨道。

4. 委任制

委任制是指有任免权的组织机构和领导人依照法定程序和遵循人事管理权限直接委任和选拔特定的人担任一定职务的制度，也叫任命制。委任制的优点是：权力集中，责任明确，指挥统一；程序简单，便于操作；有利于实现治事和用人的统一；便于命令的统一，执行效率高。这种人才选拔制度比较适合直线式垂直管理的集权组织，如行政管理部门和军队等组织就比较适合实行委任制。但委任制也存在一些局限性，容易因领导者个人的好恶而产生任人唯亲、人身依附等现象，容易由于选拔范围狭小而产生所任命的人员胜任力不足的问题；容易使组织的工作关系带有个人色彩，形成宗派主义；并且在民主法治不健全时，容易产生跑官、买官、卖官的现象。

5. 聘任制

聘任制又叫合同聘任制或聘请制，是指用人单位采用合同契约的方式聘用工作人员的一种制度，聘任制是我国事业单位和企业普遍采取的一种人才选拔制度，主要是选拔企业事业单位的经营者和专业技术人员。聘任制可分为选聘和招聘两种形式。实行聘任制选拔人才时，首先经过考试考核，明确职责、待遇和聘期，签订契约合同，合同规定了双方的权、责、利及其他事项。实行聘任制，根据合同进行管理，对用人单位和所聘用人员都具有较大的灵活性和自由度，同时，聘任制有利于合同期内用人单位和受聘者工作的稳定性，通过合同约定，使被聘任者具有履行合同的压力，认真履行职责，有利于促进人才竞争，做到人尽其才、才尽其用；有利于唯才是举、选贤任能社会风气的形成。聘任制能够拓宽选拔人才的范围和渠道，有利于选拔合适的人才，有助于人才的合理流动，从而有利于组织人力资源结构的优化。

（二）人才选拔的具体方法

熟练掌握和运用人才选拔的具体方法是领导者选才用人提高领导力的一项基础性工程。人才选用的具体方法有多种多样，就常用的来讲，主要有以下几种。

1. 科学测评法

运用科学的方法和技术来对人才进行测评，测评的指标可以包括情商、智商、职业兴趣、能力倾向、个性化的心理特征等。例如，迈尔斯-布里格斯人格类型测验（Myers-Briggs type indicator，MBTI）是国际最为流行的职业人格评估工具。MBTI人格共有四个维度，每个维度有两个方向。心理能力的走向：你是"外向"（extrovert）还是"内向"（introvert）？认识外在世界的方法：你是"感觉"（sensing）还是"直觉"（intuition）？依赖什么方式做决定：你是"理性"（thinking）还是"情感"（feeling）？生活方式和处事态度：你是"判断"（judging）还是"知觉"（perceiving）？根据四个问题的不同答案，可将人的性格分为16个种类。

除此以外，还有智能化测评。这是通过计算机技术和网络技术来对人的综合能力所进行的测评。例如，可以把书面的纸笔测验转化为计算机化测评，这样的形式更加灵活、简便，对结果的统计和分析更加便捷。

2. 笔试和面试法

笔试是通过文字描述、解答考卷问题来鉴别应考者的知识水平、理论水平、写作能力和阅读能力的方法。笔试主要用于测量人的基本知识、专业知识、相关知识及考察人的综合分析能力、文字表达能力等。它是一种最古老而又最基本的人员测评方法，至今仍是各类组织经常采用的选拔人才的重要方法。笔试的优点是：简便易行，省时省力，花费较少，一份内容相同的考卷，可以同时对大批应考人员进行测试，并且易于管理；考试评分的标准尺度客观统一，较好地防止和避免考试和评阅试卷中的主观随意性，有较强的客观性和可信性；在测定知识和思维能力方面效度较高，成绩评定比较客观，往往作为人员选拔录用程序中的初期筛选工具。笔试也有一定缺陷，如不易考察应试者的实际工作能力，有时可能出现高分低能的现象等。一般而言，选拔较高层次的人多用论文式考试；选用较低层次的人多用问答式进行考试。

面试是要求应考者在规定的时间和场所，口头回答主考人的提问和考试题目，以考察应考者是否具备拟任职位所需要的实际知识和工作能力，观察应试者的仪表、性格及应变反应等。这是人事管理领域应用最普遍的一种测量形式，各类组织在招聘中几乎都会用到面试。其优点是灵活性强，获得的信息丰富、完整和深入，但同时也具有主观性强、成本高、效率低等局限。面试方法是20世纪50年代在美国兴起的一种人才测评技术。

面试可分为结构化和非结构化两种类型。结构化面试是通过设计面试所涉及的内容、试题评分标准、评分方法、分数等并加以规范化和标准化，对面试者进行系统的面试。其主要目的是评估应聘者工作能力的高低及是否能适应该岗位工作，同时也是对工作情况的预先介绍和对企业形象的宣传。非结构化面试主要是一种操作式考试，要求应试者运用其所具有的专业知识和技能，按拟任职位的要求进行实地操作表演，主考人据此判断应试者的专业知识水平和实际工作能力。非结构化面试是没有固定的模式和测评要素，没有稳定的评分标准，以主观的总体印象和判断作为评价依据。非结构化面试主要采取情境模拟测评方法，设置工作情境模拟并综合应用多种评价方法、多种评价源来评价被测者的某些特质，包括公文框测验、无领导小组讨论、即兴演讲、角色扮演等。

3. 履历分析法

履历分析是根据个人履历中记载的信息，了解一个人的成长历程和工作业绩，对其人格背景进行分析。履历分析的测量范围比较广泛，包括情感稳定性、家庭和社会价值取向等。履历主要包括一个人做过什么，这是经验；一个人做成了什么，这是能力；怎么做成，这是思维方法，通过这些履历分析可以考察一个人的综合素养。使用个人履历分析，既可以用于初审个人简历，迅速排除明显不合格的人员，也可以根据与工作要求相关性的高低，事先确定履历中各项内容的权重，把申请人各项得分相加得到总分，根据总分确定选择决策。有研究结果表明，履历分析对申请人今后的工作表现有一定的预测效果，个体的过去总是能从某种程度上表明他的未来。但要注意的问题是：履历填写的真实性问题，以及履历分析的预测效度会随着时间的推移越来越低。

4. 360 度考核法

360 度考核法，又称全方位考核法，是指由员工自己、上司、部属、同事，甚至顾客等多元主体，从全方位、多角度来评估人员的方法。评估内容可能包括沟通技巧、人际关系、领导能力等，通过这种多元化的评估，被评估者不仅可以从上司、部属、同事，甚至顾客处获得各方面的反馈，也可以从这些不同的反馈意见中进行自我对照，清楚地了解自己的不足、长处与发展需求。在《财富》排出的全球 1000 家大公司中，超过 90%的公司应用了 360 度考核法。

5. 心理测验法

心理测验法是借助于各种测量仪器和量表，来测定人的各种心理特点。心理测验法一般多用于选用特殊人才。使用此法时，需要借助各种测量仪器和量表。因此，要求主持考试的人必须具备必要的专业知识。

心理测验包括人格检验和认知能力测验。人格检验通过判断被测者的人格特征、人格发展状况等，以此评价被测者适应环境和工作要求的心理素质。目前，西方学者将人格因素概括为五个方面，提出了五种人格模型：外向型、情绪稳定型、责任型、随和型和开放型。常用的人格检验方法主要有管理人员人格测验、素质人格测试、卡特尔16项人格因素量表、埃森克人格因素量表等。认知能力测验主要是评判被测者具有何种能力优势，预测其从事工作成功和适应的可能性及发展的潜能。认知能力测验主要包括语言、数字和空间能力的测验，相互间有很强的正相关关系。目前，主要采用韦氏智力量表、比纳智力量表、瑞文推理测验、塞斯登智力测验等进行测评。具体包括：智力测验主要是测定个人的观察能力、理解能力、表达能力、应用能力、记忆能力、推理能力、判断能力和想象能力等；性向测验主要是测验某个人适合于从事某种专业或职业的特殊能力，以鉴别和确定应试者从事的工作岗位或职业；兴趣测验是对一个人主动地、经常地倾向于认识掌握某种事物或某项工作并愿意参与该种工作活动的心理特征的测验。

第三节　人才使用之道

选拔人才是为了更好地使用人才并发挥人才的作用。人才使用是领导者合理地任用和管理人才的过程。用人之道是一门复杂精深的领导艺术，只有通过科学、合理地使用人才，才能在实践中提高领导力。领导者必须遵循人才使用原则和人才使用制度，掌握基本的用人策略。

一、人才使用原则

人才使用是领导者实现目标、提高领导力的关键环节，领导者应该遵循以下原则。

（一）适才适用原则

适才适用原则就是领导者在因事择人的基础上，熟悉、了解人才的能力大小、特长、优缺点和特性，根据组织事业发展需要及职位职责的要求量才使用人才，把合适的人安排到合适的职位。坚持适才适用原则是由领导的目的决定的。领导者必须以事业为上，任人唯贤，安排恰当的人在合适的岗位上做正确的事情，做到人岗相适、人事相宜，保证事得其人、人尽其才、才尽其用。领导力的突出表现是领导者能够使平凡的人做出不平凡的事业，使人才充分发挥其潜能。有组织、有计划地进行人才交流，互通有无，使人才能够找到最适合于自己的岗位并发挥作用。在选才用人时，要从担任职位的人和设计、委派该职位的领导者两个方面来进行分析。不要把职位设计成圣人才能担任的职位，即常人难以胜任职责的职位。

（二）用人所长原则

用人的目的是使其发挥最大效能，而人无完人，为此，领导者要坚持用人所长原则，在人才使用过程中要量才适用、扬长避短、发挥优势、容其所短、避其所短、用其所长。人才从来不可能是十全十美的完人，大凡有能力、有见识、有魄力、有创见并成就一番事业的人，往往都有着鲜明的个性和特点，其优点越突出，其缺点也越明显。莎士比亚说："人的一半是天使，另一半是野兽。"鲁迅曾说过，"倘寻完全的书，世间可读的就不多；倘寻完美的人，天下配活的就有限"。清朝学者顾嗣协有诗云："骏马能历险，犁田不如牛；坚车能载重，渡河不如舟；舍长以就短，智者难为谋；生材贵适用，慎勿多苛求。"为此，要做到：一要用其所长，尽可能将其放在最能发挥他优势的岗位上，绝不能用非所长，勉为其难。二要容人之短，只要其短处不涉及原则问题，就不能求全责备而埋没人才。领导者应该容言而广开言路，容短而不吹毛求疵，容过而治病救人，容贤而从善如流，容事而举重若轻，容才而不嫉贤妒能。三要短中见长，要知人短中之长，对其短处具体分析，化消极因素为积极因素，使人的短中之长发挥积极作用。例如，清代的杨时斋，让军中的聋人当侍者，让哑巴送密信，让瘸子守炮座，让盲人伏地听，做到军中无废人，充分发挥人的长处，避开了短处。

（三）合理搭配原则

领导用人时要注重分析组织系统的结构和功能，研究组织、人员、环境三者的相互关系和变动的规律性，通过合理的人才搭配优化系统结构进而改善和提高系统的整体功能。"整体功能大于部分之和"的系统论原理要求领导者在用人时要从整体考虑，适才适用，合理搭配，注重人才结构的优化，以取得整体化的最大效能。结构优化是指将人才个体作用的发挥与其所处的团队环境联系起来考察，通过团队结构的改善，最大限度发挥人才的作用。这要求领导者任用人才时注意团队结构的合理性，在年龄结构上实行老、中、青相结合。注重知识结构相互补充，专业结构相互配套，性别结构保持男女比例适当，性格结构有利于彼此相容，气质结构相互协调。领导者在使用人才时，要搞好人才资源的配置，组建合理的人才群体结构，使其年龄梯形、知识互补、专业配套、气质协调，达到整体的最佳效能。

（四）用管并重原则

领导者在人才使用时还要注重人才的管理，把人才使用与管理结合起来，坚持用管并重原则。重视管理就是加强人才培养，激励人才，关心人才，通过严格管理，使人才尽其所能地充分发挥其作用。培养是使用的前提；管理是为了更好地使用；使用离不开培养与管理。从领导学角度来说，人才是需要管理的，需要对人才进行明责授权，现代领导者授权给下属，之后便该放手让其自由发挥，而不是事必躬亲，做到用人不疑、疑人不用，信任人才。信任下级，就要按照下级的职务充分地授权，要使他在其职务范围内达到权责一致。人才是需要培养的。这种培养不仅是物质待遇方面的保障，而且也是思想、品德、才能上的提升，重视人才的培养，建立人才培训锻炼制度，加强人才后备队伍建设，采取多种方式在实践中锻炼和培养人才。爱护人才重要的是为人才提供事业发展的平台和环境，使人才有充分发挥自己才能的机会和空间。同时对人才要进行具体的指导和督促，对不同人才进行差异化的激励，为人才的发展锻炼提供机会。

（五）依法依规用人原则

领导者用人时坚持依法依规的原则是法治国家、法治政府和法治社会一体建设的基本要求。古今中外，用人腐败是最大的腐败，危害性极大。法治要求领导者在法律范围内开展领导活动，依照法律法规和政策选才用人。如果违背了法律法规，凌驾于法律之上，造成严重后果的就必须承担法律责任。坚持依法依规用人原则主要包括：一是依法依规用人的依据主要是宪法、法律、法规、规章。依法依规用人首先要求依宪法、法律用人。而法规、规章和政策只有符合宪法、法律规定时，才能作为用人行为的依据。二是依法依规用人要求领导者要依照法律法规的规定用人，同时，还要求领导者依法的原理、原则用人。在领导活动中尤其在用人过程中就会存在着大量的自由裁量空间，领导者对用人具有较大的自由裁量权，为此，领导者还应该依据和遵守法的原理、原则，如公开、公正、公平、诚信、信赖、保护、考虑相关因素和不考虑不相关因素等正确地开展用人活动。三是领导者用人要受到法律监督，受到职能部门监督、社会监督、媒体监督和公民监督。领导者依法依规用人要求其自身守法的同时，还须依法接受各种监督。

二、人才使用制度

人才使用制度遵循并体现了人才使用的基本原则，同时它又是实现人才使用原则的根本保证。所谓人才使用制度，是指领导者或领导机关在使用人才的过程中必须遵循的程序和规章。人才使用制度主要包括：任免制度和培养制度、交流制度和回避制度、考核制度与奖惩制度、职务升降制度与辞职辞退制度、任期制度和退休制度等。科学的人才使用制度对于实现人才使用的科学化、合理化，防止和避免用人上的重大失误，有着重要作用。

（一）考核制与奖惩制

考核制度，是指对一定职位的人才的德才素质、工作能力、工作表现和工作成绩所进行的考察、审核和评价的一项制度。考核的内容主要包括德、能、勤、绩、廉五个方面。

奖惩制度，是对有突出成绩的人才给予物质奖励或荣誉，对犯有错误的人给予必要的惩处的一种制度。奖励的方式有：荣誉奖励、物质奖励和晋升奖励。惩罚的方式主要有三种类型：党纪处分、政纪处分和司法处理。

（二）试用制与任期制

试用制是将被选用人员放在一定的职位上，让其在此职位工作一段时间，考察其是否适合担任此职。此法是了解人的一种切实有效的方法。古人在选用人才时也曾主张采取试用法。南宋的陈亮就曾说，了解人要"策之以言，而试之以事"[①]。试用制实际上就是为了解人提供了一个便于全面认识他的过程，通过这样一个过程来了解他的特长是否符合职位的要求。然后根据考察了解到的情况，决定能否选用。

任期制是指在政府机关或者企事业单位中的某些工作人员，在职工作的时间有一定的期限，任期时限满后其职务、职权、职责自然终止的制度。任期制既适用于领导干部，也适用于专业技术干部。《党政领导干部职务任期暂行规定》是我国在用人制度上的一项重大改革，对领导干部每届任期、同一职位的任期、同一层次的任期等都做了详细的规定。

（三）培训制与交流制

培训制是指政府机关或企事业单位有计划、有组织地对所选用的人才进行理论、技术等知识的再教育或训练的一项制度。培训的方式主要有职前培训和在职培训两种。在职培训又分为脱产培训、半脱产培训和业余培训三种。

交流制主要是指领导干部方面的交流，即各级党委（党组）及其组织（人事）部门按照干部管理权限，通过调任、转任，对党政领导干部的工作岗位进行调整。在企业中，轮岗则是经常使用的交流方式。实践证明，领导干部长期在一个地区或部门任职，虽然十分熟悉该地区或部门的工作，但也容易使其事业受到限制，容易安于现状，不利于整体观念的形成，同时易发生腐败现象。交流任用干部可以使领导干部摆脱亲情圈、朋友圈的包围，摆脱各种不正之风的干扰，从制度上构筑起"防火墙"。《党政领导干部交流工作规定》中对交流的对象、交流的范围和方式、实施过程等做了明确规定。交流制是对人才实行有计划、有步骤定期交流的一项制度。人才交流包括领导人才的交流和科技人才的交流。

（四）辞职制与回避制

辞职即辞去职务，是劳动者根据劳动法规或劳动合同的规定，向用人单位提出解除劳动合同或劳动关系的行为。根据《党政领导干部选拔任用工作条例》的规定，我国党政领导干部的辞职制度包括因公辞职、自愿辞职、引咎辞职和责令辞职。

---

① 唐麒：《中国名人名言总集》，时代文艺出版社，2004年，第466页。

回避制主要是干部回避制度，是指对领导者的近亲或直系亲属避免在同一个单位做有从属关系或有监督关系的工作的一种制度。具体来说包括四种回避制度：亲属回避制度、地区回避制度、公务回避制度、职务回避制度。实行回避制总的原则是：有夫妻、夫妻双方三代直系血亲及儿女姻亲关系的工作人员，不得在有直接领导关系或直接监督关系的单位担任领导工作。在执行公务时，凡涉及以上血亲关系的人员应回避。除民族自治区以外，经选举担任县长、县人民法院院长、县人民检察长等职务的本地人，任届期满后不得连任，需要继续任原职的，列入交流系列，易地任职。

三、人才使用的基本策略

策略是实现某种战略的方法性安排，是在坚定原则基础上的灵活性的方法。领导用人策略是实践中的一个开放体系。领导者在人才使用过程中，既需要处理协调好人才使用中的一些关系，避免陷入一些误区，也需要采取多种多样的行之有效的方法对策。

（一）人才使用中应该处理好的关系

1. 德与才的关系

在人才使用中要德才兼顾，以德为先，努力做到任人唯贤、选贤任能、用当其时、知人善任、人尽其才，把人才及时发现出来并合理使用起来。德乃立身之本，为政之要。晚清重臣曾国藩认为，德若水之源，才若水之波；德若木之根，才若木之枝；有才无德，近于小人；有德无才，近于愚人；与其有才无德近于小人，不如有德无才近于愚人。盖有才无德，其才足以济其奸，重用了很危险；然有德无才，难以当大任，亦不可不慎。故用人贵在德才兼备。只有德才兼备之人才是社会最优秀的人才，才能成为职场上优秀的人力资源。

德是才的方向和灵魂，是才发展的内部动力；才是人得以发展和成功的基本条件和基础。二者之间，德重于才，居于首位；德才相辅相成，缺一不可；用人要德才兼备。当前，在干部选拔任用工作中，一些地方和部门存在着重才轻德、以才蔽德、以绩掩德的现象，致使一些品行不端、作风不实、投机钻营、有才无德的人得到提拔重用，这严重影响选才用人的公信度，应该予以避免和纠正。

2. 学历与能力的关系

学历是指一个人学习的经历和记录，它表征着一个人所拥有的知识。领导者选才用人时既要注重学历，但又不能唯学历论，学历和能力并不等同。有的人虽然学历较高，但却不能胜任领导工作；相反，有的人尽管学历较低，但组织能力却较强，也可以担任一定的领导职务。能力则是指处事的才干。现在往往有混淆两者区别的倾向，一提干部知识化，选拔任用干部首先考虑的便是必须达到何种学历层次，不符合不拘一格选人才精神。学历是必要的，学历与能力也有一定的关系；但学历毕竟不直接等同于能力，更不等于贡献。因为一个人的能力是多方面的，不是一纸文凭所能包容的。在选拔人才时，既要注重学历，又不能只唯学历与文凭，那种认为"有水平无文凭空口无凭"就不能提拔使用的观点是不全面的。

3. 年轻化与资历的关系

资历是一个人工作的经历和记录，它反映的是一个人工作的历史。资历深的人一般经验丰富，但能力不一定很强；而资历浅的人尽管经验较少，但也有能力超群的佼佼者。两者不完全一致。领导者在选才用人时既重视资历，注重实际表现，避免唯资历论，又不能搞论资排辈。要重视领导队伍的年轻化建设。年轻化要求是要不断选拔年富力强的优秀人才和培养后备力量，使整个人员队伍保持合理的梯形结构，使社会主义现代化建设事业代代相传，后继有人。领导者应大胆地选拔优秀的年轻人才充实到各级领导班子中去，尽早地发挥其潜力。但要防止一刀切，不能为了年轻化而年轻化，不顾客观实际地越过必要的台阶，要求每个岗位都配上年轻干部。

4. 知识分子与人才的关系

基于中国历史传统，人们习惯于把知识分子与人才等同起来。现代社会，既不能把知识分子与人才完全等同起来，又要克服轻视知识、轻视知识分子的种种偏见。一方面，人才与知识分子之间存在着密切联系。一个无知的人是称不上人才的，人才必然是一个具有相当知识的人。但并不能说，知识分子就一定是人才。知识分子与人才是两个不同的概念，有的人是知识分子，但却不是人才。另一方面，把知识分子与人才对立起来的观念更是错误的。知识经济时代必须十分重视培养和选拔知识分子中的人才，创造条件，引导他们同工农大众相结合，积极投身到改革开放中去，建功立业。

5. 制度用人与领导者用人素养的关系

选才用人的制度是根本性的，起着决定性作用。最好的用人导向是制度导向，按照制度选才用人才是最可靠的。由于选才用人的复杂性、人的多面性及环境的动态性等决定，人治式的选才用人方式是靠不住的。但在选才用人过程中领导者客观上也有着较大的自由裁量权和一定的自由裁量空间。为保证选才用人的科学性、公正性、合理性和有效性，领导者选才用人的品质至关重要。因为无德无才的领导埋没、压制人才，有才无德的领导排斥嫉妒人才，有德有才的领导才能够发现人才、珍惜人才、爱护人才、培养人才。选才用人对领导者的品质要求主要有：有识才之眼，有求才之渴，有爱才之心，有引才之法，有容才之量，有荐才之德，有用才之道，有育才之方，有励才之术，有护才之胆。

（二）人才使用中的误区

1. 观念误区

（1）人才价值取向的"官本位"观念。中国传统社会具有浓郁的"官本位"观念，把权力的大小、官位的高低作为评价人才的唯一或根本的标准，以权力本位来衡量各类人才的价值。以"官"的意志为转移的利益特权、"唯上是从"的制度安排、以"官"为本的价值取向、以是否为官和官职大小评价社会地位的衡量标准。[①]在"官本位"价值取向影响下，人们所关注、所重视的是当官所带来的利益、特权、权力、享受和光宗耀祖。而不是重视党政部门管理人才的价值，容易忽视企业经营管理、专业技术、高技能、农村实用人才和社会工作人才的价值，忽视人才"第一资源""第一动力"的巨大动能，低估人才在现代社会中不可替代的重大价值作用。

（2）人才功能认识上的功利主义。有的领导者对人才的作用采取是否对自己有用的功利主义原则，重短期绩效、重眼前成绩、重看得见摸得着的利润、指标、增长速度等物质利益显绩，忽视人才的远期贡献和精神财富方面的绩效，不关心人才本身，只注重人才能否给领导者或本单位带来即时的回报和实惠，人才兴国强国战略在这些领导者身上更多地体现为口头上、报告中、文件中、标语口号中和总结中的重视人才，这是一种变相的、畸形的极端利己主义和势利主义，这导致许多领导者对人才实行杀鸡取卵式的政策。

（3）人才归属上的私有观念。有的领导者把人才看作是自己的私有财产，把下属看作是可以随意支配控制的对象，甚至把自己所管理的部门、领域和地方看作自己的势力范围，为所欲为，搞人身依附，依照血缘和与自己的私人关系来选拔使用人才，搞小圈子，搞宗派主义。自主性是人之成人的标志，这是一个基本的常识，但有的领导者却忽视和违背这一基本常识。这种人才使用上的私有观念导致大量的压制人才、禁锢人才和妨碍人才发展的问题发生，导致大量人才难以

---

① 周鸿雁，江畅：《中国传统社会民本观念走向官贵事实的历史反思》，武汉大学学报（哲学社会科学版），2020年，第2期，第50~57页。

有效、充分发挥作用。

（4）人才使用上的工具论。有的领导者把人才看作是实现自己目的的工具手段，不把人才作为人来看待和对待，只看到人才的物的方面的价值，缺乏人本观念，没有给予人才应有的人的尊严，不尊重人才。这种人才工具论是有违基本的伦理道德的。哲学家康德指出，人是目的，而不是手段。人的价值是最高的价值和尊严。把人作为工具和手段来看待是错误的。

（5）人才发展上的管制论。有的领导者认为人才是管出来的，这里的管实质上是控制，让人才听话顺从，而非科学的管理，在领导活动中缺乏服务人才、为人才发展提供平台和营造良好环境的观念，为人才服务的意识不强，能力水平不高。这种观念的错误在于没有从根本上认识到领导的本质特性，没有正确认识到领导的角色定位。领导者是为人才服务的，而非控制人才。

（6）人才缺乏论。经常有领导者感叹，组织中没有人才，缺乏人才，没有可用之人。总体而言，当前中国是人力资源大国，不是人力资源强国，人才匮乏，尤其是高端人才匮乏是一个客观现实。但是，人才总是有的，韩愈早就指出，千里马常有，而伯乐不常有。人才是客观存在的，关键是我们如何看待人才，如何使用人才。只有无能的管理，没有无用的人才，只是有的领导者缺乏洞察人才的慧眼，缺乏使用创造性人才的胆识才产生了人才缺乏的偏误。"人才是有的。不要因为他们不是全才，不是党员，没有学历，没有资历，就把人家埋没了。"[①]

2. 心理误区

领导者选才用人，不仅受到客观因素的影响，同时也会受到种种主观因素的制约。就主观因素来说，在以往的社会实践中形成的习惯化、固定化的知觉模式是一种最重要的因素，这就是影响领导者选才用人的心理效应。在此简要介绍选才用人时的心理误区。

（1）首因效应。又称为第一印象效应，是指知觉对象给知觉者留下的首次印象对知觉者以后评价知觉对象所起到的影响作用。具体来说，就是与人初次接触时，在心理上将会产生对该人带有情感色彩的感性定势，从而影响到以后对该人的是非评价。这种效应最典型的消极作用是以貌取人、感情用事，有时甚至会给工作带来巨大的损失。显然，首因效应容易使领导者在选才用人时，过分偏重表面现象，很容易被假象所迷惑。

（2）近因效应。近因效应是指知觉对象给知觉者留下的近期印象对知觉者评价知觉对象所起到的影响作用。领导者注意人们工作的近期表现是对的，但有时却会导致"一俊遮百丑""近过掩前功"的偏颇。近因效应与首因效应比较而言，

---

① 《邓小平文选》第3卷，人民出版社，1993年，第109页。

前者一般是对初次见面的陌生人发生作用，而后者一般则在较熟悉的人群中产生影响。首因效应提醒领导者，不能仅凭第一印象就轻易下结论，对人的评价要"慎始"；近因效应则告诫领导者，不能因一时一事的表现就否定其一贯表现，对人的看法要"善终"。

（3）刻板效应。这是领导者很难改变其头脑中已经存在的关于某一类人的固定印象。选才用人中的刻板效应，也叫成见效应，指的是在以往的知觉印象和认识定势的基础上，很难改变对某人的固定看法。这种印象往往由来已久，根深蒂固。领导者一旦对某人产生消极成见，就会对该人持否定态度，不愿加以重用。为此，领导者要坚持实事求是的原则，坚持用发展的观点选才用人，才能真正排除消极成见的干扰。

（4）晕轮效应。也即光环效应。在社会传统知觉中，某个人的突出特征会像耀眼的光环一样，给周围的人留下深刻的印象，使人们很难看到其他行为品质。在选才用人中，领导者要特别注意晕轮效应对自己的干扰。对他人的评价，既不要以功掩过，也不要以过掩功，要尽可能地公平公正。

（5）投射效应。投射效应是一种把自己的感情、意志、特征投射到他人身上并强加于人的一种认知障碍。具体表现为以自己的好恶为标准来识别和评价人，自己认定某个人是人才，别人也一定会有相同的评价。在选人用人时，领导者倾向于选择那些与自己脾性、风格相近的人。这容易导致组织缺乏生机和创造性，决策时听不到不同的观点和意见，容易做出错误的决断。

（6）嫉妒心理。嫉妒心理是害怕他人胜过自己，憎恨他人优于自己，将别人的优越之处视为对自己的最大威胁，感到害怕和愤怒，借助于贬低甚至诽谤攻击他人的手段来摆脱心中的恐惧和愤恨对自己的困扰，以求得心理上的安慰。领导者对竞争对手的嫉妒表现在不能容忍其在任何方面超过自己。对下属的嫉妒主要表现为维护自己的尊严和地位，不能容忍下属的某项才能超过自己，把才华出众的下属视为心头大患，胸中充满"欲除之而后快"的妒火。

（7）回报心理。即"投桃报李"式的相互回报心理，回报心理主要有报恩心理和报复心理。报恩心理，是领导者对那些曾经有恩于己或帮助过自己、给过自己好处的人在选才用人的问题上给予特殊的关爱和照顾，并以此作为回报的心理倾向。报复心理是领导者对那些曾经伤害过自己或侵犯过自己、有意无意冲撞过自己的人进行无端地压制和打击，并以此进行报复的心理倾向。回报心理具有积极和消极两方面的效应，领导者应克服褊狭的性格，警惕并克服报复心理和权情交易。

（三）人才使用的主要艺术

用人艺术是领导者在掌握和运用科学用人方法的基础上，根据特定情况灵活运用的用人方法和用人技巧。用人艺术所追求的是巧妙地调动多数下属的积极性，发掘其潜能。调动下属积极性的技巧主要有以下一些要点。

（1）健全完善人才使用制度，为人才发展提供良好的制度环境。人才使用制度是领导机关及其领导者在使用人才的过程中必须遵循的程序和规章。领导者应制定科学合理的用人制度，设计科学的用人框架平台，细化人才使用的体制，用好的机制激励人才。领导者要遵循用人制度，在法定范围内用权用人。科学的人才使用制度对于实现人才使用的科学化、合理化，防止和避免用人上的重大失误，发挥着重要作用。

（2）善于发现和使用关键人才。领导者要勇于打破"大锅饭"和平均主义的认识误区和习惯做法，注重发挥优秀人才和关键人物的作用，把他们配备到重要岗位，同时，对各种资源的配置要向重要岗位和关键人才倾斜。领导者善用能人是事业成功的关键和秘诀。领导者宁用有缺点的能人，不用没有缺点的庸人，不能为求"稳"而任用平庸的人，不能以"全"而忽略有特长的人才，不能以"有争议"而摒弃敢想、敢干、有闯劲的人才。对喜欢搞人际关系者慎用，对好搬弄是非、搞小动作者不用，警惕好阿谀奉承、吹吹拍拍者。对缺乏团队精神、过分吹毛求疵、唯我独尊、嫉妒心特别强、一切以自我为中心者不用。应该让下属接触各种领导模式，有调查研究表明，员工从做事苛求的领导者身上可以学到更多的东西。领导者应该让人才得到独立锻炼的机会，让年轻下属带领一个团队工作组去独立完成任务，培养其能够独当一面的、敢于担当的能力和精神。

（3）大胆启用年轻人才，避免陷入"彼得误区"。美国管理学家劳伦斯·彼得（Laurence J. Peter）在《彼得原理》中提出了"彼得陷阱"。为了避免出现"彼得陷阱"，领导者在用人时应该大胆启用年轻人。通过不拘一格使用年轻人才，使组织中形成"鲶鱼效应"，使组织中形成竞争的氛围和压力，激发所有员工的创造力。据统计，人的一生中25~45岁是创造力最旺盛的黄金时代，如果不敢重用年轻人，既耽误了年轻人，浪费了宝贵资源，又耽误组织和领导者事业的发展。美国钢铁大王卡内基的墓碑上刻着："一位知道选用比他本人能力更强的人来为他工作的人安息在这里。"领导者不能以"太嫩"而忽视青年人，不敢重用年轻人，把"没有经验"作为不用年轻人的最重要的原因，这是荒谬的。帕金森定律指出，一个领导人威信越高，在位时间越长，就越难找到接班人。这是需要领导者在选才用人时力避的问题。

（4）切实把好用人关。领导者切实把好使用人才的关口不仅是一种重要的领导艺术，而且是衡量一个领导者能力高低的基本标准，是事业成败的关键。首先，领导者要切实严把政治关，把政治标准放在首位，把政治素质考察摆在使用人才的重要地位，把人才的政治忠诚、政治定力、政治担当、政治能力和政治自律考察识别出来，严防政治素质不合格的人才进入干部队伍。其次，领导者要切实严把品德关，以品德为基准。德不称其任，其祸必酷；能不称其位，其殃必大。领导者在使用人才时要坚持德才兼备、以德为先的用人标准，把德的考核贯穿到人才队伍建设的各个阶段、各个领域，使人才在良好品德基础上能够发挥更大的作用。最后，领导者要严把实绩关，以实绩作为人才使用的依据。领导者要注重考察人才的实绩，注重真才实学。领导者要注重实绩考察的准确性，综合运用个别谈话、实地考察、延伸考察等多种形式，全面掌握人才实绩，把敢担当、能干事、品德优、作风实的人才使用起来，树立崇尚实干的用人导向。

（5）注重激励人才。人是所有资源中唯一能增长和发展的资源，人是独一无二的能扩大的资源，这是因为人具有能动性和创造力。使平凡的人能干不平凡的事是用人艺术的重要课题。领导者应激发人才的动机，采取物质奖励与精神激励相结合的方法，增强其行为动力，通过塑造良好的领导者形象，以人格力量激励下属；通过满足下属正当的心理需要，以科学的心理调节影响下属；真心为下属排忧解难，以真诚的服务感动下属；引导下属积极向上，以高尚的组织目标凝聚下属；坚持公正用人，以正确的用人导向引导和鼓舞下属。

（6）注重忠诚与贤能的平衡。忠诚是一个人对其事业的自愿、实际和彻底的奉献。人才的忠诚从根本上来说是对国家、人民、组织和自己事业的全身心的投入和竭尽全力地奉献。每个领导者都希望下属忠诚于自己，但需要把忠诚与贤能紧密结合起来。忠诚分为三种类型：一是下属对领导者个人的忠诚，这依赖于领导者个人的人格化魅力和超凡的能力。二是下属对领导者职位的忠诚，这种忠诚取决于领导职位所赋予的权力，归根结底是对权力的忠诚。三是下属对岗位职责的忠诚。这种忠诚是一种事业的忠诚，职业的忠诚。领导者可以根据组织中职位的属性来平衡下属的忠诚度和能力。在组织的核心业务部门，应该配置既忠诚又贤能的下属，即对岗位职责忠诚的敬业者。在控制性部门，可以安排既忠诚又贤能者，对领导者忠诚的下属。在辅助性部门，可以安排综合素质一般的职工。

（7）注意人才使用上的连续性和动态性。为保证组织的连续性发展，领导者在用人时需要注意人才使用上的动态性和稳定性的平衡。一般来说，每一位新上任的领导者都想对自己管辖范围内的人事安排进行调整，根据自己的意愿和工作意图进行人员的重新调配。这是领导者顺利开展工作所客观需要的，但是需要注意以下问题：一是领导者刚上任时不要急于马上调整下属的职位。应该在新岗位上对岗位职责、对组织实际、对所有员工比较熟悉的基础上再进行调整。一般来说，新任的领导者在一年或者一年半之后进行人员的调整比较合适。二是新任领导者不能全盘否定前任领导者的用人安排。新领导上任一年后，应该继续保留和重用对职业的忠诚者，而对于职位权力的忠诚者也继续保留，重点是调整对前任领导者个人的忠诚者。三是领导者在提拔重用忠诚于自己的下属时，一定要注重遵守相关的程序和规则，依法依规办事，公平公正，以理服众。

第九章　领导力之剑：领导监督

领导监督是鞭策领导者的主要方法，是领导活动的基本内容，是领导的重要职能。重视领导监督，健全监督体制，对实现领导的科学化、民主化、法治化和提高领导力具有保障作用。

第一节　领导监督概述

领导监督的实质是对领导权力行使的程序性、规范性、合法性所进行的监督。领导监督是防止权力滥用的保证，是提高领导力有效性的基础。

一、领导监督的内涵

（一）领导监督的含义

从中文字面来看，"监"就是监视、观察，"督"就是责成、督促。监督就是监视、察看并督导。"监"是一个会意字，在甲骨文中，"监"字在形体上所表达的意思是：左边一个器皿，右边跪着或弯腰站着一个人，睁着大眼睛（目），利用器皿中的水来照自己的模样。唐兰在《殷虚文字记》中说："监字本象一人立于盆侧，有自监其容之意。"[①]后有时指自上而下地察看，如《说文》曰，"监，临下也"[②]。后引申为"监视""监督"等。监督一词，在中国古代典籍中首见于《后汉书》，其古意有二：其一是监察督促，"古之遣将，上设监督之重，下建副二之任，所以尊严国命，谋而鲜过者也"，[③]其意思是说，古时候派兵外出打仗，一般在最高统帅之

---

① 唐兰：《殷虚文字记》，上海古籍出版社，2016年，第155页。
② 苏宝荣：《〈说文解字〉今注》，陕西人民出版社，2000年，第296页。
③ 范晔：《后汉书·荀彧传》第70卷，中华书局，1965年，第2290页。

侧设几名官员，负责监察督促将军按皇帝的命令用兵。其二是指旧时的官名，如清代设十三仓监督、崇文门左右翼监督，在清末新办的学堂里也设监督。

在英语中，监督（supervision）一词，是由"super"和"vision"两部分组成。"super"本意指"最高、在上，居于上方"，"vision"则指"看"，即察视、观看。二者连用，就是指为了了解情况，从上方察看的意思。这与中文"监"的意思基本一致。从中文和英文的最初意义可以看出，监督一词含有从上面、旁边察看以督促之意，实际上是一种社会管理活动，是人类的一种有目的、有计划的监督行为活动。领导监督是国家和社会各类监督体系中的一个相对独立的系统，具有自己特定的领域和功能。

领导监督具有广义和狭义之分。狭义的领导监督是指组织系统内部领导者对下属（上级对下级）及组织内部专设的机关对领导机构及其人员的监督活动。广义的领导监督，既包括由国家机关、社会团体（包括政党或其他组织）、媒体舆论、公民对领导机关及其人员所进行的监察、督促，也包含领导者对下属的监督。本书所讨论的是广义上的领导监督，是指领导者对下属工作的检查督导及各种监督主体对领导机关及其人员行使权力、履行职责所进行的监察与督促活动。理解广义的领导监督的概念，应把握以下几个要点。

（1）组织内部领导机关及其领导者对下属执行任务情况的监督。在领导活动中，领导者主要负责制订战略计划和做出决策，为了使战略计划和决策得到贯彻落实，必须对下属的执行活动进行指导和监督，这是领导者对被领导者的监督，即上级监督下级。

（2）组织系统内部专设的监督机构对领导机关及其人员的专门监督活动，即专业监督。

（3）组织外部对领导机关及其人员的监督。这里的"外部"是相对的。如果把公共部门当作一个整体，那么，组织外部的监督主体主要包括社会团体、新闻媒体、社会舆论、公民个人等。这种监督对领导权力的规范行使发挥着不可忽视的重要作用。如果把行政机关的领导当作一个系统，那么，外部的监督还包括执政党的监督、人民代表大会的监督、司法机关的监督等。

（4）在领导监督中，领导者具有监督主体与客体的双重身份，处于既监督他人又被他人监督的特殊地位。这种双重身份决定了领导监督的特殊性和复杂性。

从广义上理解领导监督，既有学理上的价值，也有实践上的意义。从理论上来说，对领导监督取广义上的界定，能够完整地概括和反映领导监督的内外两大系统，有利于构建完善的监督机制，对领导活动实施全方位、多角度、多层次的系统监督，突出领导监督的特殊性和重要性，并在理论上把领导监督与其他监督区别开来。党的十八大以来，通过全面从严治党加强了对"关键少数"的领导干部的监督，加强党内法规制度建设，强化权力运行制约和监督，让人民监督权力，坚持用制度管权、管人、管事，由此取得了全面从严治党的重大战略性成果，反腐败斗争取得了压倒性胜利，但消极腐败的危险依然存在，对权力滥用标本兼治及一体推进不敢腐、不能腐、不想腐的制度建设和全面从严治党依然任重道远。因此，加强领导监督具有重要的现实意义。因此，从广义上理解领导监督有利于完善领导监督体系，能够发挥内外监督的功能和作用，促进领导工作的民主化、法治化和科学化。

（二）领导监督的特征

与其他监督形式相比较，领导监督具有以下特征。

1. 监督的强制性

领导监督是一种以权力作为后盾的对领导权力的监察和约束。在现代民主社会，权力所有者和权力行使者之间相对分离，监督就意味着一种权力对另一种权力的制约和监控。法国思想家孟德斯鸠说过：“从事物的性质来说，要防止滥用权力，就必须以权力约束权力。”[①]领导权力是国家和社会组织中由特定的机构和人员行使领导职能的权力，这种权力正像一柄双刃剑，既可能为民造福、服务社会，也可能危害社会、祸害国家。因此，要防止领导权力的滥用，必须对领导权力进行有效监督，这是国家法律法规所明确规定必须进行监督的，不是可有可无的。这种监督的实质是通过法治对权力进行监控，是以法制权。监督主体具有法律所赋予的相应的强制性权力，这种监督是以强制性手段作为保障的，这是确保领导监督有效性与权威性的基本前提。

2. 监督的法定性

领导监督是一种法定的监督活动，是以法律为依据，按照法定的程序和规则进行的，具有合法性。领导监督不以被监督者的意志为转移，不是建立在被监督者自愿同意基础之上的，不管被监督者是否意识到、是否愿意，领导监督都存在并发挥作用。领导监督的权威性和强制性来源于现代民主政治和法治，领导监督权在本质上是一种法定权，监督行为是一种法定活动。

3. 监督的独立性

领导监督是具有相对独立地位的监督主体所进行的监督活动。为了确保监督

---

① 孟德斯鸠：《论法的精神》（上册），张雁深，译，商务印书馆，1961 年，第 154 页。

的有效性，监督的主体和客体不能同为一体，不能让监督主体依附或受制于监督客体，真正有效的、可持续性的监督是这种异体监督。现代领导监督一般都是建立在民主和法治基础之上的，民主和法治的本质要求领导监督的主体必须具有一定的独立性、权威性。在领导监督活动中，监督主体只向赋予其监督权的组织负责，在不受其他任何机关、团体和个人干预的情况下，相对独立地进行监察和督促。被领导者对领导者的监督，从领导者的角度来说，也是独立于自身以外的监督力量，关键是必须真正赋予下属和下级组织在行政隶属关系以外的监督权力。领导监督的相对独立性是监督活动的权威性和有效性的基本保证。如果监督主体缺乏独立性，依附于被监督者，就根本谈不上监督，这样的监督只是一种空洞虚幻的摆设。在西方资本主义国家，三权分立的政治架构其实也是一种领导权力的监督制度。

4. 监督的全面性

由领导活动的全局性与复杂性所决定，领导监督是一种全面系统的监督活动，具体表现为：①监督主体的多元性。领导监督主体是指对领导机关及其人员具有监督职责和权力的组织和个人，领导监督的主体不仅包括组织内部的领导者、被领导者，还包括外部的权力机关、司法机关、社会团体、政党、公民及媒体舆论等。领导监督主体的多元性，是现代民主社会的一个重要特征。②监督内容的广泛性。从领导监督的客体来看，它几乎涵盖了所有的领导者的行为，从运作过程到行为方式，从实体到程序，从合法性到合理性，从工作活动到业余生活等都是领导监督的内容。正是这些多层次、多元化的监督内容，使得对领导活动领域的监督形成了一个相互联系、彼此作用的网络。③监督形式的多样性。公共组织的领导者是公共人物，他们的一举一动不仅受到专门机构的监督，而且还会受到媒体和公众的关注和监督，以保证领导者尽可能地勤政廉洁。领导监督既包括政党监督、立法监督、行政监督、司法监督，也包括社会监督、群众监督、个人监督、舆论媒体监督等形式。④监督手段的多样性。领导监督的手段是多种多样的，如检查、调查、巡视、报告、汇报、举报与控告等，同时，综合运用各种手段是监督有效性的基本保证。

5. 监督的双向性

领导监督是一种监督主体和监督客体之间双向互动的活动，是监督者和被监督者之间相互影响、互相制约的一种互动关系。一方面，领导监督既包括领导者对被领导者的下行监督，同时也包括被领导者对领导者的上行监督。领导者的下行监督推动着下属认真履行职责，有效完成工作任务；被领导者的上行监督有利于规范领导者的行为，减少和规避权力的滥用和腐败。另一方面，这种双向互动的监督行为，意味着双方处于动态的相互作用、相互制约的关系之中。这并不意味着监督者一直处于主动地位，被监督者始终处于被动地位，而是指双方始终处于一种相互博弈的竞争状态之中，两者之间的良性互动关系构成了有效的领导监督体系。

6. 监督目的的明确性

领导监督有着明确的目的，即确保领导权力的规范行使，保证权力的廉洁性、公正性、合法性，提高领导活动的有效性。从社会发展的角度来看，领导监督既是政治文明发展的结果，也是政治文明发展的动力。领导监督归根结底是为了维护公共利益，推动社会的进步和发展。对领导者的监督不是与领导对立对抗，不是限制干扰领导的合法行为，不是不信任领导者，而是从根本上预防权力的滥用和腐败，保护公共利益。必须对权力进行监督，信任不能代替监督，自律不能代替监督，这是建立在对权力本性及其运行规律认识的基础上的基本常识。监督实际上是对领导者健康成长的保护和关爱，通过有效的监督，扼制其私欲的膨胀，使领导者不敢、不愿、不能和不想滥用权力，防止其走上违纪违法犯罪的道路。

二、领导监督的类型

为了更好地理解领导监督，可以从不同的角度、根据不同的标准，将领导监督划分为不同类型。

（一）按照领导监督进行的时间先后，分为事前监督、事中监督和事后监督

事前监督，是指在领导活动付诸实施之前，对其制订方案、计划、措施的活动及结果所进行的监督。事前监督是一种预防性监督形式，一般包括两个方面：一是上级领导机关对下级领导机关或领导人员的决策所进行的监督。通常表现为下级领导机关或领导人员做出的决策需经上级领导审批同意后才能付诸实施。二是下级或群众对上级领导机关及领导人员的事前监督。通常表现为上级领导机关或领导人员在做出重大决定前或出台涉及群众切身利益的政策方案前，广开渠道，认真听取群众意见的过程，包括公示、听证等。事前监督的优点是易于提前发现问题，防止领导者做出错误决策，并能及时采取防范措施，避免可能出现的重大失误和损失。事中监督，也称日常监督，是指在领导活动过程中所进行的监督。其目的在于随时发现决策实施过程中出现的问题，及时采取措施纠正偏差，防止问题或损失的扩大，弥补由于偏差、偏离现象造成的不良影响，保证决策目标和

计划的顺利实现。因此，防微杜渐和及时有效是事中监督的突出特征。事后监督，是指在领导活动过程完成之后所进行的监督。其目的在于检查和验证决策实施过程中的各项活动是否合理合法，是否达到了预期的目的，实施过程中尚有哪些方面需要改进和完善等，通过总结经验，完善制度，杜绝漏洞，改进工作，为以后的领导活动提供可资借鉴的经验与教训。

（二）按照领导监督涉及的范围划分，分为一般监督和专门监督

一般监督，是指对领导者活动的各个方面所进行的一种较为系统、全面的监督。它涉及监督对象活动的一切方面，如上级领导对下级所有活动进行的监督等。

专门监督，是指由专业性的监督机构对领导活动的某一特定方面所进行的专门监督。专门监督涉及监督对象活动的某一方面，并由专门的监督机关或专业人员实施监督。例如，对领导者的经济财务活动所进行的审计监督等。

（三）按照领导监督系统关系划分，分为内部监督、外部监督及自我监督

内部监督是指在同一组织领导系统内部所进行的监督。它主要是在组织系统范围内，由系统内部的人员，包括上下级、同事之间所进行的监督。外部监督，是指来自领导系统之外的监察与督导，即监督的主体来自组织系统外部没有直接隶属关系的监督主体的监督。自我监督，是指领导系统中的个人对自身所进行的检查、反省与批评。它在本质上是一种自律行为，注重的是自身内在的约束，这种监督行为在某种意义上具有其他监督形式所无法比拟的优势，但不宜当作领导监督的一种组织化形式。所以，在前面关于领导监督概念的理解中，我们排除了这个内容。

（四）按领导监督的组织形式划分，分为国家监督、社会监督和政党监督

国家监督，是指以国家的名义，运用国家权力对领导者所实行的监督。在中国，国家监督集中体现了人民当家作主的地位，是领导监督的最高形式。国家监督对我国各行各业的领导机关、领导人员及其领导活动来说，是一种最全面、最权威的监督。国家监督的主体是代表国家权力的立法机关、司法机关和行政机关，它依据国家宪法、法律、法规和有关政策、条例对各级人民政府、各地区、各部门、各单位的领导机关、领导人员及其领导活动进行监察和督导。社会监督是指以社会组织的名义对领导活动所实施的监督行为，它是通过各种社会团体和组织、舆论机关等对领导者及其领导活动的各个方面所进行的监督。社会监督的基本方式是各种社会组织在行使监督职能过程中，以各自的名义对监督对象的领导活动

进行批评、建议、检举、控告、申诉等。其作用是防止监督对象的领导活动偏离正确方向，防止领导者脱离人民、脱离实际，产生官僚主义和贪污腐化等行为。政党监督是指政党组织对领导者及其活动所进行的监督。现代国家，大多实行政党政治，政党对领导活动的监督也是一种十分普遍的行为。在中国，政党监督是指以中国共产党及各民主党派为主体对各级领导者及其领导活动的监督。在西方国家，政党监督主要指在野党对执政党活动的监督。

（五）按照领导活动的主体要素划分，分为领导者的监督与被领导者的监督

领导者的监督是指在领导系统中，领导者依据相关的职能与权限对被领导者所进行的监督。它的主要目的在于督促下属认真完成工作任务，保证领导目标的实现。被领导者的监督是指被领导者对领导者的监督。这种监督主要是针对领导者行为所进行的监督，以督促领导者在规定的权限范围内行使职权，保证领导行为的合法性。

除了以上的监督形式外，还有许多不同类型的监督，如按照监督的历史发展进程来划分，可划分为人治型监督、法治型监督等。按照领导监督的侧重点不同，可划分为对领导活动的合法性、合理性、有效性和道德性进行监督等。

三、领导监督的功能

领导监督并不是干预领导系统的正常运行和秩序，而是通过一定的程序和方式对监督客体行为的合理性、有效性等进行督导和检查，对领导权力行使的规范性、合法性进行监督，从而有利于维持和增强领导的合法性，提高领导活动的有效性，提高领导力。领导监督具有以下功能。

（一）预防功能

预防功能就是指领导监督活动能够及时和提前发现在领导系统及其活动中所存在的各种潜在的或显在的问题、弊端，及时采取相应的措施加以防范或解决，防微杜渐，未雨绸缪，从而达到防患于未然的目的，或者避免问题的严重化，把损失减小到最低限度。领导监督的预防功能主要是通过事前监督和日常监督来实现的。领导监督不仅通过各种监督方式和途径对已经发生的失范或违法的领导行为进行监督，而且更为重要的是，通过各种领导监督制度的设计安排，增强领导行为的可预见性，使人们对某一领导行为的后果有比较明确和清醒的认识，使领

导者能够明确预期到自己行为的后果，使领导权力在合法有效的范围内运行。

（二）矫正功能

矫正功能是指领导监督可以及时、有效地对那些违反党和国家政策、法律或损害人民及国家利益的越轨行为进行矫正，阻止其发展，尽力挽回其所造成的不良影响和损失。通过领导监督，不但可以及时发现领导活动是否偏离了正常的轨道，领导者的行为是否合法、合理，领导者是否勤政、公正、廉洁，而且还可以发觉在政策、措施等实施过程中显现出来的问题及不良后果，并立即采取措施加以校正，妥善采取补救措施。由于人性的弱点和组织的自利性，领导活动常常会偏离正常的轨道，发生失范和越轨现象，为此，就必须通过一定的机制和体系来及时防止和迅速地消除组织和个人的偏离行为。

（三）督促功能

督促功能就是指领导监督能够促使被监督者规范行使权力、及时改正错误、努力提高绩效。领导监督是领导活动有效运行、组织目标顺利实现的重要保证。领导监督可以对监督对象形成一种外在的压力，促使其认真工作，遵守法纪，提高效率，不断上进。一方面，通过对错误或违法事实的揭露和采取相应的处理措施，可以达到对本人及他人的教育、挽救目的。同时对那些认真履行领导职能、勤政为民、公正廉洁、作风严谨的先进典型，进行表扬激励，能够起到榜样示范、教育督促作用。另一方面，通过领导监督揭露问题，促使有关部门不断地总结经验教训，并引以为鉴，及时建立和健全各种规章制度，发现工作中的各种漏洞，不断改进工作的方式方法，提高工作效率。

（四）教育功能

教育功能就是指通过在领导监督中所发现和处理的具体问题，除了对当事人进行批评和惩处外，还能够通过各种渠道和方式对其他领导者产生警示教育作用。领导监督的这种教育功能，有别于学校的专业知识训练与考试教育，它是一种更为普遍的、生动的案例化间接教育，是在传播法治知识基础上的廉政文化与法治精神教育。领导监督的教育作用主要是通过教育与自我教育两种方式实现的：一是通过各种媒介和方式进行反腐倡廉的宣传教育，使领导者学习和了解涉及权力行使的规则和相关法律，培养正确的权力观和法治意识；二是通过发现和处理滥用权力的违纪违法行为，对当事人依法进行批评教育和惩处，这种行为同时也会对其他领导者产生间接的教育作用。领导监督的这种教育功能在一定程度上有利于减少权力滥用和贪污腐败的现象，有利于降低监督成本。

四、领导监督的理论基础

（一）人民主权论

人民主权就是人民对国家的统治权。人民主权论认为，人民是国家的主人，拥有国家最高权力，国家机关及其工作人员所行使的权力是人民授予的，人民理所当然有监督权利。人类早期的民主思想中就蕴含着人民主权的观念，如古希腊"民主"一词的原意就是"人民的统治"。亚里士多德认为，参与城邦的最高治权，是公民的本质特征。法国著名思想家卢梭基于自然法和社会契约理论，首次系统地阐述了人民主权理论，认为政府的统治完全来源于人民的委托，政府的权力是人民授予的，国家主权属于人民，每个公民都是国家权力的主人。人民主权具有不可分割性、不可转让性，并且是绝对的、至高无上的和神圣不可侵犯的。卢梭在人民主权的基础上，阐述了政府与人民的关系，认为政府的本质是主权者的执行人，政府的行政官吏是人民的官吏，人民愿意就可以委任他们，也可以撤换他们。人民主权论将人民置于权源位置，确立了在政府与人民二元关系中人民至高无上的主权地位，从而成为领导监督的理论依据。

社会主义普遍公开奉行人民主权论，坚持国家的一切权力来源于人民、属于人民。我国宪法第二条明确规定，中华人民共和国的一切权力属于人民。在中国，人民代表大会是实现人民主权的根本政治制度，行政机关是国家为完成行政任务而设置的组织，公务员是国家为完成行政任务而雇用的人员。国家立法、行政、司法机构并非一个主权者的组织，它的一切活动必须对国家负责并接受人民监督。国家主权属于组成国家的全体人民，人民是理所当然的主权者，人民有权监督其所设置的组织的一切活动和人员。

（二）人性假设论

国家机关及其公务人员的活动为何需要进行监督管理，从人性的角度来看，是一个深刻的伦理问题。在这个意义上，领导监督并不是一般的组织问题、技术问题。领导监督的主客体都是作为生命体人的领导者和被领导者。人既是领导监督的主体，又是领导监督的客体，人是领导监督的核心问题。对人的监督管理必然涉及人性、人的本质、人的价值、人的权利、人的自由等基本问题。具体的监督法律法规都是以这些基本问题的解决为基础的。人性假设成为领导监督的人性论理论依据。

在中国传统文化中，人们往往从人性善恶争辩来推论社会的管理问题。孟子主张性善论，"人性之善也，犹水之就下也。人无有不善，水无有不下"①。人有劳心者和劳力者之分，"劳心者治人，劳力者治于人"②。而荀子主张性恶论，明确将人性与制度管理联系起来，"人之性恶，其善者伪也"③。好逸恶劳、趋利避害是其具体表现，"人生而有欲；欲而不得，则不能无求；求而无度量分界，则不能不争；争则乱，乱则穷"④。荀子认为，人的本性是恶的，如果任其自然发展，必然导致各种罪恶的行为发生。为此，必须制定法律，讲求道德和礼仪，对人的本性加以克制、矫正，才能成为正直的人。所以，"古者圣王以人之性恶，以为偏险而不正，悖乱而不治，是以为之起礼仪，制法度；以矫饰人之情性而正之，以扰化人之情性而导之也。始皆出于治，合于道者也"⑤。在荀子看来，人的欲求和性恶决定着制度的起源，制度是矫正人性和管理社会必不可少的手段。制定礼仪法度，化性起伪，从善去恶，"治之经，礼与刑"⑥。这种人性善恶论从根本上是一种善恶价值评价，而非一种事实上的知识陈述和理性认知。

西方思想家对人性的认识始于古希腊时期，并且始终高度重视人性，把人性作为一切思想和制度建构的基石和出发点。在西方文化中，无论是"政治人""经济人""理性人""社会人"假设，还是"符号人""伦理人""文化人""复杂人""公共人"假设，都有一个共性特征，就是在事实性认知基础上认为人性是恶的，社会管理和制度假设都须立足于人性恶这一基本的前提基础之上。

在西方，真正从对国家权力监督方面阐述性恶论的是近代启蒙思想家。意大利著名政治思想家马基雅维利第一次把政治问题看成是纯粹的现实权力问题，认为追求权力和财富是人的最基本的欲望，而权力和财富的共生性与有限性，同人的欲望的无限性必然产生冲突，如果任由人的欲望无限制地发展，必然造成社会的混乱和人们之间相互欺诈与侵害。许多西方思想家甚至认为权力是一种原罪，绝对的权力必然导致绝对的腐败。英国思想者洛克认为对个人自由权利的最大危害是政治权力的滥用，因此权力必须受到法律的约束和监督。

从领导监督的角度来看，监督的基本功能是抑恶扬善，为了提高领导效能，为了防止权力滥用，必须对人性的阴暗面有清醒的认识，必须进行领导监督。正如美国联邦宪法的起草者之一的詹姆斯·麦迪逊（James Madison）所说的，"如果人都是天使，就不需要任何政府了。如果是天使统治人，就不需要对政府有任

① 《孟子》，万丽华，蓝旭，译注，中华书局，2006年，第240页。
② 《孟子》，万丽华，蓝旭，译注，中华书局，2006年，第111页。
③ 荀子：《荀子·性恶篇》，安继民，注译，中州古籍出版社，2008年，第398页。
④ 荀子：《荀子·礼论篇》，安继民，注译，中州古籍出版社，2008年，第322页。
⑤ 荀子：《荀子·性恶篇》，安继民，注译，中州古籍出版社，2008年，第399页。
⑥ 荀子：《荀子·成相篇》，孙安邦，马银华，译注，山西古籍出版社，2003年，第236页。

何外来的或内在的控制了"①。为此，必须加强领导监督，把国家机关及其公务人员为恶的可能性和危害性降低到较小的程度。在现实生活中，公务员与普通人一样，都是趋利避害追求自身利益最大化的理性人，由于他们掌握着一定的权力，如果其权力不受监督制约，他们为恶时将比普通人对社会造成的危害更大，因此，必须对领导权力行为进行监督。

（三）分权制衡论

如果说人民主权论、人性假设论主要回答了为什么要进行领导监督的问题，那么分权制衡论则回答为什么要监督权力及如何监督权力的问题。权力具有扩张性和腐蚀性，缺乏监督制约的权力是危险的，为了防止权力的滥用，只能用权力来制约权力。英国著名政治思想家洛克认为，国家权力可以分为立法权、执行权和联盟权三部分，立法权与执行权必须分开，否则就会给掌权人提供滥用权力的机会和方便，在制定和执行法律时，使法律适合于他们的私人利益。法国启蒙思想家孟德斯鸠在《论法的精神》一书中指出，政治自由只存在于国家权力不被滥用的地方，主张对权力进行监督制约，"一切有权力的人都容易滥用权力，这是万古不易的一条经验。有权力的人们使用权力一直到遇到界限的地方才休止"②。分权制衡论主张行政、立法和司法三权分立，相互制约，彼此平衡。这成为许多西方发达国家建立政治体制的指导思想，它加强了立法机关、司法机关对行政权力的外部监督的力度，大大减少了行政权力的滥用和腐败。在实行三权分立体制的国家中，没有一种权力可以凌驾于其他权力之上，三种权力之间形成一种彼此制约和均衡的关系，对行政机关的立法监督及司法监督也由此产生并体现出来。

（四）系统控制论

领导活动管理是一种组织性活动，领导组织本身是一个严密的系统。任何一种有组织的活动从控制论的角度来看，都是由决策、执行、反馈三个环节组成的控制活动。任何目标的实现，不仅要有正确的决策，而且要有认真的执行。为确保决策的有效执行，必须及时发现和纠正执行过程中的偏差，这样就离不开监督和反馈。对领导活动而言，监督是进行权力控制的一种反馈机制。加强领导监督，才能确保领导决策的贯彻落实和决策目标的实现。因此，领导系统内部的自我监督是自身系统控制的具体表现，领导系统之外的外部监督，则是政治系统控制机制的具体表现。

---

① 汉密尔顿，杰伊，麦迪逊：《联邦党人文集》，程逢如，在汉，舒逊，译，商务印书馆，1980年，第264页。
② 孟德斯鸠：《论法的精神》（上册），张雁深，译，商务印书馆，1961年，第154页。

第二节　领导监督的原则和方式

领导监督的法定性、复杂性和动态性要求必须遵循基本的原则，采取各种有效的监督方式，这是提高领导力的基本保障。

一、领导监督的原则

监督原则是在总结研究监督经验教训和规律的基础上提炼出来的能够指导领导监督有效进行的基本规则。领导监督应当遵循以下原则。

（一）法治性原则

法治性原则是指在领导监督过程中监督者须依照法律规定的程序和规则进行监督。法律制度是实施领导监督的制度基础和保障。领导监督必须有法可依，有法必依，不仅监督要有法律的依据和保障，而且监督的形式、内容、手段、程序、方法都要有明确的法律规定，要符合这一些规定。如果监督工作离开了法律制度，一则会导致监督者为所欲为，公报私仇，甚至无法无天，打着监督的名义，干着违法犯罪之事，阻碍领导活动的正常进行，违背监督的本意和目的。二则会使监督流于形式，无法展开真正的监督。如果监督的权限、程序、方法等方面缺乏法律的保障性支持，就无法实施权威性的有效监督，使监督空转和流于形式。

（二）独立性原则

独立性原则是指领导监督主体在遵循法律的前提下，依法独立地行使监督权，监督活动不受其他任何组织和个人的干预。领导监督的独立性是实现有效监督的必要前提。领导监督是一种权力对另一种权力的监督和制约，如果监督主体不具有相对独立的地位和权力，不具有一定的主体性和自主性，依附、受制于被监督对象，那就根本谈不上有效监督，就会导致监督处于虚置的状态。在领导监督过程中，如果监督主体的经费来源、人事任免权等掌握在监督客体的手中，对监督客体有很强的依附性，监督的主客体错位，或监督主体、客体两位一体，那么领导监督就会陷入形式上的"虚幻"状态。只有独立性，才能产生权威性，才能使监督主体处于一种超然的位置，才能使监督具有效力和威慑力。

（三）公开性原则

公开性原则是指领导监督活动必须依法公开进行。监督活动的公开性是领导监督有效性、权威性的必要保障。列宁曾经把"完全公开性"作为"广泛的民主原则"的两个条件之一，认为"没有公开性而谈民主制是很可笑的"[①]。一方面，要实现对监督对象的有效监督，一个重要前提是监督主体要有足够的关于监督对象方面的信息。如果监督主体不知道领导活动的具体情况，就不可能及时发现错误并予以纠正。因此，监督对象的活动过程及结果必须公开。另一方面，要保证监督的公正性和权威性，监督系统本身也必须公开，就是公开地进行监督检查而不是秘密地指证，公开宣布监督结果。没有公开性就没有真正的民主监督。所以，应该将领导监督置于阳光之下，阳光是最好的"防腐剂"和"消毒剂"。

（四）时效性原则

时效性原则是指监督活动既要及时，又要有效。领导监督的时效性是实现监督目的的内在要求。领导监督缺乏时效性就不是真正的监督，只是一种形式上的"监督秀"。为此，领导监督必须重视时效性，监督主体要根据得到的有关信息，及时组织调查研究，发现并查明可能导致或已经导致违法、失职等行为产生的原因、条件、后果、危害等，及时实施有效监督，纠正所产生的违法失职行为。实际上，对腐败的预防比对腐败的惩治更为重要。因此，领导监督活动必须是具有经常性和有效性的行为，不能仅仅是临时性的措施，也不能只监督不处罚或随意放宽处罚。只有经常进行领导监督，才能及时发现问题并有效解决问题，克服监督的滞后性和软弱性，才能真正实现领导监督的目的，达到防微杜渐、亡羊补牢和威慑、警示的作用。否则，滞后监督、无效监督会大大降低监督的效能。

（五）全面性原则

全面性原则是指领导监督必须对领导活动的各个环节、各个层面进行全方位、广泛的监督，保证监督的全覆盖、无遗漏。领导监督的全面性是确保监督目标顺利实现的必然要求。由于领导活动的领域、影响具有广泛性，为了保证领导权力行使的合法性和有效性，必须对领导活动进行全面监督，并构建全面系统的监督体系。在监督主体上，不仅要保证各监督职能部门认真履行职责，而且要动员鼓

[①] 《列宁全集》第6卷，人民出版社，1986年，第131页。

励广大公民和社会舆论的监督。在监督客体上，不仅要对各行各业领导干部进行监督，而且要对领导活动的各个环节甚至包括领导干部的交际活动等进行监督。在监督手段上，不仅可以运用调查、举报、媒体曝光等方法，而且要运用现代高科技手段，借鉴其他国家的好方法，并不断创新。总之，必须通过全面系统的监督，将领导活动完全置于人民的监督之下，保障领导行为的合法性和规范性。

领导监督的这些基本原则相互依存，不可分割，在监督过程中必须全面贯彻实施，才能确保监督工作的顺利和有效开展，实现监督的常态化、法治化、科学化、高效化，实现领导权力的合法运行。

二、领导监督的基本方式

领导监督的方式是指监督主体为了达到领导监督目的而采取的各种手段和具体方法。领导监督方式是实现监督目标的桥梁和纽带。采用什么方式进行监督，对监督目标的实现具有直接作用。基本的领导监督方式包括以下几点。

（一）检查、视察、调查

检查是指上级领导机关或监督机关对下级或被监督机关及其人员的行为、结果所进行的考察、检验活动，被检查者有义务给予协助与配合。视察主要是指有监督权的组织和人员对监督客体的活动所进行的现场检查。这是一种比较正规的监督方式，运用得好可以起到非常有效的作用。调查主要是指监督主体根据检查所得的线索或公民的检举与控告，或者根据所发生的重大事件对相关领导机关和人员所进行的仔细深入的考察、了解活动，通过调查，查明事实真相，分析原因，分清责任，把结果向上级汇报或者公开，并做出相应处理。

（二）巡视与问责

巡视是专门的监督机构和上级机关对领导者的巡查监督，是监督者采取行动，主动对领导者所进行的"巡逻式"的监督。党的十八大以来，全面从严治党，反腐败斗争取得了压倒性胜利，巡视这种监督方式发挥了极为关键的作用。巡视是党内监督的重要方式。在全面从严治党和反腐败斗争中，巡视这种监督方式得到了充分运用和不断创新，在巡视中，明确重点，聚焦于党风廉政建设和反腐败斗争中的突出问题，实行专项巡视，实现巡视的常态化，并创造出"点穴式"、"巡查式"和"回访式"等针对不同系统、不同行业部门的专项巡视方法，注重巡视队伍自身建设，加强巡视工作的监督。

问责是通过对造成不良后果的领导行为所进行的警示性和惩戒性的监督方式。领导监督必须强化责任界定和责任追究。责任不清，监督就没有根据。明确责任，不仅需要明确领导者的权责，也需要明确监督者的责任。领导监督的有效性取决于问责制的科学运用。《中国共产党问责条例》明确了问责的内容、主体、程序、对象、事项的制度化、程序化，为问责制的实施提供了制度保障，"动员千遍，不如问责一次"。通过问责制的全面实施，可以提高领导监督的有效性。

（三）工作考核

这是一种日常监督行为，它是上级领导监督部门对下级领导机关及其人员工作结果所进行的考察、核实和评价活动。通过考核，了解领导活动的实际结果，并做出客观的评价，以此作为奖惩的依据。工作考核一般来说是定期进行的，通过这种方式，达到奖优罚劣、规范行为、调动积极性的目的。

（四）报告与汇报

报告的监督方式主要是指监督客体定期或不定期地向法定的专门机构报告工作。领导者对下属的监督，往往就是通过报告与汇报的形式来实现的。根据我国宪法规定，中央和地方的各级人民政府要向相应的同级人民代表大会报告工作，各级人大通过听取并审议报告，掌握政府的工作情况，发现存在的问题，督促其改进。党的十八大后，新修订了《领导干部报告个人有关事项规定》和新制定了《领导干部个人有关事项报告查核结果处理办法》，对领导监督的这种方式提供了制度保障。报告是加强领导监督、促进廉洁自律的重要举措。领导者必须强化服务意识、责任意识、组织观念、纪律观念，对工作中的重大问题和个人有关事项必须按规定和程序向组织请示报告。

汇报是监督客体定期或不定期地向监督主体汇报自己的工作情况，或者就某些具体的重大问题、事件向特定的领导机构进行专门汇报和请示。

（五）举报与控告

举报主要是指一定的组织或公民个人对领导机关及其人员的违法行为向上级或特定的部门所进行的检举揭发行为。这是一种十分重要的监督形式与方法，同时也是公民的基本权利。我们经常说，"群众的眼睛是雪亮的"，领导的任何不法行为最终都逃不过群众的火眼金睛。因此，需要重视这种监督方式，并积极鼓励和有效保护公民的监督权利。控告主要是指监督主体认为领导机关及其人员在行使领导权力的过程中存在着违法违纪行为，而依法向有关部门提出指控，并要求对其依法惩处的行为。举报与控告的主体既可以是公民个人、社会团体、政党、检察机关，也可以是领导机关及其人员等。

（六）审计监督

审计监督主要是指国家审计机关对特定机关的财政预决算活动、会议材料及其领导者的财务状况等所进行的审计活动。审计是监督和制约权力、促进领导者遵纪守法和尽职尽责的重要手段。审计还可以为领导的考核、任免、问责、管理监督提供重要参考和依据。通过审计，一方面，可以使国家财政预算资金得到合理、有效利用，对财政决算情况做出客观鉴定和公证。另一方面，可以发现和揭露领导者的违法行为。审计机关通过审计分析、审计检查、审计调整和审计报告的形式对领导活动及其结果进行监督。

除此之外，在实际领导监督过程中，还可以运用审查、质询、弹劾、媒体曝光等监督方式，或综合运用多种监督方式。

第三节　领导监督体制的改革与完善

领导监督体制是确保领导监督有效性和规范性的制度保证。改革和完善领导监督体制仍然是我国所面临的一项长期任务。

一、领导监督体系的构成

在人类的社会活动中，领导活动对组织与个人的命运前途产生着深远而广泛的影响，领导者掌握着广泛的资源，行使着公共权力，相对于被领导者来说处于明显的强势地位，受利益驱动和人性弱点及权力扩张的影响，如果缺乏有效的监督，领导者极易滥用权力和以权谋私，"权力导致腐败，绝对的权力导致绝对的腐败"[①]。权力不论大小，只要不受监督和制约，都可能被滥用，都可能产生腐败。腐败本质上是以权谋私。为此，必须加强领导监督，通过监督体制的建立健全和完善实现领导者的不敢腐、不能腐和不想腐。

一个比较系统完善的领导监督体系包括立法监督、行政监督、司法监督、政党监督、新闻媒体监督、公民和社会监督等。

---

① 阿克顿：《自由与权力》，侯健，范亚峰，译，商务印书馆，2001年，第286页。

（一）立法监督

在我国，立法监督主要是指权力机关的监督，是指全国人民代表大会及地方各级人民代表大会对各级领导机关及其工作人员的监督，它是领导监督的最高形式，具有最高的权威性。我国宪法规定，中华人民共和国的一切权力属于人民，人民行使国家权力的机关是全国人民代表大会和地方各级人民代表大会。国家权力机构监督的途径主要是：各级人民政府对同级人民代表大会及其常委会负责并报告工作，接受其审查；监督检查各级人民政府执行宪法、法律和法规的情况；撤销行政机关制定的与宪法、法律相抵触的法规、命令和决议等。

（二）行政监督

行政监督是指国家行政机关特别是行政系统内部的监督。行政监督一般是政府机关按照自身内部的层级组织自上而下地对公务员实行监督的活动。各国政府的行政监督一般是从两个途径展开的，一是工作监督，即政府机关沿着内部的指挥监督系统而展开监督工作，主要通过各级行政长官逐级监督下级工作的方式来完成，其主要手段是考核与奖惩。二是在政府系统内部建立专门的监督机关所进行的监督，即专门监督，包括人事监督、审计监督、环境监督、工商行政监督等。

（三）司法监督

司法监督是指国家法律监督机关为保证法律的实施而对法律的适用和遵守所进行的监督，也叫法律监督。司法监督是一种具有普适性和强制性的监督形式，它对一个国家范围内的所有人都具有普遍的约束力和强制力，任何人、任何组织，只要违犯了法律，都会受到法律的制裁和惩处。司法监督主要是通过对触犯法律、构成犯罪的个人和组织进行惩罚来实现的。在我国，行使司法监督权力的机关是各级人民法院和检察院，它们不仅对一般社会犯罪进行审判和制裁，而且对领导者的违法犯罪进行监督审查。

（四）政党监督

政党虽然并非政权机构，但国家机构是政党组织进行领导实践的设施和大舞台，政党是国家管理的真正主角。政党监督包括党内的自我监督和参政党、在野党的监督。在我国包括中国共产党党内监督和参政党监督。党内监督主要是党的各级纪律检查委员会对党员干部遵纪守法情况的检查督促。参政党监督主要是各民主党派对领导干部的行为所进行的监督。我国实行共产党领导下的多党合作和政治协商制度，共产党和各民主党派"长期共存，互相监督，肝胆相照，荣辱与共"，这就包含着作为参政党的民主党派对共产党的监督和对人民政府的监督。在西方资本主义国家，大多数实行两党制或多党制，各个政党除了自我表扬和拼命护短之外，还竭尽全力揭露对方之短。尤其是在野党和反对党对执政党的监督，成为执政党的一大压力和挑战。对执政党的监督及政党之间的竞争、监督和互掣关系构成了西方权力制衡机制中的重要组成部分。

（五）新闻媒体监督

新闻媒体监督主要是各种媒体机构利用所掌握的各种宣传媒介对领导者的全方位监督。当前，随着高科技迅猛发展，以广播、电视、报刊及网络技术等形式的新闻媒体日趋活跃，各种新闻媒体几乎覆盖整个社会成员的信息服务网和舆论市场，不仅成为社会生活的一部分，也成为监督领导活动的重要工具。媒体发布信息的功能把领导者和权力机构置于舆论的监督评判之中，通过舆论的力量把领导者置于监督之下。新闻媒体是预防腐败、揭露腐败的强有力的工具。我国新闻媒体对领导的监督虽然还存在不少问题，但毋庸置疑的是这种监督作用将日趋加强和日益重要，对防止官僚主义、形式主义，预防和揭露腐败将起到越来越重要的作用。在西方，新闻媒介的监督形成了法制化与独立性的传统，而且由于新闻媒介的竞争与社会责任，使新闻界在客观上发挥着监督政府的巨大作用，被称为"第四种权力"，与利益集团、非执政党、宗教势力等一并归为"第二决策权圈"。

（六）公民和社会监督

公民和社会监督主要包括公民和社会组织对领导活动及领导者的监督。在我国，公民监督的形式多种多样，如举报、信访、控告等。一方面，要增加各级领导者行使权力的透明度；另一方面，要拓宽人民群众的监督渠道，改善监督环境。在西方国家，相当一部分公职人员都是由公民选举产生的，自然都比较重视公民的各种形式的监督，如公众举报与投诉、公众的街头政治行为等。社会组织监督是指通过各种社会团体和组织，对领导活动及其领导者的监督。在我国包括政协、工会、共青团、妇联，以及各种协会等政治组织和民间社团的监督，这种监督随着社会组织的发育壮大，所起的作用将会越来越明显。

二、改革完善领导监督体制

领导监督体制是指为了保障领导权力的廉洁性和公正性而确定的监督权限划

分模式、组织机构形式和人员配置方式。2016 年 10 月党的第十八届六中全会审议通过了《中国共产党党内监督条例》，标志着全面从严治党、依规治党和党内监督工作进入了规范化、制度化的新阶段。党的十九大报告对领导监督体制的完善提出了新的要求，"构建党统一指挥、全面覆盖、权威高效的监督体系，把党内监督同国家机关监督、民主监督、司法监督、群众监督、舆论监督贯通起来，增强监督合力"①。当前亟须做好以下几方面的工作。

（一）健全领导监督法律机制

法制是领导监督的制度基础。邓小平曾提出反腐败要通过两个手段来解决，"一个是教育，一个是法律"，并强调"还是要靠法制，搞法制靠得住些"②。在领导监督的立法上，应抓紧研究并制定一系列专门的法律、法规，如"监督法""行政监督程序法""反贪污贿赂法""公职人员财产申报法""新闻法""公民举报法""政务公开法"等。尤其是需要加快制定一部专门的"监督法"，对监督主体的职责和权限、监督的对象和范围、监督的方式和手段、监督者与被监督者的义务和权利等做出明确规定。监督是宪法赋予人大的一项重要职权。按照依法行使职权的原则，监督权的行使需要有法律明确规定。截至 2018 年 6 月，我国已依据宪法制定了一系列与人大监督工作相关的法律和规定，仅国家层面的就有 26 个，其中最重要的是 2006 年 8 月十届全国人大常委会制定的《中华人民共和国各级人民代表大会常务委员会监督法》。

加快修改和完善现有的领导监督的法律法规。中国正处于急剧的社会转型期，在领导监督工作方面出现了大量的新情况、新问题，为了适应新时代发展的需要，必须对现有的领导监督与廉政建设方面的法规、政策和制度进行修改和完善，使之更具有操作性、可行性和科学性。对其中正确的、行之有效的法规制度，要进一步坚持；对那些内容滞后、脱离实际，甚至相互矛盾的法规和制度，该废止的废止，该补充的补充；对那些过于笼统、抽象，难于操作、漏洞较多的法规和制度，则要通过修改，使之更加严密、具体、准确；对那些比较成熟的廉政制度，要在调查研究和试验的基础上，逐步上升为法律、法规。2018 年 3 月，第十三届全国人大一次会议通过了《中华人民共和国监察法》（以下简称《监察法》）。《监察法》出台后，就需要对监察权行使涉及的原有法律中对有关国家机关职权的划分做出相应的修改和调整。并且随着机构改革的进行和深入，各级行政监察部门并入监察委员会后，就需要废止原来的行政监察法规，需要对相关若干法律中涉

---

① 习近平：《习近平谈治国理政》第 3 卷，外文出版社，2020 年，第 53 页。
② 《邓小平文选》第 3 卷，人民出版社，1993 年，第 379 页。

及行政监察机关名称、职能等的内容进行修改和完善。

（二）强化领导监督权力制约机制

在我国，所有行使公权力的国家机关及其工作人员都属于被监督、监察的对象。根据《监察法》，加强对所有行使公权力的公职人员的监督，实现国家监察全面覆盖。《监察法》将公务员及参照公务员法管理的人员，法律、法规授权或者受国家机关依法委托管理公共事务的组织中从事公务的人员，国有企业管理人员，公办的教育、科研、文化、医疗卫生、体育等单位中从事管理的人员，基层群众性自治组织中从事管理的人员及其他依法履行公职的人员，统一纳入监察范围，由监察机关按照管理权限进行监察。领导监督的对象范围和力度进一步扩展和加强。

1. 强化人大监督制约机制

在实践中，强化人大监督制约机制，应采取以下措施：一是充分发挥人大及其常委会在立法工作中的主导作用。健全制度机制，确保人大依法行使立法权、监督权、决定权、任免权。二是充分发挥人大代表的监督作用。人大代表在人大监督中履行监督的主体责任，要使各级人大及其常委会成为全面担负起宪法法律赋予的各项职责的工作机关，使人大代表成为同人民群众保持密切联系的代表机关的纽带。三是完善人大专门委员会设置，优化人大常委会和专门委员会组成人员结构。加强人大的法律监督职能，加强人大专业监督组织机构建设和队伍建设，提高人大代表的监督素质，实行代表产生的竞争机制，强化人大代表的监督责任感和使命感。四是完善人大监督立法和监督程序。注重通过立法措施来完善人大监督制度的各项程序和规范。特别要在《中华人民共和国各级人民代表大会常务委员会监督法》实施之后，对其不断进行修改和完善。监督程序立法要有针对性、可行性、预见性，同时，在监督程序之间要注重整体效应，不同监督形式之间的不同程序应当相互呼应，协调统一。五是改进监督方式。改进监督方式主要是变被动监督为主动监督，变一般监督为重点监督，变抽象监督为具体监督，变静态监督为动态的巡视监督。

2. 强化行政监督的权威性

行政部门是国家权力和意志的执行机关，其行使的权力和掌握的资源相对较大，为此，在国家监察委员会建立之后，要根据《监察法》的规定加强对行政部门及其人员的监督，更需要加强其内部监督。一是加快理顺监察委员会与政府行政部门的关系。随着国家监察委员会的成立，地方各级监察委员会也加快完成机构的合并组建。在此基础上，各级监察委员会在理顺内部各职能部门和层级关系的同时，加快理顺与各级行政部门之间的关系。国家监察体制的改革不仅仅是简单的人员转隶、机构分拆与合并，更是对科学配置监察监督权力的创新与发展。二是加强行政内部监督，强化行政监察手段。在各级监察委员会成立之后，原来属于行政监察部门的部分权力合并划拨到了新成立的监察部门，监督的形式由内部监督转换成为外部监督，在这种情况下，必须继续强化行政内部监督，尤其是强化预防监督。从事前监督入手，确定监督目标，制订科学的监督计划，防患于未然。同时，提高行政监督手段的科技含量，广泛运用高科技手段进行监督。三是强化效能监察。效能监察是对国家行政机关及其公务员在行政管理活动中的行为、能力、运转状态、效率、效果、效益等方面的监督检查活动。其重点是监督行政机关领导干部在行使职权、实施政务过程中，职责是否履行到位、行政是否依法进行、决策是否民主规范、政令是否畅通有效、效果是否明显和满意等方面。

（三）建立健全领导监督沟通协调机制

加强领导监督，搞好领导监督工作是一项宏大的社会系统工程，必须建立监督沟通协调机制，使隶属于各系统的多元监督主体互相配合，协调一致，形成合力，发挥监督的整体功能。建立沟通协调机制，具体来说应做好两方面工作。

1. 充分发挥国家监察委员会的综合协调职能

国家监察委员会的建立，整合了各种监督力量，在统一领导监察工作，履行专业监察职能的同时，还要发挥监督协调功能。在国家监察委员会统一领导下，既履行好对所有行使公权力的公职人员的监督，还需要督促各种监督主体履行好监督工作，并且建立健全各监督部门之间的协作制度，对各监督主体进行综合指导和协调，包括对监督主体的目标和监督过程的协调。

2. 建立统一的领导监督信息网

在国家监察委员会的统一领导下，加快建立领导监督完备的信息网络，以强化统一和协调作用。一是建立各种违法犯罪记录的档案库，在注意保密的前提下，允许互相调阅，共享信息资源，以便发现连环案、交叉案、案中案；二是建立重大案件互相通报的制度，以进一步发现和拓宽线索，协同配合；三是建立打击腐败、查处案件过程的信息交流制度，对违法犯罪案件的特点、手法、表现、动态等互相通报；四是建立疑难案件的通报制度，监督部门如果碰到疑难案件，或者遇到了难以克服的障碍，无法取得突破性进展，则应当向其他监督机构通报，促进合力攻关。

（四）改革和完善群众监督机制

毛泽东在延安时期就曾指出，"我们已经找到新路，我们能跳出这周期率。这条新路，就是民主。只有让人民来监督政府，政府才不敢松懈"①。在改革开放和社会主义现代化建设新时期，邓小平也非常重视人民群众的监督作用，他指出："要有群众监督制度，让群众和党员监督干部，特别是领导干部。"②党的十九大报告强调："增强党自我净化能力，根本靠强化党的自我监督和群众监督。要加强对权力运行的制约和监督，让人民监督权力，让权力在阳光下运行，把权力关进制度的笼子。"③要加强对领导干部的监督，教育各级领导干部树立正确的权力观，自觉接受人民的监督。进一步完善群众监督的有效途径有以下几个方面。

1. 继续加强信访举报工作

加快建设覆盖纪检监察系统的检举、举报平台。一是完善信访举报的体系和网络，拓宽监督渠道，保证言路畅通、举报有门。二是健全保护和保密制度，切实保护群众的举报权利，保护群众的安全和利益。对打击和报复举报人的行为，依法追究其法律责任。三是健全举报奖励和反馈机制，鼓励群众举报违法违纪行为。

2. 加大对干部选任的监督

扩大民主，方能增强监督。扩大群众在领导干部选任上的知情权、参与权、选择权和监督权。坚持和完善民主推荐、民意测验、民主评议制度，采用多种途径让群众更多地参与荐贤举能；对干部的考察考核要多渠道、多侧面、多方式，广泛听取各方面的意见，尤其注意听取其所在地方和单位群众的意见；积极推广领导干部任前公示制，对拟提拔任用的人选，在一定范围、一定期限内进行公示，根据群众反映及调查核实的情况，再决定任用。

3. 深化政务公开监督

完善群众监督要加快法治政府建设，加快转变政府职能，深化简政放权，创新监管方式，增强政府公信力和执行力，建设人民满意的服务型政府。要深化政务公开监督，加强领导监督。政务公开是指国家政务活动中，凡是涉及公共事务、公共服务的事项，只要不属于国家机密，都应向社会和群众公开，接受社会和群

---

① 黄炎培：《延安归来》，上海书店出版社，1945年，第65页。
② 《邓小平文选》第2卷，人民出版社，1994年，第332页。
③ 习近平：《习近平谈治国理政》第3卷，外文出版社，2020年，第52~53页。

众的监督。一要加强宣传教育，使各级领导者充分认识政务公开的重要意义，更新思想观念，端正工作态度。二要制定法律法规，实现政务公开法治化。三要突出重点，选准政务公开的突破口。四要建立监督和评价机制，提高政务公开的实际效果。

（五）建立健全舆论监督机制

舆论监督作为领导监督的一种重要实现形式，正如党的十九大报告所指出的，要"坚持正确舆论导向，高度重视传播手段建设和创新，提高新闻舆论传播力、引导力、影响力、公信力。加强互联网内容建设，建立网络综合治理体系，营造清朗的网络空间。落实意识形态工作责任制，加强阵地建设和管理，注意区分政治原则问题、思想认识问题、学术观点问题，旗帜鲜明反对和抵制各种错误观点"[1]。舆论监督是加强领导监督最便捷、成本最低的有效途径。舆论监督是在党管媒体的总原则下对党员及领导干部进行的监督。

不断完善信息反馈和责任追究机制。加强舆论监督，必须注重社会效果，解决实际问题。对新闻报道中揭露和批评的有关领导者的不正之风和违纪违法行为，其上级主管部门和领导要及时查处，在各自职权范围内认真加以解决，并将解决问题的情况及时向有关新闻单位通报。新闻媒体则应公开报道处理结果，做到有始有终。

实现舆论监督与其他监督的有机结合。舆论监督是领导监督体系中的一种重要形式，必须与人大监督、司法监督、纪检监察等部门的监督有机结合起来，建立有效的工作机制，互通情况，协调配合，形成监督合力，提高监督效度。人大常委会及政府行政监察等专门监督机关在履行各自监督职责时，既要充分重视舆论监督的作用，又要善于从舆论揭露出的问题中发现重要案件线索，并进行依法查处。

（六）改革和创新党内监督机制

邓小平指出："所谓监督来自三个方面。第一，是党的监督。对于共产党员来说，党的监督是最直接的。"[2]2004年2月颁布的《中国共产党党内监督条例（试行）》标志着党的反腐斗争和领导监督从依靠领导者个人的政治意愿开始转向依靠制度规范和制度建设的新阶段。2016年10月党的十八届六中全会审议通过了《中国共产党党内监督条例》，围绕理论、思想、制度构建体系，围绕权力、责任、担

---

① 习近平：《习近平谈治国理政》第3卷，外文出版社，2020年，第33页。
② 《邓小平文选》第1卷，人民出版社，1989年，第270页。

当设计制度，还专章规定了党的中央组织的监督，突出强调党委（党组）在党内监督中负主体责任，书记是第一责任人；明确纪委是党内监督的专责机关，履行监督执纪问责职责；对党的工作部门的监督职责做出了规定。全面加强党的领导和党的建设，就要坚决改变管党治党宽松软状况，就要加强党内监督，实现党内监督没有禁区、没有例外，就需要改革和创新党内监督机制。

　　加强党内监督可以从以下几个方面着手：一是实现党内监督的制度化和常态化。党的十八大以来，坚持全面从严治党，把勇于自我革命、从严管党治党作为党的最鲜明的品格，并重视党内监督的制度化、常态化建设。在加强党内监督中，以党章为根本遵循，把党的政治建设摆在首位，加强思想建党和制度治党，统筹推进党的各项建设，抓住"关键少数"，发展积极健康的党内政治文化，全面净化党内政治生态，坚决纠正各种不正之风，以零容忍态度惩治腐败，不断增强党自我净化、自我完善、自我革新、自我提高的能力，始终保持党同人民群众的血肉联系。二是落实党员的监督权利，主要包括质询权和否决权，党员群众对领导干部的提问、质疑等监督。党员是党内监督的主体。扩大党员对领导干部的监督，落实党员的知情权。党的十八大以来，全面从严治党向纵深推进，领导干部个人有关事项报告工作也不断加强和改进，要求党组织主要负责人个人有关事项应当在党内一定范围公开，主动接受监督。这有助于及时发现问题，预防腐败。三是强化党内监督责任机制的完善和落实。党内监督已经初步建立健全了监督责任体系，当前的主要任务是实现责任体系的顺利、高效运行，确保监督的主体责任、领导责任的落实，并建立监督保护制度，保障监督人员的权利。四是健全内控机制，加强对重要领导岗位和关键环节的监督，严格审查工作程序和业务流程，改进领导干部的管理和选拔方式，完善请示报告、回避等制度。五是增强领导者监督意识。一方面，领导者要强化对下属及其工作的监督，重点是指导和督促，确保领导工作、政策方针的贯彻落实和工作任务的完成。领导者对下属不能放任自流，不能做没有原则的"老好人"。另一方面，领导者在养成慎独德行的同时，自身要强化监督意识，增强接受组织监督的自觉性和习惯性。党的十八届六中全会审议通过的《关于新形势下党内政治生活的若干准则》指出，领导干部要正确对待监督，主动接受监督，习惯在监督下开展工作，决不能拒绝监督、逃避监督。领导者要养成在监督下开展工作的习惯和行为模式。

第十章 领导力之生命线：领导沟通

领导沟通是领导的基本职能，贯穿于领导的全过程，对领导活动的顺利开展、领导力的提高具有基础性作用。

第一节 领导沟通概述

一、沟通的基本内涵

沟通，来源于拉丁文 communis，意为共同化，英文是 communication，在《大英百科全书》中的解释是"用任何方法，彼此交换信息，即是指一个人与另一个人之间用视觉、符号、电话、电报、收音机、电视或其他工具为媒介，所从事的交换信息的方法"，中国学者根据自己的偏好把它翻译为沟通、交往、传播、交通等。虽然在中文中，沟通与传播、交通等的内涵是有着一定差别的，但传播学、沟通学、人际交流等在英文中的表达同样是用 communication 这个词。可见无论是中文还是英文，他们对沟通的理解是基本一致的，都认为沟通是指通过一定的媒介进行主体间信息、思想、情感等的交换交流，使之推理、理解，达成共识的过程。因此，沟通是人们出于一定的目的和动机，通过一定的媒介传递信息、表达情感、交换意见、交流思想和价值观念的行为互动过程。从沟通的定义中可以看出以下几点。

第一，沟通是具有一定动机和目的的、普遍的社会现象和社会行为，人类的行为都是有动机和目的的，沟通也是如此。沟通是为了满足个人和社会的各种需要而产生的行为。

第二，沟通对个人和社会而言都是非常重要的。个人与社会的生存和发展都离不开沟通。从人类的繁衍来看，离开了男女之间的沟通合作，就不可能有人类的繁衍。从人类的生产活动来看，离开了沟通合作，也不可能有物质生活资料较大规模的生产和发展。同时，从人类的文化文明发展来看，如果没有人与人之间、民族与民族之间、国家与国家之间的文化沟通传播交流，也不可能有人类文明的进步发展繁荣。沟通是人类社会生存发展必不可少的社会行为。人类离不开沟通，社会发展需要沟通。

第三，沟通离不开一定的媒介和渠道，有"沟"才能"通"。"沟"是媒介和渠道，是达到"通"的必不可少的手段和工具。有效顺畅的媒介和渠道在沟通中发挥着不可忽视的作用。

第四，沟通不是无师自通的。沟通虽然是普遍的社会行为，人人都需要沟通，但沟通并不是一种不需要学习的先天就会的能力，而是一种需要后天学习、培养、锻炼才能掌握的技能。

第五，沟通是一种人与人之间互动的行为。没有互动、单向性的行为不是真正的沟通，即有"沟"不一定就"通"，只有沟通主客体在所传递和交流的信息、情感、观点、价值等方面上进行互动、理解等，才是真正意义上的沟通。

沟通是两个或两个以上的人之间的交流活动，其主客体都是人，是人与人之间的信息、思想、情感、态度、价值观等的传递和交流，沟通是人的一种发挥主观能动性的自主性活动。沟通的目的是通过信息、思想、情感、价值观的交流，达到信息的共享，促进情感的交流，达成思想的共识，产生相互的影响，促进彼此的相互理解与合作。沟通的内容不仅包括信息，还包括情感、态度、思想、信念、价值观等。通过这些内容的传递传播、交换交流，促进相互理解，达成思想共识，促进相互合作。

沟通是人类的一种基本行为活动，人类除了进行物质生产活动之外，还进行沟通交流活动。沟通具有社会性，由于沟通是人的行为，而人是社会性的动物，这就赋予沟通以社会性的本质。沟通具有黏结性，社会是由各种各样的个人和组织构成的，人类正是通过沟通把独立的个体凝聚、组合成家庭、组织，从而形成民族和国家。沟通像一根根无形的线，把人们凝聚在一起，然后编织在各种网络之中，形成一个个共同体。沟通具有普遍性，沟通无处不在，无时不有，在个人生活和人类社会中到处都有沟通，时时都离不开沟通。

二、领导沟通的内涵

领导活动离不开沟通，沟通贯穿于领导过程的各个环节和职能之中，对领导的成败和领导力的提升起着基础性作用。

（一）领导沟通的含义

领导沟通是为了实现组织目标，在领导过程中，领导者与被领导者、领导者之间进行信息、态度、情感、观念、价值等的传递交流与相互理解、达成共识的过程。为此，需要把握以下几个方面。

（1）领导沟通目的的公共性。领导沟通具有不同于其他管理沟通的目的。领导沟通的最终目的和宗旨是实现公共利益、维护公共利益、增进公共利益，实现公共目标。企业管理沟通的目的是增进企业的利润，使企业获得更多的收益，本质上是实现私人部门的利益和个人利益。行政管理沟通的目的是提高政府的管理效率，促进行政组织的顺畅运转。

（2）领导沟通主体是公共组织和领导者。沟通过程中信息、态度、情感、观念、价值等的发送者是公共组织和领导者，接收者除了公共组织和领导者之外，也有私人组织、社会组织和公民个人。由领导的职能和领导者的特殊角色所决定，领导沟通的主体、范围、方式等都有别于其他沟通形式。

（3）领导沟通过程更为复杂。领导沟通所涉及的对象具有多元性，其沟通对象是开放性的，不仅包括政府、非政府组织、事业单位，还包括公共企业、私营企业、公民，以及其他国家、国际组织及其人员等。企业的管理沟通和政府的行政沟通都是在一个相对封闭的组织系统环境中进行的，领导沟通是在一个开放的多元主体之间进行的，其过程和环节更为复杂，沟通协调的难度更大，沟通结果的不确定性较大。

（4）领导沟通具有较强的规范性和权威性。与私人沟通和企业沟通相比较而言，领导沟通具有明显的规范性和权威性。领导沟通的信息内容、渠道方式等都有比较明确的规定。领导是以公共权力为基础的，领导者是公共权力的行使者和公共资源的掌控者，领导沟通具有比较明显的权威性。在领导沟通中，沟通的双方地位并不对等，信息也不对称，沟通对象对信息的接收也处于被动地位。

（5）领导沟通是多维度多层面的互动活动。领导沟通是一个更广泛、更开放的多层面、多维度的动态沟通系统，既包括国家与国家、国际组织之间的沟通，也包括一个国家之中各种公共组织之间、公共组织与非公共组织之间的沟通，还包括领导者个体、群体之间的沟通。

（二）领导沟通的特点

领导沟通属于公共沟通的一种基本类型和主要方式，与其他沟通一样，归根结底都是一种人与人之间的沟通，无论是国家之间、国际组织之间的沟通，还是公共组织之间的沟通，最终都会落脚到人际互动，是人与人之间的互动交流。由领导的特殊性所决定，从与私人沟通的差异性可以看出，领导沟通在具有沟通的一般属性的同时，还具有自身的特殊性。

1. 公共性与个体性的统一

公共性是社会生活特定方面所具有的一种普遍性、共同性、广泛性、共享性的属性，即公共性，它与私人性相对应。公共的意思就是属于全社会的，公有公用的，共同的利益和意识。具有公共性质的社会领域被称为公共领域，与私人领域相对应。

领导沟通的主体是公共组织和公共领导，是以公共权威为基础的互动活动，领导沟通所使用的资源是公共资源，领导沟通的职能是对公共事务进行有效管理，领导沟通行为是公开透明的。因此，领导沟通具有鲜明的公共性。与此同时，领导沟通具有个体性，领导沟通的具体实践者是作为公共组织代表者的领导者个体，任何领导沟通活动都是通过具体的个人去实现的，无论是领导沟通信息的选择、传播的途径、沟通方式等都具有一定程度的个人的偏好性。即使是国家与国家之间的沟通，也是通过作为国家代表者的国家元首和政府首脑或政府部门领导双方来实现的。

2. 权威性与平等性的统一

领导沟通的主体主要是掌握和行使公共权力的公共组织及其领导者，公共权力具有强制性，这就赋予了领导沟通的权威性。领导沟通所输出的法规、政策等信息，体现了领导者的意志，在一定范围内具有强制服从的权威性，作为领导沟通对象的公民和社会组织有义务接受或服从沟通主体发送的信息，如果违反就会受到相应的惩罚。

在现实的领导沟通活动中，一般来说，作为领导者的沟通主体与沟通对象在法律地位上是平等的，虽然领导者代表公共组织，具有权威性，但在沟通过程中，领导者往往需要以平等的姿态与沟通对象进行信息、态度、情感、观念和价值观的交流，这样才能够达到良好的沟通效果，实现沟通的目的。否则，如果领导者高高在上，以势压人，就容易引起沟通对象的反感，所传递的信息就不容易被沟通对象所接收和理解。公共组织之间的沟通，如在国家与国家之间的沟通中，沟通者之间更是一种平等的关系。领导沟通是权威性与平等性的统一。

3. 开放性与封闭性的统一

在公共组织之间的沟通中，领导沟通具有开放性。领导的主体是多元的，为了实现领导的目标，作为领导主体的政府往往需要以开放的态度与其他公共组织，如非政府组织、事业单位、公共企业，乃至公民个体进行主动、积极的沟通，与其他的主体进行协商共治，共同治理公共事务，领导沟通具有开放性。但在公共组织内部系统的沟通中，沟通具有封闭性。从信息的发送传递，通过特定的渠道，经过各个层级，传递到接收者，通过接收者的解码和理解，对所传递的信息做出反应，并把相应的信息又反馈给信息的发送者，这样形成一个相对封闭的回路，完成一个完整的沟通活动。这是有效的领导沟通所必需的。没有这种相对的封闭性，就不可能实现有效的沟通。领导沟通是开放性与封闭性的统一。

4. 主导性与回应性的统一

领导者担负着社会公共事务的管理，公共组织在领导沟通过程中发挥着主导性的作用，对各种沟通发挥着指导和引导的作用。领导者是领导沟通的主动、积极的发起者。同时，领导者应该主动回应其他公共组织和社会群体及公民的各种诉求，主动采取各种方式与之进行沟通，满足社会公共需要。现代政府是服务型政府，政府的宗旨是为公民服务，政府等公共组织主动、积极地回应公民的诉求，积极与公民沟通，这是公共组织应尽的职责。

5. 规范性与自主性的统一

法治国家中的一切公共组织和领导者的活动都必须在宪法和法律的框架下进行，依法管理，依法行政。领导沟通必须在法律的框架中进行，遵循基本的法律法规，无论是沟通的目的宗旨、方式方法、渠道路径，还是沟通的信息内容、沟通行为等，都必须符合法律的规定，遵循沟通伦理。同时，领导沟通行为有较大的自由裁量空间，领导者个体的沟通行为具有较大的自主性，能够在一定程度上体现个人偏好和个性风格。对公民而言，法无禁止即自由，而对公共组织和领导者来说，法无规定即禁止。

三、领导沟通的基本功能

社会是一个沟通的网络，人类之所以能够生存和发展，其先决条件就是通过社会成员之间的相互沟通形成群体和组织，并以组织的力量得以发展壮大。领导力系统是依靠信息的获取、传递、处理、利用、反馈、调整来实现运行和目标的。沟通贯穿于领导力的所有环节，沟通是领导艺术的精髓。沟通在领导力中发挥着基础性的作用，是公共组织的核心竞争力之一。沟通是组织的"生命线"，它传递着组织的发展方向、期望、过程、产物和态度等。领导沟通具有以下功能。

（一）传递功能

沟通最基本的功能就是传递功能。耗散结构理论认为，一个系统必须不断与外界进行物质、能量、信息的交流，才能提高对外部环境的适应力，系统内部才能更加有序。从信息论的角度来看，领导活动就是一种进行信息的获取、传递、反馈的循环往复的活动。通过信息的传递实现领导指令的上传下达，推动领导活动的顺利开展。信息传递的阻滞就意味着领导活动的低效和失败。在领导沟通中，领导者发出信息，通过信息管道传递信息，信息客体接收信息和反馈信息，由此形成一个完整的沟通系统。在这样的沟通过程中，信息从信息主体传递到信息客体，再从信息客体反馈到信息主体，完成了信息的传递过程。领导沟通可以实现领导系统内部和外部的信息的有效传递。

（二）凝聚功能

领导沟通能够增强组织的凝聚力。领导沟通通过把信息、态度、情感、知识、思想、观念和价值在组织中进行传递和交流，使组织成员能够共享信息、思想和知识，能够彼此交流情感，相互理解，形成共同的价值观，改善人际关系，增强组织的感召力和凝聚力，使公共组织增强竞争力。领导系统的沟通网络，通过纵横交叉的沟通通道把系统中的各个要素紧密地联结、排列起来，通过事实、观念、意见或情感的交流实现系统的整合，形成一定的结构，同时，把信息通过这些通道传递到组织的各个部分，正如黏合剂一样使组织的各个部分连接成一个有机的整体。领导沟通有助于领导系统内部消除各种隔阂、误会、分歧与矛盾，增进团结、改善人际关系，进而提高领导系统人员的士气，形成协调一致的力量，激发系统内部成员的积极性、创造性。在领导组织系统中，领导的沟通可以有效地实现组织内部的团结协作，增强组织的凝聚力和归属感，激励系统成员更好地工作。

（三）协调功能

领导沟通通过信息、态度、情感、价值的交流，起到达成共识、和谐关系、协同行动的作用，从而推动组织的正常运行和健康发展。一方面，领导沟通能够消除组织内部的矛盾与冲突，建立起互信的关系，统一行动，不断提升领导组织系统内部的凝聚力和战斗力。另一方面，领导沟通对与领导系统相关的组织系统关系的协调，能够获得外部的支持和协助。良好的领导沟通有助于协调内部组织成员的步伐和行动，获得外部的支持合作，确保组织计划和目标的顺利完成。

（四）保健功能

领导沟通的保健功能主要体现在能够保障组织的有序运行和有助于组织成员的身心健康发展。有效畅通的领导沟通能够使组织成员分享组织和领导的信息、态度、文化和价值，能够稳定组织成员的思想情绪，调动下属参与组织管理的积极性，增强组织成员的归属感、认同感和责任感，保障组织的有序运行。良好的领导沟通有利于形成积极向上的精神风貌，有利于得到组织和上级的认同和培养，使领导者个人和组织成员得到全面、健康发展。美国著名心理学家马斯洛提出的需要层次理论表明，人在不同的阶段有不同的心理需求，人在生存发展中从一般的生理需要逐步上升为安全、爱和归属、尊重、自我实现的需要。领导沟通既可以使领导者容易获得下属的认同和支持，也能够使下属感觉受到领导的尊重，获得情感上的满足，增强对组织的归属感，保障组织成员的心理稳定。

（五）优化功能

沟通对领导绩效的取得和优化起着重要作用。Luthans 等在 1988 年对 178 名经理的日常工作进行了观察分析，发现这些经理 44%的活动都用在常规交流上，包括交换常规的信息和处理文字工作。他们的结论是：与网络、传统管理和人力资源管理这些活动相比，沟通活动对领导的效能贡献最大，它对绩效和满意程度影响最大。[①]领导者通过沟通，整合资源，协调关系，获得准确的信息，能够全面了解下属和上级部门的状况，确保决策的正确性和合理性；通过沟通能够了解下属的需要并进行激励；通过沟通能够及时发现问题进行有效控制；通过沟通能够建立系统内部和外部之间的良好关系。领导沟通具有优化领导活动、提高领导力的功能。

四、领导沟通的类型

依据不同的标准可以把领导沟通划分为不同的类型。

（一）依据沟通的主体的不同，可以把领导沟通划分为人际沟通、群体沟通、团队沟通、跨文化沟通等类型

1. 人际沟通

人际沟通就是指领导者与被领导者及同事之间的信息、情感、态度、价值观等相互传递交流的活动。人际沟通是领导活动中最基本的沟通类型和内容。无论是群体沟通、团队沟通还是跨文化沟通，都包含着人际沟通，归根结底都

---

① Luthans F, Hodgetts R M, Rosenkrantz S A, Real Managers, Cambridge, Mass, Ballinger, 1988, 68。

落脚到人际沟通。人际沟通是领导沟通的基础。在领导活动中，人际沟通的目的是建立、维持和发展人际关系，通过协调人际关系来推动领导活动的顺利开展和领导绩效的提高。人际沟通存在三个层次，即信息层次、情感层次和行为层次。人际沟通过程包括四个阶段：情感定向阶段、情感探索阶段、情感交换阶段和情感稳定阶段。人际沟通的动机主要有归属性动机、实用性动机和探索性动机。

　　人际沟通理论中的"黄金法则"认为，你想要别人怎样待你，你就要怎样待人。这一"黄金法则"出自《圣经·新约》，它意味着要进行有效的人际沟通，建立良好的人际关系，就必须从自身的角度出发，了解自己的需求，推己及人，令双方满意和实现共赢。而人际沟通中的"白金法则"认为，别人希望你怎么对待他，你就怎么对待他！这意味着先要了解别人的需求，然后再满足其需求。"白金法则"的出发点是他人。

　　"黄金法则"和"白金法则"均揭示了人际沟通的本质就是换位思考、相互尊重、相互满足，实现共赢。领导者在人际沟通中要有主动、积极、健康的交流心态，积极倾听，真诚赞美，谨慎批评，巧妙拒绝。

2. 群体沟通

　　群体是指由两个及以上相互作用、相互依赖的个体所组成的具有一定关系的人群集合体。群体可分为初级群体和次级群体、正式群体和非正式群体、内群体和外群体、大群体和小群体。群体沟通就是群体内部和群体之间的信息交流活动。群体沟通可以增强群体之间的理解，融洽人际关系，传递和交流更多的信息，协调行动，增强群体归属感。但在群体沟通中容易产生从众心理和从众现象。

3. 团队沟通

　　团队是为了实现某一目标而由相互协作的个体所组成的正式群体。当前，团队已成为组织工作中最有效的组织方式。团队沟通就是团队成员之间及不同团队之间为了一定的目的而进行的信息情感等的交流活动。在团队沟通中，领导者所扮演的是积极主动沟通的角色。在团队沟通中，领导者可以采取讲故事、聊天，解决员工的后顾之忧，帮助员工制订发展计划，鼓励越级报告，鼓励员工参与决策，培养团队的自豪感，及时进行口头表扬等方式进行沟通。

4. 跨文化沟通

　　文化是由人们在共同的生产生活中所创造和共享的风俗、价值观、观念等的总和。美国组织行为学家薛恩在《组织文化与领导》中，把文化划分为表层文化、中层文化和核心文化三个层次。人既是文化的创造者，同时又是文化塑造和熏陶的产物。著名跨文化研究专家荷兰教授吉尔特·霍夫斯塔德（Geert Hofstede）提出了文化差异的五个维度：个人主义与集体主义、权力距离、男性特征与女性特征、不确定性规避、长期导向与短期导向。之后，爱德华·T. 霍尔（Edward T. Hall）又提出了第六个维度：高关联与低关联。霍夫斯塔德把个人主义与集体主义定义为"人们关心群体成员和群体目标（集体主义）或者自己和个人目标的程度（个人主义）"。权力距离就是在某个社会中，最具有权力的人与最没有权力的人之间的沟通距离。在"高权力距离"的文化中，社会等级分明，权力距离大；在"低权力距离"的文化中，人与人之间比较平等，权力距离较小。男性特征与女性特征的维度是指性别角色的差异。男性特征较高的文化认为，男人应该做男人的工作，如关注财富、成就、挑战、野心和晋升等，并且男性应该在自信、成就、竞争力、权力、金钱、强壮、物质等方面具有优势。女性特征较高的文化认为，女人应该做女人的工作，如养育孩子、关注生活质量、保持良好人际关系、服务、慈善和团结等方面。不确定性规避主要是指人们在不同的文化环境下应对混乱状况的能力和忍受不确定性的程度，即对风险忍受和应对的不同态度。长期导向和短期导向这一维度主要是指一个民族持有的对待长期利益或者近期利益的价值取向。高关联与低关联维度主要是指沟通中的主要信息的状况，低关联主要是指沟通中的主要信息处在沟通本身之中，而不是在关联的内容中，即沟通时比较含蓄、信息传递比较婉转，具有间接性，需要察言观色和反复揣摩领悟，才能获得真实的信息。而高关联则相反。

　　跨文化沟通是指处于不同文化背景中的具有文化差异的人们在一定的时空条件下所发生的相互接触，并通过一定的方式进行的信息、情感等的传递交流活动。随着我国对外开放广度和深度的拓展及全球化进程的加速，领导者的跨文化沟通将会日益频繁。

　　在跨文化沟通中，一种文化的编码信息，包括语言、手势和表情，在另一种特定文化单元中有着不同的、特定的意义，要经过一定的解释、破译和重新编码，经过一定的中介，然后才能传递到另一种文化单元中，才能被对方感知所接受和理解。跨文化沟通在现代信息社会和全球化时代具有重要意义，有利于实现个人的文化定位，能够增强和丰富不同文明的品质，能够减少和避免国际交往中的矛盾冲突，增强不同文化背景中的人们之间的相互理解和相互影响。东西方不同的国家，具有较为明显的文化差异。美国文化具有低权力距离、低确定性规避、短期导向和个人主义的文化特征，强调个人价值，崇尚平等自由，注重自我塑造，强调独立自主，崇尚冒险、创新和竞争。英国文化与美国文化具有较大的相似性，强调低权力距离、个人主义、低不确定性规避。法国文化具有崇尚高权力距离、个人主义、高不确定性规避的特征。日本文化强调高权力距离，具有强烈的忧患意识和危机意识，强调相互协作，具有集体主义的价值观，强调以长期利益为导向，规避高度不确定性风险。相比较而言，中国文化更为复杂，具有高权力距离和长期导向，强调规避风险，高不确定性规避。

由于文化差异，在领导沟通中容易产生和存在认知障碍、语言障碍、非语言障碍、价值观差异、种族差异等。因此，在跨文化沟通中要坚持预设控制原则、尊重原则、理解原则、包容原则、平衡原则和融通原则等；在领导沟通中，要注重实践锻炼、修炼自我、识别差异、合理预期、强化敏感、发展共感、提高宽容度、求同存异。

（二）根据沟通的情境可以把领导沟通分为变革沟通、冲突沟通、危机沟通、会议沟通、网络沟通等

1. 变革沟通

变革沟通是指领导者在组织的变革过程中为顺利推进变革采取各种方式所进行的信息、情感、价值、观念等的传递和交流活动。变革是一个从确定的、已知的状态向未知的、不确定的未来发展变化的过程，变革会遇到组织和个人方面的阻力，变革具有不确定性，存在着失败的风险，因此，公开、积极、坦诚、开放的建设性沟通对克服阻力，降低风险，促进变革的成功具有关键作用。

当今世界的一个突出特点就是变化，"唯一不变的就是变"。变革已成为世界的潮流和社会的常态，变革成功的关键之一是沟通。沟通能够消除隔阂、达成共识、取得支持。事实表明，卓有成效的变革领导者必须既是预言家，又是实干家，还是具有高超沟通能力的艺术家。组织变革是指领导者为适应环境变化而运用一定的方法对组织的构成要素、结构及组织文化等所进行的调整和革新。组织变革可分为战略性变革、结构性变革、流程再造、组织文化重塑等。在变革的不同阶段应该采取不同的沟通策略。在变革沟通过程中应该坚持公开、坦诚、相互理解、真实准确、反复沟通、建设性的原则。领导者在变革沟通中应该超越个人利益得失，争取中间力量，调和冲突，缓和矛盾，下放权力，建立共同愿景，及时发现问题和解决问题。

2. 冲突沟通

矛盾冲突无时不有、无处不在。但这并不意味着人们在矛盾面前无所作为，任凭矛盾冲突的存在而不进行管理。虽然冲突能够在一定程度上有助于压力的释放和情绪的宣泄，防止组织系统的停滞和衰败，能够带来创新。但是，冲突会带来严重的消极影响，导致组织无法实现既定目标、消耗资源、浪费时间和

金钱，严重的冲突会影响员工的身心健康，导致人际关系紧张，影响组织的正常运行。冲突产生的原因主要有信息差异、认知差异、目标差异、角色差异和利益矛盾。

美国的庞蒂提出了冲突"五阶段发展模型"，他认为冲突的发展经历五个可以辨认的过程：第一阶段——潜在冲突，冲突处于潜伏状态；第二阶段——知觉冲突，冲突双方相信他们的处境具有相互依赖性和互不兼容性的特征；第三阶段——感觉冲突，冲突的双方已经意识到彼此之间的不兼容性，即感觉到双方之间存在着矛盾，开始完全划分"我"与"你"的界限；第四阶段——行为冲突，就是冲突的双方矛盾的公开化，把冲突付诸行动；第五阶段——冲突结果，经过一系列的发展变化，冲突会产生一定的结果，双方可能失败、成功或者妥协。

冲突沟通是在领导活动中通过信息、情感、观念、价值等的传递和交流采取一定的方式预防、缓解、解决矛盾冲突的活动。冲突的解决是一个持续沟通的过程，识别冲突，通过沟通调解冲突是领导者的基本能力。美国行为科学家托马斯（Thomas）提出了解决冲突的沟通模型：回避模式、竞争模式、迁就模式、合作模式和折中模式。在冲突沟通中，应该把人与问题分开，把注意力集中于实质性冲突而不是情感冲突，着眼于利益而不是立场，立场是决定的结果，利益是决定的原因，着眼于利益的解决就容易化解冲突。寻找互利共赢、求同存异、相互得益的可行方案，通过沟通，发现对冲突双方都有利的且能够被双方所接受的方案。在冲突沟通中坚持使用客观标准。解决冲突的办法在于以独立于双方意志以外的客观标准为基础来解决冲突。

3. 危机沟通

危机沟通是指在公共治理过程中，领导者为了及时、有效地化解危机，协同各方力量，通过一定的媒介获取、传递、交流及反馈信息的活动。公共危机具有危害性、突发性、紧急性、高度的不确定性、复杂性及影响的广泛性等特性，这决定了危机沟通具有不同于一般沟通的特点：沟通目的上的明确性，沟通性质上的公共性，沟通方式上的直接性，沟通过程上的强烈互动性，沟通手段上的非常规性，沟通情境上的不确定性。[①]

危机沟通的功能主要有危机预警功能、危机决策辅助功能、危机资源整合功能、危机监控功能和危机修复功能。危机沟通是公共危机治理最重要的工具。危机沟通应该坚持的原则主要是以人为本原则、责任性原则、快速回应性原则、直接性原则、诚实性原则。领导者必须掌握基本的危机沟通策略，要树立正确的公

---

① 袁明旭：《论公共危机沟通的特点和功能》，内蒙古民族大学学报，2007年，第6期，第1~3页。

共危机沟通理念，创造开放式的鼓励性沟通氛围，建立公共危机沟通团队，建构完善的公共危机沟通机制，掌握危机沟通的基本技能。

4. 会议沟通

会议沟通是领导者利用会议的形式进行信息、意见、价值等的传递和交流的活动。会议在领导工作中起着重要的作用，会议既是决策的主要形式，也是信息、意见沟通的主要手段。为了开展领导活动，领导者组织召开各种会议，也参加各种会议。有关资料表明，有的领导者用于参加各种会议的时间占其工作总时间的1/3。会议沟通是领导活动中相互交流意见的一种形式，是一种进行信息传递交流、集思广益的过程。

会议的目的是交流信息、交换意见、给予指导、分析问题、提出和讨论方案、做出决策。根据会议的内容和性质划分，可以分为沟通型会议、管理型会议、决策型会议。沟通型会议，其目的主要是信息的交流和实现内外部的协调。管理型会议，主要是围绕组织管理工作中所存在的问题而进行讨论和提出解决问题的办法。决策型会议，主要是寻求重大问题的解决方案，对方案进行抉择。根据会议的规模划分，可以分为大型会议、中型会议和小型会议。根据会议的内容形式划分，可以分为传统会议、电话会议、电视会议、政治会议、经济会议、外交会议等。

影响会议成效的主要因素有会议目的、会议角色、会议准备、会议过程管理、会议的时间地点、技术设备的运用、会议经费预算等。领导者提高会议有效性的策略是：避免形式主义、明确会议目的、进行充分准备、选择合适的与会者、管理好会议议程、做好会议简报。

5. 网络沟通

网络沟通是领导者以互联网为平台，以文字、声音、图像及其他多媒体为中介所进行的信息、意见等传递交流的方式。在此，我们所讨论的网络沟通的主体是领导组织及其领导者，计算机网络是沟通的媒介，沟通的对象是被领导者、下级组织及民众。

网络沟通突破了时间和空间的界限，使人与人之间的沟通不再受到时空的限制而进入一种虚拟的、新型的沟通环境之中。网络作为继广播、电视、报纸之后的第四种具有超强影响力的传播媒介，有着其他媒介难以比拟的优势，在领导沟通中发挥着越来越独特的作用。网络沟通的主要特点是：信息资源丰富，空间容量大，沟通具有交互性、多维性、及时性、可复制性，沟通的形式和工具多种多样，沟通空间具有开放性、虚拟性和相对平等性，沟通对象具有一定的匿名性。网络沟通极大地加快了信息传递的速度，实现了资源共享，提高了工作效率，简化了沟通环节，促使工作方式发生了革命性变革，并且在很大程度上改变了传统的沟通行为和习惯，为人们的信息沟通提供了极大便利。在领导沟通过程中，最常见的网络沟通形式有电子邮件、视频会议、手机、博客、QQ、微信、微博等。

网络沟通作为一种新型的沟通方式，具有无可比拟的优越性，但是，使用不当也会存在一些问题，如信息沟通呈超负荷状态，口头沟通和面对面沟通方式受到极大限制和挤压，纵向沟通弱化，横向沟通扩张，沟通成效不容乐观。领导者在进行网络沟通时应该重视面对面的直接交流，不过分依赖网络沟通；在进行网络沟通时，深思熟虑；重视网络沟通管理，减少新媒体所带来的信息安全等新的风险。

除此之外，还可以依据沟通的层次来划分，可以将领导沟通划分为上行沟通、下行沟通和平行沟通。依据沟通的路径来划分，可以将领导沟通划分为正式沟通与非正式沟通。依据沟通的方向来划分，可以将领导沟通划分为单向沟通与双向沟通、纵向沟通与横向沟通及多向沟通。依据沟通的对象是否在组织系统内部，可以将领导沟通划分为内部沟通和外部沟通。依据领导沟通的渠道来划分，将领导沟通划分为书面沟通、口头沟通等。依据沟通渠道的属性来划分，将领导沟通划分为语言沟通与非语言沟通。

五、领导沟通的原则

要实现沟通目的，提高沟通效率，发挥领导沟通的功能，需要遵循特定的沟通原则。有学者认为有效的领导沟通应该遵循"7C"原则，即可依赖性（credibility）、一致性（context）、内容（content）、明确性（clarity）、持续性与连续性（continuity and consistency）、渠道（channels）、受众能力（capability of audience）七个方面。管理学家德鲁克提出了沟通的四个原则：沟通是理解力、沟通是期望、沟通是创造需求、沟通是提供有价值的信息。领导沟通应该遵循以下主要原则。

1. 及时性原则

及时性原则就是坚持在第一时间内迅速进行沟通的原则。沟通是领导工作的助推器，领导活动是一个动态过程，因此需要根据不断变化的情况进行及时沟通，根据沟通获取的信息及时做出决策和有效地解决所发生的问题。领导沟通的及时性是保障领导活动有效性的基础。在领导活动中，坚持沟通的及时性原则，要求领导者把重要信息及时进行传递，对工作中所发生的问题及时进行了解，分析原因，及时采取措施加以解决。对人际纠纷和工作偏差及时进行沟通交流，对所布置的工作任务及时进行检查、督促和反馈。领导沟通的滞后会导致许多问题积重难返，得不到及时解决，导致领导效率的低下。当下，现代信息通讯和网络技术的飞速发展为领导者及时进行沟通提供了技术支撑。

2. 规范性原则

领导沟通不同于私人沟通的灵活性、情感性和私密性等。由领导的公共性、权威性所决定，领导沟通必须坚持规范性原则。领导沟通既要遵循国家的法律法规，按照法定的程序和规则进行沟通，也要遵守道德伦理规范。法律法规是领导沟通的外在约束，道德伦理是基于领导者良心的内在约束。领导沟通的规范性原则禁止违背法律道德的沟通交流行为，不能把沟通交流庸俗化为拉关系、走后门，为个人目的编织人际关系网。领导沟通坚持规范性原则与根据不同情境采取不同的沟通方式并不矛盾。

3. 有效性原则

有效性是确保领导沟通顺畅和高效的前提。有效性原则要求在领导沟通中要保证信息的真实性、全面性和针对性，注重解决信息传递过程中的失真和噪声，通过各种方式使沟通对象准确接收和理解信息，促进沟通交流的目的的实现，保障沟通的质量。领导沟通的顺畅不仅受到沟通双方的制约，还受到外界环境的影响，这就增加了实现沟通有效性的难度。有效性原则是为了保证领导沟通中所发出的信息能够被沟通客体正确理解和接受，这就要求沟通的信息的准确性，信息表达的准确性和沟通方式的合理性、恰当性，要求沟通双方进行持续性互动。有的领导活动的失败与沟通的信息错误直接相关。

4. 诚实性原则

诚实性原则是要求领导者在沟通中要尊重对方、平等待人、态度友善、坦诚相待、诚实守信、要讲真话、摆事实、以理服人、以情动人。坚持诚实性原则需要注重沟通的诚恳性，避免形式主义，注重沟通的实效性，能够通过沟通切实解决现实中的问题。要实现沟通的有效性，最为关键的是以诚待人。领导沟通不仅仅是信息的传递过程，还是沟通的主、客体双方情感、态度和价值进行相互交流、相互理解的过程。领导沟通坚持诚实性原则需要协调组织系统内部及内部与外部的关系，化解各种人际矛盾冲突，强化组织成员的团结合作意识。

5. 开放性原则

开放性原则就是要求领导沟通的公开、透明和宽容。领导目标的实现不仅需要较高的领导素质，创造性的领导方法和艺术，更需要下属和同事及外部组织和人员的支持、协作。这就需要坚持开放性原则。领导的公共性要求领导沟通的公开性和透明性，不能在组织中搞神秘主义、宗派主义。领导者要有开放、宽容、大度的意识和胸襟，具有换位思考的意识和习惯，能够接受他人的不同意见、建议，能够容忍对自己的批评。同时，领导者还应该构建开放性的组织文化和沟通氛围。

第二节　领导有效沟通的策略

领导沟通模式是领导者所采取的相对稳定、持久的沟通风格和沟通方式，对沟通效果和领导力具有直接影响。

一、领导沟通的基本模式与方式

（一）领导沟通的基本模式

在领导沟通中，不同的沟通模式具有不同的优势和缺点，沟通的有效性往往取决于沟通模式与领导情境和下属成熟度的匹配程度。如果沟通模式与领导情境和下属成熟度相匹配，其沟通的成效就较高，反之，则较低，甚至无效或失败。

根据领导风格，可以划分为专制式、民主式和自由式领导沟通模式。根据领导沟通所关注的内容可以划分为任务导向型和人际导向型领导沟通模式。

1. 专制式、民主式和自由式领导沟通模式

专制式领导沟通模式在很大程度上是一种单向沟通。在这种沟通模式中，领导对沟通的内容、程序、目标等都进行具体控制。这种沟通模式主要的特点：一是领导者居于绝对的主导地位，沟通主要是下行沟通；二是下级很少有上行沟通的机会，领导者很少听取下级反馈的意见；三是领导对沟通的全过程进行有效控制。专制式的领导者通过直接管理，利用政策、程序和行为方式保持对下属的严格控制。专制式的领导者故意在自己和下属之间制造距离，增加神秘感和威慑力，以此作为加强控制的一种手段。专制式的领导者认为如果不对下属进行直接监督控制，他们就不会有效地工作。

民主式领导沟通模式是在沟通过程中，领导对沟通采取一种比较民主、开放的形式，允许下级和上级之间进行通畅的互动沟通，沟通过程中所受到的约

束较少。领导者鼓励下级参与到一些决策过程的讨论中去。民主式领导沟通模式有助于帮助领导者提供更多的意见和参考，增强决策的科学化程度。"民主的领导者对下属提出的建议不会感到害怕，而是相信他人的参与可以改进决策制定的总体质量。"[①]

自由式领导沟通模式是一种较为自由放任的沟通模式，也是一种有效性较低的沟通模式，领导者放弃了自身应该承担的沟通责任。在自由式领导沟通模式中，存在消极被动的形式和积极主动的形式，前者表现为领导者对沟通实行自由放任的政策，对沟通关注不多，多采取消极应对策略。后者则表现为领导者对下属和相关的沟通予以积极的支持和维护，但只是在总体上对领导沟通的过程进行原则性宏观管理，不注重沟通的细节。

自由式和民主式领导沟通模式不是同一回事，自由式领导沟通模式不像民主式沟通模式那样具有生命力和令人满意。尽管有时专制式沟通模式最有效率，但难以持久。民主式领导沟通模式从长远来看更有效率和持久性更强。专制式领导沟通遭遇到的敌意和挑衅较多。在专制式领导沟通模式下的追随者表现出更多的依赖性和更少的个性，而民主式领导沟通模式下的追随者则表现出更多的责任心、自主性和凝聚力。对上述三种领导沟通模式所进行的多方面比较的结果详见表10-1。

表10-1　专制式、民主式和自由式领导沟通模式比较

项目	专制式领导沟通模式	民主式领导沟通模式	自由式领导沟通模式
目标制定	领导者自己制定目标	让下属参与目标制定	允许下属自由制定目标
交流方式	主要进行单向的、下行的交流	进行双向的、开放式的交流	进行不明朗的、表面化的交流
交谈方式	控制与下属的交谈	鼓励与下属的交谈	躲避与下属的交谈
政策制定方式	单边政策制定和程序	在确定政策和程序时寻求信息	允许下属自己确定政策和程序
交往方式	控制交往	重视和鼓励交往	避免交往
任务完成方式	亲自指挥任务的完成	为完成任务提供建议和各种选择	只有在下属提出这样的要求时才提供建议和选择
反馈方式	很少提供主动的反馈	经常提供主动的反馈	各种反馈都很少提供
奖惩方式	鼓励服从、惩罚错误	奖励成绩，惩罚只是作为一种最后手段	避免实行奖惩
倾听方面	倾听能力较差	表现出有效的倾听能力	倾听能力可能较差，也可能很有效
对冲突的态度	为了私利而利用冲突	为了团体利益而调停冲突	避免冲突

① 米歇尔·海克曼，克雷格·约翰逊：《领导学：沟通的视角》，王瑞华，译，上海人民出版社，2004年，第38页。

续表

项目	专制式领导沟通模式	民主式领导沟通模式	自由式领导沟通模式
沟通效果	领导在场时提高生产力。在领导知识渊博的时候可以产生更准确的解决办法。在较大的团体中能够被更好地接受。简单任务执行得较好，复杂任务执行得较差	降低人员流动和缺勤率。增加下属的满足感。提高下属的参与。提高创新。下属更能认识到对一个团体或者组织的负有的责任	在领导退让的时候创新会下降，但是在领导根据请求提供指导的时候，创新会增加。在领导放弃的时候下属的动力和满足感会降低。领导的放弃会导致孤独感和降低参与程度。领导的放弃会降低产出的质量和数量。增加目的性很强的专家的产出和满足感

注：参见米歇尔·海克曼，克雷格·约翰逊：《领导学：沟通的视角》，王瑞华，译，上海人民出版社，2004年，第41~42页

专制式领导沟通模式在进行直接监督时能够有高产出，但会增加敌意、攻击和不满，会降低下属的责任心、独立性和创造力。这种沟通模式比较适合程序性强的、对责任心或者主动性要求最低的任务。程式化、高度结构化或者简单的任务在专制式领导下常常可以被有效地完成。民主式领导沟通模式可以带来相对较高的产出（不论有无领导者的直接监督），能够增加下属的满足感、责任心和凝聚力，这种沟通模式最适合决策需要参与、具有创造力和责任心的任务。民主式领导沟通模式的缺点是民主的方法比较耗时，对于规模较大的团体来说不是很适合。自由式领导沟通模式的领导者容易被指责为规避责任，容易导致大多数下属的产出和满足感降低。民主式领导沟通模式常常是比较有效的。一般来说，民主式领导沟通模式的收益要远远大于任何潜在的成本。

2. 任务导向型领导沟通模式与人际导向型领导沟通模式

在任务导向型领导沟通模式中，领导者关心的主要是任务的完成情况，对任务的关心超过对人的关心，更关心工作目标。这种沟通模式主要以生产为导向、以任务结构、X 理论管理和关注工作任务为主要的内容。任务导向型沟通模式以传播信息为主，在沟通过程中忽视他人的意见和建议，交流形式呆板，缺乏民主氛围，注重任务的有效完成。二者的比较详见表 10-2。

表 10-2　任务导向型领导沟通模式与人际导向型领导沟通模式比较

项目	任务导向型领导沟通模式	人际导向型领导沟通模式
沟通目标	传播信息	征询意见
对象认知	忽视他人的处境、思想和感觉	认识到他人的处境、现实和感觉
交流特征	交流呆板、程式化	交流富有弹性和开放性
倾听方式	打断他人	仔细倾听他人

续表

项目	任务导向型领导沟通模式	人际导向型领导沟通模式
沟通方式	提出要求	提出请求
沟通重点	重视与任务有关的事实、数据和信息	重视与人的需求有关的感觉、感情和态度
能力需求	通过获取技术能力来强调产出	通过获取个人能力强调产出
交流方式	一般通过书面形式进行交流	一般通过口头方式进行交流
政策形式	实行"闭门"政策	实行"开门"政策

注：参见米歇尔·海克曼，克雷格·约翰逊：《领导学：沟通的视角》，王端华，译，上海人民出版社，2004年，第48页

人际导向型领导沟通模式关注的主要是人，注重人际关系，强调集体工作、合作和支持性沟通，这与民主式领导沟通模式存在相似之处。具体来看，人际导向型领导沟通模式主要关注人的处境、思想和感觉，在交流中重视他人的意见和建议，沟通形式富有弹性和开放性，具有民主氛围。

（二）领导沟通的基本方式

领导沟通方式是多种多样的，在不同的情况下，领导的沟通方式不同。常见的领导沟通方式主要有以下几种。

1. 指示与汇报

在领导沟通中最为常见的沟通方式是指示与汇报。指示多是上级与下级沟通过程中所采用的方式，它多是上级领导或部门对下级部门或人员关于某一具体事项所做出的相关要求，带有一定的强制性和约束力，是一种上级对下级进行指导性沟通的方式。

汇报多是下级部门及其人员就相关问题事项向上级报告的方式，多是在工作中进行反馈沟通所运用的方式。汇报主要有两方面的作用：一是通过汇报，使领导者对工作状况及存在的问题有较为全面的了解；二是通过汇报，可以得到领导者的指导意见和相应的支持。

2. 倾听

倾听是成功沟通的基础。倾听就是用耳朵去听取别人发言而获取信息的行为。倾听与听不是一回事，听是一种听觉器官对声波单纯感受的、无意识的生理本能，一个人只要听觉器官耳朵没有障碍，都具有听的本能。但倾听则不仅仅是生理意义上的听，更是一种积极主动的、有意识的听觉与心理活动，是用耳朵听、用眼睛观察、用嘴巴问、用大脑思考、用心灵感受而主动积极搜寻信息的行为。通过

倾听，沟通主体间还能进行情感的交流。

领导者通过倾听，能够从上级、下属及同事那里及时获取各种信息和建议，能够为正确决策获取有效的信息。领导者的认真倾听，使下属感觉受到尊重、信任和鼓励，能够调动下属的积极性，获取下属的支持。倾听能够发现说服对方的技巧，获得友谊和信任，能够了解他人。

领导者能否进行有效沟通在很大程度上取决于能否有效地倾听。有效地倾听要求领导者能够站在对方的立场上，运用对方的思维架构去理解信息。在良好的沟通要素中，话语占 7%，音调占 38%，非语言的信息占 55%。有效倾听要坚持专心、准确、移情、完整和客观原则。在倾听时要注意选择合适的环境，不要轻易插嘴，要敞开心胸，不要妄自评断，要积极倾听，注意语言和非语言的反馈。领导者应该努力成为一个好的倾听者，认真对待倾听，排除分心的事情，集中注意力，倾听时保持目光接触，注意身体语言，适时做出反馈回应，搁置判断，养成记笔记的习惯，实时适度提问，适时、得当地运用沉默的技巧，克服倾听中的障碍。

3. 会见

会见是领导者为了达到预定的目的而有计划、有组织开展的与人面对面传递信息的活动，即面对面地交谈。在领导活动中，会见是一种比较常见的沟通方式，是领导者获取信息最常用、最直接和最有效的方法之一。

在组织中，对于员工的招募、甄选，工作的安排、业绩评估，以及晋升、调动、申诉、培训等，都可以通过不同的会见方式进行。研究表明，面对面的沟通会见是所有沟通方式中运用沟通技能最丰富的方式，其可靠性和时效性最能够满足沟通各方的交流和反馈的需求。会见具有目的性、计划性、互动性、角色差异性、直接性、时效性等特点。会见是领导者之间或者领导者与下属之间两个或多个人的面对面交谈。在会见中，个体之间的互动是比较复杂的。

会见的过程包括准备阶段、实施阶段与总结阶段。在准备阶段，除了主持人自身的准备外，还需要明确会见的目的，确定需要从对方获取的信息，确定会见的场所与时间，准备相应的资料，解答对方可能提出的问题。在实施阶段，需要创建会见的气氛，营造和谐、开放的氛围，与对方建立良好的关系。在会见中需要通过提问获取信息，提问题的方式主要有开放式提问与封闭式提问、引导性提问和中性提问、深入性提问和假设性提问，还有重复性提问等。在会见时要注意倾听，准确回答问题，记录问题。在总结阶段，与会见者道别，并且需要对会见中所获得的信息进行归纳、总结、确认、整理，为决策提供依据。

领导者与被会见者建立良好的关系需要遵行以下原则：相互尊重原则、彼此关心原则、坦诚相待原则、充分准备原则。领导者会见的主要方式包括：招聘会见、信息发布会见、绩效考核会见、咨询会见、申诉会见等。

4. 演讲

演讲是领导者经常使用的一种沟通方式。演讲又叫演说或者讲演，就是领导者在听众面前就某一问题发表自己的意见，传递信息，表达见解，阐说事理，抒发情感，鼓舞士气，感召听众促成行动的一种直接的信息交流活动。

演讲活动具有三个要素：演讲者、听众和特定的时空环境。领导者在会议上的发言、讲话、报告，在公开特定场合的讲话等都是演讲。演讲是一种交互式的、面对面的演讲者与听众之间通过语言和非语言的表达进行交流互动的过程，演讲是"表演"与"讲话"的结合。

从演讲的性质来看，演讲具有真实性的特征，不属于表演艺术的范畴；从演讲的受众来看，听众具有不唯一的特征，听众是多种多样的，听众的数量比较大；从演讲的表演形式来看，以口头语言为主，非语言的势态表达为辅，演讲者所表达的内容主要是作用于受众的听觉系统，辅之以视觉系统；从演讲的作用来看，具有传播信息、表达观点和主张、澄清事实、抒发情感、鼓舞感召的作用；从演讲的过程来看，具有演讲者与听众直接互动的信息反馈的特征。

好的演讲一般具有简洁性、鼓动性和艺术性的特点。演讲的主要目的是传递信息、表达观点主张、说服和影响听众。根据演讲的目的，可以把演讲划分为传授性演讲、说服性演讲、激励性演讲、娱乐性演讲。根据演讲的方式，可以把演讲划分为即席型演讲、提纲型演讲、手稿型演讲、记忆型演讲。

领导者应选择恰当的演讲方式。一般来说，除非没有别的选择，否则不要做即席型演讲。记忆型演讲最好少用，提纲型演讲和手稿型演讲是最值得推荐的方式。对于初学者来说，手稿型演讲是最好的选择，而对于经验丰富者来说，提纲型演讲则是最佳选择。对于领导者来说，如果是政治性的演说，最好采用手稿型演讲，因为需要非常精准的用词。

演讲的成功离不开充分的准备。演讲准备包括演讲目的的分析、演讲受众的分析、演讲素材的选择、演讲稿结构的安排、演讲时空的安排、演讲风格的选择、解答问题的准备、突发情况的应对等。简单来看就是关注"5W1H"的准备。即为什么演讲（why）——关注演讲的目的，明确演讲的意义和意图。讲给谁听（who）——分析听众的对象、文化层次、知识背景、年龄、身份地位、对演讲内容的了解程度、来听演讲的原因和态度。讲什么（what）——演讲的具体内容，讲什么是一个非常关键的因素，演讲的主题要与组织者充分沟通，演讲的知识面和知识点，要根据群众的需要进行选择和安排。什么时候讲（when）——演讲的时间安排，既保证有充足的时间准备，也需要注意听众有充分的时间。何地讲演（where）——在什么地点演讲，要搞清楚演讲的环境和设施状况。怎么做（how）——搞清演讲的类型、要求和标准，搞清楚是否有提问时间等。

领导者在演讲中需要注意的问题是：提升演讲的品质、优化自我形象、克服恐惧和焦虑、充分展示的自信。99%的人，包括著名的职业演说家在内，演讲时都有不同程度的恐惧和紧张。如果需要反应敏捷，机智回答听众的问题，可采用一些辅助性的视听设备。

二、影响领导沟通有效性的因素

受多种因素的影响，领导沟通常常会遇到各种的障碍，导致沟通质量不高，沟通不顺畅。沟通障碍就是指在领导沟通过程中，信息传递和情感交流等受到干扰、误解而导致沟通失真的问题。

根据不同的标准可以把沟通障碍分为不同的种类。从沟通过程来看，可以分为传送障碍、接受障碍和信道障碍。从产生障碍的诱发因素来分，可以分为主观障碍、客观障碍及主客观障碍。领导沟通的主观障碍是指在领导沟通中，由于人为的主观原因所诱发的领导沟通障碍。领导沟通的客观障碍是在领导沟通中受到时空环境等外在客观因素影响而导致沟通失效。沟通障碍表现为沟通启动失败、沟通中断、沟通歧义等。影响有效沟通的因素主要有主体因素、客体因素和环境因素。

（一）影响领导沟通有效性的主体因素

影响领导有效沟通的主体因素就是沟通的主体，即信息发送的组织或领导者个人。领导者个体作为沟通的主体，其领导风格、心率、态度和行为习惯等都会对有效的沟通产生影响。

1. 组织形象和组织结构

组织形象是指组织在公众中所产生和形成的相对稳定的印象。组织形象的构成要素包括组织的规章制度、办事程序效率、服务态度、领导形象、员工形象、环境生态、文化形象、公信力、声誉和标识形象等。好的组织形象有利于有效的沟通，而不好的组织形象则会对有效沟通产生障碍。

组织结构是一个组织正式的、稳定的职位结构，是组织构成要素的稳定的关系。组织结构有直线式结构、职能式结构、直线职能式结构、矩阵式结构、扁平化结构。一般来说，组织结构越复杂，组织的层次越多，越容易导致沟通中信息的扭曲与失真，而组织层级较少、结构简单则有利于信息的传递与交流。组织文化是一个组织成员所共有、共享的价值观、思想观念和行为规范的总和。一个组织具有开放、自由、合作、宽容、以人为本的组织文化，容易形成开放、包容性的沟通氛围，有利于沟通的顺畅。反之，一个具有封闭、保守、僵化、对立、等级观念的组织文化的组织，则往往不利于信息的沟通和形成和谐的人际关系。

2. 载体选择

载体选择是对沟通的主要媒介的选择。沟通媒介主要有符号、物品和人物。从媒介的特质来看，主要有电子媒介和印刷媒介。从公共关系传播来看，主要有人际传播沟通媒介和大众传播沟通媒介。沟通媒介的选择直接影响沟通的效果。科学选择沟通媒介需要根据沟通的内容、对象和组织性质及经济能力来选择。

3. 领导风格

领导风格是领导者基于个性特点，对角色、权力的认知及人的经历经验、教育的程度和工作习惯形成的较为稳定的领导行为模式。美国心理学家勒温等研究发现，不同的领导者通常有不同的领导风格，领导风格对组织的绩效和工作满意度有着不同的影响。领导风格有三种类型：专制型、民主型和放任型。之后有人将领导风格不断细化，提出了四种类型——专制型、咨询型、协商型、民主型和六种类型——强制型、权威型、合作型、民主型、方向指定型、教练型等。

从以上各种领导风格中，可以归纳出两种典型的领导风格：指挥型领导风格和支持型领导风格。指挥型领导风格是一种单向沟通方式，领导者把工作内容、时间、地点和方法明确告诉下属，并督促下属完成任务。下属的工作由领导者所决定，下属服从领导者的指挥。指挥型领导风格的特点是命令、组织、监督和控制。支持型领导风格是领导者支持下属的工作，倾听下属的意见，帮助下属完成工作任务。支持型领导风格的特点是辅助、倾听、激励。一般来说，对于简单的工作任务和成熟度较低的下属，指挥型领导风格较为有效，容易取得明显的领导绩效。而对于复杂的工作任务和成熟度较高的下属，支持型领导风格则较为适宜。

4. 领导者个体的心理、态度与行为

领导者个体的心理是指在沟通中领导者的心态及其特性，如心理预期、心理定势、自我意识等。心理预期是指个体根据以往的经验对某事预先期盼所能达到的符合自己期望目标的心理。心理预期的高低与人的实际心理感受成反比关系，即期望值越高，一旦达不到预期目标，则心理失望程度越大；反之亦然。

心理定势是在长期的生活中由一定的心理活动所形成的较为稳定的、习惯性的准备状态，一个人的心理定势对以后的感知、记忆、思维、情感等心理活动和行为起着正向或者反向的推动作用。心理定势是一种综合反映人的经验、性格、知识、素养等的效应。心理感知偏差是一种不良的心理定势，包括首因效应、晕

轮效应、刻板效应、投影效应等。

自我意识是美国心理学家威廉·詹姆斯（William James）在 1890 年出版的《心理学原理》首次提出来的，是指个体对自己存在的意识、对自己及自己与周围事物关系的意识，是个体对自己的认识和评价，包括个体心理倾向、个性心理特征和心理过程的认识与评价。人正是因为有了自我意识，才使人能够对自己的思想和行为进行调节和控制，形成不同的个性。自我意识包括自我认知、自我体验和自我调控。詹姆斯把自我意识分为物质自我、社会自我和心理自我。自我意识对领导沟通活动及其效果有着直接的影响。错误的自我意识导致心理失衡，由此导致沟通障碍。而正确的自我意识，如自信、自尊、自爱等则有利于沟通的成功。

领导者的态度在很大的程度上决定着沟通的方式及沟通的效果。领导者对内对外沟通时态度是否积极、诚恳、主动和公正，都会对沟通效果产生影响。

领导者的行为对领导沟通具有直接影响。个体行为是指个体所具有的性格倾向、能力、气质等行为取向。性格是对客观现实稳定的态度及与之相适应的行为习惯和行为方式，不同的性格表现出不同的行为特征。能力是使一项活动顺利完成的综合素质，能力与活动的效果直接相连。个体所拥有的能力不同，对沟通效果的影响也不同。气质是指心理过程的速度、强度、稳定性和内外倾向性的心理特征的总和。气质是高级神经活动类型的表现，高级神经活动具有兴奋和抑制两个基本过程，存在四种典型的高级神经活动类型，由此产生四种典型的气质：胆汁质、多血质、黏液质和抑郁质。不同的气质对沟通活动及其效果有着直接或间接的影响。

（二）影响领导沟通有效性的客体因素

沟通客体就是沟通对象，领导者进行沟通的对象具有一定的自主性、个性、兴趣偏好、主观能动性和独立人格。由于沟通客体的文化、教育程度、素质、心理、职业、个性心理等的不同，加之沟通的信息内容形式也多种多样，使得领导沟通变得更复杂。影响领导沟通的客体因素主要有以下几个方面。

1. 客体的选择性因素

沟通客体对沟通信息具有自主的选择能力。这种选择性包括选择性接收、选择性理解和选择性记忆。选择性接收就是沟通对象只愿意接受与自己原有的立场、观点和行为相一致的自己所关心和需要的信息，而对其他的信息则进行选择性地忽视。选择性理解就是沟通对象往往用自己的价值观、知识结构、生活经验、思维定式等去解释相关信息。选择性记忆是沟通对象有选择地记住符合自己偏好的信息，而对自己不感兴趣的信息则有意或无意地忘记。

2. 信息的功能性因素

领导沟通中的功能性因素主要是指信息接收的时效性，主要包括即时性因素和延缓性因素。即时性因素是指信息在短时间内能够及时满足沟通对象需求并立即发生作用的因素。对于此类信息，沟通对象往往能够及时、主动地接受。延缓性因素是指信息需要较长时间才能够在沟通对象身上发生作用的因素。由于沟通对象的需求特性不同，所以不同的信息对他们的作用和功能就会有所不同。

3. 信息的结构性因素

领导沟通中的结构性因素是指领导者把具有相互作用和关联的信息沟通要素，按照不同方式进行匹配和耦合，形成不同的结构以此影响沟通对象。结构性因素包括信息刺激的强度、对比度、重复率和新鲜度。

信息刺激的强度就是指领导者运用超乎常规的方法来传递信息，以此引起沟通对象的关注。信息刺激的对比度是指领导者在传递信息的过程中，利用比较的方法，强化沟通效果，引起沟通对象的注意。信息刺激的重复率是指领导者将同一信息重复多次传递，扩大接收范围，增强沟通对象对信息的印象。信息刺激的新鲜度是指领导者把所传递的信息在形式内容上不断进行变化调整和创新，增加沟通对象的新鲜感，以此强化沟通的效果。

（三）影响领导沟通有效性的环境因素

环境因素是指影响沟通效果的周边物理环境，包括内部环境和外部环境。内部环境，如组织的性质、组织结构等。外部环境，如沟通场所、噪声、空间距离等。适宜的环境有助于领导沟通的顺畅和效果，而不适宜的环境则会使信息接收者难以准确、全面地接受相关信息，物理环境的干扰往往造成信息在传递过程中的损失和遗漏，导致信息的扭曲变形，从而导致沟通不畅。

1. 噪声

噪声是指在领导沟通中对顺利沟通产生妨碍的声音。噪声不仅取决于声音的物理性质，还与人们的生活状态有关。噪声可以分为四类：轰鸣声、妨碍声、刺耳声、非正常的话语声。

有研究表明，当噪声超过55分贝时，就会影响沟通者的情绪；如果噪声超过78分贝，就容易引起沟通者的疲劳和烦躁。

噪声会影响人的神经系统，导致神经系统的兴奋与抑制平衡的失调，严重时会使人产生神经系统功能紊乱，产生头痛、头昏、耳鸣、心悸、失眠、全身无力等症状，影响正常的工作和生活，影响沟通的进行和效果。因此，在领导沟通中应该尽量选择合适的、没有噪声的或者噪声低于 55 分贝的场所。

2. 空间距离

空间距离是指领导沟通的空间范围，即领导者与沟通对象之间所保持的距离间隔。在沟通中，人们都在自觉或不自觉地应用空间来进行交往，通过调节距离来表明对他人的态度和与他人的关系。空间距离对沟通的影响主要包括交际空间和位置界域。美国人类学家爱德华·霍尔博士根据实验和研究，划分了人际交往中的四种距离，交际空间主要包括亲密空间、个人空间、社交空间和公众空间。

亲密空间的距离间隔一般为 15~46 厘米，这一空间的语义为"热烈、亲切"。在这一距离间隔里，人们保持亲密状态，交际的语言特点是低声或者耳语式的言谈话语，也包括身体接触。能够进入这一空间的有夫妻、父母、子女、恋人等感情亲近的人。

个人空间的距离间隔为 46~120 厘米，这是物理控制界限，其语义为"亲切、友好"。这一空间的语言特点是语气语调的亲切、温暖。谈话的内容无拘无束、态度坦诚。

社交空间的距离间隔为 120~360 厘米，其语义为"严肃、庄重"。这个空间又可分为近社交空间和远社交空间，是人们在社交活动中所保持的间隔距离。这一空间的语言特点是声音较高、措辞客气。

公众空间的距离间隔超过 360 厘米，这是人们在较大的公共场所应保持的间隔距离，常常出现在做报告、发表演讲等场合。这一空间的语言特点是声音洪亮、措辞规范、讲究风格。

在领导沟通中只有把握好最佳的空间距离，才能提高沟通效果。一要尊重沟通对象的个人空间。二要注意沟通对象的关系程度。三要注意沟通对象的性别差异。四要注意沟通对象的性格特点。五要注意沟通对象文化背景的差异。

位置界域是指沟通者之间的位置关系。在领导沟通中不同的位置所产生的效果也不相同。在领导沟通中，应该根据沟通的目的和对象，注意位置的排列。

三、领导者有效沟通的策略

有效沟通是领导者进行沟通所要实现的首要目标，要实现有效的领导沟通，不仅需要遵循基本的原则，还应该针对影响有效沟通的因素采取以下策略。

1. 提高自我沟通技能

自我沟通是有效沟通的起点，认识自己是领导沟通的第一步。只有正确地认识了自我，才能在沟通中做出准确判断，采取合适的沟通行为。自我沟通是一个人自己与自己进行的信息、知识、思想和情感的交流，自己与自己的交流，自我认知、自我反思、自我激励、自我控制、自我管理、自我评价等。心理学家认为，在自我的内心世界，有"主体的我——I"和"客体的我——me"之分，主体的我通常是积极主动的信息传递者，客体的我则是被动的信息接收者，是沟通的对象。主体的我与客体的我之间的互动过程就是自我沟通。

自我沟通是自己的意识与潜意识之间的对话、交流，取得共识，达成一致的过程。自我沟通的目标是改善心智模式，完善心理人格。自我沟通的方式主要有使用成熟变量自测、写日记、写学习和工作心得、静思、自我聊天等。

有效的自我沟通的特征是心态积极、品行良好、情商高、心理健康和有较强的沟通意识。领导者提高自我沟通的技能的方法有以下几点。

（1）要提高自我认知的能力，自知最难，正确地认识自我，包括自己是谁，自己的优点和不足，自己是什么样的人。自我认知包括对物质自我认知，即对自己身体、仪表等方面的认知。对社会自我认知，即对自我在社会中的地位、名誉、财产，以及与他人关系的认知；对精神自我认知，即对自我的知识、能力、智慧、道德等的认知。自我认知的方法包括自我审视、自我批评、自我反省。

（2）正确自我定位。自我定位是在自我认识的基础上，准确地进行角色定位、目标定位、行为定位。

（3）要学会自我管理，对自己的行为进行自我调节。学会自我激励，承认自身的价值，鼓励自己多做贡献，积极进取。通过自我激励，建立自信，提升自我价值。养成自我学习的习惯。学习是个人成长和发展的客观需要。通过自我学习，提高自身的知识文化和专业素养，才能增强沟通能力。

（4）努力自我超越。这是自我沟通的最高境界。通过自我沟通，超越个人的名与利、得与失，能够以组织利益和公共利益为重，公正诚恳地对待他人，自我实现。

2. 营造开放性的组织文化沟通氛围

开放性的组织文化沟通氛围是实现有效沟通的良好内部环境。一般来说，一个组织良好的沟通文化需要创设一种积极参与、合作、开放、自由、宽容、学习的风气氛围来鼓励组织成员进行沟通，领导者不仅要组织好沟通，还要为有效沟通创造更优的环境，营造一种"人人乐于沟通，沟通人人满意"的状态。在我国，由于长期受"官本位"思想观念的影响，公共组织中的开放性沟通氛围比较淡薄，下属往往不习惯与领导进行沟通，存在心理上的障碍。有的领导者高高在上，习惯于命令式的长官意志行为，难以接受下级或他人的批评和意见，不愿主动积极与下属沟通。为此，需要克服和消除这些沟通障碍，建构起以人为本的开放性、合作式的沟通文化和氛围。

3. 建立良好的领导沟通机制

良好的沟通机制是实现有效沟通的制度保障。领导沟通机制主要包括：一是常规性的沟通渠道。组织中要建立和完善稳定的、公开的制度化沟通渠道，并保障沟通渠道的畅通。二是民主沟通机制。组织中要建立和完善民主决策和下属参与机制，鼓励下属参与管理和决策，鼓励下属为组织发展献计献策和对领导者提出建设性批评意见。三是优化沟通结构。对组织要素进行重组，优化组织结构，减少沟通层级，鼓励多向度沟通。四是完善沟通体系。建立健全正式和非正式、内部和外部的沟通系统，建立健全信息的收集、传递、解码、编码体系。五是建立有效的沟通反馈机制。有效沟通离不开健全的反馈机制。沟通对象的反馈是沟通系统有效运转的重要环节，是实现良性互动沟通的基础。

4. 提升领导沟通能力

领导者不仅要提高自我沟通能力，而且应该不断提升领导沟通能力。领导者作为沟通的主体，对沟通的成败起着直接的关键性作用。领导者应通过学习提高沟通能力，养成终身学习的习惯，结合工作学习，掌握学习方法，提高学习的自觉性和主动性，通过学习获取知识信息，提高综合素养，增强沟通智慧。领导者应该注重通过实践锻炼提高沟通能力。领导者要不断总结他人和自己的沟通经验，并在实践中加以练习和演练，重视沟通方法的实际运用操作，注重逻辑思维能力、理解能力、分析能力、表达能力、概括能力的提高，注重沟通基本方法的运用，学会积极倾听，并且根据下属和情境培养和调适自己的沟通风格，增强同理心、同情心和换位思考的能力，提高敏锐性和洞察力，提高随机应变能力和自我超越能力。

5. 科学合理地选择沟通方式

要确保领导沟通的顺利实现就要科学选择合理的沟通方式。不同的沟通方式具有不同的优点和不足，发挥着各自的功能和作用，领导者在沟通中可以根据不同的需要和沟通目的进行选择利用。在各种沟通方式中，链式沟通具有传递信息速度快的特点，圆周式沟通能够提高成员的士气，轮式沟通和链式沟通在解决问题的过程中效率最高，对于复杂问题的解决，圆周式沟通和全道式沟通最为有效，Y 式沟通兼有轮式沟通和链式沟通的优缺点，即沟通的速度快，但成员的满意程度较低。基于这样的特点，在具体的领导沟通过程中就需要根据实际的情况和沟通目的选择恰当的沟通模式。

第三篇　领导力之知行合一

第十一章 领导力之舟：领导方法和领导艺术

领导方法是履行领导职能的基本手段，是实现领导目标的中介和桥梁，是提高领导力的基本工具。领导艺术是领导者在工作中创造性地运用领导方法，顺利实现目标的高超技能，是将客观环境与主观条件有机结合获得领导力的较高境界。领导方法和领导艺术密不可分。

第一节 领导方法概述

一、领导方法的内涵

领导方法是领导者为履行领导职能、实现领导目标而采取的各种措施、办法和手段的总和。方法是过河的桥和船，是实现目标的中介、工具。在实现领导目标的过程中，方法得当，可以事半功倍，方法不得当，则事倍功半。

领导方法从总体上来看包括思想方法和工作方法。思想方法是领导者在领导活动中认识问题和分析问题的思维方法，是思考研究解决主观世界问题的认识论方面的方法，是解决领导工作中思想认识观念的问题。领导活动是在领导者的思想意识指导下进行的，思想先于行动，领导思想方法在一定程度上支配工作方法。领导工作方法是领导者为实现组织目标所采取的各种办法、手段、工具和程序等的总和，是解决"怎么办"的问题。领导活动是知行合一的认识与实践相统一的复杂的社会活动，领导方法是解决领导活动中各种问题的思想和工作的具体办法、措施和手段的总和。

领导方法在领导活动中处于中介地位，是作为一种中介因素成为领导主客体之间相互作用的桥梁和纽带。领导者通过领导方法这个中介，可以指挥、协调领导对象，同时领导对象接受领导者的指挥与部署，从而使领导者与领导对象密切统一起来，构成完整的领导活动系统。领导方法是提高领导力的推进器，领导力的高低取决于多种因素，其中领导方法具有直接作用。国家治理体系和治理能力现代化要求领导活动必须依靠现代科学方法，而不是仅凭个人经验。领导者要实现从经验领导到科学领导的转变，就必须学习、掌握和探索科学的领导方法。科学的领导方法是现代领导者的必备条件。

在我国，领导方法是在马克思主义的指导下，以现代科学理论为基础，在总结领导实践经验的基础上所运用的开展领导活动的各种手段、工具和方式的总和。领导方法除了具有方法的一般特点，如中介性、条件性、针对性、灵活性、条件性、动态性、目的性、时效性和实践性之外，相对于管理方法来说，领导方法还具有自身的一些特点。

1. 权威性

权威性是指领导方法具有使人信服的威望和力量，在领导工作中具有不可违背性，被领导者必须遵循、尊重和服从，如果违背就会受到相应的惩罚。这种权威性是领导者在实施领导活动中形成的、得到下属认同的威望和影响力。领导方法的权威性体现在领导的方式方法能够得到遵从，能够有效提高工作绩效，对发挥人的积极性、主动性和创造性及提高领导力具有直接作用。领导方法的权威性来源于领导权力的强制性、法定性、领导人格魅力和领导的高绩效性等。

2. 系统性

系统性主要是指任何一种领导方法的选择和使用都会产生牵一发而动全身的整体性效应。领导方法客观上要求遵循领导活动的规律，考虑特定时空条件，注重方法抉择和使用的整体性、结构性、全面性和科学性，按照系统论的要求，着重从要素、结构和功能上考虑问题，统筹全局，着眼于整体与要素、要素与要素、整体与环境之间的相互制约、相互依赖、相互联系的关系，协调关系，解决矛盾，兼顾现实、历史与未来，高效开展领导工作的一种方法。领导工作是全局性的工作，要求领导者在实施领导时遵循整体性、最优化原则，把领导工作当作一个系统，重视要素的优化和结构的合理化，把握大局，提高组织的整体功能。领导方法基于现代系统论，把系统分析应用于领导，使复杂的问题系统化、简单化，从整体上全面地分析问题和解决问题，实行方案的最优化选择，使系统运行于最优状态，达到领导力的最优效果。

3. 多样性

领导方法是多种多样的，达成一项目标的路径是多层次、多样式、多渠道的，解决一个问题的方法是多方面的，正所谓"条条大路通罗马"。但领导方法的这种多样性并不意味着方法的简单性和显现性。解决问题的方法是多样的，但需要领导者开动脑筋去寻找并发现这些方法，并且在找到各种方法之后，还需要根据实际情况进行选择和匹配。只有发现和找到恰当的方法，才能有效解决问题。与此同时，由于社会变迁和时代变化，新问题、新矛盾层出不穷，这就需要寻求新的方法和路径，需要创造性地探索新的手段和办法。僵化守旧、故步自封，是难以有效解决问题的。领导者能否发现和选择多样化领导方法，既关系到领导力的高低，也与领导者的综合素质能力直接相关。领导方法的多样性还意味着相同的问题可以采取不同的方法加以解决，不同的问题也可以采取相同的方法加以解决，关键是多样化的方法能否有效地解决问题。

4. 指导性

这是领导方法与其他方法明显区别的一个特点。方法具有层次性，一般有三个层次：高层次的属于方法论范畴，是从具体方法和基本方法中概括、归纳、抽象出来的具有普遍规律性的理论体系，属于认识世界和改造世界的根本方法的学说和理论，即哲学层面的方法论，具有普遍性的指导作用。中间层次的属于反映人类社会实践活动一般规律的基本方法，是理论层次方法结合特定实践活动领域而具有指导性的方法，如经济方法、军事方法、行政方法、文化方法等。技术层次的方法属于可操作性的具有可行性的方法，是基本方法在解决特定问题上的具体运用，侧重于技术、方式、程序、办法，具有突出的专业性和灵活性。一般来说，领导方法属于高层次的方法，高层次的领导者和领导活动主要是一种方法论层面上的领导，对全局和整体具有指导性作用。这是由领导活动不同于管理及其他社会活动所决定的。领导是领导者发动率领被领导者实现组织目标的一种高层次管理活动，领导目标的完成是通过被领导者去具体实现的，领导者并不从事具体的业务工作。由此可以看出，领导方法主要是指由领导者采取决策、选才用人、激励等方式去指导下属实现组织目标，领导方法具有指导性，而不具有具体的操作性。

二、领导的思维方法

（一）系统思维方法

系统是事物的存在方式，任何事物都是由各种要素所组成的，并形成一定结构、具有特定功能的有机整体。领导活动是由领导者、被领导者、目标、生态等所构成的系统。领导者要具有系统思维，把领导工作当成一个系统来看待，重视系统的要素、结构、功能，重视系统的整体性和全局性，提高系统思维能力。

1. 全局性思维

一般系统论的创始人路德维希·冯·贝塔朗菲（Ludwig von Bertalanffy）指出："普通系统论是对'整体'和'完整性'的科学探索。"①系统的整体性、全局性自一般系统论创立以来就一直占据着系统科学的首要地位。系统的全局性从实质上来看，就是系统的构成要素、结构与整体、功能、环境及各个要素之间相互联系、相互作用，使系统整体呈现出各个组成要素相互作用而产生的功能，具有构成要素简单相加所不具有的整体性功能。

领导者的全局性思维就是领导者从全局、整体把握领导工作，既重视组织中各要素和结构的优化，也自觉地把工作放在更大的系统中进行考虑，把组织融入地区和国家的发展战略中作为一个整体进行全局性规划和统领的思维方法，实现系统性领导，产生整体放大效应。

2. 结构性思维

结构是系统构成要素之间的相互关系所形成的一种格局态势，结构不同，功能也不同，好的结构能够产生良好的功能，不好的结构，则会产生负效应，带来破坏性。系统论中的结构指的是系统的内部秩序和格局，是系统内部各要素在空间和时间上的排列组合方式，即相互作用、相互制约的方式和关系。

结构性思维要求领导者要关注领导活动和组织的结构。结构在根本上决定着功能的发挥，优化系统的结构应该主要处理好两个方面的关系：一是领导的内部关系，包括内部的纵向关系和横向关系，即上下级关系和各平行职能部门之间的关系；二是处理好领导系统与外部环境的关系，为组织发展创造良好的发展空间。

3. 动态性思维

系统是一个动态的存在，任何系统都始终处在动态变化之中。这要求领导者具有动态思维，学会运用发展的眼光看待人和物，运用变化的思维分析问题、处理问题。系统内部各要素之间始终处于动态的相互作用之中，并且系统不断与外界发生相互影响，当前的结构状态是系统中各要素与当前的外界环境相互作用而形成的相对稳定的结构，并随着时间的推移和外界环境的变化而促使系统随之发生变化。正如马克思所说："现在的社会不是坚实的结晶体，而是一个能够变化并且经常处于变化过程中的机体。"②

当前，人类社会发生了巨大而深刻的变化，世界正处于大发展、大变革、大

---

① 路德维希·冯·贝塔朗菲：《普通系统论的历史和现状》，载《科学学译文集》，科学出版社，1981年，第314页。

② 《资本论》，经济科学出版社，1987年，第5页。

调整时期，变是唯一不变的东西。我国与世界各国一样，正处于前所未有之大变局之中。为此，领导者具有动态性思维尤为重要。领导的一个职能是变革创新，这样才能适应时代发展的需要，未雨绸缪，以变应万变，从容面对不断发展变化的内部系统和外部环境，推动组织的变革和结构优化，在应对挑战和竞争中谋求生存发展。

（二）辩证思维方法

辩证思维是反映客观事物辩证发展及其规律性的思维，辩证思维方法是运用辩证思维的方式思考问题、分析研究问题的方法，是辩证法和认识论在认识世界和改造世界的活动中的运用。辩证思维方法就是全面而非片面、发展而非静止、联系而非孤立地看待问题，主张矛盾是事物发展变化的根本动力。马克思主义的辩证思维方法在思维规律上，是从事物的变化、联系、发展和矛盾中来考察事物的整体运动；在思维方法上，把比较、抽象和概括方法作为形成概念的基础，把分析与综合相统一的方法作为处理信息材料的手段，把归纳和演绎相统一的方法作为把握事物本质的途径，把由抽象到具体的方法作为再现对象全貌的阶梯，把逻辑与历史相统一的方法作为有效掌握事物发展过程的工具。马克思主义辩证思维认为，事物是普遍联系、发展变化和对立统一的。辩证思维方法要求坚持发展地而不是静止地、全面地而不是片面地、系统地而不是零散地、普遍联系地而不是单一孤立地观察事物，妥善处理各种重大关系。努力提高辩证思维能力要承认矛盾、分析矛盾、解决矛盾，善于抓住关键、找准重点、洞察事物发展规律。

1. 概括归纳方法

概括归纳就是人的大脑的意识在比较和抽象基础上，把抽象出来的事物的共同特征综合起来，并推广到同类事物中去的思维过程。简单地说，概括归纳就是在人的头脑中把从各种事物中抽象出来的共同特征归结在一起的思维过程，是从某类事物具有的个别的、少数对象所具有的某种属性，探索发现其他事物也具有相同的特点和属性，并由此推广到某类事物的全体对象都具有这种属性和特点的思维过程。概括归纳是形成普遍性认识的思维方法。概括归纳可分为初级概括归纳与高级概括归纳。初级概括归纳就是在感觉和知觉及表象层面上的概括。高级概括归纳是根据事物的内在联系和本质属性所进行的概括归纳。科学概念和定理都是概括归纳的产物。

概括归纳是从个别上升到一般的方法，从个别事物的属性和特点中概括出一般的原理，然后再把抽象出来的事物属性推广到具有这些相同属性的一切事物上去，从而形成关于这一类事物的普遍属性的概念。进行概括归纳需要运用比较、抽象、分析和综合的方法。比较是确定事物之间异同关系的简单思维方法。有比较，才有鉴别。抽象是通过对事物整体联系的分解，在头脑中把事物的若干属性和方面单独地提取出来的方法。抽象是人类思维所特有的，其他动物有感知和形象意识，但不能抽象。抽象是在比较的基础上形成的。

2. 演绎推理方法

演绎推理是在人的认识活动中，从事物的一般属性拓展推演到个别属性的思维方法，即从一般原理推论出个别结论。概括归纳和演绎推理都是对事物的个性和共性、特殊和普遍的关系的认识。概括归纳和演绎推理是两种反向，但两者又是相互依存、相互渗透和相互促进的。演绎推理是从一般性的前提推导出个别性的结论的思维方法，是由一般到特殊的推理方法。演绎推理是从一般性的前提出发，通过推导得出具体陈述或个别结论。演绎推理是前提蕴含结论的推理，是前提和结论之间有着必然联系的推理，是前提与结论之间具有充分条件或充分必要条件联系的必然性推理。演绎推理对保持人的思维的严密性、一贯性和连续性有着重要作用。演绎推理法是人类知识扩大再生产的基本方法。

在演绎推理中，要具体运用分析与综合的思维方法。这是把握局部与全局的、辩证关系的思维方法。分析是把客观事物的整体分解为各个部分、各种特性、各个方面与要素，以便于逐个加以研究的思维方法。综合是把事物的各部分、各种特性、各个方面、各个要素统合起来，在思维中形成对客观事物整体性认识的思维方法。分析是综合的基础，没有分析就没有综合；综合是分析的深化，离开了综合就没有科学的分析，两者不能割裂。分析和综合是矛盾分析法在思维领域中的具体运用。

3. 抽象与具体统一的方法

抽象和具体相统一的方法是辩证思维的高级形式。抽象是对客观事物本质属性的概括或界定。思维的具体或理性具体是在抽象的基础上形成的综合，不同于感性具体。感性具体是感官直接感觉到的具体，而理性具体则是在感性具体基础上经过思维的分析和综合所达到的对事物整体属性和本质的把握。由抽象上升到具体的方法是由抽象的逻辑起点经过一系列中介所达到思维具体的过程。抽象与具体相统一的方法是指认识从抽象到具体的思维方法，是具体再现事物全貌的过程。抽象是使人的认识由感性上升到"抽象的规定"，把握事物的本质属性。具体是指事物多方面属性、特点、关系的整合或再现。简单地说，抽象与具体的统一就是人们运用抽象的理论分析问题并且运用理论去解决具体的实际问题的过程。这是理论联系实际，理论指导实践，即理论发挥作用的具体表现。

4. 历史与逻辑相统一的方法

历史与逻辑相统一的方法是指思维的逻辑应当概括地反映历史发展过程的内在必然性，历史方法是依照对象发展的自然进程揭示其规律，这属于描述性的方法。逻辑方法则是运用概念、范畴、理论等形式概括反映对象发展的规律，属于理论思维的方法，是以理论的形式和抽象的体系来再现历史过程的本质、必然性和规律性的方法。这是把握历史脉搏、预见历史进程的思维方法，是通过考察对象的自然进程来揭示对象规律性的方法。

历史与逻辑相统一的方法要求领导者在认识事物的过程中，要善于揭示对象发展过程与认识发展过程的历史规律性。认识到历史与逻辑的统一是具体的统一。由于历史发展中包含着大量的细节和偶然因素，要通过纷繁复杂的现象和迂回曲折的道路表现其发展规律。而思维的逻辑是对历史的总结和概括，是撇开历史发展的各种细节和偶然因素，以抽象的理论形态把握历史发展的规律，是经过修正的历史，是把握了主流的反映，剔除了细节和偶然因素。为此，领导者只有注意从成熟的、有典型性的发展过程来考察客体，才能剔除枝节和偶然因素，发现事物内在、本质、必然、稳定的联系。

（三）战略思维方法

战略思维是在战略理论指导下，对具有根本性、全局性和长远性的问题、关系进行分析的思维方法。战略思维是在时间维度上的长远考虑，在空间维度上的全局谋划，在整体维度上的顶层设计和系统布局的思维方式。领导者要善于从全局角度、以长远眼光看问题，从整体上把握事物发展趋势和方向，具有战略思维能力。战略思维方法的特征是全局性、预见性、长远性和综合性。

战略思维方法是现代领导者必须熟练掌握和运用的一种基本思维方法，提高战略思维能力是领导者的一项基本功，直接关系领导力的高低。提高战略思维能力的途径主要是以下几个方面。

（1）提高理论素养。理论水平直接关系领导者发现问题、分析问题、解决问题的能力的高低，理论素养高意味着思考问题比较深刻，既深思熟虑，站得高、看得远，一针见血，又高屋建瓴，全面系统。同时，领导者要具有超脱意识，超越个人名利得失，公正仁义，并自觉把思想认识从陈旧观念和固化利益格局的束缚中解放出来，实事求是，与时俱进，摆脱思维定式和惯性路径依赖，以思想解放和观念更新推动战略思维能力提高，奠定思想理论基石。

（2）强化全局大局观念。领导者要始终把党和人民的利益放在首位，国家、人民的利益是领导工作的核心，是领导工作的大局、全局，领导者要善于从全局谋划问题，善于观大势、谋大事，正确处理大局与局部的关系，善于从整体思路上把握问题，注重把握问题的根本性、全局性、前瞻性、系统性与整体性，善于站在时代前沿和战略全局上高度观察、思考和处理问题，正确处理好当前与长远、局部与全局、现象与本质的关系，克服急功近利、只见树木不见森林、只见现象不明本质等问题。个人利益必须服从党和人民的利益，局部利益要始终服务、服从于大局利益，局部的发展、局部的利益要服务、服从于大局，充分发挥和调动局部的主动性和积极性。

（3）增强前瞻意识和忧患意识。"人无远虑，必有近忧"，领导者要强化超前意识和忧患意识，重视问题导向，善于立足现实思考重大问题，在科学把握现实国情、省情和本地、本部门工作实际的基础上，把问题导向贯穿于工作的全过程，面向未来，着眼长远，对事业发展趋势做出准确判断和科学预见，在宏观决策上顺应趋势超前谋划，在微观工作中强化问题导向，抓住重点和关键，增强工作的原则性、系统性、预见性、创造性，切实解决问题，提高领导绩效。

（四）创新思维方法

创新思维是一种开拓人类认识的新领域，突破已有的旧思路，打破原有的常规思维界限，应用超常规或反常规的方法，从新的独特的视角思考问题，提出与众不同的解决方案，产生新颖独特具有开创性价值的认识成果的思维方式。创新思维是一种具有创造性、开创性的思维方式，是领导者在工作中推陈出新，提出新理论、新观点、新思路、新方法、新战略的思维方式。创新思维是在一般思维基础上发展起来的，是人类思维能力高度发展的表现，是人类思维的高级形式。创新思维是多种思维方法的综合体，是抽象思维与形象思维、定性思维与定量思维、静态思维与动态思维、横向思维与纵向思维、感性思维与理性思维、反馈思维与超前思维、逻辑思维与非逻辑思维、发散思维与收敛思维等多种思维方式反复进行交互作用而形成的一种具有开创性的思维方法。创新思维的特征主要是新颖性、独特性、首创性、求异性、敏捷性、偶然性、跳跃性、综合性、联动性等。

领导者要掌握和娴熟应用创新思维原理。创新思维原理主要有陌生原理、逆向原理、聚焦原理和综合原理。陌生原理就是以陌生的眼光对待熟悉的事物，避免熟视无睹的"灯下黑"现象的产生，这样常常就会有新的领悟，萌生新的创意，发现深层的奥秘。就如同牛顿以新的眼光观察苹果从树上落到地面，发现了万有引力。逆向原理就是与平常的思路相反，倒过来思考，换位思考，往往能找到捷径。有的领导者常想到"假如我是下属"，通过这种换位思考也能萌生许多创意。聚焦原理，即把一切已经掌握的知识储备、各种技能、各方面的智慧和力量都指向一个难题或焦点，一次攻不克，多聚焦几次，难题总归会迎刃而解，甚至会变不可能成为可能。综合原理就是广泛借鉴古今中外的一切文明成果，加以巧妙地排列组合或嫁接移植，也会产生意想不到的奇迹，而且越是远缘嫁接效果越突出。

领导者要学会运用各种创新思维方法。一是发挥个人的直觉、灵感与想象力进行创新思维。二是激发集体智慧进行创新思维。人人都具备创新的天赋。美国的创造学大师亚历克斯·奥斯本（Alex Faickney Osborn）从创造一种让每个人有更多发展余地的组织氛围或组织环境出发，提出了激发集体创造力的技法，简称头脑风暴（brain storming，BS）法，后来又有人补充了"反BS法"，前者是激发创见的方法，后者是评判创见可行性的方法。领导者在做重大决策时可以运用好这两类方法，保持自己清醒的头脑，集中大家的智慧，做出富有创造性的最佳决策，反面意见也可作为主导决策的补充和备用，做到万无一失。三是运用信息交合法。信息交合法认为，思维是信息在大脑中的交合，通过信息的初交合、再交合、重交合、再重交合……乃至无穷次交合，就会产生"核裂变反应"，继而又引发"核聚变反应"。信息的先分化再交合，会产生思维创新的巨大威力。信息交合法是产生"精神核武器"的"反应堆"。领导者应用信息交合法时要有开放的心态，全方位地感受和捕捉信息，然后对捕捉来的信息做价值判断，把有价值的信息分层次分解，由"群"化为"集"，由"集"化为"元"，在此基础上进行交合，在不同的信息"群""集""元"之间进行自由地交合，每次交合都会产生新的信息，差异越大的信息交合，其产物往往是越新奇的思路与方案。

三、领导工作方法

（一）基本领导方法

领导方法具有层次性，最高层次的是领导方法论或领导哲学；中间层次的是领导思维方法；基础层次的是领导工作方法，包括基本的领导方法和领导工作方法，同时还包括现代科学技术方法在领导工作中的应用。

基本的领导方法包括调查研究的方法、群众路线的方法和按辩证的方法全面性要求办事的方法。

1. 调查研究的方法

调查研究既是领导机关和领导者履行工作职责、实现领导目标的基本方法，也是各级领导者发现问题、解决问题的主要方法之一。

调查研究就是领导者通过一定的方式方法，对领导环境和领导对象进行系统地观察和了解，掌握基本信息，并在信息加工分析的基础上，得到规律性的认识来指导实践的活动。调查是通过各种手段和途径，了解和掌握客观事物，全面、系统地收集有关事物的情况，占有大量的、确实可靠的第一手材料。研究是对通过调查所获得的丰富材料，进行去粗取精、去伪存真、由此及彼、由表及里的整理分析，发现其规律的过程。调查是获取信息，研究是对信息进行加工分析，是调查的深入。调查研究既是认识客观事物及其规律的活动，又是认识事物本质和规律性并用以指导实践的活动。调查研究是领导者认识客观事物、寻找客观规律性的基本方法和实际过程。领导者进行调查研究的目的在于通过对事物的本质及其规律性的认识，正确指导实践，有针对性地解决各种具体问题。

调查研究是中国共产党的最基本的工作方法，是马克思主义认识论在领导工作中的具体运用，是领导工作的基本任务，是提高领导力的基础。

调查研究的方法很多，包括调查的方法和研究的方法两个方面。按照不同的划分标准，可以把调查方法划分为不同的类型。按调查空间的范围分，主要有典型调查法、普遍调查法、抽样调查法、个案调查法等；按调查采取的手段或方式分，主要有观察法、实验法、测验法、询问法、问卷调查法、统计调查法等。领导者应该熟悉、了解这些不同的调查方法，根据需要和目的，选择合适、恰当的调查方法。

研究的方法是将调查得来的大量材料进行分析综合，加工整理，以便认识和掌握事物的本质及其规律性的方法。研究的方法主要有定性研究和定量研究。定性研究就是对调查所获得的资料进行归纳概括、分类比较，在此基础上分析调查对象的性质和特征的研究方法。定性研究偏向于人文主义和应然性，通过深度的理论逻辑分析，揭示社会现象的本质和事物发展规律。定量研究是对调查所获得的资料进行数量上的分析，通过分析社会现象的数量特征、数量关系和数量变化，探寻社会现象的关系和态势。

领导者要深刻认识调查研究的意义，端正态度，增强调查研究的自觉性。调查研究是了解实情、寻找真理、探寻方法、增长智慧、密切关系、获取支持的主要途径。在调查研究时，领导者要明确调查对象，深入实际，到与领导工作相关的客观环境和群众的实践活动中去。领导者要增强调查研究的热情，放下架子，深入基层，谦虚认真，甘当小学生，虚心向群众求教。调查研究必须坚持实事求是的原则，从社会现象中寻找规律。

2. 群众路线的方法

群众路线就是一切为了群众，一切依靠群众，从群众中来，到群众中去。"人民是历史的创造者，是决定党和国家前途命运的根本力量，必须坚持人民主体地位，坚持立党为公、执政为民，践行全心全意为人民服务的根本宗旨，把党的群众路线贯彻到治国理政全部活动之中，把人民对美好生活的向往作为奋斗目标，依靠人民创造历史伟业。"①群众路线是基本领导方法，其实质是正确处理好领导与群众之间的关系。"一切为了群众"是领导活动的目的和出发点，是领导的根本立场和宗旨。当前，领导活动的目标和方向就是满足人民对美好生活的需要。"一切依靠群众"是领导的根本准则和方法，是解决问题的路径，依靠群众的智慧和力量实现目标。"从群众中来，到群众中去"是领导活动的基本过程和领导实践的基本方法。密切联系群众是中国共产党的优良传统和政治优势。

群众路线基本方法的要求是：一是从群众中来，集中群众意见为领导意见。从群众中来就是深入到群众当中去，通过细致周密的调查研究，把来自各个方面分散的、不系统的群众经验、要求和期望等集中起来，进而把群众意见总结提炼上升为领导意见，成为一般性指导建议，做出正确决策。从群众中来的过程是一个"内脑"和"外脑"互动的过程。二是到群众中去，化领导意见为群众实践，即把领导意见转变为群众实践行动的过程。领导决策只有付诸群众实践才能得以贯彻落实，领导者的意见是否正确只有在群众实践中才能不断得到检验、丰富和发展。三是实现领导与群众相结合。在领导过程中，领导者要善于集中群众的正确意见，把群众的正确意见与领导意见结合起来。与此同时，领导者要率先垂范，善于宣传鼓动和进行有效激励，带领群众共同努力，把领导指导与群众具体工作结合起来。四是科学地组织群众。领导者要充分动员群众，调动群众的积极性，科学地组织群众的力量，以提高领导效率。

3. 辩证的方法

要做好领导工作，离不开按辩证法的全面性要求所采取的以下各种方法。

（1）坚持联系论，学会联系的方法。唯物辩证法认为，世界是普遍联系的，联系是规律的，规律是客观的。领导者运用联系的方法，通过发现事物之间的联系，探寻事物发展的规律，避免孤立、片面地看待人和事，利用规律来处理和解决各种问题。领导者应该注重联系、通观全局，协调平衡好各部门、各方面的关系。联系具有客观性，领导者要实事求是，一切从实际出发，避免胡乱联系，避免主观主义和长官意志。

（2）坚持"两点论"，学会"两手抓"的方法。"两点论"的方法是对立统一的矛盾分析方法，要求领导者要善于全面地把握对立的两个方面，不能顾此失彼，以偏概全。在工作中既要看到有利条件，又不能忽视不利因素；既要着眼于全局，又要关注局部；既要激励先进，又要鼓励后进，正确把握和处理二者在一定条件下互相转化的关系。

（3）坚持矛盾论，学会"抓主要矛盾"的方法。领导工作就是一个分析矛盾、

---

① 习近平：《习近平谈治国理政》第3卷，外文出版社，2020年，第16~17页。

解决矛盾的过程。对立统一规律既是事物发展的根本动力，也是领导工作的根本法则和方法。领导者在工作中要分清主要矛盾与次要矛盾、矛盾的主要方面和次要方面，善于抓住和解决主要矛盾，分清主次、重点和非重点，辨识轻重缓急，以主要的时间精力抓重点、抓关键，掌握"牵牛要牵牛鼻子"的方法。同时，善于以点带面，不忽视次要矛盾和非重点，协调平衡，学会运用"弹钢琴"的方法。

（4）坚持结合论，学会处理一般与个别关系的方法。个别是指个别的事物或个别事物的个性、特殊性。一般是指一般事物或各种事物所具有的共性、普遍性。个别和一般既互相联系、互相区别，又在一定条件下互相转化。从个别到一般，然后再从一般到个别，这既是人们认识发展的规律，也是解决具体问题的方法。领导者在工作中要全面理解个别和一般的辩证关系，并运用它去观察、认识和解决各种问题，把理论认识与领导实践结合起来，善于把马列主义普遍原理同中国特色社会主义现代化建设的实践结合起来，把党的路线方针政策与本地区、本部门的实际情况结合起来，把一般号召与个别指导结合起来，把领导骨干的主导作用与广大群众的集体力量结合起来。

（二）现代科学方法在领导工作中的运用

领导力是一个系统，是一个信息管理的过程，也是一个控制管理的过程。系统论、信息论和控制论等现代科学方法在领导力中是比较常见的基本领导方法。

1. 系统论方法

系统论领导方法是基于系统性思维之上的领导方法，是根据领导系统性特征，从领导活动的整体性出发，对领导活动的时空结构进行整体性设计，从而实现高效领导的方法。系统领导方法的特点是从整体上考虑和处理问题。

系统领导方法要遵循以下基本原则：一是目的性原则。每个系统都有明确的目的，系统的结构要根据目的和功能进行设置，子系统的目的必须服从母系统的目的。二是整体性原则。坚持从整体去考察各个部分存在的价值，局部要服从整体，局部不能代替整体，整体功能大于各部分功能的总和。三是结构性原则。系统的功能主要由结构所决定，要素功能不等于系统功能，结构不同，功能和性质则不同。四是层次性原则。系统都有一定的层次结构，不同的层次结构具有不同的功能。五是联系性原则。在领导活动中既要分析构成系统的要素，注意要素与系统的关系，也要重视要素与结构、功能的关系，系统与环境的联系。

系统领导法的基本程序是：一是确定系统的领导目标。把研究和处理的问题视为一个有机整体，确定的目标要符合系统的要求，符合主客观条件的可能性，符合整体优化。二是明确系统优化的构成要素。找出实现整体优化目标的构成要素，并分析各要素之间的相互关系及与系统整体的关系，考察系统与外部环境条件的关系。三是优化系统方案的结构设计。进行总体实施方案的结构设计，追求系统功能的最优化；进行具体实施方案的结构设计，追求局部功能最优化；优化各联结部分的方案结构设计，进行联系功能的优化分析。四是设立实施机构并分解目标任务。把已确立的系统目标及其实施方案按空间层次具体展开，进行量化。根据优化的整体目标、总体方案的要求，设立整体组织机构；根据优化的整体目标、总体方案中的纵横关系划分组织机构的层次和部分，并确立组织的纵横结构；把量化的子目标、子方案落实到组织机构的各个层次和部分。五是根据总体部署展开具体实践，从目标任务和组织机构的最低层次开始，每一层次和环节都要有定性和定量的功能优化分析，在每一层次和环节中都要运用控制、调节、反馈等手段，来确保整体目标及其功能的优化。

2. 信息论方法

信息论方法是信息论在领导工作中的具体应用。信息论认为，信息是普遍存在的，是事物存在和表现的一种普遍形式。信息是通过物质载体反映出来的、包含事物发展变化情况的信号和消息。信息领导方法就是运用信息的观点，把系统的联系变化抽象为一个信息传播反馈的过程，是一个通过信息获取、输入、贮存、转换、传递、加工、输出、反馈而实现目标的工作方法。

从信息论的角度来看，领导活动就是领导收集信息、处理信息、传递信息、反馈信息和利用信息的过程。信息领导方法一般包括以下几个相互联系的环节：一是信息输入。这就是收集、获取并向决策者提供有关的原始情况和材料，这是科学决策的基础和前提。二是信息加工。这是包括信息转换在内的信息处理的全过程，是根据需要对原始情况和材料进行分类、排列、统计、筛选等，加以分析研究，去伪存真，做文字处理，加工阐述。三是信息输出。这就是根据加工处理的信息制定出科学决策，并将其以各种文件和其他形式传播出去。四是信息反馈。这就是对决策执行后的情况进行如实反映和认真调查，作为决策者制定追踪决策的依据。反馈的特点是根据过去的操作情况、决策的结果去调节未来的行为。这四个环节构成完整的信息领导工作系统，贯穿于领导活动的全过程。

3. 控制论方法

控制论是关于系统控制调节的一般原理的科学。控制的领导方法是指领导者根据组织系统内外部的变化进行调节控制，使系统处于高效运转的状态，或者使系统从一种状态转化为另一种状态，并有效实现目标的活动。控制的基础在于信息，是根据信息进行的调节控制。控制论领导方法的第一个特征是信息化。领导者进行控制的前提是信息的获取、加工、传递、贮存和利用，通过信息进行决策、调整和控制。控制论领导方法的第二个特征是反馈。领导者对组织系统的调控主要是根据信息反馈的情况所进行的。控制论领导方法的第三个特征是动态性。领导对组织系统控制的实现是随着系统内部及与外部环境关系的变化而变化的，控制的强度和控制的方式的变化是根据信息反馈情况而进行动态调整。控制是依据信息反馈原理而实施的。控制的有效性取决于信息反馈系统的及时性和敏锐性。

第二节　领　导　艺　术

领导艺术是领导者通过对领导方法的创造性运用而取得良好绩效所体现出来的一种较高水平的状态。领导艺术重在领导者对领导方法、资源条件和环境等的综合性高超运用，是领导者创造力的展现。提高领导艺术是每个领导者的职业追求。

一、领导艺术的内涵

领导艺术是领导者素质素养在领导实践中的创造性实际体现，是领导者在履行领导职责过程中，创造性地使用并整合各种资源条件而顺利实现领导目标的高超能力。"领导人员依照每一具体地区的历史条件和环境条件，统筹全局，正确地决定每一时期的工作重心和工作秩序，并把这种决定坚持地贯彻下去，务必得到一定的结果，这是一种领导艺术。"[①]领导艺术是领导者在现实的客观物质条件下，发挥主观能动性，正确决策和高效执行，实现领导目标的行为状态。领导者的知识、经验、智慧、才能等因素是领导艺术得以发挥的前提；对领导原则、条件、资源、方法等纯熟巧妙地运用并富有创造性，是领导艺术的核心；而领导风格和领导者创造性的实践所塑造的"美"的形象，是二者结合的结果，是领导艺术的外在表现。领导艺术是在遵循客观规律基础上的一种非模式化的创造性行为，是领导者把握领导规律、履行领导职能、创新创造的境界。领导艺术与领导经验、领导科学具有内在的逻辑联系，又具有实践上的统一性。

1. 领导经验与领导艺术

经验就是在亲身经历的基础上所积淀下来的感性认识。经验一般是感性认识。领导经验是领导者在领导实践中获得的各种感性知识，一般的领导经验虽然经过

---

① 《毛泽东选集》第 3 卷，人民出版社，1991 年，第 901 页。

了一定的思考和总结，但在总体上，常常不够深入、清晰，还具有明显的特殊性、个体性和表面性。经验还没有达到理性认识的普遍性层面。科学是理性认识，是从实践经验中总结出来的、系统化的、知识体系和普遍化的原理，是对客观事物内在规律性的认识。领导艺术来源于领导经验，领导经验是领导艺术的原始材料和基础，但领导艺术是在领导经验的基础上升华而成的，虽具有经验性因素和经验性特色，但却高于领导经验，是领导者综合运用领导经验和领导科学而展现出来的创造性领导力。

领导艺术是理性与感性有机结合而展现出来的高超的领导力，是领导者对领导经验和领导科学的创造性发挥，既有理论性，又有实践性，是高于领导经验与领导科学的。领导艺术高于领导经验在于其有理性渗透其中，高于领导科学在于其是创造性的生动实践，是将理论具体化在领导实践中所产生的显著效果。如果领导者仅靠实践经验，缺乏科学理论，没有把丰富经验上升到科学理论的层面并加以创造性运用，是达不到领导艺术高度的。同时，只会照搬理论，不会在实践中灵活运用，也不可能产生领导艺术。

2. 领导科学与领导艺术

领导科学与领导艺术既有区别，又有联系，是对立统一的关系。具体而言，科学是实践经验的理性结晶，是系统化的知识体系，是可以证伪的实证性活动。领导科学是探索领导活动规律性、真理性的学问。艺术是运用以美的形象和形式表现生活的意识形态，领导艺术是领导者结合实际，创造性地、巧妙地对领导规律加以运用和发挥的结果，它不是对科学理论的生搬硬套式、教条式地运用，而是在领导者与众不同的胆略、智慧和丰富的想象力基础上，创新性地运用各种方式方法创造出令人信服、钦佩又令人愉悦的领导效果的高超能力。领导艺术更多地表现出完美性、高超性、独特性、欣赏性的审美效果。领导艺术具有一种审美功能，它所体现出来的高超的领导技能和取得的显著绩效往往令人惊奇和叹服。领导艺术是对领导经验和领导科学的创造性运用所达到的较高的境界，其"运用之妙，存乎一心"。有时候是只可意会，不可言传。

从认识论角度看，领导科学与领导艺术是领导工作的经验性和理论性的对立统一。领导艺术是对领导科学的创造性发挥，但离不开领导实践的丰富经验。领导艺术含有理论渗透、理论指导的成分，但不是感性化的经验东西，是领导者个人在领导实践中凭借个人的创新性运用，在解决具体问题时所产生的令人惊奇的效果和魅力。领导艺术属于个人创造性的发挥，与个人的素质修养、经验智慧、性格禀赋、理论知识的关系极为密切，带有明显的个性化特征。领导科学属于理性范畴，是对领导工作的规律、原理、原则的概括和总结，领导科学所揭示的原则、方法，对领导活动和领导者都有普遍性的指导作用。领导艺术是经验性的领导科学，领导科学是理论性的领导艺术。领导科学能促进领导艺术向更高层次迈进，领导艺术又能推动领导科学的发展。

3. 领导方法与领导艺术

领导方法与领导艺术都属于领导的方法论范畴，是开展领导活动的手段。具体而言，领导艺术是领导方法的创造性地灵活运用，不是简单、机械地使用。领导方法具有三个层次：一是宏观领导方法，从战略上为领导者提供观察、分析、处理问题的总方向、总原则或总方法指导；二是中观领导方法，为领导者解决一般的管理问题提供方法上的基本技术指导或解决问题的途径；三是微观领导方法，为领导者提供解决具体工作问题的对策、建议和实施办法。领导艺术是将领导方法、原则创造性地应用于解决具体的实际问题所表现出来的高超技能。

领导艺术相较于领导方法而言具有突出的创新性，相对更为灵活，更突出权变性。领导方法大都体现在常规事务的管理上，一般情况下是稳定的、不易变化的。而领导艺术却大多体现在非常规性的问题处理上，往往因人、因事、因时、因地而异，随着领导者工作对象、工作领域、工作范围和客观环境的变化而变化，也随着领导者的经验、知识、阅历、认识能力、智慧和性格气质的不同而相异，具有明显的随机性和灵活性。领导者应该不断提高素质，根据变化的情况，针对实际需要，创造性地解决问题，不断提高领导艺术。

4. 领导艺术的特征

通过以上比较，可以看出，领导艺术具有以下特点。

第一，规范性与创造性的统一。领导艺术是领导活动中创造性地解决问题，实现高效领导的技能。一方面，领导者必须遵循法律法规和法定程序实施领导，这是领导活动的规范性要求，也是领导艺术的基本要求。规范性主要表现在对于常规事件，领导者可以运用以往的程序化、模式化的方法去处理。另一方面，在实际的领导活动中会出现大量的偶发性非常规问题，需要领导者打破常规，创造性地采取各种方法解决这些问题，并取得最佳效果。这是领导艺术所表现出来的创新性。因此，领导艺术是在坚持规范性原则的基础上所体现出来的一种独特的创造性解决问题的高超技能。正是这种创造性，才使得领导与管理区别开来，也体现出领导艺术的规范性与创造性统一的特点。

第二，模式化与非模式化的统一。一方面，领导者在实践活动中总要运用一定的知识和经验，而这些知识和经验是无数人通过实践证明的、具有普遍指导价值的原则和规律，体现为领导艺术的共同基础、共性特征，是可以采取模式化方式进行领导的。另一方面，由于领导活动的复杂性和动态性，加之领导者个人素质、阅历、知识结构等各不相同，领导活动中有一些问题是无法采取模式化方式解决的，需要领导者创造性地采取灵活多样的方法进行处理，这体现出领导艺术的个性化和非模式化的统一。

第三，原则性与灵活性的统一。领导艺术并非领导者随心所欲的、天马行空式的行动，而是在法治规则下的自由创造性活动。领导艺术必须遵循和体现领导的基本原则，是坚持原则性与灵活性、规范性与权变性、普遍性与特殊性的统一。领导艺术的原则性是领导工作总的方向，灵活性则是达到总方向的具体措施。如果抛弃了原则性，只讲灵活性，就会产生破坏性领导，这就谈不上领导艺术了。只有在坚持正确原则的基础上，根据环境和系统情况，采取灵活多样的措施，才可能实现创造性领导。领导者在处理问题时并不是一成不变的，而是坚持具体问题具体分析，将原则的普遍性应用于解决各种特殊问题。

第四，真善美的统一。领导艺术具有集真、善、美于一体的先进性特点。领导艺术与政客权术有着本质区别。政客权术通常是指某些掌握权力的领导者为了谋取个人和小集团的利益，倚仗权势，要弄计谋、玩弄权术的行为。领导艺术与政客权术的本质区别主要表现在以下几个方面：一是目的不同。领导艺术的目的是维护国家和人民的利益，是为社会的发展和进步服务的，服从真理，服从领导目标，服从时代的要求，表现为权为民所用、情为民所系、利为民所谋。而政客权术则是为个人和小集团牟取私利，争夺权力，服从个人的私欲和目的。二是表现形式不同。领导艺术表现为真、善、美，政客权术表现为假、恶、丑。领导艺术的"真"是指领导艺术遵循社会发展的客观规律，符合领导活动的基本规律，实事求是、光明正大、表里如一、言行一致。领导艺术的"善"是指领导艺术以公共利益、社会进步和人的自由全面发展为出发点和归宿。领导艺术的"美"是指领导艺术的丰富的创造性给人一种美的享受，是领导者综合素质、方式方法、人格魅力、经验胆略等方面的完美的统一。领导艺术具有真理性、科学性、正义性。政客权术的假、恶、丑主要是指政客权术违背人民的利益和时代的进步，是一种玩弄权术、欺上瞒下、坑蒙拐骗、阳奉阴违、口是心非、装腔作势、阴险毒辣、虚伪狡诈的不端行为，是见不得阳光的阴谋诡计，是一种歪门邪道。三是作用不同。领导艺术不仅有助于领导绩效的提高，有助于领导目标的实现，而且有利于社会的进步和发展，有利于增进人类的福祉。而政客权术则是腐蚀剂，破坏团结、败坏风气、危害社会、泯灭正义、丧失人心。四是发展趋势不同。领导艺术具有顽强的生命力，随着时代的进步和社会的发展而不断进步和提高，拥有美好广阔的发展前景。而政客权术则随着民主法治、政治文明的不断发展，随着社会的不断进步而逐步退出历史的舞台，走向衰微和消亡。领导者只有真正领悟和运用领导艺术，抛弃政客权术，才能保持领导艺术的先进性。

二、常见的几种领导艺术

（一）领导授权艺术

授权是指领导者为了更好地实现组织目标，根据工作需要在自己的职权范围内赋予下属处置特定事务的、相应的、自主权力的一种领导艺术。领导授权有助于领导者摆脱事务性工作的影响，把主要时间、精力集中于组织的战略规划、宏观统筹等创造性的工作，这是授权的最直接的作用。同时，有效授权还会产生许多连带协同效应，授权能够使领导者产生能力放大效应、权力影响扩展效应、效率增速效应、情感激励效应、人才开发效应等。授权有助于提升领导力、提高人力资本存量、增强组织人际关系的和谐，有助于推动领导方式的转型。

领导者掌握和运用授权艺术，一方面，要明确领导授权的类型；另一方面，要坚持一些基本的授权原则，同时还要掌握一些授权技巧。

1. 领导授权的类型

根据授权的具体要求和内容，领导授权可以划分为以下几种类型。

（1）刚性授权。这是指领导者对所授权力的大小、范围、时限，对所托付事务完成的要则等均有明确的规定与要求，被授权者必须严格遵守、照章行事，不得随意自主处置的授权方式。这种方式一般适用于对一些重大事项的授权。

（2）弹性授权。这种授权方式是相对于刚性授权而言的，是指领导者在授权时对下属只指示一个大纲或轮廓，使被授权者拥有较大的自主权，可以对所托事务进行自主处理，随机处置的授权方式。

（3）惰性授权。这就是领导者把不必要亲自处理的繁杂而琐碎的事务，或者是领导者自己也不知道如何处理的一些技术性事务交由下属去处理的授权方式。惰性授权其实并不是领导者偷懒、图轻闲、回避问题，而是为了放弃一些细枝末节的、技术性的、事务性的烦琐事务而专心于重要工作的完成。

（4）模糊授权。这种授权方式与弹性授权有些相似，只是其授予被授权者的权力限度和权力大小比较模糊，没有明确、具体的规定。在授权时，领导者只向被授权者提出做什么和达到怎样的效果的要求，至于下属用何种方法去实现目标则由他们自己选择和确定，领导者不加干预，以此使被授权者拥有充分的自主权，这能够激发被授权者的工作热情，调动其积极性，也能够使他们的工作能力得到锻炼和提高。

2. 领导授权的基本原则

领导者在授权过程中需遵循以下原则：①目的性原则。授权要以组织的需要和目的为依据，分派任务和委任权力时都应围绕组织的目标来进行。②因事择人、事能授权原则。授权必须以事业、工作的需要和授权对象能力的大小、品德高低等为依据，视人授权、视德授权、视能授权，适才适用。③适度原则。领导者要把握好授权的合理限度，在授权过程中，要放手但不撒手，要当班长但不当家长，要带头但不代劳，要宽容但不纵容，要察人但不疑人，一方面，通过监督加以保证；另一方面，通过信任进行领导。④逐级授权原则。在授权过程中，除了极特殊的、突发性事件的处理可以越级授权外，一般应该采取逐级授权的原则。⑤秉公授权原则。授权是一种组织行为，授权要公开进行，要公之于众，要公正公平。⑥可控原则。有效的授权，领导者要掌握主导权、主动权、监控权，不仅要尽力取得预期效果，而且要确保所授之权不被滥用，不被乱用，能够及时收回。①

　　3. 领导授权的基本技能

　　（1）谨防"反授权"。"反授权"就是指下级把上级领导授予的权力反授给上级，把自己职权范围内的工作问题、矛盾和责任上交给领导，使领导在某种程度上沦为下级的下级。对此，授权者要从根本上防止"反授权"，从自身做起，增强责任感，对"反授权"者进行批评、帮助，彻底根除造成"反授权"的种种诱因。

　　（2）谨防授权失控。领导者要掌握能够控制受权者的根本权力，确保对授予的权力能放能收，把握调整权，严格控制权限范围，重视检查监督。

　　（3）严防"授而不放"。授权必须做到形式和内容的统一，既要在形式上公开授权，也要在实际上真正地把权力授予下属，不能形授而实不授，挫伤下属的自尊心和积极性，损害领导者的形象和权威。

　　（4）避免"鸵鸟政策"——顾头不顾尾现象。在授权之后，领导者不能对受权者放任自流，缺乏必要的监督检查，不能在授权结束后缺乏必要的绩效评估和总结分析。这种顾头不顾尾的行为会严重地降低授权的效果。

　　（5）避免授权中的"马太效应"。授权要打破"圈子"，不能一而再再而三地只授权给自己"圈子"里的人，而把其他人边缘化，这样会带来组织危机和领导危机。

　　（6）避免授权的随意性和简单化。授权是一种领导艺术，但并不意味着领导者就可以随意、主观地授权，把授权简单化。领导者授权须遵循一定的原则和制度，重视授权中的制度建设，逐渐把授权中的一些程序方法制度化、规范化。主动、自觉地学习和锻炼授权的基本知识与技能，不断总结经验教训，领悟、感悟、觉悟到授权的真谛，从而达到授权的自觉、自为境界。①

---

　　① 袁明旭：《领导者有效授权的困境与超越》，兰州学刊，2007年，第6期，第92~95页。

（二）领导者运筹时间的艺术

马克思曾经指出，"一切节约归根到底都是时间的节省"[①]。领导工作首先从领导者有效管理时间开始。人的生命就是时间的结合体，领导工作就是对时间的合理安排和利用。美国管理学家德鲁克在《卓有成效的管理者》一书中把"记录时间""管理时间""统一安排时间"作为卓有成效的管理的基础，认为时间是最珍贵的资源，如果我们不去管理时间，那么其他任何东西都没有管理的必要了。时间是一种宝贵的资源，是最稀缺的资源。在领导工作中，能否科学地运筹时间直接影响着领导绩效的高低。运筹时间就是指在同样的时间消耗条件下，为提高时间的利用效率而进行的一系列管理控制过程。领导者运筹时间的艺术要点包括集中时间的艺术、扩大时间容量的艺术、优化时间利用的艺术和节约时间的艺术。

1. 领导者集中时间的艺术

集中时间就是把分散的、零星的时间聚集成一个整块来进行使用。古今中外成大业的领导者，其成功的秘诀之一就是善于集中时间、集中精力，善于利用整块的时间做重要的事情。时间的集中有"量"的集中和"质"的集中。"量"的集中就是把碎片化的分散时间进行整合集中，"质"的集中就是注意力的集中，聚精会神，专心致志。在领导活动中，最忌把时间分割成许多零零碎碎的小块，既浪费精力，又降低效率。为此，一方面，要集中时间办大事，在工作中抓住重点，兼顾一般；另一方面，要排除各种干扰因素，集中注意力，专心致志于重要事情。

2. 领导者扩大时间容量的艺术

扩大时间容量就是通过科学合理地安排和分配时间，有效地利用时间，提高时间的利用效率，在有限的时间内做更多的事情。提高时间的利用效率，就等于扩大了时间容量，等于延长了人的生命。扩大时间容量的基本方法主要有两种：第一是织网法，即领导者通过科学的运筹法系统安排工作、学习和生活，使其形成一个严密的网络，充分利用时间。织网法又可分为并联式、串联式、统筹式和嵌入式等四种方法。并联式就是在某项松散活动进行的同时开展另一项活动。串联式就是按工作、学习、生活内容巧妙安排，环环相扣。统筹式就是对工作、学习、生活统筹安排，充分利用各种有利条件。嵌入式就是在空白的零星时间里加入充实的内容。第二是压缩法，即领导者根据领导目标，全面审查自己的活动安排，取消和减少不必要和可做可不做的事项，合并相同、相似的事项，简化繁杂的事项，精心安排时间。

---

① 《马克思恩格斯全集》第46卷（上），人民出版社，1979年，第120页。

3. 领导者优化时间利用的艺术

优化时间就是领导者科学分配和合理利用时间，使其发挥最佳的效果。一般来说，领导者可掌握和利用以下几种方法：一是优化总体安排，领导者对一个阶段，如年、季度、月、周的时间安排要整体考虑、周密计划、合理划分、统筹协调，使时间的利用在总体安排上达到最优。二是优化工作时间预测，领导者根据过去时间利用的资料和现在掌握的情况，运用一定的科学方法，估计和推测其时间利用的未来效果，从而选择最有价值和最优方案的事项。三是优化工作程序，这种方法又叫ABC时间管理法或分类安排工作法，即把有限的时间集中于关键和重要的工作上面，以期获得好的工作绩效。ABC时间管理法是美国管理专家阿兰·拉金（Alan Lakein）在《如何掌控自己的时间和生活》一书中提出来的，具体做法就是把一天需要处理而又肯定无法处理完的事情按照轻重缓急分为A、B、C三类。A类最重要，是必须做的；B类次之，是可以做的；C类又次之，是可做可不做的。这样就可以保证领导者把时间精力集中在重大任务上。四是优化时间使用价值，就是领导者最大限度地发挥时间的作用。这种方法又叫生理节律法，是根据领导者的生理节律合理地安排时间和工作，在精力状况最好时做最重要、最复杂、最艰苦的工作；在精力状况较差时安排比较轻松的工作；在精力状况处于低潮时则安排休息、娱乐等。

4. 领导者节约时间的艺术

领导者在有效利用时间的同时，还应该克服浪费时间的不良习惯，掌握节约时间的艺术。具体来说应该掌握以下技巧：①制订合理可行的工作计划，精心安排时间，做到有条不紊。②精简会议。实践证明，无效率的会议既浪费时间，又浪费社会财富，还败坏党风和政风。要节约时间就必须精简会议，有效地开会，开有效的会，严格控制会议数量，提高会议质量。③善于授权。领导者通过有效授权，集中时间精力做自己职责范围内的重要事情，充分发挥下属的自主性和积极性，避免事必躬亲，防止陷于琐碎繁杂的事务之中难以自拔。④善于利用现代办公自动化技术。"工欲善其事，必先利其器"，领导者掌握现代化的办公自动化技术可以达到事半功倍的良好效果，也是节约时间、提高时效的重要保证。

（三）领导者处置突发事件的艺术

在现代风险社会，应对突发事件和提高公共危机治理能力成为领导者必备的基本能力。领导者有效处理突发性事件成为领导艺术的基本内容。

突发性事件是指突然发生的、超越常规的、具有重大社会影响的事件。美国管理学家西蒙指出，突发事件的实质，是非程序化决策问题。领导者在突发性事件的处理过程中发挥着关键性作用。突发性事件的主要特点是突发性、不确定性、危害性、扩散性、聚焦性。突发性事件的发生是对领导能力的严峻考验，突发性事件的处理需要高超的领导艺术，处理突发性事件的能力是检验领导者领导艺术水平高低的重要尺度。领导者处理突发事件的艺术主要是以下几点。

1. 具有强烈的危机意识和忧患意识

危机意识就是领导者对领导活动中的风险具有足够的敏感度和警惕性，保持居安思危的忧患意识。公共危机治理的精髓就在于防范危机的发生，在突发事件到来之前做好组织、人员、措施、经费上的准备，设立危机管理的机构，建立危机预警系统，制定完善的危机管理预案，进行危机管理的演练和培训，建立并维护良好的媒体合作关系，加强内部危急沟通管理。领导者在危机防范思维方式上从后顾型转向前瞻型，从封闭式思维转向开放性观念，采取前瞻性思维方式，注重洞察公共危机的各种诱因，未雨绸缪，及时把危机消灭在萌芽状态。

2. 亲临现场并准确研判突发事件的性质

领导者应该具有敏锐的洞察力，具有娴熟的信息收集、处理和分析技能，能够迅速区分和确认各种事件的性质。领导者既不能风声鹤唳，只要有一点风吹草动，就大动干戈；但也不能麻木不仁，漠然视之。有的领导者常常在事件发生后缺乏敏锐的洞察力，没有及时认识到问题的严重性而导致了严重后果。

3. 以人为本并全力救治伤亡人员

领导者在处理突发性事件时，必须坚持以人为本的原则，把人的生命安全放在第一位。领导者重点关注群体性事件中的人员伤亡情况，通过应急处理程序，最大程度地保护、挽救大多数人的生命安全，全力以赴、不惜一切代价救助伤亡人员，关心、安抚受难者家属。

4. 果断决策并迅速控制局面

领导者面对危机要镇定自若，指挥若定，稳定人心，要迅速组建应急机构，配备精干人员，迅速开展工作，控制事态，掌握主动权。突发性事件的实质是非程序化决策问题。领导者必须及时获得准确的信息，最好能够亲临现场，最大限度地获知真实的情况，并根据所获知的信息，准确判别形势，把握全局，果断做出决策。

5. 抓住机遇并创造性地化解危机

面对突发事件，领导者要敢于打破常规，敢于、善于冒险，充分发挥自己的主观能动性，创造性地化危机为转机和生机。突发性事件虽然具有危害性的一面，但同时也往往暗含着新的发展机遇，预示着组织发展的转折点，领导者要善于在危机中寻找生机，把突发性事件所产生的压力创造性地转化为组织变革及发展的推动力和催化剂。

6. 加强危机沟通并主导舆论

领导者成功处理突发性事件的关键是进行无障碍的沟通、确保信息的通畅。通过危机沟通，领导者不仅可以获得判断突发性事件性质及决策所需要的各种信息和资源，而且能够了解局势进展的情况，加强与突发性事件相关人员与机构的信息、情感、认识的交流，掌握舆论的主导权，避免谣言的产生和传播，稳定人心。把突发性事件中发生的人员伤亡情况及救助情况通过媒体及时准确地通报，可以争取社会各界的理解、支持与合作，同心协力处理好突发性事件。

7. 整合资源并重视善后处理

突发性事件的处理是一个复杂的系统工程，领导者需要整合多种资源和各方力量共同应对。领导者必须充分利用权威，发挥主观能动性，整合社会各界的力量，尤其是专家、社会中介组织、媒体、企业等方面的智慧和力量，群策群力，协力应对。突发性事件的善后处理不仅关系到此次事件处理的彻底性和有效性，而且关系到组织未来的生存与发展。领导者要重视善后处理工作；认真彻查事件发生的原因，评估事件造成的损失，恢复生产生活，及时补偿损失，稳定民心，变革和完善各项体系，增强危机意识，消除危机隐患，力戒重蹈覆辙。

第十二章 领导力之展现：领导作风

领导作风是领导者在领导活动中所表现出来的一贯态度和言行，是领导力的全面展示。领导作风体现领导活动的性质，关系领导形象的好坏，并影响社会风气，关系党和国家事业的兴衰。

第一节 领导作风概述

领导作风是领导者的世界观、人生观和价值观的反映，是领导者综合素质的外在表现。端正领导作风具有重要的现实意义。

一、领导作风的含义及特点

（一）领导作风的含义

作风一词在《辞海》中的解释为：①工作或生活上一贯表现的态度、行为。例如，作风正派。②文艺作家在一系列创作中所表现出来的特有的方法、技巧和风格。也指一个时代或民族的文学风格。③西文文论中也指那种在创作中表现出来的作家的主观癖性与习气。只是以作家主体的思想情趣去支配、左右作为客体的现实对象，而尚未达到主客体的和谐统一的一种状态。在一般意义上，作风是指行为主体一贯表现出来的态度和行为。领导作风是指领导者在领导活动中表现出来的具有稳定性和习惯性的态度和言行。

国内学者对领导作风的界定大致可以分为两种类型：一是侧重于领导主体的角度，将领导作风定义为"领导者在领导活动中所表现出来的一贯的态度和行为"[①]，这种言

---

① 彭向刚：《领导科学概论》，高等教育出版社，2007年，第207页。

行、态度与领导者的综合素质密切相关，是"领导者综合素质在领导工作中的外在表现，它对领导者的工作具有重要的规定和影响作用"①。二是侧重于领导作风本质的角度，将领导作风定义为"领导者的世界观和言论、行为及一贯态度在学习、工作、生活等行为中的表现"②。

简而言之，领导作风就是领导者在领导活动中所表现出来的一贯态度和言行。领导作风是领导者世界观、人生观和价值观的集中反映，是领导者综合素质的外显或流露。领导作风在状态上具有一贯性和稳定性，是领导者一贯的持续性的态度和言行，不是那些偶然的、非一贯性的态度和言行。领导作风从属于领导本质，有什么样的领导本质，就会有什么样的领导作风。领导作风是领导素质和本质的外化，是在领导活动中具体表现出来的、可观测的态度和言行，是领导者综合素质的外显或流露，而非局限于主体内部的心智活动。

（二）领导作风的特点

1. 从属性

领导作风是领导者世界观、人生观和价值观的体现，与领导者的政治立场、政治取向密切相关。社会主义领导者是人民的公仆，这就决定了领导者必须从人民群众的立场，以正确的世界观和方法论来从事领导工作。领导者必须树立维护党、国家和人民根本利益的作风。领导活动的这种本质属性决定领导作风，领导作风从属于领导本质属性。

2. 外在性

领导作风是领导者综合素质的外在表现。尽管领导者的素质表面上看不见、摸不着，但却可以通过领导作风显现出来。领导作风体现的内容是领导者的外在素质，体现的方式是领导者的态度和言行，体现的结果既可能是正面的，也可能是反面的，反映的是领导者按什么样的思维方式研究问题、用什么样的态度学习理论、以什么样的精神对待工作、用什么样的方式实施政策，等等。在一定意义上可以说，领导作风是外在的领导素质，领导素质是内化的领导作风。

3. 时代性

领导作风是领导者政治、思想、道德、品质、知识、技能等方面素质的综合体现，而领导者素质又是由特定时代特征决定的，不同的社会时代及同一社会时

① 于炳贵：《领导科学新论》，济南出版社，2000年，第92页。
② 孙琰，白明东：《领导科学辞典》，东北师范大学出版社，1988年，第517页。

代的不同发展阶段对领导者的素质和作风会提出不同的要求，不同时代的领导作风会有一些新的内容和新的表现，会打上时代的烙印，体现出时代性的特点。

4. 行业性

领导活动广泛存在于社会分工的各个领域、各个行业，在各个领域、行业内部，又有不同的领导岗位，诸如机关、部队、学校、企业、事业单位及各自内部的领导岗位及具体分工等。而不同的行业背景、岗位分工因其工作的特殊性和组织文化的不同，对领导素质和作风必然有不同的要求，并产生潜移默化的影响，从而使领导作风表现出鲜明的行业性和岗位性。行业背景和岗位分工对领导作风的影响通常体现为特定组织文化氛围和不同的行为模式。

5. 稳定性

领导作风的稳定性主要体现在风格的一贯性、形成的长期性、与领导者内在素质的一致性。领导作风的形成不是一朝一夕的事情，是领导者在率领和引导组织成员为完成组织使命，实现组织目标的实践中形成的，而且领导作风一般与领导者个性化的、比较稳定的内在素质相联系，二者在一般情况下往往是一致的，领导作风本质上就是领导者综合素质的反映，因此，领导作风一经形成就具有一贯性和相对稳定性。从这个意义上来说，形成一种优良作风不可能一蹴而就，克服一种不良作风也不容易立竿见影。

二、领导作风的本质

学者从不同角度对领导作风的本质进行了阐述。有的将其归结为三点：一是领导者世界观的反映；二是领导者工作宗旨的体现；三是领导者有效影响力的组成部分。有的将其归纳为四点：一是无产阶级世界观和方法论在各级领导活动中的体现；二是无产阶级革命政党的党性、宗旨与党风在各级领导活动中的体现；三是继承了以往人类社会的一切积极的文明成果；四是社会主义和共产主义道德品质的集中体现。有的将其归纳为五点：一是领导者世界观的体现；二是领导者文化素养的综合反映；三是领导活动本质属性的表现；四是实现领导职能的重要条件；五是影响党风和社会风气的关键因素。①无论对领导作风的本质做何种划分，归根到底领导作风的本质都是领导者世界观、人生观、价值观的体现，在社会主义条件下，就是共产党的党性原则和立党宗旨的体现，是工人阶级和广大劳动者先进的世界观的重要体现。"作风问题本质上是党性问题""对我们共产党人来讲，

---

① 黄强：《现代领导理论》，福建人民出版社，2001年，第222页。

能不能解决好作风问题，是衡量对马克思主义信仰、对社会主义和共产主义信念、对党和人民忠诚的一把十分重要的尺子"①。

在一定的社会物质条件下，领导者只有掌握了科学的世界观、人生观和价值观，才能树立良好的领导作风。恩格斯说："我们党有个很大的优点，就是有一个新的科学的世界观作为理论的基础。"②这个科学的世界观，就是马克思主义的辩证唯物主义和历史唯物主义。在当代中国，领导者要树立正确的世界观、人生观和价值观，就必须坚持辩证唯物主义和历史唯物主义，正确认识和理解物质世界的本质与规律，人类社会的本质与规律，人生的本质、意义和价值，真正解决为谁服务和怎样服务的问题，为形成良好的领导作风奠定坚实的理论基础和政治基础，培养代表社会发展的前进方向、反映时代特征和维护最广大人民群众根本利益的一贯态度和言行。

三、领导作风的意义

领导作风是领导者世界观和工作宗旨的具体体现，是领导者有效影响力的重要组成部分。领导作风对充分发挥领导的影响力、有效履行领导职能和达成领导目标及优化党风和社会风气都具有十分重要的意义。党的作风就是党的形象，关系人心向背，关系党的生死存亡。中国共产党作为一个在中国长期执政的马克思主义政党，对作风问题任何时候都不能掉以轻心。

（一）领导作风是实现领导性质的根本保证

领导性质，即领导活动的性质，是指领导工作区别于其他工作所具有的、内在的、质的规定性。领导性质是领导者进行领导活动的根本目的和根本依据。在社会主义社会，领导工作有科学的指导思想——马列主义、毛泽东思想和中国特色社会主义理论体系等；有崇高的奋斗目标——实现共产主义的社会制度；有纯洁的唯一宗旨——全心全意为人民服务；有科学的组织原则——民主集中制；有牢固的阶级基础——工人阶级；有可靠的同盟军——农民阶级。所有这些都从根本上确定了领导性质，即最大限度地为人民群众谋取利益，也从根本上规定了领导作风。领导性质决定领导作风，但领导作风又反过来影响和制约领导性质。领导作风端正纯洁，就能保持领导性质；领导作风不纯正，领导性质就难以保持，甚至出现蜕变。在中国特色社会主义新时代，必须更加重视和加强领导作风建设，

---

① 《习近平在第十八届中央纪律检查委员会第六次全体会议上的讲话》，《人民日报》，2016 年 5 月 3 日，第 2 版。

② 《马克思恩格斯选集》第 2 卷，人民出版社，1972 年，第 118 页。

保持领导性质的先进性，防止其蜕化变质。

（二）领导作风是领导力的重要体现

领导作风作为一种无形的力量，对领导工作和被领导者有着深刻影响。领导作风不仅具有沟通人际关系的协调力，而且具有带动群众积极行动起来的示范力或感染力，更具有贯彻执行法律、法规、方针、政策的实际的说服力。如果领导作风好，所表现出来的正向影响力或正能量就有利于形成良好的人际关系，有利于凝聚群众，有利于贯彻执行方针政策。反之，就会破坏整个组织的人际关系的和谐，消解各项制度的权威和组织文化的纯洁，妨碍领导目标和任务的顺利完成，阻碍大政方针的贯彻执行。"工作作风上的问题绝对不是小事，如果不坚决纠正不良风气，任其发展下去，就会像一座无形的墙把我们党和人民群众隔开，我们党就会失去根基、失去血脉、失去力量。"①领导作风是一种重要的影响力，是领导力的源泉。

（三）领导作风是影响人民群众积极性和创造性的重要因素

人民群众不仅通过党的路线、方针和政策来认识领导，而且更多、更直接地是从自己周围领导者的作风来判断领导，确定态度。人民群众积极性和创造性的发挥如何，关系到领导力的实现和各项事业的成败。一般来说，如果领导作风好，领导者的各项领导活动和行为反映符合人民群众的利益、愿望和要求，人民群众就会理解、认同、拥护和支持领导者，发挥出极大的积极性和创造性，有助于实现领导力，完成领导工作目标。反之，人民群众就会在心理、感情、行动上与领导干部产生距离感和抵触情绪，严重挫伤其积极性和创造性，进而消解领导力，不利于领导工作目标的实现。领导力强调领导干部在权力和能力之外，要寻求更多能够影响广大群众的因素，比如领导作风就与领导魅力如影随形，无论是领导干部内在的道德品质还是外在的谈吐形象都有利于领导干部提升魅力，从而赢得群众心悦诚服的拥护和认同，促进人民群众发挥积极性和创造性。

（四）领导作风是优化党风和社会风气的关键环节

党风政风带动和影响行风、民风和社会风气，只有党风政风建设好，社会风气正，才能促进先进文化建设，才能不断巩固和谐社会建设的精神基础。各级领导者是执政党的骨干力量，领导作风必然反映党风并深刻地影响党风；国家治理

---

① 习近平：《习近平谈治国理政》，外文出版社，2014年，第387页。

体系和治理能力现代化的各级领导者是社会各领域、各方面、各层次、各部门和各单位事务的决策者、组织者和指挥者，对广大群众和整个社会起着统帅、指导和示范作用，俗话说，"上梁不正下梁歪，中梁不正倒下来"，领导作风必然反映社会风气并有力地影响着社会风气。领导作风具有一定的舆论影响力和显著的社会示范力，可以内化为人们的精神约束力，从而影响着周围人的思想行为、组织运行、社会和谐。营造优良的社会风气先要优化领导作风。

第二节　领导作风的基本内容

中西方领导作风的理论研究与实践发展是在不同的社会历史文化背景下进行的，其内容及要求有所不同。中国共产党在长期的实践中形成了许多优良作风，包含着丰富的内容，体现了社会主义领导作风的基本内容和要求。

一、西方领导作风的理论研究

1938 年，美国社会心理学家勒温采用实验研究的方法最早开展了对领导作风的理论研究，其目的是发现领导作风与群体绩效之间的关系。勒温认为，在领导活动中存在着三种领导作风：专制作风、民主作风和放任自流作风。专制作风是把权力集中于领导者个人手中，靠权力和强制命令让人服从；民主作风把权力定位于群体，以理服人、以身作则；放任自流作风将权力定位于每个职工手中，工作事先没有规划，事后没有检查，权力完全交给下级，一切任其自然发展。在实际工作中，这三种极端的工作作风并不常见。大多数领导者的工作作风往往属于三者之间的混合型。

1958 年，美国加利福尼亚大学的坦南鲍姆和沃伦·H. 施密特（Warren H. Schmidt）在《哈佛商业评论》上所发表的《如何选择领导模式》中提出了"连续统一体理论"。他们认为，领导作风是多种多样的，从专制型到放任型，中间还存在着多种过渡类型，组成了一个领导行为连续分布的连结带。领导作风不是一成不变的，是随着环境和需要的变化而改变的。有效的领导作风应该是能够在特定的时间、地点、条件、情境中选择最适当的领导行为，取得理想绩效者。

1961 年，美国行为科学家利克特将领导行为连续统一体又做了进一步的研究，从领导作风的角度发现了四类基本的领导形态，即专断式的集权领导、温和式的集权领导、协商式的民主领导和参与式的民主领导。这四种领导模式分别对应独裁式的领导作风、温和式的领导作风、协商式的领导作风与参与式的领导作风。

西方领导作风理论研究的目的在于希望找到和掌握最佳的领导作风以应对复杂的管理实践，注重领导作风的模式化、外在的形式化，注重可以按照一定模式进行移植借鉴和推广运用，从而取得良好的领导绩效。这对中国的领导作风建设具有重要的理论参考价值，而且随着领导理论的不断发展，领导作风理论的研究还将不断深入。

西方学者在领导作风研究过程中主要侧重于从领导方式和企业领导的视角进行分析，强调通过加强领导方式与环境的匹配性来提高领导绩效。这与中国领导作风的研究路径有所差异。中国学者主要侧重于从领导者个人的品德修养和领导作风的性质来进行研究，中国更注重领导作风的内容，强调领导者个人的思想品德修养，关注领导作风的阶级性、政治性，侧重于共产党组织和党员作风的研究，将其作为党的建设的主要内容。在一定程度上可以说，中国更重视领导作风的内容和实践建设，而在学理层面上的研究相对薄弱。

二、社会主义领导作风的基本内容和要求

党的作风，即一个政党及其党员在思想、政治、组织、工作、生活等各方面所反映出来的一贯的态度和言行，体现着党的性质和宗旨，也是一个政党及其党员党性的外在表现。党的作风内在地包含领导作风，领导作风是党的作风的一部分。中国特色社会主义领导作风是共产党人的党性原则和党的优良作风的集中体现，是党领导全国各族人民在长期的革命和建设中总结出来的思想精髓，是中国共产党长期执政以来的历史经验和社会主义国家党的建设正反两方面经验的科学总结。党的作风状况关系党的生死存亡，关系国家的前途命运。陈云曾指出："执政党的党风问题是有关党的生死存亡的问题。"[①]习近平同志强调，"我们党始终强调，执政党的党风关系党的形象，关系人心向背，关系党和国家的生死存亡"[②]。社会主义领导作风建设主要集中表现为党的作风建设，集中表现为党的领导干部的作风要求。根据党的作风建设的要求，结合领导作风建设的实际，将社会主义领导作风的基本内容概括为以下几个方面。

（一）思想作风：解放思想，实事求是，与时俱进，求真务实

思想作风是人们在思考、探索、研究和处理问题时所表现的一贯性的基本态

---

① 陈云：《陈云文选》第 3 卷，人民出版社，1995 年，第 273 页。
② 习近平：《习近平谈治国理政》，外文出版社，2014 年，第 366 页。

度和行为方式。在社会主义社会，领导者的思想作风是坚持解放思想、实事求是、与时俱进、求真务实，反对因循守旧、不思进取。解放思想、实事求是、与时俱进、求真务实，是马克思主义活的灵魂，是我们适应新形势、认识新事物、完成新任务的根本思想武器。进入新时代，在国际竞争日趋激烈、国内改革和建设的任务艰巨繁重、客观实际不断变化的情况下，如果不解放思想，不进行创新，各项事业就不可能前进，也就不可能应对各种挑战。因此，要把坚持党的思想路线、解放思想、实事求是、与时俱进、求真务实放在领导作风建设的重要位置。

解放思想就是打破习惯思维和主观偏见的束缚，坚持从实际出发，致力于不断发现新问题，研究新情况，解决新问题。改革开放40多年，解放思想是贯穿始终的一条主线，全面深化改革需要进一步解放思想，用创新的思维和办法应对、解决前进路上的新问题。解放思想是冲破落后的传统观念的束缚，打破僵化守旧的思维方式和思想观念。解放思想的实质是人们在对待过去、现在与未来的关系中所表现出来的一种开拓创新的精神状态和思维方式。

实事求是是党的思想路线的核心和精髓，是辩证唯物主义和历史唯物主义基本原理的凝结，具有十分丰富的内涵。实事求是，即一切从实际出发，理论联系实际，坚持实践是检验真理的唯一标准，探索事物的客观规律。实事求是作为党的思想路线，它始终是马克思主义中国化理论成果的精髓和灵魂。实事求是是党的建设的基本要求，是党内政治生活的基本规范，是每个党员干部应该具备的政治品质。领导干部在进行政策措施的制定、工作方法的确定时，都必须遵照客观实际、坚持实事求是。实事求是与解放思想是相统一的。实事求是说到底是如何对待思想与现实的关系问题。要做到实事求是是不容易的。不解放思想，教条主义盛行，不可能做到实事求是；离开实事求是，脱离实际，脱离亿万名群众的创造性实践，不是真正的思想解放。

与时俱进就是党的全部理论和工作要体现时代性，把握规律性，富于创造性。与时俱进在思想上要树立新观念，形成新认识，提出新观点，达到新境界。与时俱进在工作上要探索新思路，寻求新突破，采取新举措，开创新局面。时代是思想之源，实践是理论之根。与时俱进要求领导者洞察时代的现实需要和发展趋势，准确把握时代的特点和规律，深化对共产党执政规律、社会主义建设规律、人类社会发展规律的认识，按照领导活动规律进行科学领导。

求真务实是党的思想路线的核心内容，是领导干部的重要思想和工作方法。求真务实就是领导者在思想认识上追求真理，把握规律，在工作中从实际出发，真抓实干，敢于直面矛盾，敢于较真碰硬，为做好领导工作深思深察、尽责尽力、善作善成。"空谈误国、实干兴邦"，领导者要脚踏实地、真抓实干，说真话、报真情、做实事、求实效，不能搭花架子、做表面文章，甚至说假话、报假情、欺上瞒下。要敢于直面问题，矛盾面前不躲闪，挑战面前不畏惧，困难面前不退缩，在关键时刻和危急关头豁得出来、顶得上去、经得住考验。领导者的求真务实作风在当前集中表现为"三严三实"，即领导者既严以修身、严以用权、严以律己，又谋事要实、创业要实、做人要实。

（二）学习作风：理论联系实际，学以致用

学习作风，或简称为学风，是人们在学习和研究中所表现出来的一贯态度和行为方式。良好的学风主要包括勤于学习、刻苦钻研、独立思考、学以致用等，核心是理论联系实际。学习是人的生命的存在方式，终身学习是现代社会发展的客观要求。领导离不开学习，学习成就领导，终身学习是一种生活方式。

领导者担负着率领和组织人民群众前进的使命，经常面对各种新情况、新问题，置身于充满挑战的环境和极具压力的岗位，必须注重学习、善于学习，才能跟上时代的步伐，适应领导工作的要求。早在2013年习近平同志就强调，只有依靠学习才能走向未来，"全党同志一定要善于学习，善于重新学习。同过去相比，我们今天学习的任务不是轻了，而是更重了""不论是新问题还是老问题，不论是长期存在的老问题还是改变了表现形式的老问题，要认识好、解决好，唯一的途径就是增强我们自己的本领。增强本领就要加强学习，既把学到的知识运用于实践，又在实践中增长解决问题的新本领""只有加强学习，才能增强工作的科学性、预见性、主动性，才能使领导和决策体现时代性、把握规律性、富于创造性，避免陷入少知而迷、不知而盲、无知而乱的困境，才能克服本领不足、本领恐慌、本领落后的问题"①。领导干部不仅要学习各种知识，更要学习马克思主义基本理论，搞好理论武装，坚持用发展着的马克思主义指导新时期的领导工作。

领导者要取得良好的学习效果，必须大力弘扬理论联系实际的学风。学风问题也是党风问题，是关系党的兴衰和事业成败的重大政治问题。理论联系实际是中国共产党一贯倡导的马克思主义学风，也是领导干部不断提高自身素质做好各项工作的根本途径。领导工作是一项实践性很强的综合性活动，领导者的角色定位又决定了其学习的内容、对象和方式必须多样化。领导者坚持理论联系实际的优良学风，一要真正学懂弄通马克思主义的基本理论，特别是马克思主义在当代中国的新发展——习近平新时代中国特色社会主义思想，掌握马克思主义的精神实质。二要真正认识和把握中国的国情，以及本地区、本部门、本单位的实际情况。三要学以致用。领导者学习要有问题意识，坚持学以致用。学习的目的在于运用，学习的成效在于真正解决实际问题。

领导者应该掌握正确的学习方法。正确的学习方法可以提高学习效率和效

---

① 习近平：《习近平谈治国理政》第1卷，外文出版社，2018年，第401~404页。

果。领导者要坚持和弘扬理论联系实际的学风，要反对轻视理论的经验主义和不顾实际的教条主义，坚持"不唯书""不唯上""不唯洋""不唯旧"，一切只"唯实"，努力做到学以致用。领导者要遵循"学、思、践、悟"这一学习规律和循环往复的学习过程。一是要以学促思，做到学有所得。要把学习作为一种政治责任，一种工作需要，一种精神追求，一种思想境界，以学修身、以学立德、以学求真。领导者要树立终身学习的理念，养成良好的学习习惯。二是要以思促践，做到思有所为。思考是学习的更高境界，有所思才能有所得。领导者要做知识的"处理器"，对所学所见要领悟其要义、汲取其精髓，把表象的感觉深刻化，把感性的认识理性化，进一步开阔思维、提升素养，真正用理论强大思想，用思想支撑实践，不断增强实践的纯洁性、高效性，与时俱进探索解决问题、破解难题的有效方法。三是要以践促悟，做到悟有提升。领导者肩负重要职责，必须明责任、重担当，要坚持重实际、办实事、求实效，把心思用在"真干事"上，把本事体现在"能干事"上，把水平体现在"干成事"上。要大力弘扬理论联系实际的传统，把学与用、知与行统一起来，在学习、思考、实践的过程中加深领悟，做到边实践、边感悟，边探索、边总结，真正做到学以致用、用以促学、学用相长。

（三）工作作风：密切联系人民群众

工作作风是人们在工作中所表现出来的一贯的态度和言行。领导者的工作作风就是领导者在工作中所表现出来的一贯性的态度和言行，具体表现为领导者在工作中如何对待群众、对待下属和对待自己。良好的工作作风与官僚主义和形式主义是格格不入的。

领导者在对待群众方面，要坚持密切联系群众，诚心理解群众，真心帮助群众，热心服务群众，善于团结群众。历史唯物主义认为，人民群众是历史的创造者和推动历史发展的决定力量。在我国，领导者是人民的公仆，人民是真正的主人。全心全意为人民服务是密切联系群众的核心。2012 年 12 月中共中央发布的《关于改进工作作风、密切联系群众的八项规定》强调，改进工作作风、密切联系群众，关系党和人民事业成败，要深入开展党的群众路线教育实践活动。

坚持密切联系人民群众，要做到：第一，树立马克思主义群众观。马克思主义群众观，包括人民群众是历史创造者的观点；虚心向人民群众学习的观点；全心全意为人民服务的观点；干部的权力是人民赋予的观点；对党负责与对人民负责相一致的观点。第二，保持对人民群众的深厚感情。对待群众的感情实际上是个立场问题。对人民群众的真挚感情是人民公仆最基本的职业要求，是共产党人世界观、人生观、价值观的重要体现。只有在思想深处和老百姓融为一体，才能真正解决好"入党做官为什么，手中有权干什么，退下来后留点儿什么"的问题。第三，端正对人民群众的态度。对待群众的态度如何，是领导干部讲政治的核心问题。第四，倾听人民群众的呼声。"政声人去后，民意巷谈时。"领导干部要保持对群众深厚的感情，就必须深入基层，深入实际，主动接近群众，热情亲近群众，了解群众的要求和愿望，本着见微知著的精神，及时发现问题、解决问题。不要等到问题成堆、矛盾激化以后再去解决，那样，就会付出惨重的代价。第五，为群众办实事、办好事。要重实际、说实话、办实事、求实效，脚踏实地苦干实干，多为群众排忧解难，以群众满意度作为检验工作成效的标准。对于群众最关心的切身利益和实际困难，凡是能办到的，一定要千方百计帮助解决。第六，自觉接受人民群众的监督。要把评判干部的标准交给群众，把是否得到群众公认，是否取得实实在在的政绩，作为选拔任用领导干部的重要依据。

领导者密切联系群众集中表现就是做好本职工作，把群众反映的亟待解决的问题"立即办好""立即办结"，对遗留下来的老大难问题不再拖再推，要"主动办""上门办"，直至办到群众认可，办到群众满意。对暂时不具备条件解决的问题，在向群众说清楚之后，还要不遗余力地"跟踪办""公开办""限时办"。领导工作作风的核心是党同人民群众的关系问题。为此，领导者必须坚持马克思主义群众观点、贯彻党的群众路线，把出发点和落脚点归结到实现好、维护好、发展好最广大人民根本利益上来。

领导者在对待下属方面，要宽容友善，豁达大度；任人唯贤，充分信任；公平待人，秉公办事；热情支持，无私帮助；用心培养，科学指导；严格要求，赏罚分明；亲近人才，警惕庸才。

领导者在对待自己方面，要严于律己，谦虚谨慎；言行一致，表里如一；从善如流，多谋善断；办事认真，勇于负责；以身作则，雷厉风行；永不满足，开拓创新等。

（四）组织作风：坚持和执行民主集中制原则

组织作风是领导集体在组织生活中所一贯表现出来的态度和行为，是领导作风建设的一项重要内容。在组织作风方面，要坚持民主集中制原则，反对独断专行、软弱涣散；坚持党的纪律，反对极端自由主义。民主集中制是民主基础上的集中和集中指导下的民主。民主集中制是党的根本组织制度和领导制度，是马克思主义认识论和群众路线在党的组织建设中的运用。中国共产党最根本的制度之一就是民主集中制，这是中国共产党区别于其他非马克思主义政党的最本质的地方。对党的各级领导机关来说，民主集中制的民主，就是党员和党组织的意愿、主张充分地表达和积极性、创造性地充分发挥；民主集中制的集中，就是全党意志、智慧的凝聚和行动的一致。对各级领导班子来说，民主集中制的民主，就是广大人民群众和领导班子成员的意愿、主张的充分表达和积极性创造性的充分发挥；民主集中制的集中，就是领导班子对广大人民群众的意愿和主张的正确概括及在此基础上做出的集体决定，还包括在正确决定指导下的统一行动。领导班子坚持民主集中制原则开展工作，就是要按照集体领导、民主集中、个别酝酿、会议决定的要求，完善领导班子议事制度和决策机制，健全工作程序，凡属重大决策，都必须由集体讨论，不允许个人说了算。坚持和完善民主集中制的基本要求和目标，就是要努力造就既有集中又有民主，既有纪律又有自由，既有统一意志又有个体自主性发挥的生动活泼的政治局面。

坚持和贯彻民主集中制原则要加强党的制度建设，建立健全民主集中制的具体制度，包括党内民主的机制化和程序化、集中过程的规范化和标准化等。2013年中共中央发布的《中央党内法规制定工作五年规划纲要（2013—2017）》强调要抓紧建立健全民主集中制的具体制度，着力构建党内民主制度体系，切实推动民主集中制具体化、程序化，真正把民主集中制重大原则落到实处。2014 年 8 月颁布的《深化党的建设制度改革实施方案》强调，党的组织制度改革，重点是坚持和完善民主集中制、严格党内生活，进一步健全和完善党内民主制度体系。民主集中制的具体化，最根本的就是构建党内民主制度体系，包括党内选举制度体系、民主决策制度体系、民主监督制度体系等，把党内民主制度体系作为民主集中制最重要的具体制度体系加以构建。同时，把民主集中制原则贯彻到推进国家治理体系和治理能力现代化全过程，使党和国家领导体制充分展现出民主集中制特有的优越性。

坚持和执行民主集中制重点要解决好以下几个问题：①正确处理中央与地方、上级与下级的关系问题。这个问题的核心是发挥好中央和地方这两者的积极性。②加强各级领导干部集体领导问题。坚持和执行民主集中制，各级领导干部特别是主要领导干部要带头执行民主集中制，要加强党的集体领导制度建设，党的领导是集体领导，从中央委员会到地方各级组织，实行的是集体领导，集体领导就是要坚决反对个人崇拜、个人独断专行，更要反对人身依附。"不能把党组织等同于领导干部个人，对党尽忠不是对领导干部个人尽忠，党内不能搞人身依附关系。干部都是党的干部，不是哪个人的家臣。有的干部信奉拉帮结派的'圈子文化'，整天琢磨拉关系、找门路，分析某某是谁的人，某某是谁提拔的，该同谁搞搞关系、套套近乎，看看能抱上谁的大腿。"[①] "圈子文化"

---

① 中共中央文献研究室：《十八大以来重要文献选编》（上），中央文献出版社，2014 年，第 769~770 页。

是破坏民主集中制的重要因素，必须给予坚决破除。这个问题的核心是加强对各级领导干部特别是"一把手"的监督，把集体领导与个人负责结合起来，反对"家长制"和"一言堂"。③加强组织纪律问题。这个问题的核心是强调组织纪律的严肃性，反对本位主义、分散主义。④健全并执行好组织规章制度问题。这个问题的核心是以制度规范和约束领导干部的行为，保证良好的领导作风。就党的组织来说，包括党的代表大会制度、党内选举制度、充分保证党员民主权利的制度、党的集体领导制度、党内监督制度等，就领导班子建设来说，包括民主协商制度、科学决策制度、领导办公会制度、报告请示制度、专家咨询制度、工作督察制度、领导责任追究制度、政务公开制度等。⑤大力加强基层组织建设问题。这个问题的核心是改变基层组织的软弱涣散状态，充分调动、发挥基层组织的积极性和主动性。⑥正确处理好民主与集中的关系问题。这个问题的核心是坚持民主集中制的方法问题。民主是广泛听取人民群众的意见，尤其不能忽略少数人的意见；集中是按照组织原则和工作制度集中正确的意见，不是简单的"多数法则"。总之，要尽量避免极端民主化和领导者个人专断两种倾向。

（五）生活作风：廉洁奉公，艰苦奋斗

生活作风是人们在日常生活中所表现出来的一贯的态度和行为。领导者的生活作风问题关乎党的形象和命运，关系国家能否长治久安。领导者的生活作风是领导者在处理私人事务和家庭事务、处理和他人的非工作性质的社会交往事务等生活中的较为稳定的行为习惯和态度。领导者是人民的公仆，在社会主义现代化事业建设中发挥组织、领导作用，在群众中具有表率、引领、示范作用，其生活作风具有强大的示范性和辐射力，领导者身份、地位、角色的特殊性决定了其生活作风并非个人的私事。

领导者的良好生活作风一般体现为：简约朴素的生活方式、乐善好施的优良品质、廉洁奉公的职业操守、艰苦奋斗的精神面貌等。培养良好的生活作风，就是要讲操守，重品行，坚持清正廉洁，反对以权谋私；坚持艰苦奋斗，反对享乐主义。"在当前复杂的社会环境下，各级领导干部要加强思想道德修养，注重培养健康的生活情趣，正确选择个人爱好，慎重对待朋友交往，明辨是非，克己慎行，讲操守，重品行，时刻检点自己生活的方方面面，始终保持共产党人的政治本色"①。

廉洁奉公是清清白白，一心为公。廉洁奉公是中国共产党一贯坚持和强调的

---

① 习近平：《之江新语》，浙江人民出版社，2007年，第261~262页。

优良作风。在改革开放和社会主义市场经济条件下，各级领导干部面临着金钱、权力等考验，所以坚持和发扬廉洁奉公的作风具有特殊的重要意义。廉洁奉公的作风要求领导者自觉树立正确的世界观和人生观，树立正确的权力观、地位观和利益观，以高尚的精神追求和健康的生活情趣抵制各种腐朽思想的侵蚀和奢靡生活方式的诱惑。

艰苦奋斗是不畏艰难困苦，始终坚持锐意进取、奋发向上、坚忍不拔的精神风貌和行为特质。它作为一种高尚的思想品格和精神财富，不仅具备超越时空的稳定性和持久力，而且具有超常规的凝聚力和号召力。艰苦奋斗是中国共产党的政治本色和光荣传统，是立国之本、治国之道和富国强国之宝。即使在今天的历史条件下，艰苦奋斗的精神仍然符合市场经济的基本规律和我国的基本国情，"艰难困苦，玉汝于成""忧劳兴国，逸豫亡身""成由节俭败由奢""生于忧患，死于安乐"，这些都是对艰苦奋斗精神价值的总结和概括。

领导者坚持和发扬艰苦奋斗的作风，要求领导者在物质生活上合理、节制消费，坚持勤俭节约，反对铺张浪费和奢侈腐化；在精神生活上崇尚勤劳朴素，秉持乐观向上的态度，反对好逸恶劳和消极颓废；在行为方式上坚持知难而进，永不退缩，因陋就简，奋发图强，反对贪大求洋，得不偿失。"一名领导干部的蜕化变质往往就是从生活作风不检点、生活情趣不健康开始的，往往都是从吃喝玩乐这些看似小事的地方起步的。如果领导干部生活作风上不检点、不正派，在道德情操上打开了缺口，出现了滑坡，那就很难做到清正廉洁，很难对社会风气起到正面引导和促进作用"[①]。

第三节　领导作风建设

领导作风建设是一个长期的系统化工程，不可能一蹴而就，它伴随着领导实践的发展和领导者不断加强自身修养的过程而日益完善和改进，并在同各种不良领导作风的斗争中发扬光大，最主要的是通过持续性的制度建设、政治生态和社会风气的优化实现良好的领导作风。

一、不良领导作风的主要表现

自十八大以来，全面从严治党，从根本上改善和优化了领导作风。但改进领

---

① 习近平：《之江新语》，浙江人民出版社，2007年，第261页。

导作风的任务仍然艰巨繁重。2013 年 6 月开展的党的群众路线教育实践活动，其主要任务聚焦于作风建设上，集中解决形式主义、官僚主义、享乐主义和奢靡之风的"四风"问题，这"四风"违背了党的宗旨，是群众深恶痛绝、反映最强烈的问题，也是损害党群、干群关系的重要根源，并且其他的不良作风都与这"四风"有关，是由这"四风"衍生出来的。从党的生死存亡与国家治理体系和治理能力现代化的高度来认识领导作风建设，要坚决反对和防止以下不良作风。

（一）形式主义

形式主义的实质是主观主义、功利主义，根源是政绩观错位、责任心缺失，用轰轰烈烈的形式代替了扎扎实实的落实，用光鲜亮丽的外表掩盖了矛盾和问题。形式主义作风的要害是只图虚名，不务实效。形式主义割裂了形式与内容的联系，脱离内容讲形式，甚至为了形式而搞形式。形式主义在领导工作中的主要表现是：不去认真领会政策精神，也不去了解下情，工作中习惯于做表面文章，空喊口号；沉湎于文山会海，醉心于应酬接待，不能深入基层；热衷于沽名钓誉，哗众取宠，应付上级，应付群众；搞各种名目的所谓"升级""达标"活动，形式上热热闹闹，实则劳民伤财；喜欢说空话、套话，好大喜功，不干实事；报喜不报忧，掩盖矛盾和问题，以致酿成恶果；等等。这些表现的一个共同点就是工作不落实、不扎实、不切实，结果流于形式，浮于表面，直至出乱子甚至出大乱子。当然，做工作需要有一定的形式，没有形式，内容也表现不出来，但不能搞形式主义。

（二）官僚主义

官僚主义是一种常见的脱离实际、脱离群众的衙门式的不良作风，是一种长期存在的、复杂的历史现象。

"官僚主义实质是封建残余思想作祟，根源是官本位思想严重、权力观扭曲，做官当老爷，高高在上，脱离群众，脱离实际。"①有些领导干部爱忆苦思甜，口头上说是穷苦家庭出身，是党和人民培养了自己，但言行不一，心里想的是自己当上官了，终于可以扬眉吐气了，要好好享受一下当官的尊荣，摆起官架子来比谁都大。官僚主义作风，要害是脱离群众、当官做老爷。官僚主义危害极大，主要表现是：无所用心，养尊处优；高高在上，脱离群众；作威作福，欺压群众；主观武断，滥用权力；专横跋扈，唯我独尊；压制民主，打击报复；遇事推诿，欺上瞒下；不守信用，不负责任；以权谋私、营私舞弊；等等。一般来说，家长

---

① 中共中央党史和文献研究院：《习近平关于力戒形式主义官僚主义重要论述选编》，中央文献出版社，2020年，第24页。

作风、特权作风、命令主义作风、事务主义作风、文牍主义作风等都是官僚主义典型的表现形式。官僚主义作风在很大程度上源于封建社会形成的"官本位"意识。所谓"官本位"，就是"以官为本"，以官职权力的大小来衡量一切，把官职权力作为衡量一切价值的尺度，认为有权就有钱，就有一切，当官发财、光宗耀祖，一切为了做官，有了官位，就什么东西都有了，"一人得道，鸡犬升天"。这种"官本位"意识至今在我国社会政治生活中仍然存在。个别领导者成为"官本位"意识的俘虏，具体表现为：跑官、买官、卖官；弄虚作假，虚报浮夸；明哲保身，不思进取，不求有功，但求无过；渎职弄权，拉帮结伙，以权谋私等。其实，"官本位"意识的要害就是对党和国家的事业不负责，对民族和人民的利益不负责，只对自己或亲属或小团体负责。因此，必须彻底铲除官僚主义及其思想基础——"官本位"意识。

（三）享乐主义

享乐主义是一种消极颓废的生活态度和行为取向。享乐主义认为人生的目的和意义在于追求物质享乐，享乐主义者在行为上追求感官刺激和物质享受，不思进取，不愿创造，贪图安逸，坐享其成。领导者的享乐主义不良作风在生活中主要表现为拜金主义，这是一种金钱至上的态度和行为。拜金主义认为金钱是万能的，是衡量一切的标准，拜金主义者把追求金钱当作人生的最高目的。享乐主义的实质是奋斗精神消减，根源是世界观、人生观、价值观不正确，拈轻怕重，贪图安逸，追求感官享受。享乐主义是拜金主义者普遍奉行的道德准则和人生信条，它割裂了个人与社会、贡献与索取的关系，片面强调索取、权利和享乐，不讲贡献、义务和责任，对社会主义物质文明和精神文明具有极大的腐蚀作用。

（四）奢靡之风

奢靡之风主要表现为奢侈浪费和骄奢淫逸的不良风气。奢靡之风实质是剥削阶级思想和腐朽生活方式的反映，根源是思想堕落、物欲膨胀，灯红酒绿，纸醉金迷。"奢靡之始，危亡之渐"。为此，必须坚决反对和遏制奢靡之风，要坚持勤俭办一切事业，坚决反对讲排场、比阔气，坚决抵制享乐主义和奢靡之风。反对奢靡之风，重在解决铺张浪费、挥霍无度、骄奢淫逸、腐化堕落等问题。

（五）教条主义和经验主义

教条主义也称为本本主义，是把理论当教义、视书本为圣经的思想作风，其中一种表现是视理论为教条，只唯书，不唯实，夸大理性作用，轻视感性经验。教条主义的错误在于不是从实际出发而是从本本出发，拒绝对具体情况做具体分析。教条主义还表现为"唯上论"，把工作的基点单纯地建立在上级的指示上，照搬照抄上级指示，对上级的指示和政策不是按照实际情况创造性地执行，而是搞文山会海，议而不决，决而不行。个人崇拜和"一言堂"是产生教条主义的政治温床。在领导活动过程中，如果缺少民主，缺少集体智慧的充分发挥，则必然产生教条主义。

经验主义是主观主义的一种表现形式，它把局部的、狭隘的经验看作是普遍真理，只相信局部的直接经验，轻视理论的指导作用。经验一般是在实践基础上总结出来的，是很宝贵的，但是，经验总是在一定条件下的经验，在条件变化了的情况下照搬老经验、老套路，把经验绝对化，就会发生主观脱离客观、思想落后于实际的经验主义错误。一方面，经验主义者轻视理论学习，以自己的一孔之见作为工作的出发点，大搞实用主义。另一方面，经验主义者过分强调本地区、本部门的局部利益，过分突出自己的特殊性，无视国家的法律法规，我行我素。这种不顾大局、违反纪律的思想和行为，严重制约着领导力的提升。

（六）宗派主义

这是领导者不良作风在组织作风上的表现。"宗派"一词，最初是宗族、家族的意思，后引申为学术、文化和宗教上的派别，泛指少数人为自身利益而形成的小集团。宗派主义，也称"山头主义"，是以宗派利益为一切出发点的思想和行为，是封建宗派意识、资产阶级思想在政治上的极端表现，其产生有着深厚的社会历史根源。其特点是思想狭隘，只顾小集团利益。主要表现为本位主义和地方保护主义、山头主义和裙带关系等。宗派主义作风破坏了组织的统一和团结，对内产生内讧内耗，对外产生排斥性；宗派主义又是滋生腐败、产生官僚主义的深厚土壤。狭隘的宗族意识和宗派主义不仅制约着社会、政治、经济、文化的发展，而且还通过深层的心理积淀，影响到社会的和谐。

不良作风还有其他的一些表现形式，如实用主义、功利主义、本位主义、好人主义等。应该看到，领导者的不良作风不是偶然形成的，它是由历史、社会、体制、个人等一系列复杂原因造成的。从历史上看，封建专制主义积弊甚多、甚厚必然会对各级领导者和人民群众产生消极影响，使得官僚主义、形式主义等作风有了存在的历史基础。从社会原因分析，长期存在的小农经济思想、"官本位"意识不可避免地会对领导者产生严重的影响，加之新的社会变革的冲击，一些人的世界观、人生观会发生失衡，产生急功近利的短视行为。从体制上看，规范领导者作风和行为的体制和机制尚不够健全完善，对领导者的管理还存在漏洞。从个人角度来看，有些领导者的政治业务素质不高，理论修养不足，认识偏颇，这是领导者作风出现问题的内在根源。

二、加强领导作风建设的途径

领导者的不良作风不仅直接影响党和政府的形象、党群干群关系的改善，党的路线、方针、政策的落实，而且还影响党的执政能力的提升，制约着领导力的提升。领导作风建设是永恒课题，要标本兼治，经常抓、见常态，深入抓、见实效，持久抓、见长效，通过立破并举、扶正祛邪，不断巩固和扩大已经取得的成果，努力以优良的领导作风带动全社会风气根本好转。加强领导作风建设要发扬优良传统，克服不良作风，养成良好领导作风。

（一）加强理论学习

理论学习的目的在于深刻认识到领导作风建设的价值和重要性，学习领导作风建设的方法和技能。加强理论学习是领导作风建设的先导，是领导作风建设的思想路径。领导作风是由领导者的世界观、人生观和价值观所决定的，理论学习是树立科学的世界观、正确的人生观和价值观的基础，加强领导作风建设必须先从理论学习抓起。领导干部要勤于学、敏于学，认真学习马克思主义理论，特别是习近平新时代中国特色社会主义思想，要掌握贯穿其中的立场、观点、方法，提高战略思维、创新思维、辩证思维、底线思维能力。领导者要认真学习各方面知识，丰富知识储备，完善知识结构，打牢履职尽责的知识基础。加强理论学习既是领导作风建设的路径方法，也是领导作风建设的基本内容，根本目的是增强工作本领、提高解决实际问题的水平。改进学风，要在学习与实践统一上下功夫。"我们的干部要上进，我们的党要上进，我们的国家要上进，我们的民族要上进，就必须大兴学习之风，坚持学习、学习、再学习，实践、实践、再实践。"①加强理论学习，需要改进学风，丰富学习内容，掌握和熟练运用学习方法，不断改进文风，学以致用。读书是学习，使用也是学习，并且是更重要的学习。要用学到的理论知识指导领导作风建设实践，又要在实践中丰富发展理论，做到学以致用、用以促学、学用相长。

（二）注重教育培训

领导作风的修养和改进仅仅寄希望于领导者的自觉是不够的，还必须进

---

① 习近平：《习近平谈治国理政》，外文出版社，2014年，第407页。

行有组织、有计划、有针对性的教育和培训。必须把领导作风建设纳入领导者的教育培训计划。教育培训最主要的就是强化纪律和规矩意识，教育党员干部要清楚地知道该做什么、追求什么、禁止什么、摒弃什么，真正将领导者的责任、担当、义务等内化于心、外化于行，牢固树立起正确的世界观、人生观、价值观和义利观，不断提高党性修养和道德修养，培育优良的领导作风，净化党内的政治生态。加强教育培训工作的几个环节是：一要加大教育培训的力度，各级组织人事部门要将领导作风的教育培训纳入工作计划，争取各级党委政府主要领导的重视和大力支持，增加经费投入，改善教育培训条件，逐步建立系统化、规范化、法治化的教育培训体系，为领导作风的改进创造有利条件。二要采取请进来和走出去相结合的方法，请领导作风修养的先进典型谈体会、论经验，为领导作风的改进提供标准和榜样。三要把培训和使用结合起来，激发领导者转变作风的内在动力，为领导作风修养创造一个良好的环境。四要开展教育培训质量评估，对教育培训的对象进行跟踪考核和管理，建立领导作风建设档案，公开公布监督检查的结果，督促领导者警醒作风方面的问题，并自觉加以改进。

（三）完善规章制度

领导作风问题具有反复性和顽固性，因此必须经常抓、长期抓，特别要建立领导作风建设的长效机制和制度。在领导作风建设中，健全完善有关制度更加重要。制度着眼于根本性、统领性、长远性和全局性的作风问题，能够为领导作风建设创造和提供稳定的政治生态和制度依据，能够为领导作风提供明确的预期和指引。通过建立健全制度规范体系，发挥制度的整合性、稳定性、持续性的规范化引导功能，把领导作风建设纳入制度化管理轨道，通过制度化的长效机制，实现领导作风优化的常态化管理，为改善领导作风施以刚性的外在约束和压力，促使领导者产生和保持优化作风的紧迫感和自觉性，形成习惯性优化领导作风的意识和行为。用制度的约束力促进领导作风的改进，是一个重要而且有效的途径。制度化的作风建设是标本兼治，既能解决当前领导作风建设存在的问题，也能预防随时可能出现的不良作风问题，还能遏制作风建设问题的反弹。领导作风建设的制度化就是要把作风建设的要求从特殊的、不固定的运动式治理转化为被普遍认可的、常态化的源头式系统化治理模式。制度的生命力在于遵守执行。领导作风建设制度化是为了领导者能在制度的规范范围之内活动，始终保持良好作风。这就需要强化制度的执行力，督促领导者知晓制度，培养制度意识，自觉遵守执行制度。通过认真落实领导作风建设的各项制度，做到有章必循、违规必究，为作风建设提供制度化、长效化保障。

（四）强化考核监督

为了充分发挥制度体系对领导作风改进的规范作用，不流于形式，还必须强化对领导作风的考核监督。严格规范、严密有效的监督机制和群众公认、注重实绩的考核办法，有助于各项规章制度落到实处，切实减少不良作风领导问题。要加强领导作风的考核工作，对照制度的规定，将组织考核与群众评议相结合，使领导者执行作风制度的情况时刻处于组织的严密管理和群众的广泛监督之中。同时，要拓宽监督渠道，形成全方位、强有力的监督网络，防止领导者不良作风的滋生和蔓延。强化考核监督要抓关键。关键之一是抓住领导干部这一关键少数。"从严治党，关键是要抓住领导干部这个'关键少数'，从严管好各级领导干部。从严管理干部，要坚持思想建党和制度治党紧密结合，既从思想教育上严起来，又从制度上严起来。"[①]关键之二是抓作风建设责任制。领导作风建设，强化考核监督要建立健全责任制，厘清责任，明确责任，落实责任，实行监督、考核和追责相结合。建立健全领导作风建设责任制，首先要明确和落实作风建设的主体责任和监督责任，一般来说，公共组织的党委承担领导作风建设的主体责任，纪委监察部门承担监督责任。分清责任，才能实行责任制。领导作风建设要取得实效就要厘清责任、明确责任、落实责任、追究责任。领导作风建设要"坚持有责必问、问责必严，把监督检查、目标考核、责任追究有机结合起来，形成法规制度执行强大推动力。问责的内容、对象、事项、主体、程序、方式都要制度化、程序化。问责既要对事、也要对人，要问到具体人头上。要把法规制度执行情况纳入党风廉政建设责任制检查考核和党政领导干部述职述廉范围，通过严肃追究主体责任、监督责任、领导责任，让法规制度的力量在反腐倡廉建设中得到充分释放。"[②]

（五）优化社会生态

领导作风的改善离不开优良的社会生态环境，优良的领导作风又可以改善社会风气。领导作风与社会生态之间是相互作用、相互影响的关系。一方面，领导者是人民的公仆，凭借其地位和权力，对社会的影响包括对社会风气的影响要比普通的社会成员大得多。另一方面，领导者也是普通的社会成员，领导活动是一种社会分工，领导者的作风必然受到社会风气的熏陶和影响。加强领导作风建设必须努力营造良好的社会环境氛围，消除不良作风产生、存在和扩展的土壤和基础。从解决不良作风问题拓展开去，努力改进思想作风、工作作风、组织作风、

---

① 中共中央文献研究室：《习近平关于严明党的纪律和规矩论述摘编》，中央文献出版社，2016年，第102页。
② 中共中央文献研究室：《习近平关于严明党的纪律和规矩论述摘编》，中央文献出版社，2016年，第125页。

生活作风，努力改进学风、文风、会风，持续实行全面从严治党，构建不敢腐、不能腐、不想腐的有效机制，加强社会公德建设，提高全民的道德修养和文明程度，提高公民的权利意识和参与意识，为公民监督领导作风提供条件，使领导者不敢沾染歪风邪气，使领导作风全面纯洁起来。

（六）个人持续努力

领导作风的改善归根结底都要落脚到领导者个人身上，离不开领导者自身知行合一、持续不断地积极进取和努力。首先，领导者要坚定理想信念。理想信念是领导者的精神支柱，事实一再表明，理想信念动摇是最危险的动摇，理想信念滑坡是最危险的滑坡。其次，领导者要深刻体悟领导作风建设的重要性。领导者通过学习理论，要深刻认识到领导作风对自身成长、组织发展和社会风气的重要性，领导作风关系人心向背，关系社会风气，关系党的生死存亡。领导者要不断改造主观世界，培养正确的世界观、人生观和价值观，加强思想修养，加强品格陶冶，老老实实做人，踏踏实实干事，清清白白为官，始终做到对国家和人民忠诚、个人干净、敢于担当。再次，领导者要做到知行合一。领导者坚持博学之、审问之、慎思之、明辨之、笃行之，以学益智、以学修身、以学增才，提高服务改革发展、服务人民群众的本领。领导作风的优劣集中体现在为人民服务的态度、能力和效果上。最后，领导者必须率先垂范。领导作风优化要从领导者自身做起，要求别人做到的自己要先做到，要求别人不做的自己坚决不做。领导者要率先垂范、身体力行，强化责任意识，强化担当精神，带头转变作风，形成"头雁效应"。

第十三章　领导力之评价标尺：
领导绩效

　　领导学研究的目的是提高领导绩效，顺利实现领导目标。领导绩效是领导力的评价标尺，是领导活动成效的集中体现。领导绩效考评，既是有效评价领导能力的基本手段，也是激励和督促领导者提高素质修养和领导力的基本方法。

第一节　领导绩效概述

　　领导绩效是领导者进行领导活动所取得的成绩和效益，是领导力有效性高低的衡量标准。领导绩效对组织和领导者的发展具有基础性意义。

一、领导绩效的含义

　　绩效就是成绩与效果，是指人们开展某项工作或从事某项活动所取得的成绩和效益。在英语中，绩效是"performance"，其意主要有：已完成的事；成就、成绩；完成某件事情的能力；机制起作用的方式，对刺激的反应方式；进行或实行某事的行为或过程。这主要是指人们进行某种活动所产生的结果及所表现出来的能力和行为方式。

　　绩效最早被用于社会经济管理领域来对人力资源管理中所取得的效果进行评价，是指特定的行为主体管理工作和活动所取得的成就或产生的积极效果。绩效主要由目标、成本、效率、效果、效益等要素组成，涵盖了行为活动从投入成本到效果取得的各个环节。

　　目标是管理活动所要达到的预期目的，是构成绩效的核心内容。目标恰当与否是决定能否取得绩效的关键，绩效所实现目标的程度是衡量绩效的客观尺度。

　　成本是指为了达到某个目标或解决某个问题而投入和付出的各种资源的总和。一般而言，成本主要表现为人力、物力、财力、信息、时间等的投入与付出。任何管理活动都必须投入一定的资源才能取得一定的绩效，高绩效意味着用较小的成本取得较大的产出。

　　效率是指管理者在单位时间内所完成工作的数量，是取得的工作实绩与所用时间之比，即完成一定任务的速度。高效率意味着在投入一定的情况下，用较少的时间获得了较大的产出。效率可以比较准确地反映出管理者在一定时间内实现目标的程度或取得的成果数量。

　　效果是管理者的行为作用于特定对象和客观环境所取得的结果或直接成效，是管理活动的直接反映。它通常被视为管理者的工作实绩。效果所侧重的是管理行为所产生的成果数量。

　　效益是实施管理活动所产生的价值，即管理活动的最终成果及其对社会的影响。效益不仅表现为管理活动的最终成果，还表现为所创造的社会价值，表现为对社会产生的一系列作用、影响及其程度。效益侧重于管理活动所产生的好的结果，对社会的积极作用和影响。

　　领导活动作为一种高层次的社会管理活动，其产生的结果就是领导绩效，也叫领导效能。领导绩效包括领导目标、领导成本、领导效率、领导效果、领导效益等因素。领导绩效是指特定的领导主体在一定时期内实施领导活动所取得的效果和效益的总和。从个体来看，领导绩效是领导者个人素质能力和领导力通过实践所产生的整体效果，是领导水平高低的衡量标准和客观尺度，是组织和群众评价领导者的客观依据。对领导集体来说，领导绩效是领导体制和制度运行的结果，是集体智慧和领导实践的结果。

　　领导绩效是一个综合性的复杂体系，它既是领导者履行职能、完成领导任务的活动过程，又是领导者能力和水平在领导活动中的集中体现；既是领导者实施领导活动、实现组织目标的质量、数量指标的体现，又是领导者实施领导所产生的客观价值——对组织、对社会贡献的实际体现，是领导活动投入的成本与产出的比率。同时，领导绩效既受到领导者素质的影响，又受到工作环境的制约；既受到组织中上级、同级、下级领导者及被领导者的影响，又受到组织外部环境因素的影响，是多种因素综合互动的结果。

二、领导绩效的功能及特点

（一）领导绩效的功能

领导绩效在领导活动中具有重要的作用，对组织的发展和社会的进步，对领导者和被领导者都有着基础性功能。

（1）领导绩效是领导活动的出发点和归宿。一切领导活动都以实现一定的目标、推进组织和社会的发展，即取得一定的领导绩效为目标。领导者所进行的各项工作，如决策、用人、协调、沟通、监督、控制等，都是为了提高领导绩效。领导绩效贯穿于领导活动的全过程。领导者要考虑和处理的问题很多，但最关键的是把握住领导目标和领导绩效的一致性这个核心。目标明确了，出发点正确了，就为领导活动的成功奠定了基础。

（2）领导绩效是衡量领导工作成效的重要尺度。领导活动的成功与否对组织和社会的发展具有重要影响，如何衡量一项领导活动的成败呢？其标准是多种多样的，但最根本的、最有说服力的尺度就是领导绩效。一般来说，领导绩效的大小、高低、多少直接表明领导活动的成败。领导绩效高、领导绩效大、领导绩效多表明领导工作是成功的、有效的，表明领导者是称职的、有能力的，表明领导目标和思路是正确的、领导方法是对路的。反之则领导方法有待改进，领导力有待提高。

（3）领导绩效是评价、选拔、任用领导者的主要依据。评价领导工作绩效的过程，实际上也就是考察领导者的过程。任何一项领导工作，都是领导者素质能力、思想意志的外化，通过对领导绩效的考评，可以发现领导者的价值理念、思想作风、能力状况。所有这些，都是评价、选拔、任用领导者的重要依据。领导绩效是领导者在一定的客观环境中，通过发挥主观能动性，在运用自身素质能力认识环境、改造环境的基础上所取得的成效，通过对领导绩效的考评，可以比较客观、全面地了解领导者的素质能力水平，为考察、识别、选拔任用领导干部提供依据。

（4）领导绩效是领导发展的驱动力。领导绩效不仅是推动领导者不断前进的基础和动力，也是组织不断发展与壮大的源泉。一个有事业心与责任感的领导者，总是自觉地把创造一定的领导绩效作为努力目标。这种目标的实现，既是领导者自身价值的展示，也是其不断创造更高绩效的基础和动力。领导绩效的取得，标志着组织目标的实现，为组织的生存与发展奠定基础。一个领导者所创造的领导绩效往往可以鞭策、影响和促进其他领导者的效仿，推进全体领导者能力和水平的提高。同时，领导绩效还能够激励员工，鼓舞士气，凝聚人心，促进团结合作。总之，领导绩效对于促进领导工作的开展是一个强大的推动力。

（二）领导绩效的特点

领导绩效具有客观性、综合性、公共性、基础性和继承性等特点。

客观性主要指绩效形成的过程和产生的结果是客观的，并往往以特定的物质或精神成果的形式表现出来。

综合性主要指影响绩效因素的多样性，领导绩效是多种因素综合作用的结果，领导绩效包含着内容的多面性。

公共性主要指领导绩效在本质上是为实现公共利益服务的，是组织的整体绩效，其影响是普遍性的。虽然领导绩效考评是针对领导者的绩效而言的，但这并不意味着它仅仅是领导者工作的结果。领导绩效的目的是实现组织目标，实现公共利益的最大化，归根结底是为人民谋利益。

基础性是就领导绩效价值的重要性而言的，领导绩效不仅对领导者个人，而且对组织、对一个地区都具有深远和广泛的影响，是领导者和组织发展的基础。

继承性是指任何领导绩效的产生和创造，都离不开前人的工作基础和积累，同时，任何领导者的工作绩效，在客观上又都为后人的工作提供了一定的基础、创造了一定的条件。社会的发展、组织的壮大正是这样不断积累的结果，而这种发展就表现为领导绩效的历史继承性、连续性的特点。

三、领导绩效的构成

由领导活动的复杂性所决定，领导绩效是综合性的内容，人们可以从不同的角度，根据不同的标准将其划分为不同类型，而不同类型的领导绩效又具有不同的内容特点。从领导活动所涉及的领域来看，可以把领导绩效划分为政治绩效、经济绩效、社会绩效、文化绩效、生态绩效等。从领导绩效的主体来看，可以把领导绩效划分为个体绩效和组织绩效。在此，我们主要从领导的基本职能来进行划分，领导绩效可分为用人绩效、决策绩效、激励绩效、整体贡献绩效等。

（一）用人绩效

人是一切活动的主体，选才用人是领导的一项重要职能，也是领导活动的关键环节。用人绩效是指领导者对下属的选拔、配备、使用等方面的能力和效果，它主要体现为领导用人的准确程度（人与事的适应程度）及下属积极性的发挥程度。领导者用人的理念、原则、依据和标准不仅影响着人才的选拔和使用，而且对于整个领导过程尤其是对领导目标的实现程度具有直接影响。也就是说，领导者的用人绩效直接影响着领导活动的整体绩效和领导目标的实现。一般而言，领导者的用人绩效与领导目标及整体贡献绩效之间呈正相关关系。在用人过程中，领导者只有科学、合理地任用所需人才，充分发挥下属的积极性、创造性，才能产生较高的领导绩效。

（二）决策绩效

决策是领导活动的起点和关键，并贯穿于整个领导活动全过程，它是领导者为实现领导目标而制订并实施的各种方案、对策和措施。领导的决策绩效指的是领导者在制订并实施政策方案的过程中所体现出来的能力和达到的效果。它一般表现为领导者决策的合理性、科学性、及时性、可行性和有效性等。决策绩效的高低在一定程度上反映了领导者洞察问题、分析问题及解决问题的能力，这是领导者进行正确领导和高效领导的基础，也是其领导能力的体现。

（三）激励绩效

激励是实现领导职能的基本手段，领导活动是领导者根据下属需要激发其动机，充分发挥其主动性、积极性和创造性并取得成果的过程。在一定意义上可以说，领导绩效就是领导者通过一定的激励手段和方法使员工的需要和愿望得到满足，调动其工作积极性，使其把个人的潜能发挥出来贡献给组织，从而确保组织达成既定目标所取得的效果。激励绩效就是领导者采取各种激励方式开展领导活动所取得的结果。在企业经济管理活动中，尤其在人力资源管理中，由于激励的重要性，采取专业化的结果导向型的激励手段已经成为重要的管理方式，由此产生了一门独立的学科——绩效管理。在公共组织领域，绩效管理也被普遍用来激励公共管理者的工作积极性。激励绩效具体表现为领导者的办事绩效和时间绩效。通过对领导者的激励，领导者的办事效率和效果及合理利用时间开展工作所取得的效果将会得到显著提升。

办事绩效是指领导者履行职责处理日常事务的主要能力、效率和效益。办事绩效的高低在很大程度上直接影响到整个领导活动及领导目标的实现。领导者处理日常事务的成效可以从以下几个比例关系来进行评判：一是领导者已经解决的问题的件数与应解决的问题的件数之比；二是解决重大问题的件数与处理一般问题的件数之比；三是正确解决问题的件数与处理问题的失误件数之比。在这些比例中，比例越高则说明领导的办事绩效越高。当然，在衡量和评价领导者的办事绩效时，除了从定量的角度分析以外，还可以从定性的角度分析和评价。

时间绩效是衡量领导者有效管理利用时间的效果，领导者能否合理地利用时间反映了其时间绩效的高低。一般而言，领导者的时间绩效越高，对整个组织及目标的贡献就越大。但是，这并不是说认识到时间的重要性并懂得抓紧时间、拼命干就能产生出更多的成果、获得更大的成效，因为在时间的利用上，还存在着一个科学合理的安排问题，凡事都有轻重缓急之分，所以领导者应该抓紧时间、集中精力处理属于自己职权范围内的要事、急事、大事，而不必事无巨细地"亲躬"，一些小事或不太重要的事务可放手由下属去做，学会有效授权的艺术，这样才可能赢得时间去思考和解决更为重要的事情，从根本上提高时间绩效。一味地紧张忙碌不一定是时间绩效高的体现，宽松从容也不一定就会导致时间绩效的低下。

（四）整体贡献绩效

领导者是领导活动的主体，既包括个人，也包括由若干个人组成的领导团队。领导者的整体贡献绩效主要体现在领导者和被领导者所追求的共同目标上，它是指组织整体目标的实现程度。任何一个组织内部都存在着分工与协作，领导绩效不仅反映在领导者个人所主持、负责的部门工作和单个任务中，更重要的是反映在全局工作和整体协调上；不仅反映在领导过程的阶段性成果上，而且更重要的是体现在最终目标的实现程度上。领导者的用人绩效、时间绩效、办事绩效及决策绩效，最终都体现为组织的整体贡献绩效。整体贡献绩效的高低是衡量领导绩效的最重要也是最基本的尺度。

四、领导绩效与领导成本

作为体现领导活动结果的领导绩效，是衡量和评估领导活动成败得失的主要依据。在影响领导绩效高低的各种因素中，领导成本是其中之一。一般来说，领导绩效与领导成本之间具有一种反比例的关系，即在领导活动有效产出一定的情况下，领导成本越高，领导绩效越低；反之，领导成本越低，领导绩效越高。因此，要提高领导绩效，一要降低领导成本；二要提高领导成果。

（一）领导成本的含义及内容

成本是指为了达到某个目标或解决某个问题而投入和付出的各种资源的总和。一般而言，成本主要表现为人力、物力、财力、信息、时间等的投入与付出。人类的任何社会活动都需要一定的付出和投入，都有一个成本投入的问题。领导作为一种社会管理活动，同样存在领导成本的问题。简单地说，领导成本就是指领导者（或领导集体）从事领导活动所投入和付出的全部资源的总和，它包括在领导过程中所发生的费用开支和因领导决策、管理、操作不当所造成的损失。领导成本是一个十分复杂的问题，有的成本是可以量化的，有的却无法定量分析。从领导活动的基本职能来看，领导成本可以具体划分为领导决策成本、选才用人成本、激励成本、沟通协调成本、监督成本、绩效考评成本等。

（二）领导绩效与领导成本之间的关系

为了说明领导绩效与领导成本之间的关系，我们可以将两者的关系简化为这样一个公式：领导绩效=领导活动有效产出/领导活动总投入（领导成本）。从这个公式我们可以看出，在领导活动有效产出一定的情况下，领导绩效与领导成本总体上呈负相关关系，即领导绩效越高，则领导成本越低；反之，领导绩效越低，则领导成本越高。在领导活动中，以最小的领导成本获得最大的领导绩效，是领导者所追求的一种理想状态，是领导学研究的出发点和归宿。从这里可以看出，领导成本与领导绩效之间有着一种内在的直接关系，降低领导成本与提高领导绩效是同一过程中的两个不同方面。为了提高领导绩效，必须降低领导成本；要降低领导成本，则需要努力提高领导绩效。

从领导绩效的角度来看，领导绩效包括决策绩效、用人绩效、办事绩效、时间绩效、整体贡献绩效等，在总目标正确的前提下，决策、用人、办事、时间等绩效越高，则意味着领导成本越低，并且由于领导活动中的决策、用人、办事、监督、激励等存在一种相互依赖、相互制约的关系，只有提高在决策、用人等各方面的绩效，提高组织的整体绩效，才能从根本上降低领导成本，其中任何一个环节出了问题，都会导致领导成本的提高。因此，从领导绩效的角度来看，要降低领导成本，就需要领导者在坚持目标正确的前提下，努力提高领导活动中各个环节的绩效，实现以较少的付出获得尽可能大的回报，从而在根本上降低领导成本。

从领导成本的角度来看，要实现领导成本的降低则需要通过领导活动总成本的各个主要构成部分的降低而得以实现。领导活动的总成本包括领导决策、领导用人、领导激励、领导协调沟通等多方面的成本，要合理地控制领导活动的总成本，就需要对这些方面进行合理的控制，只有在这些方面上都降低了成本，才能真正促进领导绩效的提高。

由于领导活动的高度复杂性、动态性，我们不能机械地照搬经济成本定量核算的方法来对领导成本和领导绩效进行定量分析研究。期望对领导绩效和领导成本之间的关系得出精确的数字化的结果，往往是不现实的。研究领导成本的意义在于提醒领导者要强化成本意识，要重视领导活动中的每一个重要职能和环节的资源的节约和合理配置运用，通过合理控制成本，减少和避免不必要的投入，改变在追求绩效时不计领导成本或者只算政治账、不算经济账，甚至什么账都不算的"糊涂账"等不良行为。

第二节　领导绩效考评的作用和内容

领导绩效考评是对领导活动的结果进行考核考查和测量评价的活动，是一种结果导向型的领导方式。领导绩效考评是领导活动中的重要环节，是考核评估领导力的手段，是领导活动的导向。

一、领导绩效考评的含义

领导绩效考评是对领导绩效进行考核考查和测量评价。它是领导活动中技术性较强的环节，也是领导者和被领导者最为关心的内容。领导绩效考评是领导活动中最为复杂的任务，既复杂又敏感，既重要又困难，是理论和实践的结合，是主观与客观的统一。领导绩效考评既是重要的领导活动，又是提高和改善领导能力和水平的管理手段。

从词义上看，领导绩效考评，就是在对领导结果进行考查、测量的基础上，评估和评价领导者的能力和水平。考查，就是考以标准，查以实际，把领导的实际工作结果与事先确定的目标、绩效标准进行对比，进行定量定性评估，从中找出差距，发现问题。领导者实际上做了什么、做的结果如何，这是一个客观的实然性问题，通过考评能比较客观地反映出领导者的实际能力和水平。

领导绩效考评，实际上内在地包含着两个相互依存的具体环节，即测量领导效果和评价领导能力。领导效果的测量是领导能力评价的基础和手段，领导能力的评价是领导效果测量的直接目的。

领导效果的测量是以一定的目标为参照系的。目标决定了领导活动的方向和价值。领导目标的科学性、合理性及可测量性是领导绩效考评的基础，在一定程度上决定着领导绩效考评的科学性、公正性、合理性，决定着考评的效度和信度。

领导能力评价是建立在对领导效果进行科学测量基础之上的。对领导绩效进行测量的信度和效度影响到对领导能力进行评价的公正性和客观性。对领导能力的评价是一个复杂而重要的问题，涉及事实评价与价值评判问题，是主观与客观的统一。评价是否公正客观，不仅直接影响着被评价者，而且也影响着其他的领导者，影响着领导活动的导向和组织的未来发展。评价领导能力必须建立在对实际的领导绩效进行科学测量的基础之上，并且要尽量做到公正、客观、合理。

领导绩效考评是考评主体为了达到一定的目的采取特定的方法对被考评者的领导效果进行测量并对其领导能力进行评价的活动，简单地说就是考评主体运用一定的方法、标准和程序，对领导者的业绩、成就和实际作为进行考核和评价的过程。领导活动所产生的结果是客观的，是不以任何人的主观意志而改变的。但对领导绩效的考评，却具有主观性，是一种主观和客观相结合的活动。同时，领导绩效考评本身不是目的，而是手段，是通过对领导绩效的考评，引导规范领导者的行为，激励、鞭策领导者自觉、有效地提高领导素质，改善领导方法，提高领导水平。领导绩效考评是优化领导素质、改善领导方法、提高领导力的基本途径和方法。

二、领导绩效考评的作用

领导绩效是各种因素综合作用的结果，领导绩效考评涉及领导活动的各个环节，涉及领导制度、领导素质、领导方法、领导作风等问题，通过领导绩效考评可以发现领导过程中各个环节所存在的问题，进而分析原因，找出差距，激励和鞭策领导者在各个环节不断努力，从而不断提高领导绩效。

（一）领导绩效考评有助于保障领导活动的正确方向

领导绩效考评具有导向作用。领导绩效考评不是为了考评而考评，而是通过考评树立一种标准和导向，引导人们的行为，以此达到改善领导作风、优化领导素质、增强领导能力、提高领导绩效的目的。绩效考评是绩效管理的一个关键环节，通过建立考评的标准、确定考评的内容、明确考评的方法，帮助领导者明确其领导活动的方向和目标，引导领导者自觉地提高工作绩效。

（二）领导绩效考评有利于强化对领导者的监督

领导绩效考评是通过一套系统的考评指标体系对领导者履行职能所产生的现实性结果进行考核评价的活动。实际上，领导绩效的考评过程就是领导环节与过程的再现，就是对领导行为进行检查与分析的过程。通过绩效考评，可以发现问题，找到差距，防止领导活动中的消极行为发生，纠正领导活动中的越轨行为，保证领导活动的正确和有效。因此，领导绩效考评实际上就是对领导者及其领导活动的一种监察督促行为。领导绩效考评可以有效遏制和纠正领导者的不良行为，纠正或避免领导活动的偏差。

（三）领导绩效考评有助于领导制度创新

领导体制的改革与创新、领导制度的变革与完善，其目的都是提高领导绩效。

同时，领导绩效是否能真正得到提高，又是检验领导制度是否科学、合理的重要标准。包括领导体制在内的领导制度问题是带有根本性、全局性、稳定性和长期性的问题。不合理的制度是制约领导绩效的基本因素之一，建立健全完善的领导制度，无疑是领导活动得以成功完成和领导绩效得以提高的重要保障。通过领导绩效考评，可以横向比较不同类型的组织之间的绩效，发现本组织在领导制度方面存在的问题，并在学习借鉴其他组织好的制度的基础上，进行本组织的制度创新和体制变革；可以纵向比较本组织在不同阶段上工作的好坏和引发各种问题的背后的原因，发现自身存在的体制障碍和制度漏洞，自觉进行领导体制的改革和领导制度的完善。

（四）领导绩效考评有助于领导素质和领导作风的优化

领导绩效考评同样也是对领导者的素质能力和作风等方面所进行的考察与检验。领导绩效本身就是领导者素质能力和作风的外化与展示。通过对领导绩效的考评，可以发现领导者素质能力和作风的优势与不足，从而使领导者对自身有一个清醒而正确的认识，主动、自觉地加强学习与锻炼，提高和完善自己的素质修养，优化作风，更好地胜任领导工作。

（五）领导绩效考评有助于人才资源的开发利用

通过领导绩效考评可以比较客观地衡量一个领导者是否胜任领导工作，是否具有较强的领导能力，还可以发现领导者是否具有较大的潜力。通过领导绩效考评，不仅可以为领导培训提供依据，还可以为组织发现、培养和使用领导人才提供充分的客观依据，有助于人才资源的开发利用。

（六）领导绩效考评有助于改进领导方法

领导方法是实现领导目标、完成领导任务的手段和中介，离开一定的领导方法，要实现领导目标是不可能的。领导绩效的取得需要科学有效的领导方法。通过领导绩效考评，发现在所采用的方式、方法上存在的问题，总结经验，吸取教训，进行方法上的改革与创新，使其所采用的领导方法更具有针对性、可行性、实效性和科学性。

三、领导绩效考评的内容

领导绩效考评的内容就是考察和评价领导活动所产生的各个方面的结果。领导者既是个体性的又是集体性的，领导绩效既是个体努力的结果，也是领导集体协同奋进的成果。领导者个体绩效与领导集体绩效相辅相成。领导者的个体绩效是领导集体绩效的一部分。考评领导绩效可以从领导者个体绩效和领导班子的集体绩效两个方面来进行。

（一）领导者个体绩效的考评内容

对领导者个体绩效的考评主要涉及德、能、勤、绩、廉五个方面。这与中国共产党选拔使用干部所遵循的德才兼备的原则和对公务员的考核内容是一致的。

（1）德的考评。主要指对领导者道德品质的考察评估，主要包括政治素质、领导作风、职业道德等。

（2）能的考评。主要指对领导者的业务技能、领导水平、工作效率等方面的考察评估，即对领导者是否胜任现职或升任更高职务的能力的考评，包括预测决断能力、组织指挥能力、沟通协调能力、激励监督能力、应变创新能力等。

（3）勤的考评。主要指对领导者的事业心和工作态度的考察评估，包括工作动机、进取精神、负责意识、履职状态等。

（4）绩的考评。主要指对领导者工作实效的考察评估，这是领导绩效考评中最重要的一项内容。业绩是领导者在一定的时间内完成工作的数量、质量、效率和贡献。工作实绩是领导者实际为社会做出的并得到社会承认的劳动成果，是一个人能力、素质、知识、出勤等各方面相互作用的结果和反映。

（5）廉的考评。主要指对领导者规范用权、廉洁奉公情况所进行的考察评估。领导者不仅自己要做到廉洁自律，而且有责任教育和管理身边的工作人员、下属等要为政清廉、奉公守法。

（二）领导集体绩效的考评内容

现代领导活动的一个基本特征就是实行集体领导，即在一些重要领导职能的履行上，在决策、用人等方面，实行集体统一领导。2019年4月中共中央办公厅印发实施的《党政领导干部考核工作条例》把领导班子考核的内容确定为政治思想建设、领导能力、工作实绩、党风廉政建设和作风建设。在此，我们主要从以下几个方面进行分析。

1. 决策绩效考评

对领导决策绩效的考评主要是对领导决策的正确性及决策所带来的效益进行考评。第一，考评在一定时期内领导集体所做出的决策的正确率。通过考察在一定时期内领导集体做出的决策总量中有多少是正确的，有多少是失误的，有多少是既有成功的部分又有失败的部分，它们所占的比例各有多大，在此基础上进行比较分析，就能比较直观地了解到领导决策的绩效状况。第二，考察领导决策所带来的效益的多少。通过分析决策成本，为实施决策所进行的总投入，决策实施后所取得的总效益、总产出，用总效益除以总投入，就可以知道决策的效益如何，从而对领导的决策绩效做出总体的评价。当然，这样的考评实际上是非常复杂的，操作起来也是不容易的。

2. 用人绩效考评

领导活动的目标主要是通过领导者对其下属施加影响而实现的，领导活动的成功与否在很大程度上取决于领导者选才用人的正确性和有效性。考察领导集体的用人绩效，主要是要考察领导集体发现人才、选拔人才、使用人才、培养人才的数量。发现的人才越多，培养的人才越多，正确选拔和使用的人才越多，说明领导集体的用人绩效越高，组织越兴旺发达。反之，领导集体的用人绩效就低。

3. 激励绩效考评

领导活动与目标之间具有间接性，领导者需要通过激励下属去实现目标。领导者在任职期间绩效的大小主要取决于激励绩效，即激励下属完成工作任务的成效。领导集体工作的主要内容就是激励下属去完成工作任务，对领导者激励绩效进行考评的具体内容可以转化为对领导者办事绩效的考评，即对领导者完成工作任务，处理公共事务的效率、效果、效益进行考察评价。同时，可以用在单位时间内领导者完成工作任务的情况对领导绩效进行考评。如果领导者在单位时间内处理的事务越多，解决的问题越多，其效率就越高，并且，如果问题处理得越正确、收获越大，副作用越小，其效益效果就越好，领导绩效就越好。这就要求领导集体科学地安排时间，合理地分配时间，高效地利用时间。领导班子先要管理好各自的时间，才能通过提高时间绩效来提高办事绩效。

4. 整体贡献绩效考评

领导者是组织的大脑和指向器，组织的活动一般都是在领导者的直接指挥之下进行的，领导活动不是个人行为，而是一种组织行为。因此，领导绩效最终要体现在组织的整体贡献的大小上。领导绩效是在整个组织的整体协调活动中得以产生的，领导集体的谋划、指挥、动员，被领导者的认同、配合、努力，形成一股无形的合力，推动着组织目标的实现。领导集体在完成工作任务过程中所做出的整体贡献的大小，是衡量领导绩效的一个重要内容。对组织的整体贡献绩效的考评，主要通过组织目标实现的程度、组织对社会贡献大小等指标来衡量。

领导绩效考评是一个复杂的系统工程，对其复杂性需有充分的认识，需要做具体、细致、繁杂的工作，需要高度重视，需要进行周密的思索、分析和论证，绩效考评的内容包含众多的指标，并且可以从不同的角度运用不同的方法进行考评。

第三节　领导绩效考评的原则和方法

领导绩效考评是一项复杂且重要的工作，为了保证绩效考评的科学性、有效性，必须坚持正确的原则，遵循科学的程序，采用有效的方法。

一、领导绩效考评的原则

科学合理的领导绩效考评对提高领导力起着推动和促进的作用。反之，则会对领导力的提高产生消极影响。2019 年 4 月 7 日中共中央办公厅印发实施的《党政领导干部考核工作条例》指出，领导干部考核工作要坚持下列原则：①党管干部；②德才兼备、以德为先；③事业为上、公道正派；④注重实绩、群众公认；⑤客观全面、简便有效；⑥考用结合、奖惩分明。一般来说，领导绩效考评应该遵循以下基本原则。

（一）客观公正原则

客观就是实事求是，真实、准确、全面地反映事物的本来面貌。公正就是一视同仁，对任何组织和个人都不抱偏见、成见。这一原则是中国共产党实事求是思想路线在领导绩效考评中的具体体现。

领导绩效考评坚持客观公正的原则，应该做到以下三点：一是考评者要客观、真实地考核与评价领导者的绩效，不夸大，不缩小，不失真，这是确保领导绩效考评取得成功的基础和前提。二是考评的程序要科学规范，考评的标准要合理统一，考评的方法要恰当有效。三是考评的材料依据必须真实准确。为了保证领导绩效考评的可信度，考评的材料必须做到全面、真实、准确。

（二）民主公开原则

坚持民主公开原则就是在领导绩效考评过程中，要做到民主，发扬民主，走群众路线，让下属和公众参与考评、监督考评。坚持民主原则，既能使考评结果比较客观公正，又能促使领导者强化"公仆"观念，增强对下属的责任感，改善与被领导者之间的关系，也能使被领导者受到教育，相互理解，互相支持。

公开是在领导绩效考评过程中，要将考评的对象、时间、内容、标准、程序等事项在一定范围内公之于众，以便有关人员了解、参与并监督考评过程。要将考评的结果告知被考评者本人，同时在一定范围内公之于众，以便减少或防止考评过程中可能出现的偏差，这有助于领导者总结经验教训，提高领导水平，同时也有助于群众掌握考评情况，激发其主人翁精神和工作积极性，以便对领导者及其活动实施监督。

（三）全面系统原则

领导活动是一项复杂的宏观性社会活动，涉及面广，影响深远，要对其活动的结果进行考评，就必须坚持全面系统原则，才能取得比较客观公正的结果。在考评中要做到显绩考评与潜绩考评相结合；政治和业务相结合；眼前和长远相结合；局部和全局相结合；主观和客观相结合；领导者个体考评与领导集体考评相结合。

（四）注重实绩原则

领导绩效考评在对领导者的德、能、勤、绩、廉等各方面进行考评时，必须坚持以实绩为主的原则，重点考评领导者实际工作的绩效。具体来说，一要通过考察领导者所做工作的数量和质量来确定领导者的真正绩效。二要通过纵向和横向的比较来衡量其政绩大小，纵向比较看发展、看创新，横向比较看水平、看质量。三要通过综合效益论优劣，不仅要看政绩所取得的经济效益，更要考察其社会效益。四要正确处理个人绩效与集体绩效的关系。领导者的绩效，包含在单位和领导集体的工作成果之中，但每个领导者的绩效在集体绩效中所占的比重又各不相同。因此，要按照领导干部的岗位分工和实际贡献，搞清楚领导者个人在领导活动中所起的作用。既不能吃"政绩大锅饭"，把集体绩效平均分摊；也不能搞"政绩垄断"，把全部绩效都算在某一个人的账上，必须实事求是地加以判断和认定。注重考评领导者的实际绩效，强调以结果为导向，可以将领导者的主要精力集中到正确的发展方向上，改变"不求有功，但求无过"的保守观念，树立"无功即是过"的观念。

二、领导绩效考评的程序

领导绩效考评的程序主要包括以下几个环节。

（一）准备阶段

周密的思想准备、组织准备和工作准备是考评工作的基础和起点，也是考评工作得以顺利进行的前提。

思想准备就是要做好舆论宣传与思想动员工作，提高对领导绩效考评重要性的认识，端正态度，扫清思想障碍，消除不必要的顾虑。同时，把考评中将要运用的具体方法、手段、标准及时间安排等公布于众，以期得到多方面的理解、配合和监督。

组织准备就是要搞好组织领导和工作安排，包括确定考评主体、对象，明确工作进度，成立工作机构，配备人员，明确分工，落实责任，宣布纪律要求等。一般要成立考评工作机构，专门负责考评工作的组织实施。组织准备很重要，它涉及众多因素和许多环节。要甄别并确定考评主体，一般有社会公众、专业评估机构、领导组织自身等，根据考评实际，选择恰当的考评机构，要分别组织不同方面的评议并做好汇总分析工作，如上级考评、同级考评、本人考评、下级考评、群众考评等。还要把握阶段性的任务，控制好工作进程。

工作准备就是对领导绩效考评的内容、指标、标准、方法、程序、时间安排等进行计划和设计。考评内容要全面和系统；考评指标要明确而具体，具有较强的操作性和针对性；考评标准要恰当适中；考评时间、方法、程序等安排要明确、合理和可行。

（二）实施阶段

考评实施阶段是整个领导绩效考评工作中最重要的阶段。绩效考评的过程实际上是一个收集信息、分析信息、做出判断、得出结论的过程。其主要任务是利用各种调查手段全面、系统地收集领导活动的各种信息资料，并在此基础上进行认真的审核查验、系统的整理分类、统计分析，运用相应的评估方法，对领导绩效进行考评，得出考评结论。

考评者应本着客观、慎重、全面、负责的精神，将被考评者的自我总结与群众评议同日常表现与测评记录联系起来，进行综合的比较、分析和归纳，从定性与定量两个方面，对被考评的领导者在特定时期内的各方面表现做出全面、概括、准确的书面评语。在实施考评的过程中，考评者既要认真按照事先所确定的考评方案有条不紊地进行，又要灵活机动，善于随机应变，妥善处理考评过程中所出现的意外。

具体来说，考评主体在考评的过程中要注意以下四点：①考评者需认真负责，不能走过场，流于形式。②考评的材料依据和结论必须真实可靠，真实性是领导绩效考评的生命，不能草率，不能造假。③考评工作必须独立进行，不受其他因素的影响。④对考评过程须实施必要的监督，防止任意一个环节出现疏漏和失误。

（三）结束阶段

这是处理考评结果、撰写考评报告、公布考评结果、分析考评结果、保存考评资料的阶段。通过这一环节，可以进一步增强领导绩效考评的准确性、科学性与透明性。

这一阶段的工作包括：向被考评者反馈考评结论，并认真听取其反馈意见；复核修正考评结论，调解争议；公布考评结果并做好资料存档工作；兑现考评奖惩。

三、领导绩效考评的方式方法

领导绩效考评方式方法多种多样，根据领导工作的不同内容、层次和性质，不同系统和部门、不同地区和单位，应分别采用与之相适应的考评方式方法。我国各级组织人事部门为实现领导绩效考评的科学化、民主化与制度化，在领导绩效考评过程中，不断地进行实践探索与理论总结，逐渐形成了一套比较完备的考评方法体系，其主要内容包括基本的考评方式方法与具体的考评方式方法。

（一）领导绩效考评的基本方式

（1）领导考评与群众评议相结合。这一考评方式要求在领导绩效考评的过程中，将领导考评与群众评议结合起来。领导绩效考评一般要在特定的考评组织部门的主持下进行，该组织对测评结果拥有最后决定权。同时，领导绩效考评还需走群众路线，让广大群众参与考评。具体来讲，就是特定的考评组织部门在考评领导者时，要通过不同的形式向群众了解被考评者的相关情况，听取群众的意见和要求，以防止考评的片面性，从而在更深层次上了解被考评者在政治思想、道德品质、工作实绩等方面的表现。

（2）平时考评与定期考评相结合。这一考评方式也可以称之为动态考评与静态考评相结合。平时考评即动态考评，是通过经常性的实际观察，跟踪了解领导活动的全过程及其作用的一种考评方法，其实质是动态性考评的积累过程。总体来说，平时考评具有及时性和连续性的特点，比较具体而明确，可信度也比较高。定期考评即静态考评，是按照月、季、半年或一年来考评领导者在特定期限内的领导活动的最终结果，包括领导目标责任制完成的情况及其所领导的地方、部门或单位的发展情况、各项社会发展指标的完成情况、生产力发展情况、人民生活水平提高情况等。比较而言，定期考评重在把握阶段性的现实状态，从而为领导绩效的最终确定提供依据，而平时考评重在深入了解领导者的潜力，从而为正确使用领导者提供科学依据。实行二者的结合，把平时考核、年度考核、专项考核、任期考核等结合起来，注意建立领导者工作纪实系统，注意对平时考评的结果进行综合分析，力求客观与全面。

（3）定性考评与定量考评相结合。定性考评是考评主体在民意测评、问卷调查、个别谈话与查看资料等的基础上，主要根据经验和印象，对被考评者的绩效的质的方面进行评价和确定的一种方法。定量考评则是考评主体运用现代科学知识与方法，如采取系统工程学、心理学、模糊数学等学科的某些原理与方法，将领导者的德、能、勤、绩、廉分解为若干个指标，并根据各种具体指标，对领导者的德、能、勤、绩、廉分别进行计量论质、评级记分，从而在数量上相对精确地反映领导者的绩效，并利用电子计算机对考评结果进行整理、计算、分析。采取定性考评与定量考评相结合的方式时，要注意以下两点：一是要根据工作任务与工作性质的不同特点，区别对待。能够量化的工作绩效尽量量化，而难以或根本无法量化的工作绩效则不要人为地加以量化，要从质的规定上进行评价。二是在进行定量考评时，不能搞唯数字论，以防止出现"官出数字"与"数字出官"的情况；而在进行定性考评时，不要搞唯经验论，以避免发生仅凭印象取人的情形。

（二）领导绩效考评的具体方法

1. 比较考评法

这种方法是通过选择一定的参照系来对比被考评者绩效的方法。在使用比较考评方法时，可以从纵向和横向两个方面进行比较。纵向比较主要是通过现在与过去进行比较，现在与可预测的未来进行比较，此次考评情况与上次考评情况进行比较等。横向比较主要包括在同类地区、部门或单位之间的领导者或领导集体之间进行比较，在不同地区、部门或单位的同类或同级的领导者或领导集体之间进行比较等。没有比较就没有评价。所谓绩效大小，不仅是与预定目标比较而言的，也是与同等条件下的其他领导者比较而言的。比较作为考评领导绩效的方法，可以多视角、多层次与全方位地进行。这种考评方法，既可以增加考评的说服力，又可以促使被考评者在相互比较中发现自身的优势与不足，从而有利于领导者相互促进，扬长避短，可以产生很好的激励作用。这一方法的优点是方便易行、简单明了、成本低、见效快。缺点是选择参照系比较困难，领导活动复杂多变，领导任务的可比性不强，在现实生活中，完全相同的组织、环境是没有的，正像没有两片完全相同的树叶一样，因此，不恰当的比较容易造成考评的简单化和非客观性。

2. 民意测验法

这是一种现代社会广泛采用的了解社情民意的考评方法，它是采取投票、对话、问卷等方式对民众就被考评者的绩效进行调查的方法。投票法就是由考评者对被考评者的绩效按照优秀、良好、较好、一般、较差、差等几个等级进行投票表决的方法。这种方法可以在组织中的全体人员中进行，也可以在部分人员中进行。这种方法的优点是简便易行、快速高效、省时省力。缺点是投票者之间容易相互影响，使考评结果的准确性难以保证，加之考评的内容和结论过于简单，难以真正了解被考评者的详细的客观情况。

对话法就是考评者选择熟悉情况的人员进行谈话或开小型座谈会，以面对面的方式直接了解被考评者绩效的方法。其优点是直观、灵活、快捷、反馈及时。缺点是要求考评者具备较高的综合素质，尤其要掌握基本的访谈技术技巧，并具有敏锐的洞察力，因而该方法的适用范围有限。

问卷法则是考评者根据考评内容事先设计问卷，然后利用问卷来进行调查的方法。这种方法的优点简便易行、匿名性强、便于定量分析，结果较为客观。缺点是考评结果的有效性依赖于问卷设计的科学性与回答者态度的认真性与严肃性，问卷的回收率较低。

由于被领导者对领导者及其绩效了解得比较直接和具体，感受最深，具有优先发言权，所以运用民意测验法，一方面，可以比较准确地考评领导者的绩效；另一方面，可以将领导者及其活动置于被领导者的监督之下，既有利于激发领导者的事业心、进取心与责任心，又有利于调动被领导者的主动性、积极性，增强主人翁责任感。

3. 目标对照法

这是由考评者按照领导活动中事先确定的目标、目标体系及细化的指标体系，对照检查被考评者完成目标的情况，从而评定其领导绩效的方法。可以说，目标对照法是考评工作中最基本的方法，它渗透于各种方法之中。因为目标具有可分性、层次性、阶段性、综合性、明确性等特点，所以考评时就可以从内容上、层次上和时间上分项、分层、分段地进行全面的对照检查。运用目标对照法进行考评的前提条件是被考评者所在组织或单位事先要有规范、明确和全面的目标体系，并且在这个目标体系中，总目标与次级目标既要有质的要求，也要有量的规定。对无法量化的目标必须力求详细阐明其性质、特征及完成期限和途径，以提高考评的可行性。为保证考评的客观性，在实际操作中要注意考虑领导者无法控制的因素对实现领导目标的影响，如突发性事件与重大的政治变革等。此外，要严防目标替换的现象发生，即以领导者决策范围之外的目标替换领导者所要追求的目标。

4. 专家考评法

这种方法就是由专业的考评者对被考评者进行考评的方法。专家是指在特定的领域具备较高专门知识、经验和技能的人，在这里主要是指那些熟悉被考评者工作领域及考评方法技能的那些人员或组织。专家的优势是既"内"又"外"，说其"内"是因为专家具有专业知识和技能，是内行，其专业知识和技能使他们克服普通人的局限，容易理解领导活动自身的特殊性。说其"外"，是因为对于某一领域组织的领导活动来说，当事的领导者是局内人，专家是局外人，具有"外"的优势，因为他们没有直接参与决策，可以超脱某些利害关系，做到旁观者清。总之，利用专家进行领导绩效考评是一种比较重要的方法。

5. 统计分析法

这就是指把领导活动的目标分解成各项指标，对照工作的实际效果，运用统计数据检查领导任务完成的情况，从而评价领导者工作绩效的一种方法。比如，通过对一个省全年社会总产值、工农业总产值、人均国民收入、农民人均收入、上缴税利、地方财政收入、基建投资完成额、粮食总产量、九年制义务教育普及率、人口自然增长率等情况的统计分析，把这些指标与上一年相比算出递增率，必要时还可建立数学模型，就大体可以考评出该省领导者的绩效。这种方法是一种典型的定量分析方法，比较客观具体，但还需与其他方法综合使用，才能更准确有效。

6. 模拟考评法

所谓模拟考评法就是把被考评者置于一个假设的或者人为设置的类似工作场景之中，要求被考评者按照一定的规则进行模拟操作，同时运用多种方法观察他的行为方式、心理素质、反应能力等，并根据观察的结果来评价其领导绩效的方法。这一方法目前已经成为流行于欧美等发达国家的挑选和训练领导者与管理者的重要方式之一。

模拟考评的具体方式包括：①公文处理，这是一种最基本的模拟考评。考评者通过被考评者公文写作能力的高低来测定其绩效。②模拟会议，就是将五至六名被考评者编成一个小组，指定一个会议主题，进行无主持人方式的会议讨论。也就是常说的无领导小组讨论。每个参会人都要发表意见并完成会议纪要，就讨论的主题做出决定并阐明理由。在整个过程中，考评者以观察者的身份在周边进行观察，不进行任何干预，以对被考评者分析问题、解决问题的能力做出判断和评价。③即兴发言，即通过答辩会或记者招待会等方式进行，即兴发言的题目应根据被考评者的具体情况精心准备，每个人一般可以在两个及以上的题目中择一进行演讲发言。通过即兴发言，可以了解被考评者的知识面、思维能力、语言表达能力及对本行业的熟悉程度等情况。④情境模拟，这是心理测试中经常采用的一种方法，即考评者根据相关的科学理论，设定一个不同于日常工作环境的特殊情境，这一情境一般情况下是封闭的，对于考评者是陌生的，在这一情境之中对被考评者的各种反应进行观察和评价。这种方法一般用来考评领导者的应变能力与心理承受能力等。模拟考评法的优点在于生动具体，在一定程度上可以突破时空条件的制约，能较好地充分观察被考评者的各方面能力和绩效，但缺点是专业性强，模拟情境的设计要求高，并且在这种静态场景中测试所得的领导绩效不能完全等同于真实的情况，仅可作为一种参考。

除了上述几种考评方法之外，还有调查研究法、自我评价法等。领导绩效考评方法是多种多样的，是一个丰富繁杂的有机体系，在选择和使用各种方法时，必须从实际出发，具体问题具体分析，讲求针对性、适用性与有效性，并在理论与实践总结的基础上不断发展并形成新的考评方法，以使领导绩效考评方法体系日益充实与完善。

四、改善领导绩效考评

领导绩效考评历来是一个极其重要而复杂的问题，也备受各级领导部门重视。当前我国处于社会转型期，仍然处于并将长期处于社会主义初级阶段，社会的主要矛盾发生了根本性变化，中国特色社会主义进入了新时代，这对领导绩效考评也提出了新的要求和挑战。

当前在我国领导绩效考评工作中还存在着许多不容忽视的问题：①对领导绩效考评的重要性认识不足。对领导者来说，绩效考评直接关乎他们的名声和利益，再加上有的领导者认为绩效考评非常复杂，难度大，成本高，不愿搞绩效考评。对社会公众来说，许多人对领导绩效考评持怀疑态度，认为仅仅是走过场，搞形式，没有实际意义。对考评者来说，由于考评工作的艰巨性、复杂性和敏感性，使得他们望而生畏，或者敷衍塞责。②绩效考评重形式，轻实质内容。在实际工作中，领导绩效考评存在着不同程度的形式主义，表面上领导重视，媒体宣传，组织支持，但结果却没能取得很好的效果。其注重的是考评的形式，而非考评的实质。③重主观性考评，轻客观性考评。对领导绩效的考评着重于从性质上、整体上根据个人经验、印象进行主观上的简单评价，缺乏具体客观的量化考评。同时，考评缺乏科学的绩效考评理论指导，缺乏科学合理的考评标准和指标体系，也没有按照科学的程序和方法进行，考评的结果常常缺乏准确性和客观性。④重组织内部考评，轻外部考评。当前，领导绩效考评绝大部分集中于组织内部进行，自己考评自己，较少由第三方或者由社会公众对领导绩效进行考评。一般来说，内部考评与外部考评各有优劣，但通过引入科学的外部考评机制，则可起到根本性的监督作用。

党的十九大报告提出，"坚持严管和厚爱结合、激励和约束并重，完善干部考核评价机制，建立激励机制和容错纠错机制，旗帜鲜明为那些敢于担当、踏实做事、不谋私利的干部撑腰鼓劲"①。加强和改进领导绩效考评工作主要应采取以下措施。

（一）更新观念，树立正确的政绩观

各级领导机构和领导者要更新观念，高度重视领导绩效考评，把领导绩效考评作为领导干部队伍建设的重要内容来抓，抛弃怕得罪人、怕"家丑外扬"的观念和心理，以对国家、对人民高度负责的态度和行动认真搞好绩效考评。同时，各级领导者要树立正确的政绩观。政绩观是领导者对工作业绩的总体看法和根本观点。领导者的政绩观决定着领导工作的方向、重点、思路、方式和作风。领导绩效的公共性要求领导者要把为民造福、为民谋利作为政绩，把维护国家利益、实现社会公正、保障公民权利、促进组织发展和实现人的自由全面发展作为政绩。领导者如果把政绩作为自己追逐名利和晋升的资本，就会导致领导方向的偏离，导致破坏性领导。习近平同志要求领导干部："要树立正确政绩观，多做打基础、利长远的事，不搞脱离实际的盲目攀比，不搞劳民伤财的'形象工程'、'政绩工程'，求真务实，真抓实干，勇于担当，真正做到对历史和人民负责。"②树立正确的政绩观，应该切实抓好打基础、利长远的工作，扎实抓好事关长远发展和人民群众根本利益的大事、难事，要克服和走出"唯 GDP 论英雄"的误区。树立以人民为中心、以执政为民为重点的政绩观。

（二）改革和完善领导绩效考评制度

领导绩效考评制度是对领导者在一定时期内所取得的领导绩效进行考核和评价的各种规范的总和，它是一系列有关绩效考评的机制、程序、方法的规则体系，它为领导绩效的考评提供了系统的框架和规范化的行为模式，也为领导绩效考评

---

① 习近平：《习近平谈治国理政》第 3 卷，外文出版社，2020 年，第 50 页。

② 习近平：《习近平谈治国理政》第 1 卷，外文出版社，2018 年，第 400 页。

工作提供了制度依据。2004年颁布实施的《公开选拔党政领导干部工作暂行规定》，把领导素质考评和领导绩效考评分开进行，开始建立专门的领导绩效考评制度。2019年4月7日，中共中央办公厅印发《党政领导干部考核工作条例》并发出通知指出，干部考核是坚持和加强党的全面领导、推动党中央决策部署贯彻落实的重要举措，是激励干部担当作为、促进事业发展的重要抓手。要把区分优劣、奖优罚劣、激励担当、促进发展作为干部考核工作的基本任务，进一步调整优化考核内容指标，改进考核方式方法，强化考核结果运用，最大限度调动广大干部的积极性、主动性、创造性，推动树立讲担当、重担当、改革创新、干事创业的鲜明导向。通过对领导绩效考评制度的改革和完善，必将进一步推动我国领导体制的改革和完善，有利于从根本上提高领导力和提高领导绩效。

（三）改进和创新领导绩效考评方法

在建立科学合理的领导绩效考评制度基础上，对不同部门的不同类别、不同层次的领导者应制定不同的、具有针对性的考评指标。考评指标的制定应有科学依据，充分发扬民主和广泛征求意见。按照不同的考评目的、对象及其工作性质的不同制定不同的考核指标，对不同层级和不同类别的领导者进行分别考评。

建立多样化的领导绩效考评方法体系。考核方法的科学性直接关系到考核结果的真实性和有效性。在领导绩效考评方法的选用上，应在坚持定性考核和定量考评等方式的基础上，一方面，可以引入"回溯考评"方法，要强化对领导班子和主要领导的任期内考评，基于客观事实进行考评，在充分收集各种统计数据、客观事实证据的基础上，通过一定范围内的公开评议，加大诊断分析的成分，基于客观事实进行价值判断。另一方面，可以采取360度绩效考评的方法。360度绩效考评又称全方位绩效考核法，是从与被考核者发生工作关系的多方主体那里获得被考核者的信息，以此对被考评者进行全方位、多维度、多主体的绩效评估的方法，实行上级考评、下级考评、同级考评、自我考评、公众考评等。要在科学理论指导下，建立科学的考评制度，完善科学的考评程序，采取多样化的考评方式，学习和借鉴古今中外的、科学合理的考评经验，创新和完善考评的方法，使领导绩效考评走上科学化、规范化、制度化的轨道。

（四）建立完善的考评监控反馈机制

建立完善的领导绩效考评监控和反馈机制可以从制度上确保考评结果的真实、可靠。要加强对考评者的监督，由专职人员组成监督小组，定期对负责考评的组织和人员进行指导、督察，发现问题及时解决。监控包括事前监控、事中监控、事后监控，应进一步加强社会对领导绩效考评的参与力度，引导社会各界和群众有效监督与评价政府和领导者的绩效，增强绩效考评工作的公开性和透明度。

　　建立健全领导绩效考评沟通反馈机制，领导绩效考评的标准、程序、过程和考核结果都应该及时公开，并反馈给本人和组织。在考评过程中，加强沟通，允许被考评者和参与考评的人员提出问题、解释问题、提出建议。建立考评结果反馈运行机制，完善绩效问责制度，发挥领导绩效考评的激励约束作用，把领导绩效考评与领导干部选拔任用、培养培训、问责制衔接起来，充分发挥绩效考评的作用。

后　记

　　本书是作者多年教学科研经验的积累成果。在二十余年的领导学的教学和科研工作中，作者深深地体悟到领导力在中国的重要性和特殊性，体悟到领导学教学科研的至关重要性，深深体悟到中国特色社会主义新时代需要真正的领导人才。领导力的提升是每一个中国人在新时代的自觉责任，是领导学教学科研的重要使命。

　　本书由袁明旭独立完成。自 1997 年在云南大学工作后，作者就被安排给政治学与行政学专业、公共事业管理专业和行政管理专业等本科生教授"领导科学"这门课程，在长达二十多年的教学科研工作中，积累了比较丰富的"领导学"教学和科研经验。与此同时，作者还参与了由厦门大学黄强教授所主持的全国高等教育自学考试指定教材《领导科学》第二版、第三版的编写工作。2007 年参与了吉林大学彭向刚教授主编的《领导科学概论》的编写工作，2013 年和 2018 年参与了《领导科学概论》第二版、第三版的编写工作。本书许多章节的内容已经在这些成果中有所体现。在本书中，作者结合自己的教学科研成果，结合现实领导实践的考察和领悟，进行了一些新的思考，呈现了一些新的内容。

　　本书在写作过程中参考、吸收了国内同行的相关著述和教材的某些内容，在此一并表示衷心感谢。云南农业职业技术学院李芳讲师以及在读研究生邹荣、程军年、杜俊霖、左瑞凯、陈晓菡、吴浩、贾续辉、郑瑞雪、秦梅和牟凤琼等协助作者对本书部分章节进行了文字校核，同时，本书的出版得到了云南大学政府管理学院院长方盛举教授和云南大学马克思主义学院副院长王燕飞教授的鼓励支持，在此谨致谢忱。在本书出版过程中，得到了科学出版社编辑的倾力支持，在此表示衷心感谢！

袁明旭

2021 年 9 月 1 日于昆明